全国高等院校古籍整理研究
工作委员会直接资助项目

中国近现代稀见史料丛刊【第四辑】

张剑 徐雁平 彭国忠 主编

王锺霖日记（外一种）

王锺霖 著

周生杰 周恬羽 整理

本辑执行主编 张剑

凤凰出版社

图书在版编目（CIP）数据

王锺霖日记 : 外一种 / 王锺霖著 ; 周生杰, 周恬羽整理. -- 南京 : 凤凰出版社, 2017.6
（中国近现代稀见史料丛刊. 第四辑）
ISBN 978-7-5506-2596-9

Ⅰ. ①王… Ⅱ. ①王… ②周… ③周… Ⅲ. ①王锺霖（1816-1896）—日记 Ⅳ. ①K827=5

中国版本图书馆CIP数据核字(2017)第099281号

书　　名	王锺霖日记(外一种)
著　　者	王锺霖 著　周生杰　周恬羽 整理
责任编辑	陈晓清
出版发行	凤凰出版社(原江苏古籍出版社) 发行部电话025-83223462
出版社地址	南京市中央路165号,邮编:210009
出版社网址	http://www.fhcbs.com
照　　排	南京凯建图文制作有限公司
印　　刷	江苏凤凰通达印刷有限公司 南京市六合区冶山镇,邮编:211523
开　　本	880×1230毫米　1/32
印　　张	16.25
字　　数	422千字
版　　次	2017年6月第1版　2017年6月第1次印刷
标准书号	ISBN 978-7-5506-2596-9
定　　价	82.00元

(本书凡印装错误可向承印厂调换,电话:025-57572508)

袁行霈先生题辞

「音实难知，知实难逢，逢其知音，千载其一乎！」（《文心雕龙·知音》）今读新编稀见史料丛刊，真有治学知音之感矣。

傅璇琮谨书

二〇一二年

傅璇琮先生题辞

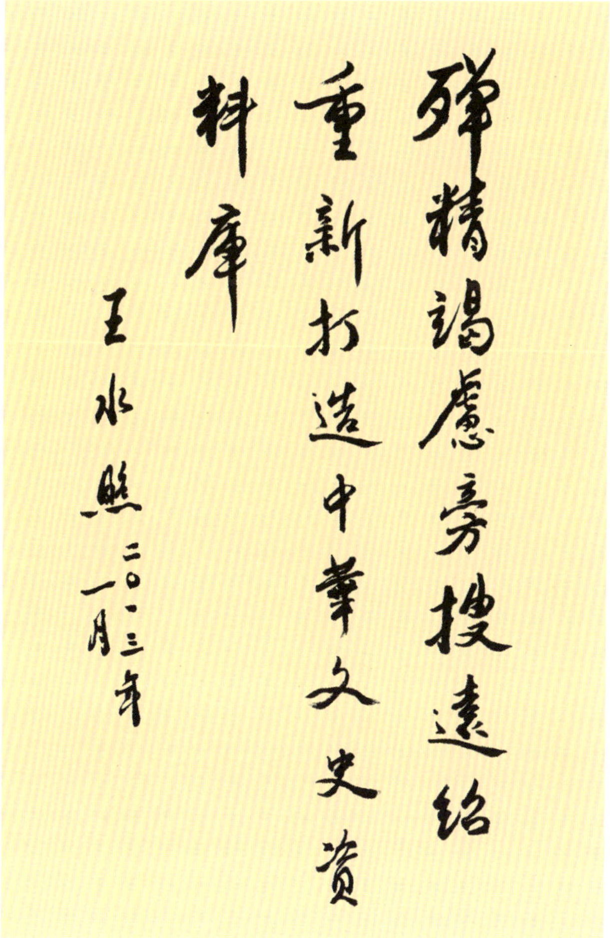

王水照先生题辞

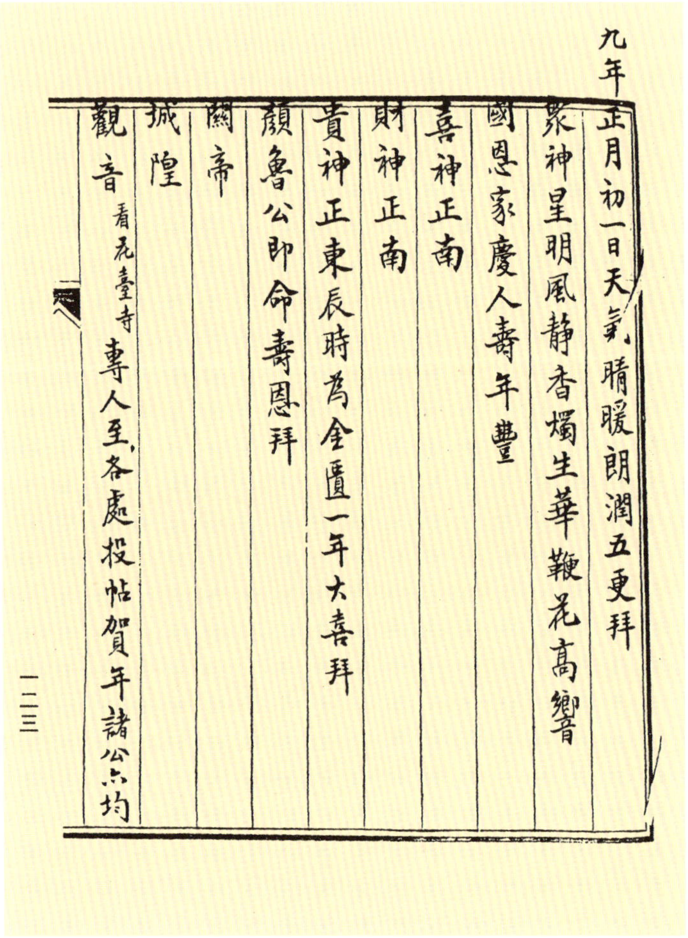
九年正月初一日天氣晴暖朗潤五更拜
衆神星明風靜香燭生華鞭花高響
國恩家慶人壽年豐
喜神正南
財神正南
貴神正東辰時爲金匱一年大喜拜
顏魯公即命壽恩拜
關帝
城隍
觀音 看花臺寺 專人至各處投帖賀年諸公亦均
一一三

王锺霖日记书影

《中国近现代稀见史料丛刊》总序

在世界所有的文明中，中华文明也许可说是“唯一从古代存留至今的文明”（罗素《中国问题》）。她绵延不绝、永葆生机的秘诀何在？袁行霈先生做过很好的总结：“和平、和谐、包容、开明、革新、开放，就是回顾中华文明史所得到的主要启示。凡是大体上处于这种状况的时候，文明就繁荣发展，而当与之背离的时候，文明就会减慢发展的速度甚至停滞不前。”（《中华文明的历史启示》，《北京大学学报》2007 年第 1 期）

但我们也要清醒看到，数千年的中华文明带给我们的并不全是积极遗产，其长时段积累而成的生活方式与价值观具有强大的稳定性，使她在应对挑战时所做的必要革新与转变，相比他者往往显得迟缓和沉重。即使是面对佛教这种柔性的文化进入，也是历经数百年之久才使之彻底完成中国化，成为中华文明的一部分；更不用说遭逢“数千年来未有之变局”、“数千年未有之强敌”（李鸿章《筹议海防折》），“数千年未有之巨劫奇变”（陈寅恪《王观堂先生挽词序》）的中国近现代。晚清至今虽历一百六十余年，但是，足以应对当今世界全方位挑战的新型中华文明还没能最终形成，变动和融合仍在进行。1998 年 6 月 17 日，美国三位前总统（布什、卡特、福特）和二十四位前国务卿、前财政部长、前国防部长、前国家安全顾问致信国会称：“中国注定要在 21 世纪中成为一个伟大的经济和政治强国。”（徐中约著《中国近代史》上册第六版英文版序，香港中文大学 2002 年版）即便如此，我们也不能盲目乐观，认为中华文明已经转型成功，相反，中华文明今天面对的挑战更为复杂和严峻。新型的中华文明到底会怎样呈现,又怎样具体表现或作用于政治、经济、文化等层面,人们还在不断探索。这个问题,我们这一代恐怕无法给出答案。但我们坚信,在历史上曾经灿烂辉煌的中华文明必将凤凰浴火,涅槃重生。这既是数千年已经存在的中华文明发展史告诉我们的经验事实,也是所有为中国文化所化之人应有的信念和责任。

不过,对于近现代这一涉及当代中国合法性的重要历史阶段,我们了解得还过于粗线条。她所遗存下来的史料范围广阔,内容复杂,且有数量庞大且富有价值的稀见史料未被发掘和利用,这不仅会影响到我们对这段历史的全面了解和规律性认识,也会影响到今天中国新型文明和现代化建设对它的科学借鉴。有一则印度谚语如是说:“骑在树枝上锯树枝的时候,千万不要锯自己骑着的那一根。”那么,就让我们用自己的专业知识与能力,为承载和养育我们的中华文明做一点有益的事情——这是我们编纂这套《中国近现代稀见史料丛刊》的初衷。

书名中的“近现代”,主要指1840—1949年这一时段,但上限并非以一标志性的事件一刀切割,可以适当向前延展,然与所指较为宽泛的包含整个清朝的“近代中国”、“晚期中华帝国”又有所区分。将近现代连为一体,并有意淡化起始的界限,是想表达一种历史的整体观。我们观看社会发展变革的波澜,当然要回看波澜如何生,风从何处来;也要看波澜如何扩散,或为涟漪,或为浪涛。个人的生活记录,与大历史相比,更多地显现出生活的连续。变局中的个体,经历的可能是渐变。《丛刊》期望通过整合多种稀见史料,以个体陈述的方式,从生活、文化、风习、人情等多个层面,重现具有连续性的近现代中国社会。

书名中的“稀见”,只是相对而言。因为随着时代与科技的进步,越来越多的珍本秘籍经影印或数字化方式处理后,真身虽仍“稀见”,化身却成为“可见”。但是,高昂的定价、难辨的字迹、未经标点的文本,仍使其处于专业研究的小众阅读状态。况且尚有大量未被影印或数字化的文献，或流传较少，或未被整合，也造成阅读和利用的不便。因此，《丛刊》侧重选择未被纳入电子数据库的文献，尤欢迎整理那些辨识困难、断句费力、裒合不易或是其他具有难度和挑战性的文献，也欢迎整理那些确有价值但被人们习见思维与眼光所遮蔽的文献，在我们看来，这些文献都可属于"稀见"。

书名中的"史料"，不局限于严格意义上的历史学范畴，举凡日记、书信、奏牍、笔记、诗文集、诗话、词话乃至序跋汇编等，只要是某方面能够反映时代政治、经济、文化特色以及人物生平、思想、性情的文献，都在考虑之列。我们的目的，是想以切实的工作，促进处于秘藏、边缘、零散等状态的史料转化为新型的文献，通过一辑、二辑、三辑……这样的累积性整理，自然地呈现出一种规模与气象，与其他已经整理出版的文献相互关联，形成一个丰茂的文献群，从而揭示在宏大的中国近现代叙事背后，还有很多未被打量过的局部、日常与细节；在主流周边或更远处，还有富于变化的细小溪流；甚至在主流中，还有漩涡，在边缘，还有静止之水。近现代中国是大变革、大痛苦的时代，身处变局中的个体接物处事的伸屈、所思所想的起落，藉纸墨得以留存，这是一个时代的个人记录。此中有文学、文化、生活；也时有动乱、战争、革命。我们整理史料，是提供一种俯首细看的方式，或者一种贴近近现代社会和文化的文本。当然，对这些个人印记明显的史料，也要客观地看待其价值，需要与其他史料联系和比照阅读，减少因个人视角、立场或叙述体裁带来的偏差。

知识皆有其价值和魅力，知识分子也应具有价值关怀和理想追求。清人舒位诗云"名士十年无赖贼"(《金谷园故址》)，我们警惕袖手空谈，傲慢指点江山；鲁迅先生诗云"我以我血荐轩辕"(《自题小像》)，我们愿意埋头苦干，逐步趋近理想。我们没有奢望这套《丛刊》产生宏大的效果，只是盼望所做的一切，能融合于前贤时彦所做的贡献之中，共同为中华文明的成功转型，适当"缩短和减轻分娩的痛苦"(马克思《资本论》第一卷第一版序言)。

《丛刊》的编纂,得到了诸多前辈、时贤和出版社的大力扶植。袁行霈先生、傅璇琮先生、王水照先生题辞勖勉,周勋初先生来信鼓励,凤凰出版社姜小青总编辑赋予信任,刘跃进先生还慷慨同意将其列入"中华文学史史料学会"重大规划项目,学界其他友好也多有不同形式的帮助……这些,都增添了我们做好这套《丛刊》的信心。必须一提的是,《丛刊》原拟主编四人(张剑、张晖、徐雁平、彭国忠),每位主编负责一辑,周而复始,滚动发展,原计划由张晖负责第四辑,但他尚未正式投入工作即于 2013 年 3 月 15 日赍志而殁,令人抱恨终天,我们将以兢兢业业的工作表达对他的怀念。

《丛刊》的基本整理方式为简体横排和标点(鼓励必要的校释),以期更广泛地传播知识、更好地服务社会。希望我们的工作,得到更多朋友的理解和支持。

2013 年 4 月 15 日

目 录

前　言

国家图书馆藏有一部清人日记，所记内容起于咸丰八年(1858)正月一日，迄于咸丰十一年(1861)二月十九日，无题名。2006年，李德龙和俞冰主编《历代日记丛钞》将之收录，题为《王锺霖日记》。关于作者王锺霖，俞冰先生说："生卒年不详，事迹缺考。"[①]而实际上，通过日记内容以及相关史料记载，可以将王锺霖生平大致考证出来。

《王锺霖日记》所载以日常生活为主，举凡交游、仕宦、游历等，莫不详备，其中多处内容隐含了作者的生平线索。

> (咸丰八年)二月初八日：张店尖。遇昌邑张公维型，乃甲辰科同年张仁兄(殿栋，丙辰进士，礼部主事)堂兄，任直隶知县，丁难回家。

可知王锺霖为甲辰科(道光二十四年，1844年)山东乡试举人。又，本年五月十四日日记载，作者在京城琉璃厂买《甲辰科乡试同年录》一本，亦可证。

> (咸丰八年)二月二十日：在仓巷云藻兄半亩园赏花，小酌。园为吾历陈雨人先生规画监造，乃陈公凤翰别墅。……予于庚戌冬来潍，应王芝山明府聘以书记兼西席。……先大人适应胡

---

① 载俞冰《历代日记丛钞提要》，学苑出版社2006年版，第169页。

星恒明府(联奎)招远刑席之聘。

通过文中"园为吾历陈雨人先生规画监造"一句,可知作者王锺霖为山东济南历城人。"庚戌"即道光三十年(1850),作者来潍县,任县令王芝山幕僚及家庭塾师。作者父亲王贤仪当时远赴招远县,任主办刑事判牍的幕友,即师爷。

(咸丰八年)三月十九日:水屋尖。申正后到陵县。弹指将及两月,子女欢迎,鸡犬亦若喜主归者。家蓄黑犬每闻予归,必奔迎至门外,前后之,左右之,摇尾而喜。何以知其喜,曰:"狗笑在尾,马笑在唇。"

可知王锺霖其时将家安在陵县,作者在陵县必有很长一段生活。

(咸丰八年)六月初五日:到吏部候签,掣得兵部。

(咸丰八年六月)初十日:兵部武库司书办孙来,知会到部。

(咸丰八年六月)十一日:先到武库司拜,识桂德山印君(棶)、(帮印)。石子高二兄(峻),带见堂官全大人(庆,号小汀,壬午翰林)。当即分司,予得车驾司。

此三则可知作者到京通过掣签法,由地方官赴京任兵部车驾司郎中。按,掣签法始行于万历二十二年(1596),《明史》载:"在外府、州、县正佐,在内大小九卿之属员,皆常选官,选授迁除,一切由吏部。其初用拈阄法,至万历间变为掣签。"①此法为吏部尚书孙丕扬所发明,要求所有的官员,在吏部选拔定岗时,不分贤愚,一律以抽签决定。从此,王锺霖开始了京官生活,而此后日记所载,大部为京城生

① 张廷玉等《明史》卷七十一《选举志》,中华书局1974年版,第1716页。

活记录。

> (咸丰八年)九月二十日:拜吴慕渠兄,转谒参军胡晴江四伯,知为小怀世大兄完姻,女家为湘闽制府王春岩先生之女,吾座师。

座师是明、清两代举人、进士对主考官的尊称。王春岩原名王懿德,字绍甫,"春岩"是其号。河南祥符人。史载其生平曰:"道光三年进士,授礼部主事,再迁郎中。出为湖北襄阳知府,擢山东兖沂曹济道。历山东盐运使、浙江按察使,调山东。三十年,擢陕西布政使。咸丰元年,护巡抚,奏请豁免积年民欠常平仓粮八万馀石,擢福建巡抚。"[①]王春岩在山东任上主考甲辰科乡试,故王锺霖称之为"座师"。

> (咸丰八年)十月二十八日:丙辰冬日,予率子寿恩至神头,居停于康及门雕程家两日。……鲁公祠在三泉书院西邻,院内有门可通。予在陵三年,朝夕与鲁公若晤对。然予幼学公书,公祠立石刻像,盖陷李希烈时,留像以传后者。貌老而严正,想见忠烈气。予立志工公书,并为公作画像赞,仿公书书之,刻立祠内。不知此志能随否。

是年十月,王锺霖由京城回陵县,再携家眷上京,子寿恩陪同。"予在陵三年"一语,解决了前文所述作者在陵县生活的时间跨度问题。在陵县期间,他最难忘之事为学颜鲁公书法,并提及为颜鲁公作画像赞一事。

咸丰八年十一月初三日日记眉端上有一则批校云:

---

① 赵尔巽等《清史稿》卷四百二十七,中华书局1977年版,第12255页。

先中宪公于同治二年到蓟永分司任。壬申春,书刻《鲁公书赞碑》。甲戌冬,辇送陵邑,敬立祠内。计五年而碑成,不远千里,平安送至祠内,岂非神佑耶? 光绪廿二年寿恩记。

文末的"寿恩"即王锺霖之子。通过这则批校可知王锺霖谥封"中宪公"。按,明清官员的品级达到中宪大夫的,即达到正四品官阶者,方有资格授此谥号,说明王锺霖后来至少官至四品,惜囿于史料之阙,难以考知后半生事迹。同治二年(1863),王锺霖从兵部车驾司郎中转到河北蓟县任官。王锺霖所刻鲁公书赞碑在"壬申",即同治十一年(1872)。寿恩这则眉批写于光绪二十二年(1896),说明至迟在此年,王锺霖已经谢世。

(咸丰十年)八月廿九日:为予生日。谢八弟尚为点寿烛吃面,一乐事也。

此则所记为王锺霖过生日情况,但尚不知其生在何年。

(咸丰十一年)二月十七日:……予年十岁,与内子同庚。时花南夫子与石民伯岳同先君交莫逆,咸爱予读书颖悟,器宇尚好也,因议婚,一言而定。予先世即无恒产,六岳丈时将赴鄚州会亲,在街上相予,甚喜,回向岳母称为佳婿,弗计家道贫富。岳母只盼其女得所托终身。予年廿一岁,丁酉腊,住在乡间完姻。……内子侍奉翁姑克孝,敬予至顺且和,待下宽而严,子女皆好,四德允合。

此则可考知王锺霖出生日期。"丁酉"为道光十七年(1837),作者"年廿一岁"。倒推21年,则王锺霖的生年应在嘉庆二十一年丙子

(1816)。另，文中的“石民”为清人梁士俊号，可知王锺霖夫人为梁氏[①]。

王锺霖为历城人，曾在陵县生活，但是两地志书皆无传。今人所撰《历城名人》中有《王锺霖盘山逍遥游》一文，叙王锺霖同治七年(1869)九月游蓟州盘山(亦称五台山)，并书写“逍遥游”三字事。关于王氏生平，文章称：“字雨生，生卒年不详，山东历城人。清同治年间曾任蓟州盐运分使。”[②]十分简略。笔者从其他相关史料中钩稽其生平资料如下：

光绪《陵县志》卷十七《金石志》载：

> 《颜鲁公画像赞碑》，唐光禄大夫太子太师刑部尚书鲁郡开国公颜文忠公画像赞并序……咸丰丙辰锺霖主讲陵县书院，邻公祠，瞻拜者三年……大清同治元年壬戌夏日兵部车驾司员外郎、长芦天津盐运分使历城王锺霖撰书。[③]

此则材料解决了三个问题：一是咸丰八年十一月初三日日记眉端上寿恩批校中提到的王锺霖书写颜鲁公书赞碑时间问题，应该在同治元年(1862)；二是王锺霖于同治元年来天津任长芦盐运使；三是王锺霖于咸丰丙辰(六年，1856)在陵县主讲书院，前后历时3年。

民国《续历城县志·艺文志》载有王锺霖一则序文，曰：

---

① 按，关于梁士俊号石民一事，为张剑先生告知笔者，笔者《〈咸丰八年至九年日记〉作者考》(载《文献》2014年第6期)一文于此考证有误，特此向张剑先生致谢。

② 张书孝《王锺霖盘山逍遥游》，《历城文史资料第九辑·历城名人》(内部刊物，1997年印刷)，第178页。

③ 沈淮等《光绪陵县志》卷十七《金石志》，《中国地方志集成·山东府县志辑》第11册，凤凰出版社2010年版。

近读余秋门先生《山左汇钞英华》,集中诗已多见《蹉跎岁月集》。箧谨藏,虞久而或散失,其何以慰舅父于九京耶?乃为《历下诗钞》,凡集选历下人诗,又搜求若干诗,舅父未及见者若干诗,共得百八十馀人,诗一千一百数十首,略为次序,分作四卷。虽未扬海岱之英华,且先彰历下之名士。如作揽胜图,秋门全绘名区。霖又画家山一角,知不免乡人知近村之诮,然一卷千载,亦聊以补迟愆耳。①

此文交代王锺霖编著《黄雪香斋古文诗钞》《历下诗钞》等书,是受其舅父影响。舅父者谁?文中没有交代,而陈韵然先生《马国翰和鸥社诗人》文中提及此事:

谢焜外甥王钟(锺)霖,著作有《黄雪香斋古文诗钞》《济南七十二名泉考》。编纂《国朝历下诗钞》四卷,其《自序》说,乃是源自舅舅谢焜的《海岱英华集》。②

可知王锺霖的舅父为谢焜。焜,生卒年不详,字问山,自浙江山阴占籍历城,著有《海岱英华集》12 卷。另,侯林先生撰文说:"(谢焜)带着书稿来到妹夫王贤仪(王锺霖父)家里,郑重交付……"③可知王锺霖父亲名王贤仪。谢国桢《明清笔记谈丛》载有王贤仪著《辙环杂录》1 卷,谢氏叙录说:

贤仪字麓樵,济南人,著有《家言随记》。有清光绪间刊本。

① 毛承霖等《续历城县志》卷三十《艺文》,民国十五年(1926)版。

② 陈韵然《马国翰和鸥社诗人》,《济南时报》2010 年 10 月 25 日 A29 版。

③ 侯林《湖干结诗社 区区私淑心——济南名士谢焜小记》,《济南日报》2010 年 7 月 13 日第 11 版。

是书为《家言随记》残本中之卷二《稽古论略》，卷三《辙环杂录》，共计二卷。为其子锺霖、宝霖手录。[①]

《家言随记》一书由王锺霖、王宝霖兄弟辑录，王锺霖补注，同治九年（1870）王氏素风堂刊。《四库未收书辑刊》第5辑第9册收录该书，书前有曾国藩于同治九年（1870）秋天所作序，又有天津著名文人沈兆沄于同治十二年（1873）所作序。书中资料有助于考证王锺霖生平。相关资料有：

卷首张应翔《序》：

丁巳，雨生主讲陵县三泉书院。……同治壬戌春，雨生改判鹾司，权长芦运同篆。[②]

"丁巳"为咸丰七年（1857），其时王锺霖在陵县主讲三泉书院。"同治壬戌"即同治元年（1862），王锺霖从兵部车驾司郎中改任鹾司。又卷首毛鸿宝《序》：

雨生孝廉与家仲云弟同塾，又同庠。宏材富学而恂恂恒若不足者。余与雨生交之久，窥其巨细有内心知奉庭训者素也。……雨生以济世才，慷慨有大志，乃出挑二等官学，博乐之甚。继由中翰纳副郎，分驾部，又改鹾司，判蓟永海隅寂守，云闲曹，易供职。[③]

---

① 谢国桢《明清笔记谈丛》，沈云龙主编《近代中国史料丛刊》第十五辑，台北文海出版社1972年版，第17页。

② 王贤仪《家言随记》卷首，《四库未收书辑刊》第5辑第9册，北京出版社2000年版，第456页。

③ 王贤仪《家言随记》卷首，第466页。

这段文字交代了王锺霖的心志、性情及仕宦经历，非常珍贵。其中“副郎”为员外郎的通称，交代了作者在兵部任职的具体职位。卷一《阅历偶谈》云：

贤仪年十八失怙，四弟一姊一妹，姊为先嫡母毛太君生，母赵太君守节抚育。[①]

通过这段文字可知王锺霖的祖、父辈情况：其嫡祖母毛氏，庶祖母赵氏，有三位叔叔，两位姑姑。卷二《稽古论略》王锺霖注文载：

先严以锺霖记性不好，谕用日记之功，谓积少成多，由浅见深，久之，自能博学，视聪明自殆者远矣。因遵记之，获益实多。教人子弟每日功课完时，为讲六七典故，订本书其原委，数年之间，记本日多，居然撑肠拄腹，大略典故皆知，且时阅不忘。若子弟自能日记所学，益博，此第读书馀事而终身有用也。[②]

此则述王锺霖撰写日记之习惯，缘于乃父之教谕，所述日记之用，大有裨益。卷三《辙环杂录》王锺霖注文载：

同治元年壬戌春，余由驾部改运判，次年实授蓟永分司。

年十有五，初学字，追摹独爱法公书。

道光己酉，王芝山明府自博兴调潍县，相约至潍，校阅潍阳书院课艺，得与邑之文士相接。芝山明府奉讳回锦州，时粤逆北扰，省城告警，因举室寓潍者六年。

---

① 王贤仪《家言随记》卷一，第481页。

② 王贤仪《家言随记》卷二，第539页。

咸丰四年夏，奉檄署金乡学事。[①]

此四则可以考知如下生平：王锺霖授蓟永分司在同治元年壬戌(1862)之次年，即1863年；王锺霖在15岁时学书法，初即酷爱颜鲁公书；道光己酉(二十九年，1849)，王锺霖应潍县王芝山之约，主讲潍阳书院前后6年；咸丰四年(1854)，王锺霖来金乡，主讲县学。卷四《交际心殷》王锺霖注文载：

先严咸丰乙卯二月初间，自招远回省，抵邹平西关，忽终于车上。前在博兴，属友制脐器，置邹北乡，即取而用之。[②]

咸丰乙卯即咸丰五年(1855)，王贤仪从招远回济南，途经邹平时病逝。这一年，王锺霖39岁。卷四《亲戚情话》王锺霖注文说：

先慈戊申秋弃养，三妹年十五，于归石麟，妹倩从及门周步蟾孝廉允升读书。夫妇年少，其庶母不善持家，家日绌，妹倩郁为狂疾。咸丰十年秋，其庶母赴黄县视女，捻逆十馀万扑济南，沿山而东，妹倩居南郭，仓皇逃。三妹投水死，迄未请表。稚女为里人收归，久无音问，言之锥心。[③]

“戊申”为道光二十八年(1848)，为母亲去世之年，王锺霖32岁。此则资料主要交代三妹情况，读之可为鼻酸。卷四《骨肉心关》王锺霖注文曰：

---

① 王贤仪《家言随记》卷三《辙环杂录》，第558、563、573、575页。

② 王贤仪《家言随记》卷四《交际心殷》，第595页。

③ 王贤仪《家言随记》卷四《亲戚情话》，第628页。

弟二桂,骨重神清,有让梨之誉。出痘前夕,见犬戏逐,曰:“狗欢必阴。”天果雪,旋殇。数十年来貌犹在心,声犹在耳也,悲夫!四弟奎官,庚寅生,形容极似二桂。弟六岁,与弟宝霖同塾,到塾逾时,代兄受责,弗辩,亦不妄语。步入八岁,读《四子书》大小字,毕,授《诗经》。仲选五叔卒于惠民,以奎弟嗣,迎柩送窆如成人。九岁亦痘,殇。严慈恸之甚,锺霖顿足搔首,世之不材者如恒河沙,胡生美质而不永年?岂真命耶![①]

阅此文可知王锺霖二弟乳名二桂,殇于出痘。四弟乳名奎官,生于庚寅(道光十年,1830),亦殇于出痘。三弟名宝霖,即和作者一同编纂《家言随记》者。卷四《骨肉心关》载:

余长孙女琪,戊戌九月生。甫步,识人意,数龄聪而庄,认字,或言古今事弗忘,针黹亦可观。幼即留心家事,或事有忘,询无弗记。客至留言,仆述恒讹,能旁听而传客意以白。八九岁若成人,凡事识是非而不妄语。余性急,或甚怒,逡巡绕膝,余颜为之解。伺左右,体余夫妇意,先事以承,可兼众职。游明湖、佛山诸胜,必扶为杖,随言随憩,倦而弗露。字于金三表侄孙绍甡,为文波表兄孙妇。将娶,会谢室丧,哀成疾,患胯疽若斗杯,呻吟一年,死于潍县寓中,年十五。余颇达观,乃时凄然,为之不到湖山者数年。[②]

戊戌为道光十八年(1838),王锺霖结婚的第二年生下女儿“琪”,甚得王贤仪夫妇疼爱,惜年十五,未字而逝。又卷四《先祖妣赵太君遗训志略》载:

---

①② 王贤仪《家言随记》卷四《骨肉心关》,第631页。

道光乙未仲春，染疫日沈，共侍汤药，不能起，执锺霖手，训曰：汝祖随曾祖自绍来济南，以砚为田，恂谨，称君子。[①]

通过祖母此番话，可知王氏原籍浙江绍兴，其曾祖时迁居济南，祖上以文字为业，仕宦为生。本卷还有王锺霖《先妣谢太君志略》一文，可知其母为谢氏。此外，卷三还附有王锺霖《历下七十二泉考》《第一泉记》《天下名水》等文。

《王锺霖日记》全文字体一致，行楷书写，端庄大方，颇见颜体之功，通过咸丰八年十一月初三日日记眉端上王锺霖之子寿恩批校之语，可以断为寿恩所抄。俞冰先生以为咸丰间钞本，此说一正一误。云为钞本，诚然（而任小波先生断为稿本，误甚）；但时间应在光绪二十二年（1896），或更后，非咸丰间。

需要补充的是，《历代日记丛钞》还收录了题为《咸丰八年至九年日记》《咸丰十年至十一年日记》两部日记，前一部记事起于咸丰八年（1858）正月一日，迄于九年（1859）十二月三十日，后一部记事起于咸丰十年（1860）正月一日，迄于十一年（1861）二月十九日，无题名。任小波先生关于前一部日记云："此书不著撰人，当出自清咸丰间某位朝官手笔。"[②]杨聪聪对后一部日记说："本书不著撰人，也无确切书名，现根据日记时限拟名为《咸丰十年到十一年日记》。从日记内容来看，作者当为清朝咸丰年间的中央要员。"[③]然笔者阅读两部日记，与《王锺霖日记》相比较，无论是笔迹，还是版式，完全相同，可断为同一部日记，所不同者是《咸丰八年至九年日记》末页有这样一段话：

潍县西三十里有伯夷待清处，南曰孤山，有碑立路旁并刻联

① 王贤仪《家言随记》卷四《骨肉心关》，第 631 页。
② 载俞冰《历代日记丛钞提要》，学苑出版社 2006 年版，第 169 页。
③ 载俞冰《历代日记丛钞提要》，第 172 页。

云:“兄让弟,弟让兄,父命天伦千古重;圣称贤,贤称圣,顽廉懦立百世师。”博山范泉书院联云:“五六月间无暑气,三四更里有书声。”“水声常在耳,山花不离门。”

这段文字书写潦草,与内容完全不同,断非王锺霖或其子寿恩所书,应为后世阅者或收藏者所为。三则联语在日记中已经出现,如“五六月间无暑气,三四更里有书声”一联为博山县令邱采臣所书,日记咸丰八年三月初十日记载。因此,这段文字应为阅者有感于联语之妙而摘录,《历代日记丛钞》编者不识,一书而分作三部收录,荒谬至极。

《王锺霖日记》记载内容,主要活动区域在山东、直隶和京师一带,以交游、会友、家居、风俗、为官等内容为主,从中可以窥知晚清社会风貌。

第一,日记多载晚清世情民俗。

作者王锺霖先后任职地方和京都,每到一处,他都细心观察,了解当地风俗民情,日记所记省墓、进香、贺年、坊戏、庙会、交易等,非常详细。如记咸丰八年春节贺年习俗,初一日“拜各庙,贺众同官新年”,初三日“众及门来贺年”,初七日“赴县署,为孙箬亭太翁、临波封君行奠”,从十一日起至十三日至省城济南为各亲长拜年,并观灯。可知当时贺年礼俗十分繁缛,各阶层人士通过贺年来联络感情,增进交往。四月二十二日,作者进发京城的路上,出任丘,一路风景尽载日记,中说:“岸上游人,骑者、行者,老幼欢呼,游女结伴,无尘俗气。湖水澄明,秧苗芦荻,参差青葱,图画若也。桥外一船起芦棚供佛,人皆拜焉。询诸行人,盖附近居民不能至鄚州拜佛,僧人载佛来此,就收香火,亦古会也。”晚清民众信佛之风甚盛,僧人居然载着佛像四处游走,供人祭拜,趁机收取香火钱,这个记载饶有趣味。作者来到京城后,开始留意京城的风俗世情。咸丰八年四月二十五日载:

> 弓兵李永旺同曹升押行李车自南西门入，到店云："比设巡防处，城门讹钱太甚，不论官商男女，皆先要许多门口饭钱，而后送务。务上，又故作刁难，竟有无货车而费当十大钱，廿千文看一车者。并无明文，只云要钱办公。"

天子脚下的京城城门守兵如此明目张胆，敲诈勒索，简直匪夷所思，晚清吏治之腐朽，于此可见一斑。又如咸丰十年五月廿九日载：

> 天晴一日，大街即多好走，小胡同则仍难行，无人督令收拾也，可恨。京中内外城官民所用甜水除自己有车自拉外，馀皆水屋按时卖给，凡有水屋皆山东登州人，无论大风雨必须送到各门挨卖，他人不能有此长功夫，亦不敢卖，只成一霸。然当雨大泥深，各街巷难走已极，而水车不能避难而不送也，大街尚易行走，如小巷业经存水，复经三套大水车压过，辙深一二尺，且高低掀翻，他车愈因难走，水车及居民如协力随时备修垫，天晴即不致受累（水车亦多翻倒者），乃皆因循不肯，殊为闷闷也。水屋人多义气，每日有存出公项，遇有事故，即以公项应用。京中居民不下百万家，皆仰给此水车之水，亦多不肯得罪他，盖水屋各有分界，他处不能越送也。山东东三府在京贸易者，亦不知有多少人，若大京城，食水酒肉皆东人，各衙门轿夫皆东人，下及拾粪者亦是，其他煤炭、油盐、放小利（帐）[账]，则皆山西人，京中要事，山东、西人实掺大半，人云非山东、西人不能如此，辛勤性久且能赊、能要也。京中大事之坏者，皆山西人放大小（帐）[账]者收本回家所致。

此则日记是关于清代北京城内居民供水的绝好史料。清代北京人口超过 100 万，是当时世界上的"超大城市"，但是受困于自然条件，以及政府无力投入等因素，全城居民的生活用水居然依靠民间零散的供水业来支撑。这种生活用水方式在当时民间独特商业习惯下,必然会引起各种社会矛盾和纠纷。日记对于水屋、卖水者、“水道”等多有交代,文字虽短,却是一幅典型北京外来人口的社会生态图。

第二,记载清廷各种重要的行政程式。

作者于咸丰八年四月入京,六月初五日到吏部侯签,掣得兵部车驾司郎中一职,该职虽不大,但有机会参与各种朝政。如咸丰九年四月初十日记载新贡士覆试之题为《务民之义》,诗题为《山雨欲来风满楼》,得“阳”字,从中可见晚清科举试题情况。又如咸丰九年五月二十一日,记御门放缺典礼十分详细,作者于“子正”时开始穿朝服,先到礼部都察院投递职名,“寅正”时,“执事引请各神牌到”,大典开始,作者写道:

> 王爷及分献官各幄献奠,行绕坛上。又见左右官皆肃然捧祭品跪呈,读祝官亦清语,声音高长,并见执事官以黄绫套套手,似系捧物致洁者。三献毕,各官依次捧帛及祝版下坛,至坊旁大钱燎池内高唱。

更为有趣的是,典礼适值阴雨天,作者观察百官表现说:“圣驾未到以前,百官各就地小坐,亦有跟人者,亦有自携雨具而行礼者。百官朝衣冠新旧不一,为防雨也。”官员们因爱惜自己的朝服,在如此重要的朝政大典场合,竟然穿旧服出席,可见日记所载巨细无遗。

第三,日记记载大量的戏剧史料,是研究晚清京剧演出情况的重要文献。

王锺霖入京后,十分贪恋京都生活,而最为其乐道者乃听京戏,几乎每听必记,故日记中有大量京剧史料。如张二奎是京剧老生流派“奎派”的创始人,与程长庚、余三胜并称“老生三杰”。与程长庚、余三胜科班出身不同，张二奎没有经过专业训练，而是以票友的身份下海唱戏，这在京剧诞生之初，并不多见。因此，特殊的出身增加了张二奎人生的传奇性。从学术界对张二奎的研究来看，这位富有传奇色彩的京剧艺术家生平史实充满了争论。无论是他的生卒年，还是家世、出身，学术界都各执一词，以至于一般的京剧爱好者都对此产生了疑惑。而《王锺霖日记》对于张二奎有诸多记载，举例如下。

咸丰八年五月初七日：

听久和班，见所传称张子久者演《击鼓骂曹》不亚张子英(即二奎)。问此人，家颇裕，幼好戏，揣摩三盛、长庚、二奎诸脚色，而尤神拟二奎。年未卅，诸优邀之成班久和者，从其号也。听者亦近千人，计其所获，每日可得京钱卅千文。技之动人若此，此亦见当时好尚矣。廿年前，张二奎系部书张某之弟，貌既英俊，声调更宏韵，彼时四喜班寥落不堪，购二奎登场，则声价顿起，中外无不知二奎者，亦无不学二奎者。官绅争唤二奎侑酒为乐，二奎亦渐以俊伶自居。其兄几加痛斥，或禁藏之数日，则四喜班便日减色，于是倚之如命者百家千家，而二奎之兄亦不能不听其出场矣。二奎一年所得约三千金，轻裘肥马、罗绮红袖，日近贵人而处温柔乡，未知其福分何等也。今年来京，见其新营家室，栋宇焕然如起甲第，子久盖慕而起也。

咸丰十年八月初七日：

市人云我军又失利败回，受伤蒙兵带血奔回，经沙窝门，兵阻住不令入城，当即禀报各官，立将东南面内外城门全闭，各戏园亦将戏止住，一时人心惊慌，纷无主见。予过大栅栏，见三庆班甫住戏，馀则早止矣。及予到家，知内外各城皆闭门矣。时日尚未落。是日未刻，张二奎出殡，竟能出永定门，少迟则闭矣。

咸丰十年十二月十七日:

韩蔼如四兄约同谢大表兄在后宰门平陵村小酌。晚至娘娘庙西王芝山明府处拜访,知赴恩县找何竹如,为潍县交代也。其西邻公馆自十月间有本地子弟班开茶馆卖戏,仿京城样子,每位京钱三百文,他班亦时来唱。省城人杂,自前次团练,勇中多习唱戏者。京城满汉人多玩票登台,渐吃身价。前者笔政袁复堂等被参,情愿销除旗档卖戏。时在天津,亦时在京,不以为怪。广和班票戏不少,唱花旦者两个,皆内城子弟,其父兄极力禁止不住,亦风气使然,皆效张二奎,欲名利兼获,而廿年来竟无比上二奎者。海淀少年张子久,家计素丰,一力学戏,已唱七八年,居然列二奎之次。其有名之程长庚,大家呼其号"玉山",余三胜现俱年老力弱,而急无接手,仍有重名也。官绅商庶皆呼二奎之号"子英"。二奎之兄大奎本武库司书办,二奎亦曾在司学习十馀岁,即唱出名,乃兄屡屡严禁,而四喜班得二奎为性命,大肆争斗,不能胜大奎,亦乐得吃此快活饭。后并自立一班曰"双奎",争相听看。自去秋二奎已死,班渐不支矣。二奎之名无远近乡愚,以及外夷皆知,廿余年富厚快意。人云状元宰相天下不必皆知,而二奎之名则远胜矣。

咸丰十年十二月除夕:

张二奎乃直隶衡水人,其父赶车人呼为"车张",素善交街面上土豪,好打不平事,遇有土棍讹诈,渠到即可解释。在京各部书吏多半浙绍人,尚为官,常弥缝公事,或高下其手,从中想钱,此弊已深,即奏请严办亦不能禁,诚滑而且蠹者也。然地面上无

> 赖常向书吏中大经承及有利者讹索钱财，车张久为各书吏赶车，故皆熟识，每遇讹诈事出，即找渠来解说，因与各书吏交好，遂将其子大奎、二奎送入兵部武库司科房学习，入堂上签筒，可望提升矣。二奎(像)[相]貌丰俊，眉目清扬，且声音宏亮，举止高阔，望而可知为不日必得意者。平日爱唱，乱弹湖广调，都门戏班以湖广调为时尚，余三胜、程长庚正倾动一时，名利兼全，二奎遂亦学其各戏身法、唱法，昕夕慕仿成癖。都门年少素夕好唱，并登台玩票者，二奎唱名日噪，无能胜之者，各名班购请一好脚色即获重利，故老板南北访求，百不逢一，今知有二奎之名，遂有嵩祝班老生丁三者，教其关目大色，日久艺熟，且令在庙中装扮登场，居然可观。斯时四大徽班、四喜、三庆、春台、和春，而四喜多昆戏，无唱乱弹好脚色，因之观者日少，不满数十坐矣，班头乃将二奎请去。是日，四喜在中和园，观者楼上下不能，坐立亦挤满，不能动移，向来戏座茶钱三百文，此日每人要钱一吊，午后来者不能入园半步矣。自此以后，盖有重名，娇妻美僮，华衣鲜食，岁可得两万金者。廿年大奎被革，亦只得乐此富厚矣。二奎之妻精能无比，为二奎好内助，九年死。后至咸丰十年七月，二奎死，八月初七日交午出殡，一切足费三千金，午后即闭各城，城内外乱极，而夷人焚园子进内城矣(灯下无事，记此)。

通过上述记载，张二奎生平可以大致梳理出来：张二奎，号子英，衡水(今河北衡水)人。其父乃赶车人，后因与京城各部的浙籍书吏关系甚密，便送大奎和二奎到兵部武库司学习。大奎资格颇深，将获得经承资格，二奎也即将获得“上签筒”之机会。二奎嗜好戏曲，常以票友身份唱戏自娱，声音洪亮，曾在嵩祝班老生丁三的指点下学习关目，并在庙中装扮登场。此时四喜班与四大徽班的其他三大班相比，既无名角又乏好戏，经营惨淡。四喜班班主便力邀二奎入四喜班登台唱戏。二奎在中和园初次登台亮相即一炮走红，誉满京华。大奎知其登台唱戏,认为有辱家门,责令其不准登台演戏,二奎无法唱戏,四喜班之业绩便江河日下,后执拗不过众人相劝复登台。咸丰十年(1860)七月,张二奎因病卒于北京[①]。

第四,日记对于第二次鸦片战争记载甚详,可以补充相关史书记载之不足。

第二次鸦片战争始于咸丰六年(1856)十月亚罗号事件,止于咸丰十年(1860)十月《北京条约》签订,前后历时四年。当战争发生在广东时,由于信息不畅,王锺霖没有及时获知,因而日记阙载。当战事蔓延到天津一带时,已是咸丰十年的七月,王锺霖开始密切关注战争进展,七月廿五日记载说:

> 上于廿四日召军械及诸王大臣,至酉刻始退朝,即派肃尚书,未去,改派怡王、穆军械同至僧营议战,并闻甚怒。桂相所奏京城各门添兵稽查,各城楼安立(账)[帐]房大炮。顺治门往城上拉大炮用多夫,炮车不动,改用幼丁童子,数人一呼而上,皆称异。午后,予出城,见大兴拿去官车若干,为解军火。到通州一带,内外城人心较前半月倒安静,前门外各胡同堂名更加热闹,卖食物者夜不息,唱影戏者锣鼓喧(嗔)[填],各饭馆酒楼如常欢呼。

战火马上烧到北京,皇上与众大臣开始坐不住,君臣为守住帝京,群情激愤,纷纷献策,积极备战,笨重的大炮被安置到城墙上,战事一触即发,但过惯和平生活的京城百姓,初虽不安,但很快平静下来,生活依旧进行。八月初七日,王锺霖正常上班,在兵马司听堂官论及前线战事,清军在通州失利,究其原因,十分可气:

---

① 此部分内容参考任荣《张二奎生平史实考辨——兼论戏曲史中的"张二奎现象"和"口述史料"的运用》,《戏曲艺术》2015年第4期。特此致谢。

蒙兵竟多愚者，驱之对敌，见前军放枪毕回头，则以为兵败，皆纷纷四散，僧邸从后严督，且立刃退却者。蒙兵则一气直前奔，过夷营尚多不知，如一经夷放炸炮有受伤者，则众蒙兵俱胆怯。

蒙兵指挥者僧格林沁与咸丰帝是表兄弟关系，掌握清朝精锐部队的军权，“朝廷倚为长城”①。面对外敌入侵，他回到蒙古草原，召集六七千蒙古兵，但今非昔比，曾经以弯弓射雕著称的蒙古将士竟丢盔弃甲，在英法联军枪炮下，溃不成军，以此众战，焉能不败？更有甚者，朝廷如此倚重的蒙古兵面对入侵者束手无策，对普通百姓却毫不留情，王锺霖于八月十二日记战败的蒙兵说：

蒙兵纷纷奔逃，既不敢回营，又不能回京，遂至各村庄强入民家夺食而睡，民间妇女见而生惧，多有弃家而逃者，或遇村人约众向阻且吓，以此地有官兵，或云王爷来了，蒙兵即抱头而去。

用如此之兵抵抗强敌，胜败可知。是月廿九日英法联军长驱直入北京城，接下来只能是令清朝蒙羞的议和了。《日记》于议和一事记载较多，可窥个中细节。

七月廿一日载：“闻和议将成，然据该夷所开四十馀条，各条，如令我三品以下皆属伊管辖，京城另造夷房官舍，并要僧王云云。三岁小儿亦气愤不已，不加痛打如何能和？”廿五日载：“该夷所要四十馀条欺我太甚（如须百官听夷管辖，摆队接伊入京，另送夷馆、夷衙，令僧王去赔礼，令亲王为质等语，直是犬吠）。”侵略者所列和约如同狮子大开口，视我中华如肥肉，一介微官王锺霖尚且义愤填膺，可以想见咸丰帝该如何恼怒。

---

① 赵尔巽等《清史稿》卷四百零四，第 11904 页。

议和期间发生了一段插曲,英国和谈大使巴夏礼和魏妥玛居然被清廷扣留,作为人质关押起来,一时群情激愤,纷纷上书咸丰帝处决巴夏礼,咸丰帝一再犹豫,最后放了巴氏。这中间甚为蹊跷,是谁做的幕后工作?《王锺霖日记》则解开这个谜团,八月十九日记述说:

> 吧哑哩(音译,即巴夏礼)等在监为粤海监督恒祺一味善劝,因窥透我皇上北行,并非向蒙古借兵,吧哑哩遂逐日肆骂,摔碗拨食,不逊已极。诸大老及愚民人等皆知巴夷等万不可放出者,如夷兵攻城,计将巴夷绑至城上,令夷人共见,一攻即杀,计非不善。而恒粤海力劝不可,又恐巴夷日久肆闹,致刑禁多囚炸狱而逃,业有此言,恒某、巴夷誓约以全家性命保放巴夷等,吧夷亦许恒某云"如获得出,总可对的起你,不叫你落骂名"云云。恒某因力请将吧夷安置后门外十义海积水潭中高庙内,仍环守五十馀人,看守伺候外,设众兵而供给吧夷等饮食愈加丰厚矣(恒某在粤海关监督任六年六月间,回京大小车百馀辆,人云其赀百万两馀,此时一力与吧夷讲好主和,多半为己也)。恒某劝吧夷写信致众夷退兵,闻朱调元同司云,吧夷所写四句云:"中国以礼相待,恭王大人甚明白,勿攻城,且退兵。某二千岁百几十年吧哑哩亲笔。"遂将此书飞送夷营,众夷系汉字,不认识,打回云:"须要写夷字方能识。"因又令吧夷写出夷书,而我四夷馆翻译生皆不识,乃中止。

在第二次鸦片战争中,恒祺这个并非中枢权臣的满洲正白旗人,从粤海关监督任上卸任后竟然一下子跳到前台,挟洋自重,不但放走被监禁的巴夏礼,还力主打开城门,延请外敌进入北京城,大肆出卖国家利益。有研究者指出,恒祺所为,是因为他"在广州的媚外活动,赢得了侵略者的欢心,他和巴夏礼关系甚为密切,两人还有‘结盟之好’”[①]。而读《王锺霖日记》“恒某在粤海关监督任六年六月间,回京大小车百馀辆,人云其赀百万两馀,此时一力与吧夷讲好主和,多半为己也”一语,这就解释清楚为什么恒祺一意奉承洋人了。不过,王锺霖对于恒祺的记载尚称全面,八月廿九日说,当巴夏礼率兵进城,肆意烧杀,不守合约时,“恒公大恚,在北城外某寺投经”,后经从人解救,可知恒祺并非良心坏透。

这次议和拖延时间太久,各类史书记载较多,但多忽略议和过程中的细节,《王锺霖日记》九月十七日记载说:

> 知京中初议。初十日各位相卿在礼部设宴,奉恭王与吧哑哩等各夷见面议,不许一官不到。乃是日,各夷不到,闻恐我有伏兵也。天津大盐商张锦文者,俗名海张五,亲领团勇数千暗扎前门外东西荷包巷,伊亲为恭王作顶马,并有张子青、焦桂樵两先生团勇及僧王兵驻京城内外,以备不虞。我恭王镇静稳重,体具阔大,于十一日先率各大老至礼部大堂。正面设一席;南面设十馀席,以待各夷;北面十馀席,为我诸公之座。各夷鼓乐肩舆而来,一见恭王摘帽抓发,云系大礼,其畏惧之心见诸容貌,中席空设,该夷主北向座,馀夷升桌持刀环护。我恭王与言皆得大体,众夷颇服,因议定各条,至晚方散。

文中的“恭王”指奕䜣,“一个是真正掌握国家的亲王”[②],咸丰出逃后,他奉命为全权大臣,代表清廷与英法议和的主要人物。奕䜣参

---

① 赵蕙蓉《恒祺与一八六〇年北京议和》,《历史档案》1983 年第 3 期,第 92 页。

② [英]斯坦利·莱恩-普尔《巴夏礼在中国》,金莹译,中西书局 2008 年版,第 249 页。

与议和一事,史者评价不一,有的批评说:“代表清朝政府与侵略者进行议和谈判的恭亲王奕䜣,目睹敌人这种凶恶的行径,吓得目瞪口呆,不敢继续出面交涉……年方二十七岁的这位‘御弟’奕䜣,既没有政治经验,更缺乏外交才干。由于他眼见形势如此险恶,正处于惊恐之中,也自觉走投无路。”[①]还有学者认为奕䜣“受命于危难之际,明知咸丰帝和肃顺等人,留给他的是一个吃力而不讨好的苦差使,但凭着他的过人才干和自己对皇室的责任心,还是勇敢沉着而自信地担负这一重任。在同英法侵略者议和过程中,态度不亢不卑……终于签订了《北京条约》,完成了咸丰帝交办的议和任务,结束了拖延三年的对外战争,挽救了清王朝的危急命运”[②]。两种观点正好相反,孰是孰非,读过《王锺霖日记》,可知奕䜣谈判中并非“吓得目瞪口呆”,而是“态度不亢不卑”,这对于认识奕䜣其人,纠正沿袭已久的错误认识是有很大帮助的。

《清实录》《清史稿·德宗本纪》等正史,对于第二次鸦片战争及战后京津一带的形势,只按时间顺序做了粗略的记述,特别是对列强的烧杀抢掠没有细致的记载,而《王锺霖日记》记载较为详细。如八月廿九日记英法侵略者入城情形说:

> 夷人耀武入城,城上满布夷兵将,我们炮械全行掷下,另安伊之大炮,皆向城内。声言恐开炮伤人,官民其各逃生云云,所以内城满汉人等逃者愈急。吧哑哩进安定门,绕大街出德胜门,当令夷兵将安定、德胜两门,把住不许我们出入,云是他们的地面也。……吧夷及各夷人在内城穿街游巷,并入殿廷窥探,闻并

---

① 刘培华、程道德、饶戈平《帝国主义侵华简史》,黄山书社 1985 年版,第 106 页。

② 姜铎《洋务运动总管——奕䜣》,《历史教学》1993 年第 10 期,第 3—4 页。

> 至内里步行。满官各家不能搬出者，家家惊慌，矢之以死而已，闻宫内皆设法避之。夷人从齐化门内迤北安定门内迤南，将城墙扒开，为伊等出入便当也。安定、德胜、齐化等门皆不闭，外城尚未惊扰，各街居者十不过一二家矣。夷人占住怡王府、肃王府、景公府。

联军进城，如入无人之境，他们首先军事威吓，在城墙上架设大炮，炮口对准城内，然后把持城门，不许官民出城，又扒开城墙供自己自由出入，最后坦然出入宫殿、王府，以胜利者身份在北京城肆意妄为，耀武扬威。第二次鸦片战争中侵略者最令人发指的暴行是在北京肆意抢掠、焚烧，《王锺霖日记》八月廿五日记载说：

> 一早，见纷乱逃来者，云是夜西直门外土匪放火，夷人又放火烧圆明园及海淀南北街，乘火大抢，无家不搜括银物。更可恨者，夷人喝令土匪肆抢，黑白夷人按人家持刀强逼要金银财宝，无论少妇闺女必遍身摸到些须银器，亦必抢去。其馀喝令土匪争抢，粗重贵贱各物不能拿者，用刀石(坎)[砍]坏，付之一炬。圆明园宝器尽为夷人、土匪所抢。向闻有大自鸣钟一座，想亦为夷匪打坏，一切细毛皮衣、细缎衣料、字画古玩……闻南北海淀街上掷满，尽为人马践踏。盖至天明，土匪不敢明拿矣。海淀以及西山所有避难富绅、王公大老家私，全归乌有。闻夷人中多有广东口音者，黑白夷多有用汉人装束者，官民人等焚死者无数，火光逼天，喊声震地，千古大变，惨不忍言。

最为惨痛的是焚毁了“万园之园”圆明园，王锺霖在此日日记眉批上不无沉痛地写道：

> 圆明园本前明太监花园，我朝又掘得藏银巨万，因修宫殿坐

落,一切极为宏阔。挖昆明湖泾玉泉山水,湖山苍翠,亭台阁榭,画图所不能绘。入夏,芰荷稻田,树色浓蔚,王公百官,轿马穿林而行,官民人等,车行湖堤,远近相接,到此者真升平神仙福分。挖昆明湖之土堆栈为山,缘山坳皆词林直庐,俗呼为"翰林花园""富贵神仙",诚非虚语。恨予差此一步功名,望而难即,二百年胜地,不意为此黑白夷鬼一炬为墟,令人愤极而悲而已。

圆明园被焚是第二次鸦片战争中极具标志性的国耻,如此惨重的国之大灾,在《清史稿》中仅有一句"圆明园灾"[①],轻描淡写,似乎是别人家园子被烧一样,无关痛痒。由于史书缺载,其中诸多细节已难悉其详。王锺霖以一介微官,亲历其事,不惜笔墨,一一载述,为后人留下了弥足珍贵的史料。

晚清以来,许多学人积极从事日记的撰写,内容以庞杂见称,举凡朝政、风俗、战争、灾荒等靡所不载,成为正史、野史之外的又一种史料。《王锺霖日记》所载史事,多为作者目见耳闻,"可以据此观一代政风民情"[②],史料价值很高,既可证史,又可补史,当为治史者所用。

《家言随记》作者王贤仪,是王锺霖的父亲。王贤仪(1798—1854),原名贤裔,字公垂,号麓樵,又号退斋,行一。幼聪敏,读书过目不忘,成童,将应试,未入籍,阻。年十八失怙,母抚诸孤守志,艰食,日饮泣。贤仪为之心伤,于是偷偷离家,出居庸关,后因母念子心切,辞归,从沈藕堂先生于臬幕学刑名,苦攻两年,即应聘知保阳谳局,后又依其表兄金文波太守于保定署者一年,东省当道争迎之,如

① 赵尔巽《清史稿》卷二十《文宗本纪》,第761页。

② 任小波《〈咸丰八年至九年日记〉提要》,俞冰《历代日记丛钞提要》,第169页。

琦侯、恩朴庵、钟云亭、杨镇等皆倚重之，尤其见知于李复斋、陈慈圃两先生，先后在青州、历城、武城等州县理刑名，与济南文人何邻泉、花寿山、谢焜、李廷芳等或为亲戚，或为知交。咸丰三年(1853)冬，应胡星垣明府之聘馆于招远。咸丰四年二月初，王贤仪在从招远回济南时于邹平西郭，“驻车拟食，忽逝于车”。

在保定时，王贤仪获安素徐致初所刊萧山王焕增先生《学治臆说》《佐治药言》，曰“道在是矣”，于是奉为性命，默而依之，之后四十多年做幕府，无不慎人命，顾名节，刻刻念子孙，尝曰：“佐治为人，己无与，不可见功，然不可有过。”又作《申韩论》，撰联于座右，云：“眼前常思立鬼，身后莫忘有儿。”

王贤仪一生阅历随处志之，结集为《家言随记》一书，子王锺霖曾持之求序于曾国藩，文正公称之为“有用书”，天津沈文和公亦谓该书“大端有四：择术，存心，主品，博学”，所论精当。

《家言随记》共分四卷，卷首有曾国藩所作《序》。另有湖北钟祥张应翔《序》，作于同治二年夏日；历城毛鸿宾《序》，作于同治五年春日。卷一包括《申韩论》《〈佐治药言〉摘要》《〈张文忠公为政忠告〉节钞》《阅历偶谈》《王氏说》；卷二为《稽古略论》；卷三为《辙环杂录》以及王锺霖撰《历下四美蔬咏》《历下七十二泉考》《第一泉记》；卷四有《交际心殷》《尚论景行》《梓桑敬止》《亲戚情话》《骨肉心关》《先祖妣赵太君遗训志略》《先妣谢太君志略》，末附《退斋遗稿》，内收王贤仪诗作12首。

王贤仪撰写《申韩论》，目的在于建议地方官施政时，以仁义为主，刑名为辅。诚如文前小序称：“治乱由于州县，州县所重，尤在刑名。余由左佐治将四十年，恤民隐，重人命，慎名节，兢兢然无敢率意焉，又必视主政者之刚柔厚薄而襄之以道。阅历既深，恐惧益甚，爰为此论，以质同人，并告诸从政者。”对于他的观点，时人赞同者众，短短七百字小文，引来好友李文耕、钟祥、恩特亨额、杨镇、张应翔、厉秀芳、陈宽、陈庆偕、董舒亭、花寿山等人撰文表彰。

《阅历偶谈》为王贤仪日常随想所记,并无固定顺序和格式,类似于随想录,但看似“偶谈”,却处处闪耀处世智慧和交友心得,如论为官之道说:“居官只一个快性,自己讨了多少便宜,左右省了多少负累,百姓省了多少费用。佐治者,亦当然。”又说:

> 官一到任,惟我独尊,往往任性使气,上司不及知,同寅不能劝,百姓不敢言,吏胥转得,乘其喜怒以施其伎俩,受害最深。惟良幕友昕夕相处,可以善导,使去其不善而渐为善焉。州县为亲民之官,不可有小人之行,然不可不知小人之心,不必皆循良之选,然不可不知循良之道。

此段文字,当为作者多年跟随地方官出任,眼见耳闻太多之后的总结,乃智者之语,为官者不可不知。当然,王贤仪不忘自己的职责,他一直深思如何当好幕僚,说:“主人去官有美声,佐治者无与也,若有荣焉;主人去官育恶名,佐治者无与也,而与有辱焉。宾主固相关,不可以势利交视也。”

对于如何使用“无材之君子”和“有材之小人”,他说:“多事之秋,用无材之君子不如用有材之小人,亦见到之言,然既为君子,未必果无材也,既是小人,有材亦当驾驭之也。”可见他看问题是辩证的,眼光是发展的。

《稽古论略》可看作读书杂抄,王贤仪在阅读古书时,遇有价值之言论,随笔记下,长短不拘,十分随意。如云:

> 世人多重汉玉,汉之为言“含”也,古人死必用玉,而以美者含之。庄子所谓“死何含珠?畏也”。或曰:“汉也。”玉入土久,则汗出而多斑。今讹以为“汉”,岂非汉则无玉乎?凡出土之玉,多得自葬处,人乃以为古而宝之,抑思皆秽物乎?夫何如古书之可宝乎?

考证“汉玉”为“含玉”之音讹而来，十分有说服力。

《辙环杂录》以记载济南乡土遗闻、风俗掌故为主，兼及作者做师爷的古迹风俗，如京、津、山东各州县等。书中对济南地理、山川、饮食、交通、歌谣等习俗记载尤为详尽，为研究清代济南民俗的珍贵材料。

如记济南之泉说：“济南随地皆泉，南关黑虎泉旁数泉喷涌，西关五龙潭之潭西精舍泉喷尤高，虽皆不及趵突之溯湃矗激，然砌而治之，皆可作趵突观也。李格非，易安之父，尝著《济南水记》，今不传。别有《名泉碑》，不知何人作，总记七十二泉，远叙中宫、灵严诸泉，而华不注之华泉见《左氏传》者竟遗之，又名多不雅，后人因七十二泉之名难以悉考其数，第诿之于日久湮塞，殆为碑所误耳。”济南自古以泉多而著称，王贤仪多方考证古籍，试图将济南之泉一一考证出来，但此事不知何故而停，不过，好在王锺霖后来撰写《历下七十二泉考》，弥补父亲这一缺憾。

王贤仪十分热爱山左，对于齐地风俗人文多有论及，如言：“古言齐俗功利夸诈，以今考之，山东东府风土最厚，初不见有并躯从狼之习，或今昔不同耳。天津五方杂处，好盛俙富，霸政馀习，或指此地齐饶鱼盐之利，今渤海间此利仍溥，齐桓公伐山戎即今永平府北山间也，山民居近边墙，仍有犷悍之习。”“风土最厚”一句，正为齐鲁百姓之真实写照。

文章还记载郑板桥在潍县传说：

潍县富庶甲于齐鲁，科第之盛，咸言郑板桥先生振兴之也。东门为潍水，一名白狼河，韩信囊沙为阵处。东南城上文昌阁旁生文官果一颗，结果多寡可验科第，诚信。城下有发科泉，板桥先生所甃也。

板桥先生诗字皆争宝之，时画竹兰题句寄意，与先祖克传公交契。先生宰潍县，所判讼词片纸只字，后人悉易尔裱成册卷。

相传先生恶富豪,辄骂为"驼钱驴",好骑羸调帘入省,帖"回避"封条于羸鞍上。

两则史料饶有风趣,极力颂扬郑板桥振兴潍县文教之功绩,又述其轶事,可为研究郑氏者借鉴。

《交际心殷》乃王贤仪追记朋好之文,每人着墨不多,但能够抓住人物主要特征及交往经过,许多史料不见载他书,可补史志之不足。如清人李文耕(1763—1838),字心田,云南昆阳人。进士,两任邹平知县,政绩卓著,清帝闻其政绩,后升任泰安知府、山东兖沂曹道、浙江盐运使、调任山东、转任湖北按察使、调任贵州等,道光十三年(1833),致仕归乡。清人吴庆坻《蕉廊脞录》卷八《李文耕论世局世态世味世情》,对李文耕生平亦有记载,但为泛泛而论,而王贤仪因为与之交往过多,记其说:

滇南李复斋先生文耕,字心田,昆阳进士,两任邹平,有硕儒名臣之概,书法似朱文公。修范文正公祠及黉山遗迹,振文教,彰节义,治水利,邑人立位以祀。陟东臬,修景贤书院,祀张蒿庵先生,纪事泐石。邀余至邹襄理刑钱,相交以诚,劝余谋仕,云:"有作为,奚为人做嫁衣?"噫!愧甚,感甚。

相较而言,王贤仪记载注重细节,李劝王之语"有作为,奚为人做嫁衣",正戳到了王氏的痛点,非深交不能有此语。

《尚论景行》是作者根据各种史料和传说,梳理古代山左为官的官员,或游学东省的学者文人事迹,重在突出他们在山左活动的轨迹或言行,可称寓贤小传。

有记前人轶事者。如云:

刘金门先生凤诰,字丞牧,萍乡人。乾隆己酉探花。典试山

> 左，授学政，尚实学，为伏生请博士，又为左氏郑康成请，未允。著诗文集若干卷。视学浙江，与中丞阮芸台先生因公至台州，偕游天台，记石“刘阮重来”。

刘凤诰（1760—1830），字丞牧，号金门，江西萍乡人。进士，授编修。超擢侍读学士，提督广西学政，官至吏部右侍郎。此则资料言其“典试山左”，不见载史书，且与阮元偕游天台山轶事，可称美谈。

又如记栗毓美说：

> 栗恭勤公毓美，字朴园，山西浑源人。州拔贡。官山左粮储，进擢河督。与黎河帅世序先后为河神列祀兴。黎河帅，河南罗山人，名进士，世比之包龙图。
>
> 恭勤公幼孤贫，师同邑，某师子不慧，与公恒同榻。师拟以女妻公，同学某知之，买盗夜刺公，误杀师子，刑公待决。同学某得娶师女，合卺夕，醉告曰：“费如许心，今乃谐。”女佯欢，益使醉。曙奔控，并盗抵罪，乃释公。女怀刃县堂曰：“误坠奸谋，今冤明，而首夫罪也。”自戕死，公哭之痛。为女立位，终身拜之，养师夫妇老。

栗毓美（1778—1840），字含辉，又字友梅，号朴园，又号箕山。清嘉庆七年（1802）以拔贡考授河南知县。以后历任知州、知府、布政使、护理巡抚等职。道光十五年（1835）任河南山东河道总督，主持豫鲁两省河务。此则材料中栗毓美与同学争妻一事，情节曲折，为小说、戏文之绝好材料。

与《尚论景行》之记外来官宦学者不同，《梓桑敬止》所述全部为山左先贤，以清代人物为最多，清代以前人物主要有娄敬、伏胜、公孙宏、邹长倩、董仲舒、东方朔、公玉带、崔不意、终军、王贺、王君公、祢衡、管辂、崔季珪、崔景真、刘峻、房豹、房玄龄、秦琼、罗士信、员半千、何彦先、魏花、张揆、李定、李格非、辛弃疾、王泉、杨宏道、周密、张养浩、边贡、李攀龙、尹同仁、殷士儋、张潭、张茂兰、王道定、邢侗、李纲、张尔歧、康丕扬、蔺刚中、王士祯等。

有的史料十分罕见，如记毕世持时顺带记其弟世济说：

> 弟世济，同借书，随月照读，每将入闱，倍食干馁，饮三日水，文笔如飞。春官不第，遂止。著《古本大学释注》《大学衍例》《政治三篇》，尤邃于《易》。卒年八十七。或赤身夜雪，曝背烈日，时人莫之测。

毕世持与蒲松龄是文字之交，是《聊斋志异》中《马介甫》的作者之一。蒲松龄在小说结尾处写道："此事余不知其究竟，后数行，乃毕公权撰成之。"这表明这篇小说是蒲松龄与毕世持共同写作的。关于毕世持生平，王士祯《文学毕君子万解元公权家传》及赵执信《怀旧集》皆有较详记载，而其弟世济生平则鲜少记载，此则材料弥补缺憾。

同样，文中也有清代历城诗人周乐的生平资料，云：

> 周乐，字二南，历城人。宏才富学，久困场屋，乙卯科，李复斋先生力荐未售，弃举业，以贡就教职。依李馀堂司马有年，梓诗文集，同里张北麓、谢问山、范伯野、郑莘史、何岱麓、王秋桥，皆鸥社诗友。晚主景贤书院。与人交，无城府，而出语成趣。诗多新颖句，如《宿齐河》云："铃铎搅残孤客梦，琵琶拨碎壮游心。"《风筝》云："尚留一线青云路，未免群儿白眼看。"惟咏《春雪》"半天兼雨落，到地一花无"，为无儿女之谶矣。《与家敬修论事书》，知非诗人胸襟。

周乐为大学者周永年侄，与金洙、李肇庆、翟凝、周奕黉、余正酉和文安纪淦等人被目为当时的"明七子"，其诗激宕豪迈，有《二南文集》《二南诗抄》等著作。但是相关著述记载诗人生平只言片语,此则史料可谓丰富,当为研究者采用。

《亲戚情话》则为追忆戚友之文,王氏亲戚大都为人忠厚热情,充满情谊,无论耕田还是耕读,总是积极生活,坦然面对困难,可谓晚清普通中国家庭之真实写照,于晚清社会学、民俗学研究提供很有价值的史料。

王氏亲戚中有廉直的官员。如其表舅尹竹农:

> 尹竹农表舅,讳济源,字东沇,历城望族。先母赵中表弟,戊辰进士,庶常主政,祠曹御史,视学云南。辛巳,典试中州,得士最著。出守建宁,秉臬楚北,爱民恤狱,称清惠。晋山西,调湖北,以疾归乡居,以史书自娱老年。少读书古诗循廊步诵,每至夜半,以暖四体,薯饭青羹,恬如也。不忘寒士苦,恒施衣粥于里人。修近旧居路崎岖者,云少苦经由,欲人不碍足也。训子孙云:"无关荣辱者功名,有益身心者学问。"

亦有善良的农妇。如王贤仪记其姑母云:"先姑母最仁慈,念狱囚苦,夏施药,令除虫秽,冬施大被厚褥,使鲜冰冻。清苑多系贼,念因惰无业,命文波兄令各习糊口手艺,怠则责之,艺熟案结,相劝谋生,不再入捕房,于官升去,众泣,叩于路曰'太夫人活我。'先姑母每语亲弗子,为前驱采仗呵殿远迎入署,思篝灯纫针,视读至三鼓,差不负也。"

有著名学者。以王贤仪内兄谢焜为代表,他说:

> 谢问山内兄焜,自浙江山阴占籍历城,与弟照皆名庠序。家贫,诗酒自乐,各无宿粮,弗计也。诗宗少陵,奉戴笠小像,举觞必祝。每四月十九,仿浣花故事,集周二南、范伯野、何岱麓诸诗友为少陵寿,时相酬唱,联湖千鸥社。租居近水,引泉绕屋,叠石

杂花,水作隐趣,名鹪园,赋以志之,有《绿云堂稿》行世,为文务坚卓。乙卯不第,坐独轮车,敝衣竹笠,游齐鲁间,玩佳山水。搜今昔人诗歌,辑《海岱英华集》十二卷,无力付梓为憾,刊《心仪》《停云》两集,皆海内诗老之诗。《停云集自序》:"一卷残编,读当晚照,数行老泪,洒向秋风。"人谓不减魏武《短歌行》也。目损于酒,年七十不见物,日犹吟哦,令孙为书。将易箦,云:"未为陈元圃作传,歉事。"撰痘神祠联:"体谅人间慈父母,保全天下好儿孙。"人多诵之。

还有王贤仪姻丈魏正和之类的能工巧匠,他记载说:

魏正和姻丈详,自章丘居历城。家寒微,弟祺,各谋食,性孝,奉母,托人宇下,仅蔽风雨,贾力承欢。随圬者修抚署澄虚榭,武骏亭中丞欲因泉竹结构,退食,观金碧巨鱼,环沼群戏,匠首拟式不合。丈最勤,每散食,先回操作,知匠式未善,画地自拟,抚见其勤,且察所画颇合,即令承工,遂名良圬。幼未读书,而匠心独运,经营缮者弗逮焉。乾隆丙戌,巡监使令修各行宫及天津柳园。适宫门外赐安南国王宴,直隶制军令一夜结绮楼,以壮体制,名因大噪。恭办山西五台山行宫,邀六品职。修曲阜圣庙林门、邹县孟庙各大工,清勤一如微时。修岱庙,一时巨公赠之篇什,镌石,留雨花道院,泰山刻《靠天吃饭图》,跋皆本诸身语。济南府县学宫,亦其经画。修贡院号舍,永无雨患,留雨龛,增以仰板,试便庋物,且弗致污卷,无不叹其以门外人而能体试者之心细也。修泰山盘路,就堆山石,每半里作男女厕,终年香火,妇女颂便不置,虽小节而廉耻关焉。尤善居室,能于窄处觉宽。治家有法,子弟日蕃,孙、曾继起,名重当时,多乐与交,自筑别业娱老。钱润济中丞臻、济阳阎军门后烈,时相快谈,又代章直斋明府完亏释罪,义声愈著,殁载郡志。或曰明匠蒯详、陆祥堪鼎足,余谓名似而行过之。子治淳,贡生,官广文;从子治邦,武举;治勋,诸生。济南名胜及寺宇多制柱联,皆汪东川代笔,督娱、城隍庙门悬大算盘作额,一书“不由人算”,一书“总归一算”。

《骨肉心关》主要追记过世的母、弟、子、孙女诸人,文虽短,但娓娓道来,深情绵邈,如记痘殇之次子云:

少从学沈藕堂师于臬幕,署深多柏,夜森森,尤可畏。家贫鲜仆,母命仲选五胞弟贤登送衣物。年十一,初入官府,罔知所询,(次且)[赼趄]森柏间,久且饥,堂鼓冬冬,狱号声怪,风飕鸟啼,栗栗掩泣,巡更者欲执之,乃向言,引入署,手足情切,终身难忘;或过臬署,犹若五弟之在相问也。余次子小名二桂,少锺霖一岁,颖悟可喜。余馆省东,母命两孙送至东郭三皇庙前,止之,车行回顾,犹见在树间并立。是冬,二桂出痘,殇,甫四龄,甚伤母心,后经其地,犹若二桂树间依依也。

又记早夭孙女道:

余长孙女琪,戊戌九月生,甫步,识人意,数龄聪而庄,认字,或言古今事弗忘,针黹亦可观。幼即留心家事,或事有忘,询无弗记,客至留言,仆述恒讹,能旁听而传客意以白,八九岁若成人,凡事识是非而不妄语。余性急,或甚怒,逡巡绕膝,余颜为之解,伺左右,体余夫妇意,先事以承,可兼众职。游明湖、佛山诸胜,必扶为杖,随言随慰,倦而弗露。字于金三表侄孙绍甡,为文波表兄孙妇。将娶,会谢室丧,哀成疾,患胯疽若斗杯,呻吟一年,死于潍县寓中,年十五,余颇达观,乃时凄然,为之不到湖山者数年。

若将之叠入《归玄恭文钞》，真真如作于项脊轩中，骨肉心关，诚哉斯言！

《家言随记》为作者随想随记，并未成书，王贤仪去世十六年后，即同治九年(1870)，王锺霖分判蓟永，公馀开始整理该书，并在整理过程中，撰写了大量补注，可与王贤仪原文对照阅读。书成之后，孙寿恩为之详细审订，又寄给远在河南息县的王宝霖审定校阅，在请长者作序后，往京城觅专事刻板者上板，因王氏家祠名“素风堂”，故以之名板，刻好后，板暂寄京都琉璃厂中间路北翰茂斋。1997年，北京出版社影印出版《四库未收书辑刊》，该书被收在第五辑，本次整理即以之为底本，硕士研究生徐红梅、丁春林、汪凌峰、武雷、路璐等参与整理。在整理过程中，王氏后人、河南工业大学王庆斌教授与笔者联系，将其所藏《王氏家谱》部分内容拍照发来，对了解王贤仪和王锺霖生平添一有力史料，在此一并深表诚挚谢意。

凡　例

一、根据《丛刊》要求使用简化字，但涉及具体人名、地名时，则尽量保持原貌，如人名中的“锺”不简化为“钟”。

二、日记中多异体字同用，如“斌升店”和“斌陞店”，“章丘”和“章邱”，为统一起见，皆用前者。

三、日记中对同辈字号称呼颇随意，常记作同音字。如“国晓山”和“国小山”，统一用前者。

四、日记中残阙处约略可计字数者用“□”表示，不能确定字数者用“……”表示。

五、日记中确系误字，用圆括号“（　）”将误字括出，后用方括号“[　]”括出改字。日记有脱字者，补字用“[　]”括出，衍字者用“（　）”标注。

六、日记中夹注部分用小五字体单行排印，夹注中解释说明文字，则用圆括号“（　）”括出。《家言随记》中王锺霖在文中补注部分用楷体标出。

七、日记多有眉批，在整理中相关位置以小五号仿宋字体标出。

八、因是日记，故文中有不完整语，为保持日记原貌，不作补充。

王锺霖日记

咸丰八年戊午(1858)

正月

初一日 天气清和，主年丰人乐，家室安平。拜各庙，贺众同官新年。命颖儿赴看花台寺拈香拜颜鲁公祠。三泉书院西邻。

初二日 祭财神。

初三日 众及门来贺年。蒙丹墀、郑传龄、康雕程、许瑞麟、李春光、曹来仪、郭凤池、赵清翰、张冠申武生、赵长泰、曹益曾(两位皆岁贡)、王秀山、冯一德武生。

初七日 赴县署，为孙箸亭太翁、临波封君行奠。神头镇康五先生缋号采五。偕子赋林、侄郗林及凤翥、康雕程、康青云来。张小岑同年、铭勋，清平人，署训导事。孙蕴山四兄辉堂，即墨人，署教谕事。来谈。

初八日 丁丙华兄耀，浙江人。自德平何师竹明府处来陵畅谈，住沈骏千刑席家，晚间回拜。

十一日 早，云。午间，起身上省，住水屋。是早，现任平原县刘明府恩第号承枫，津门人。兼理陵县到任，金琢臣兄浙江人，沈骏千高弟子。亦自陵上省，同住水屋店。

十二日 早行，甚冷。禹城南关外尖，店中遇徐芝仙盐经自德州公干回省，因同行。午后，大风，住晏城，日尚未落，歌者金喜，雏龄也，令唱至三更。

十三日 齐河北店早尖。午后到省，满街架灯，微起试灯，风。仍住谢莼堂大表哥家。

十四日 沿街锣鼓喧填，青龙彩云，元宝蝴蝶，各色灯可观。莼塘大表哥家(叫)[斗]灯。

十五日 晚，到各街看灯，至旧军门巷李振之二兄处小坐。振兄回山西安老太太葬未回，其大令侄晓霞镜章铨荣成知县，奉到，已得饬知。

十六日 北极庙游人甚盛，红袖歌船，往来湖上，素称乐事。不到湖干玩赏此景已数年。约定耿知圃同年及其十二弟嶅臣曰愿同往。乃午间大风且冷，阻兴，曷胜怅然。

十七日 拜谒陈栗翁夫子，并拜章师丹表兄、天津候补府。范云庄明府、雕程，单县知县，已保升花翎。郭焕然仁兄、绥昌，江南人，癸丑即用。杨西屏太亲翁，并到西关百顺估衣店，又拜毛仲云六弟，知乃兄寄云观察甚好，来接家眷。

十八日 赴南关拜年，晚间，黄柳兄来，送到张星翁信。茅柚村兄、祝叔华兄、张少方诸君小聚。

十九日 在兴隆轩与伊薪传内汛、缙保，德州驻防。韩守戎、右营。李京塘小酌。莼塘兄外好翠云偕至韩湫泉兄，得委署陵县事，诸君皆来。回拜。

二十日 林仙根三弟来拜，未晤。赴雅鉴斋晤郑敏斋兄、耿知圃同年，约去看十二弟收藏佳字画，不下百种，皆年来搜罗旧家之物，长山袁宅者极多。有新罗山人翎毛花卉大绢屏十二幅、香光墨迹大屏赤壁十二幅，皆宝也。其赵《千里马》、管夫人《潇湘烟雨》并佳。嶅臣十二弟质良田买者，可云“画癖”。嶅臣正在英年，以广文候选，予赠联，遂书一副，并集句云：“得天地春夏之气，以山水文籍自娱。”嶅臣甚喜，遂沽好绍酒，烧肥鸭酬予。知圃同年并令如夫人烹雨前美茶。接潍县丁抡堂二世叔讣函。汪叶廷七兄寄来。

二月

初五日 发家信。

初六日 巳刻起身，韩仓尖，住龙山楼子店。

初七日 章丘南关尖，焦皮肉甚美，住邹平西关。和壁间韵七律两首。

初八日 张店尖。遇昌邑张公维型，乃甲辰科同年张仁兄殿栋，丙辰进士，礼部主事。堂兄，任直隶知县，丁难回家，并同其令侄偕行，住辛店。乃汉邹阳故里。

初九日 南柳树尖，住昌乐南关，与张世老兄畅谈，知曾署丰润，在直二十年，由佐贰荐至正印。

董信斋三表兄前就昌乐傅如山明府刑席，囊馀五百馀金，因在昌乐买田十数亩，坐食不足，转主又难，正在进退不定也。到店来谈至四鼓，云三表嫂怀孕已廿四月，近来略见长大，而医家皆不敢确诊是病是胎，并闻近处有此等样者数家。

初十日 巳刻，将近潍县，经大于河西庄，见陈宅新建节坊甚伟壮，并即择吉开贺，甚热闹也。到潍县北关店尖，略涤征尘。店主人皆认识，遂送信于丁云藻仁兄，命轿来接进城，至梁家巷丁宅。多年至交，久别相逢，握手情欢之至，即取行李至西厢房住。丁云藻仁兄为其二叔抡堂世叔理丧务，其二胞弟彝厚号朴庵，嗣于二世叔。

十一日 丁梦符三弟来。丁吉亮四兄来，为赠号“友斋”。云藻兄大世兄名敦铭，为赠号“筱钧”。

十二日 赴抡堂世叔灵前奠醊，送青呢幛一架。

十三日 丁韶堂四世叔廷夔来谈。前邹县教谕田诲堂，现须另选。二先生、丁希康三兄来谈。

十四日 赴大于河西，贺陈太夫人节孝坊。太夫人适陈君官杰，伟堂、中堂之胞弟。嗣侄介谋、光禄寺署正。陈寿卿编修介祺为胞婶专理建坊,并贺七十寿。于坊前演戏,又在别业设寿堂演戏。坊为道州何子贞太史书。城乡邻村官绅士民贺者、观者不下数万,车马喧填,极为盛事。演戏、酬客十日之乐。过午回,经小于河,入陈氏园小镇,园广十亩,苍松杂木,山池出曲,花种四时,亭榭轩敞,极为雅观。犹忆癸丑中元同王芝山明府来游此园,蝉声噪耳,荷沼纳凉,盘桓两日一夜,真乐事也,弹指六年,俯仰生感。

十五日 拜丁韶堂世叔,见其新置房舍极佳,庭前黄杨近百馀年。又拜田悔堂先生复听,由茂才改运千戎。田澹园八兄、陈绥乡兄、陈秋圃同年未遇。转至南门外,拜魏竹桥。鉴湖昆玉回拜。郎晓岩先生,盼,兄弟进士。王次屏太史之翰,刘爱山、小山昆玉,刘龙川、惠川昆玉,皆未遇。郭南庐七兄。

十六日 诸公来答拜。无日不酒食。

十七日 王芝山明府自莱州上省,过潍小住,晤谈。

十八日 大雨连日,为诸好写条幅对联,又为张氏作建坊序并书,又为抡翁世叔作祭文并书。

十九日 早间尚雨。蒯立堂兄来谈。莱州刘兄永泰来潍。为抡翁行奠也。

二十日 在仓巷云藻兄半亩园赏花,小酌。园为吾历陈雨人先生规画监造,乃陈公凤翰别墅。陈公以太史官知县,门第甚盛。介甫三十年而式微矣。半亩园地未广,为甚曲雅,予前在潍壬子春闱罢归,云藻兄、朴庵弟招予在园过夏,日与郎晓岩三先生并一二知好花晨月夕,岁暮方去。次年癸丑报罢,又在斯园盘桓者几半年,迄今思之,诚不多得之福分也。予于庚戌冬来潍,应王芝山明府聘以书记兼西席,并校试文。洎芝翁奉母讳,予即在半亩园寻乐,时南匪扰乱,省城大惊,接禾生二弟夫妇来潍,一家同聚。梁岳母母子若孙亦来。

先大人适应胡星恒明府联奎招远刑席之聘。招远在海之曲,车不能通,以南贼如此残害之时,而一家远隔,处此乐土,未能谋一保举,然天之待区区者,甚不薄矣,(附)[抚]心志幸。

廿一日　赴潍东门外白浪河干观山西班演戏，甚好。

二十二日　清明。东门外河干有秋千之戏，游人不下十馀万。是日又值大集场，河之东演戏，富室少年争放风筝，各色皆工，几百样，一快观也。

二十三日　丁韶堂世叔招饮，唤山西班歌者，时安范德侑酒，甚乐。四鼓始归。同酌者王次屏、田悔堂、陈公威凤、丁兄吉亮。

二十四日　半亩园栽花木，食蒸豚，甚美。连日海鱼大蟹大虾肥美，(淮)[潍]河鲤鱼四鼻孔更佳。又饱食银鱼，粗如指，味似冰鱼，鱼盐之利厚哉。银鱼，土人名王瓜鱼，渔人嗅有王瓜味即捕之。王次屏兄招饮不果，田悔堂先生、蒯立堂九兄时来夜谈，闻陈世兄金诰及田大兄笏山皆中落。夜静无事，为诸友写扇及条幅楹联，连日无事，只有写字。

三月

初一日　赴半亩园看花。新购黄杨二株，皆百数十年物也。

初二日　赴潍署拜张许桥明府，楷枝，直隶满城人，丁酉援，庚子副。并拜汪叶廷七兄。兆赓、钱席。次日均来答拜。

初四日　张许翁请酒，辞。是日大风，未行。

初六日　起身。云藻仁兄厚赠各物，蒯九兄赠茶食，田悔堂先生送海物，丁梦符彝绥，己酉举人。三弟均候登车。晚住昌乐南乡，有窦建德旧城，古长乐也。离潍县西行卅里有伯夷待清处，南曰“孤山”，有碑立路旁，并刻联云：“兄让弟，弟让兄，父命天伦千古重；圣称贤，贤称圣，顽廉懦立百世师。”

初七日　南柳树尖。渡米河，水甚浅，住辛店。

初八日　张店尖，看《渔洋先生神道碑》。经(商)[高]家庄，买(溜)[淄]砚四方，红黄花石砚三方。缘孝妇河行，日夕住(溜)[淄]川西关外店，一路运煤炭者。窑货。

初九日 午刻到博山。博山城四面环山,人家高下而居,远望参差,间以松木如画,河水清湍,曲折绕城,不到城门口不知城在何处。小雨。住西北关店尖。送信与张星槎仁兄,即命其轿派役来接到署,快甚。随即取行李入署。署中曲水映带,淙淙如戛玉,大木蓊森,小鸟声娇,佳境也。送金银镯锭八色,贺其生子。

初十日 赴东门外范泉书院拜朱伯庭同年,学程,平阴人,进士。未晤。时主讲书院在山半西院,亭阁回廊,泉泻入池,池鱼若硃者,长半尺。院花正开,牡丹极盛。院丁引予游览。雨时许,远望人家烟树苍茫,不啻仙境。邱采臣明府联:"五六月间无暑气,三四更里有书声。"过北门外看研山石成泥,做大瓮杂器者。渡河,至琉璃街观烧料货者,各色鲜明,如晶、如玉、如玛瑙、如翡翠。诸匠围炉手制口吹者,有天工之巧。玻璃乃山石研细以火硝炼之即成,其色则配合也。各省贩商交易不断。细者货料,粗者黑瓷、砂货,再下则煤炭。其窑所炼红土,天下人买去以涂宫庙红墙,不减硃红,亦奇货也。转登西南山坡,上谒女娲庙,窑户所祀,恰与炼五色玻璃合。博山原名颜神镇,颜神者,孝妇颜氏也。庙殿下出泉,流而为孝妇河,博山俗称宝地,日进斗金,非妄语也。星槎兄有句云:"泉有声似玉,山无土不金。"甚切。日夕回署,拜识各友。星翁请酒,为书"水声常在耳,山色不离门"一联,付工刊板,悬书院。博山城内外多山泉,家皆引水绕出门前,濯衣涤器,甚美。水清深不二尺,故人物多秀,科第不绝。

十一日 早,朱伯庭同年来署,约午后过院小酌赏花。早饭后同刘文岩书记至城外买料货,午后回署写楹联毕,即赴北亭子书院别名。畅酌,同坐者钱庆馀年侄振家、晓村同年、乃郎暨、伯庭兄甥孙王世兄。连日与星翁快谈,不至五鼓不止,惟私事心急,星翁坚留,难以久住。

十二日 卯刻起身,星翁已具小酌,并属定书院课文甲乙。辰刻登车,星翁送至署大门便道,拜钱同年奉勋、住西门外,官昌邑广文。张竹溪同年,培之,刑部主政。皆未登堂。(溜)[淄]川西门外尖。午后天阴，过山岭数重，至明水，小雨，急驱车至周村镇住。雨大。

十三日 邹平西关尖。住章丘南关。早晴。

十四日 葛店尖，过午到省，住隆兴店之一品轩。苗家巷路西。

十五日 上南关及诸亲友家。

十六日 上姚家庄省墓。

十八日 起身。齐河尖。大风扬沙，黄水桃花汛来。水上大沽桥西首，风(逾)[愈]大，车(逾)[愈]集，船不能牵岸，约二时之久始能渡过。住禹城廿里铺。食鱼甚美。

十九日 水屋尖。申正后到陵县，弹指将及两月。子女欢迎，鸡犬亦若喜主归者。家蓄黑犬每闻予归，必奔迎至门外，前后之，左右之，摇尾而喜。何以知其喜？曰："狗笑在尾，马笑在唇。"附志。猫生二子，可喜。

二十一日 赴署，拜韩漱泉仁兄，并拜钱席、程树思二兄、官印、国棠。山东候补州判林仙根三弟，时办征收。藉识郭兰屏书席、沈菊芗二兄世祺、韩漱泉兄、表弟袁竹圃二兄。宗朱，临淄人，时权陵训。孙蕴山兄来拜。众及门来谒师。陵县文庙岁久失修，两庑及各垣皆就倾圮。前兼理现任平原尹刘承枫明府恩第以来陵所得盐当、规银捐出，得将大成殿、崇圣(词)[祠]先行修理，不致风雨。漱泉兄以予在陵多日，可与及门商办，合邑捐助，藉此大修。因即代拟一启及条规数则，并商之两广文先生，举同学可以董事者。

廿二日 开课。近得透雨，麦现畅发，禾苗亦出，为之快然。

四月

初一日 上供。时入暑，与漱兄畅谈。众及门来，以新山长未来，请出题。为出两题：《行人子羽》，两句《博学而笃志》。

初六日 仙根二弟约同往看花寺小坐。董春农来陵。

初八日 仙根弟回省，托寄各信。为乃尊杏桥姻叔窆。

初九日　山长张心农七兄其煜到。癸卯顺天举，峄县人，乃癸丑同牌，挑二等者。现署沂水广文。

十二日　漱泉兄开贺，早晚饮筵。

十五日　孙镜泉二兄请酒。

十六日　未初刻，自陵起身，日夕到德州，刁升同来买物。

十七日　午后，令刁升坐原车回陵。入州署拜张云骞夫子，畅谈两时之久。晚间，张森林世弟士魁来拜，云翁并送各物。写省信托送。

十八日　午后车行。头来云："适有蒲台车自沧州赶到，以官价十一千二百文扣住，到京再赏三千文。半官半私。"因英夷在天津，车户多畏难不前，可笑。

十九日　辰正，自德州起身，过刘智，庙会尚未完。景州南关午尖，小雨。晚住漫河于家店，饭菜颇可吃。

二十日　富庄驿尖。住(商)[高]家林北大兴店。自景州来，一路麦苗不佳。

二十一日　河间廿里铺早尖。住任丘，半夜雷雨交至。

二十二日　出任丘里许，浓阴挟雨自西北来，行不四五里大雨至，赶至十二里之香林铺小店，略避雨，约时许，晴。鄚州正会。过十二连桥，满河来往小舟，老少妇女皆新衣，乌云边插石榴花，各红缨映水，更为鲜艳。岸上游人，骑者、行者，老幼欢呼，游女结伴，无尘俗气。湖水澄明，秧苗芦荻，参差青葱，图画若也。桥外一船起芦棚供佛，人皆拜焉。询诸行人，盖附近居民不能至鄚州拜佛，僧人载佛来此，就收香火，亦古会也。雄县南关午尖，晚住巩家营田家穿行店。

二十三日　固安县北关午尖。城内大集，是日大热，赶至黄村已交初更，沙山难行，颇形困乏。闻近来此路往往有骑马贼在渠沟，地方偶遇数人短衣，驱马十来匹，不似卖马者，幸而交臂分南北矣。住黄村镇谢晓坡八表弟巡司公寓，畅谈一夜。

二十四日　晓坡弟留住一日，与南路厅尊费公大少君梅庵大兄晤识。晚间写联幅。

二十五日　午刻，坐晓坡弟坐车，从海子内走，甚平静。所云“黄羊四不像，百十成群，或食或卧于清流茂草之间”。闻地官人耕种禾苗甚美，中一村落约数十家，未问何名，皆旗人居住，颇觉安乐。未刻，出海子南门，远见永定门，过南顶。申初，进永定门，仍住麻线胡同斌升店。顷刻，弓兵李永旺同曹生押行李车自南西门入，到店云：“比设巡防处，城门讹钱太甚，不论官商男女，皆先要许多门口饭前，而后送务。务上，又故作刁难，竟有无货车而费当十大钱，廿千文看一车者。并无明文，只云要钱办公。”郑王初权金吾，若此受累者载道，称苦于夷务何济耶？吴春翁已住斌升店三月。

二十六日　赴同丰银局交兑，员外三班捐足。令弓兵回黄村。

二十七日　店主国晓山三兄、海淀全庆钱店王诚斋二兄及张三兄，约同吴春翁到鲜鱼口裕兴园听大双和山西班，甚好。伶有名“八十者”最美。天德馆晚酌。早发专差上宣庄。

二十八日　赴顺天府大门内菩萨娘娘庙寓，拜分顺天知县孙立亭大兄，快谈片时。时在治中(暑)[署]审案。午刻，入内城，往返几二十里，申初方回。晚，李子芬三兄来谈。小雨时许。

二十九日　令坐车回黄村喂养，并赏及饭钱十千文。午后，子芬兄李芰芗、十五表弟任尧阶二兄来谈。晚间，李少村先生来谈，二更方回。是日，由塘府发寄家信，从德州递陵县。

五月

初一日　听春台部。张子固二兄自通州来京，同店住。袁樾亭世兄来谈。晚赴翼生邹三表弟处，谈至三更回店。微雨一阵。

初二日　听双奎部。遇李瑞圃大兄，恩泽历城武举，新授京提塘。就道拜李子芬三兄。住石头胡同准提庵，候拣兵马司副指挥。孙立亭大兄印鸿基来拜。子芬兄在店。二更分，雷雨交至，大雨至次日午刻。

王诚斋兄自海淀来。

眉批:孙立亭兄于八年秋间署宁河县事。

初三日　为李芰芗十五弟、任尧阶兄写条对。

初四日　听春台部。去年九月间,余三盛赴天津春台部,日减色一日,在广德茶园演剧两时之久,听者不过数十人。自今夏初,三盛重到该班,而听者过千人。三盛所演多熟见之剧,而盛衰如此。

初五日　在旅寓过节,买粽子三枚食之,聊以应景。

初六日　偕吴春卿到梁家园寿佛寺访秋航老和尚,未遇。晤扬州赵某,约到禅堂小坐。对堂有颜鲁公"逍遥楼"三大字石碑,字大可三尺,古动如生。石刻精工款识"大历七年五月一日",未审从何处移修于此,墙内俟询知者。和尚亦扬州人,围棋推国手,惜未晤面。相传其逾百岁。问之赵某,云道光廿九年始来京师,投陈子嘉先生者,即宝禾前顺天府丞。近愈七旬,时与诸大老手谈。宝壁字画皆佳,中联为介春耆相国英撰书。圣朝隐圣僧,国师兼国手,应非虚誉。

袁雪舟姻长来谈,至四更回聚魁店。

初七日　听久和班,见所传称张子久者,演《击鼓骂曹》不亚张子英。即二奎。问此人,家颇裕,幼好戏,揣摩三盛、长庚、二奎诸脚色,而尤神拟二奎。年未卅,诸优邀之成班久和者,从其号也。听者亦近千人,计其所获,每日可得京钱卅千文。技之动人若此,此亦见当时好尚矣。廿年前,张二奎系部书张某之弟,貌既英俊,声调更宏韵,彼时四喜班寥落不堪,购二奎登场,则声价顿起,中外无不知二奎者,亦无不学二奎者。官绅争唤二奎侑酒为乐,二奎亦渐以俊伶自居,其兄几加痛斥,或禁藏之数日,则四喜班便日减色,于是倚之如命者百家千家,而二奎之兄亦不能不听其出场矣。二奎一年所得约三千金,轻裘肥马,罗琦红袖,日近贵人而处温柔乡,未知其福分何等也。今年来京,见其新营家室,栋宇焕然如起甲第,子久盖慕而起也。

初八日 午后，张子固兄约听三庆，而浓云四布，雨意渐零。乘兴至庆和园，则楼上下无坐处，转而至三庆听春台，更肩足骈集，园主竟不来招呼。时大雨如注，坐立不安，冒雨又至他园，亦汗气人声喧填，与锣鼓哄杂。看雨又将大至，因偕行归店，雨亦随至。初不识何以如此人多，继思初九至十一皆斋戒日，十二日夏至也。

初九日 子固兄未上通州，因同到琉璃厂间，游至前门外而回。店主国晓山三兄印，云霞。请吃水角子。午后，李十五弟来店，未值。日夕，予赴高升店找其一谈，彼亦同住，二兄外出。晚，写致谢四表哥一函。托子固兄发。

初十日 袁樾亭世兄来谈。早接黄村分司谢八表弟专弓兵送来一信，当写回信，午后令回。

十一日 早间雨。午后任尧阶二兄应衢约到种玉吃晚饭。又至宝安小坐，二更后回店。时各街安团防，各城设巡防处，备天津夷船也。阅《钞》，知耆介翁拏问。

十二日 午到琉璃厂东门外贵文堂买《宸垣识略》，又到西河沿大成店任尧阶兄、李十五弟处。留吃烤肉、凉面。工部主政齐梅臣姻世兄云布来约吃饭，未晤。

十三日 偕樾亭听三庆，就近赴其姻长永泰钟表铺小坐，晤识其姻长郑二兄。铺在大栅栏路北。早微雨，日夕浓阴，未雨。

眉批：是日游永定门南顶者甚多。

十四日 午前，李十五弟来约吃烤鸭。一点钟，经过琉璃厂东门内，见有文采斋刻字店，(买)[卖]近科直省同年录者，因买《甲辰科乡试同年录》一本，前所存者遗失，今得之甚喜。到大成店，同坐者有刘子屏大兄维翰，河南人，在崇文门东开设新合药行，与山东颐寿堂一事。晚间雨至，赶回斌升店。宣庄差回，并帮差阮庆寄到银百金。

十六日 谢晓坡八表弟自黄村来京，住观音寺路南鸿兴店。晚间来谈至四更。李芰芗弟、任尧阶兄、袁樾亭世兄均来夜谈。

十七日 赴前门一带闲游。晓坡弟、袁雪舟姻丈均来谈。五更大雨,国晓山三兄冒雨于五更赴圆明园带引。

十八日 大雨如注,一日未歇。过午,晓山兄回,知已升五官正。是日有约,到广德楼听双奎,雨阻。是夜五更,晓山又冒雨赴园述旨:"凡宗官放缺,有拟正拟陪者,及带引放缺,则所放之员于次日宫门述旨。恐一时中有传错之处,经本员覆述或是此人,或放系彼员,请旨示下,自睿皇帝始有此,可请圣明谨儆。"

十九日 领部照之期,至八点钟始到同丰号讲明,先将照领来,所短之项立券再还。晚到陈镜翁处,取来印结,赴两处用戳记,不及。

眉批:介翁赐自画。

廿二日 推班,赐裕中堂奠,自园来。

二十日 辰正,亲到镜翁处取来大小结两张,查结同乡官工部主政安滨管结费,光禄赵吉甫八兄皆用戳记。袁樾亭世兄邀同吏友马二兄到吏投结,注册候验,看分部。分部注册验看共一半,结费银一百八十二两。举班乃正途,所以只用一半。

眉批:杜石翁逝,照大学士赐恤、赐奠。《邸抄》。二十三日推班。

二十一日 李十五弟来,晓山兄转假大衍送来,晓坡回黄村。

二十三日 巳初,袁雪翁约到报国寺吃素面,同坐者王鹭峰三兄、住打磨厂。吴春卿兄。寺在彰仪门内,院落方数顷,万木森蔚,群花拂地,春来香气如云,成为万花寺,非虚也。寺僧戒学古貌清神,年七旬,具阿罗汉相。中殿塑如来佛、十八罗汉。殿宇宏阔,云明珰建造。殿后壁塑观音像,并窑变观音一座,高尺八寸。坐像神色如生,衣冠如制，宝座上刊乾隆丙子御制文。神灵异常，旁立两瓷像，采质精细，然不及窑变之庄严，洵为奇观也。西厢悬乾隆甲子傅雯奉敕指画《胜果妙音图》，指头生活大写意，色色皆入神，不知其指头有金刚杵耶？抑具广大神臂耶？纸厚若茧，长阔皆及十丈，瞻仰久之。佛殿前有古松三株，近二百年，荫垂如盖。

眉批：寺悬祁春蒲中堂字甚多，无不圆动苍秀，可传也。近书一联："五六月间无暑气，三四更里有钟声。"甚切合。与前在博山范泉书院所悬楹联只易"书"字为"钟"字，不知其原本为何，俟考。

僧之方丈尽挂当代巨公笔墨，盖来游者必留题，假寓僧房应试者多词林也。僧具素馔，无一不精美，觉俗肠为之沽润。

申刻回店，买万元尖靴，钱十四千文。

二十四日 李少村先生来，言及邹翼生表弟庶母以疫殁。

晓坡弟专人送稷米来京。此米出于霸州乡间苇地，内如莠，然其实成米只获石许，乡人收藏甚珍重，官必购其数斗赠人。遇有久痢久泻难治者，用米一撮，炒而冲食，立愈，妙药也。晓坡弟以予偶患腹疾，特转乞送来，尚未尝试。属袁世兄雇车买物上宣庄。晚间写致鹭湄四表兄信，拜马二兄。

二十五日 卯刻。令阮庆随袁世兄起身上丰润县之宣庄，并带去鱼子布、玉耳挖、百折扇、手巾、石砚、山东酱、大头菜等物。赴保安寺街邹翼生表弟处小坐，适表弟妇自平原归宁回京。付结局二次。

袁雪舟姻丈晚间来谈，至四更回。

一品斋买来万丝纬帽。闻天津议(合)[和]。

二十七日 夜三更后雨。

二十八日 辰初，雨大。早饭后冒雨坐车至三座桥门，衣冠入天安门、端门，至朝房候验，看大臣，得晤新选山东兖州通判海别驾，兴，旗人。三十二岁。雨至巳正略住矣。候钦派吏部尚书麟魁、侍郎文清、廉兆仑、杨式谷、载堪、宋晋、富廉、黄赞汤。

给事中仙保、吴惠元、福称、张修育。

御史隆庆、普安、林之、陆秉枢。

午正。在午门前阙左门验看官,就地铺垫子,分南北面对坐。郎中至知县皆立,背履历,佐贰皆跪。背履历,以其不能带引也。先验看月选京外官毕,即验看分发各官。陈西峰世叔来送验看,马启南二兄廷扬在内照应一切。午后即出,天亦即晴。就近拜刘春浦兄照远、兵马正指挥陈西峰世叔、马春山同年。景阿,京塘府。回店腹泻。

二十九日　写家信,仍由提塘递德州转送,并上张芸师奉启,肯为通融。并附韩漱泉兄、孙镜泉兄各函,卅日发递。

三十日　雪翁约到聚魁店,同王鹭峰三兄护住打磨厂。吴春卿兄手谈。申初,大风雨时久。

六月

初一日　辰刻,刘春浦兄来拜。午刻,又至袁雪翁处与各手谈。申刻,小雨,浓阴。饭后回。

初二日　马春山武同年、景阿,驻京提塘。李芰芗十五弟、任尧阶二兄同在报国寺吃午饭,素菜皆精洁。闻陈栗师初一日晚自山东到京。

初五日　雨。到吏部候签,掣得兵部。

初六日　初伏。各寺观香火甚盛,欲到顺治门外看洗象,以大雨中止,闻只有一象,巳刻已洗毕矣。

初七日　拜客至陈栗师宅,以在天凝寺,辞未见。闻不见客。

初八日　与王鹭峰兄、袁雪翁手谈。

初九日　袁樾亭回京。

初十日　兵部武库司书办孙来,知会到部。

十一日 先到武库司拜，识桂德山印君、楙，帮印。石子高二兄峻，带见堂官全大人。庆，号小汀，壬午翰林。当即分司，予得车驾司，武冲峰四兄钧，荫生，山西人，郎中。武库司，马伯恺兄映奎，原籍云南，乃翁官江西九江总兵，殉难，蒙恩赐举人，世袭恩骑尉兼云骑尉主事。分武选司，王霞举二兄轩，山西丙午举人。分职方司。又见堂官李大人。维翰，号西垣，山东胶州人，荫生。

十二日 子初，坐车出西便门，上海淀捷报处小坐，诸公及带见印君皆到，随入园东门，至奏事门前恭候，俟见堂官载大人堪。又至福运门外恭候堂官朱大人，风标，号桐轩。至，上前谒见。初到圆明园，得见王公相将，百官肃集，诚幸事也。出园即至翰林花园谒朱大人，转至杨家园怡王府谒载大人，三角地谒春大人佑，均未见。回，走石路进西直门，至王侯胡同春大人宅谒拜，未见，遂出城回店，方交午初也。

十三日 到部中候王大人，茂荫，号子怀，安徽壬辰举人。未见。遂到北皇城角拜全大人，回，至西河沿大成店李十五弟处吃早饭，少憩，即至上斜街拜李大人，歙县会馆拜王大人，均未见，遂就便拜客。天气太热，过午回店。

十四日 无事。到车驾司任，至本司。

关帝福禄财诸神前拈香。又至本司。

杨椒山先生祠拈香。传书吏名宽引拜武选职方、武库司各同寅。用寅愚弟帖。回至本司，拜识掌印治笠亭兄昌、主稿邵大兄垲、顾大兄敦敏，号厚斋。及诸寅好。午间，回至大成店，饭后顺拜各客。

十六日 夜，雇车下园子，吴春卿兄同往。

十七日 卯刻，到海淀。吴春翁先到全庆钱店，予遂至捷报处，与同分部之武衡峰四兄钧、王霞举兄轩、马伯恺兄映奎随桂德山兄楙、文汉初兄启、石子高兄峻同至奏事门前候见春大人佑。是辰伺候皇上，在出入贤良门阅箭。辰刻，天热甚，遂回至全庆，与王诚斋二兄晤谈。饭后，坐车至万寿山前十七孔桥畔小立，见乾隆乙亥所铸昆明湖畔铜牛,极工细。远望西山碧云寺、卧佛寺,苍翠深蔚,屏拱辰居,前潴湖水,芰荷掩映,楼台参差,如到蓬瀛阆院。徘徊久之,忽见山北黑云浓起,远雷殷殷,半晴半阴,雨欲飞来。因顺堤至骆过桥上,远近稻田一望如画,而风雨骤至,凉气涤暑。遂驱车回至六郎庄,雨点打荷有声,河干浣女,点染生资。为雨所迫,游性未尽,回至全庆,冰浸鲜藕,莲子菱芡,快人心脾,小酌至起更,而热气未退,蚊蚤扰人,终夜不能安枕,颇形困乏。

十八日　饭后,王诚斋兄、国晓山三兄早间赶来,欲游山寺未果。吴春翁同至西直门外,欲听久和部,未果。予遂入城,拜桂、文两公,出宣武门回店。

十九日　与王诚斋二兄、吴春翁、国晓山兄同听大双和山西班。

二十日　赴潘家河沿拜黄小云兄丽中。北城兵马司副指挥贾聘三世兄来谈。分顺天候补府经。

谢晓坡八弟专人来函,云:南路分府费三少君康甫兄,分顺天候补从九,忽得霍乱症而逝,年甫卅,与之至好,属代撰挽联,"幸随骥尾者数年,方欣至契订交,藉甚声华多倚重　忆昨燕圻才半月,讵意微疴永别,传来凶讯尚惊疑。"为书绫对,交来役即回。

二十四日　车驾司同寅公祭关帝庙,每分香资千文。早间吃面,到者卅来位。

二十六日　友人约到南西门外,西南行三四里之诚家颐园午酌。园之四面皆水,环绕菱荷,众树阴密,鸟声蝉韵,入耳不烦。诚公由侍郎归老,修筑斯园,室轩台榭,极为敞雅,日与一代巨公卿饮宴诗射,不减香山洛社。壬子春,来此园雅集,园主已租与土人开设"嘉蒸山亭",酒筵丰盛,游人不绝。相去五六年间,则屋宇尘封,轩廊倾欹,厨虽设而无烟,茶有灶而不火,盛衰之机于此见之,惟门前荷花艳娇如昔,颐园主人所制木片八骏马及鹿寉诸物,远望犹有生气。是日天甚热,园丁无以供客,取鲜藕,湖目堆满案前,颇足沁脾。从村中觅得雏鸡一只,烹以佐酒。日久回车,兴颇不畅。

二十七日 赴本司与印君治公昌及书佩如帮印绅言，明请假回东措资，当即回堂允准。

二十八日 吴春翁约到广德楼听四喜所演戏《目连》，场上先出十八罗汉，又摆设观音宝座，各色灯(采)[彩]花鸟，以及消息猿鸟犬鱼，动跃如生，观者喧填喝彩，极一时之盛。又接唱《思志诚》，群伶大小几五十，皆艳装娇媚，争娱人耳目，年少公子淫兴皆狂，楼之上下无不起立喊呼如救火声。闻系外来候铨大老官特点此剧，所赏将四百千。唱毕，群伶之佳者皆卸(装)[妆]，随大老到裕兴小酌。在彼自谓人生难得之乐也。

二十九日 约吴春翁听三庆，无一戏可观。夜雨，未时立秋。

七月

初一日 雨。午后买物。邹翼生弟大病。

初二日 收拾行李，赶买各物，雇蔡姓车。夜浓阴冷甚。

初三日 巳初，起身，出南西门，一路泥水，始知夜间城外大雨。未刻，至黄村镇谢八弟处饭。言及夜间雷雨震作，而京城内不闻也。是晚住谢八表弟处。

初四日 榆垡尖，住渠沟，泥水难行之至。遇杜四兄受衡，为令伯石樵丈端公丧事来京，今回山东也。

初五日 孔家马头尖。住雄县南关，蚊声如雷，兼有蚊猛者大如蝇，刺身若锥，顷刻起栗，直不合眼，不知土人何以过夜也。

初六日 早过十二连桥，两(傍)[旁]荷花正开，渔船入画。至任丘尖，住河间廿里铺，间有蝻蝗处。

初七日 臧家桥尖。住富庄驿。一路干道矣。

初八日 漫河尖。住刘智庙。车夫似有乐处，以要钱分外也。

初九日 天明起身，车夫泻肚不止。辰刻，至德州，米市角林家店吃点心，杜四兄换银后上黄河涯尖。车夫吐泻不止，请人诊治，云系重霍乱,急不能好。车夫情愿不送到陵,因付车价九百文全清,外酒钱七百文,另雇单套车于申刻到陵。夜半后大雨。

初十日 早,大雨。午间,德州林家庄主来,云车夫已于夜间死,盖近中此等症伤人太多,京中尤甚。因将车票并上张云骞夫子一禀,求其即验关文至乐陵县,取蔡姓家中人来领尸,令曹升同林店主上德州。雨大半路,即住。

眉批:初八日午后到景州,将入北门,前有病丐聋且哑,而车夫不知,甫入门,边套碰拉斜行,将丐挤倒,紧与车轮相靠,不远寸许。予时急喊外开半步,而一面靠城门,骡不能住,丐已倒地,予以为必压死矣,否亦必重伤,方寸惶恐,听之天命而已。左右闲坐者皆失色。及入瓮城,回顾丐者,竟无恙,左右扶之起行矣,幸哉幸哉。设是冤家,恐事起矣。予是晚至……住,诸事较从容。……须谒见张云翁夫子,向车夫商之,不允许,以加酒资,仍不允,意欲加怒,又恕。天热路多,诚有不宜,不得不住刘智庙。岂知车夫之必住刘智庙者,盖有旧好也。一路辛苦,冷水甜瓜随口不断。晚间又复云雨,是亦天未明而腹泻,勉力至德州,吐泻交作,面黑神散,心热如焚,而命亡焉。乃知车夫之必住刘智庙者,以命该死于德州也。设住德州,则云雨不作,而病不至,即或病作,必自德州起早上陵县而死于陵县矣,否则死于半路之土桥矣。乃在德州病作,恳予另雇车赴陵,渠以为病不至死,少来陵一行可以自德州另觅雇主,而上省上京上王家营矣。伊岂知其命亡哉?可见事皆有定也,惨哉!

十一日 天晴。与张心农七兄畅谈,众及门来贺。

十二日 曹升自德州回陵,赍到张云师一函,知已亲验车夫蔡姓,并即备关文,于次日专人上乐陵矣。

十四日 陵县广文王三兄、印锺九,号石樵。黄县贡来谈,到任两月矣，兼理张司训淑麟。回德平本学。

十五日 中元节，祀先。午后，大雨如泻，满耳瀑声，院水深数尺，门前大湾水与街道通，一夜不止。

十六日 早间尚有馀滴。发河南、德州各函。十五日子。

十七日 半阴半晴。

十九日 先祖母赵生忌。

二十三日 拜陵尹舒，印嵩年，号祝三。直隶任丘人。

二十四日 舒祝三令尹来拜，谈许久。祝三兄由未入军功，荐保升知县，六月到任。

二十六日 出城观稼。时与广文王石桥三兄印锺九及山长张心农七兄畅谈。

数日无甚事，接张星槎明府讣文。数年至好，忽闻逝世，怅然久之。

八月

初五日 丁祭，食胙肉。

初八日 欲起身未果。午后雨。

初九日 起身，住盘河镇，即古钩盘河也。

初十日 住辛集。去年此际，一路大水行舟，今则禾稼登场，比户合乐，既无蝻蝗，又免水患，幸哉土人也。

十一日 午后，抵省。自洛口渡河，行至黄台山下，稻田如画，缘畦而行，远望山水城林，苍苍烟霭，流水小桥，老人垂钓，或二三村民于垂柳浓阴中杯盘杂坐，可羡之至。入城，住谢大表哥家。

眉批：十四日，梁六岳母坐陵车回陵，计十五日可到。戌亥之间，彗星见西北，其光如白练冲北斗。闻曹、单一带土匪大起，连陷数处，代理城武彭竹坡兄凤翙死于贼。白耿同年假银拾两。

十五日 同耿同年赏月，天阴未能见月，怅然。闱中三场平安，首题《子贡曰固天至知我乎》。亲友皆多得意者。正考官为湖南乙未进士郑小山先生，印，顿谨。前曾任邓州府，后升至河南藩司，改大理正卿，并留山东学使副考官，为河南进士。现任吏正，印叶印廷然自拟一艺。

十六日 赴各友处阅闱作。至运署前晤李菊农妹倩，并晤李霞城仁兄，不见者将十年矣。

十九日 写致山西蒲州李小翁表兄信并券，令曹太前往。

眉批：首道黄观察笠山带兵赴雪。

廿日 （走）赵醇甫同年来谈。

二十三日 考优贡出牌，示取正四人：马德澄、王戬穀、钟秀、茅昶熙。号叔清，行三。

二十五日 谒奉崇雨舲夫子，并拜各亲友。

眉批：闻人言，天将明又有彗星见于东。

二十六日 崇雨翁中丞夫子启辕赴济宁。闻贼势猖猛，不下数万，分五色旗，先出黑旗，各处放火，人心大恐，必奔；再出白旗，抢衣物；再出□旗，杀人尽；后出黄旗，为贼首。城武、曹县一带，妇女逃难者不下二千车，尽为贼掳去成亲，令人眦裂。所抢金银衣物，几三千车，马匹更多，贼遂有马队，所过地方为之一空。东省甫有秋，各乡柴草堆集，贼至先焚火，光烛天，人即乱逃，贼智可恨。闻单县练勇得力，全借绅助，县城屡屡重围，贼不能得手。而城武、曹县则不堪矣。城武一缺，乃外表姨丈盛小澜明府者，以留省办军需局事，以彭竹坡兄往代。彭竹坡兄候补府经，在东廿年，家累已极，借此代理以活，而遇此惨难，闻其妻妾女尚无下落，太夫人亦不知存亡，而竹坡被贼刀枪扎死，惨哉！崇雨师大少君即选道于中秋在京去世，闻亦系痧症。京中外痧症厉极，患者半时即死，夏间京中伤人太多，而山东亦然。张鼎才同年应鼐、李枕山副车梦松、常茂才桢皆相继患痧殁。

连日酒食，宝坻李润卿别驾印葰，行八。山东候补，乃李滋园、薪塘、笠生诸先生之弟，翩翩佳公子也，同席两次，并承招饮于杏花村。

眉批：阅《邸抄》，知邹翼生三表弟入闱，可喜。省中有《痧症全书》，甚好。

二十七日 李菊农弟生日。连日为人写字。

李振之二兄、吴春卿兄皆招饮于昆陵小轩。晤李红桥七兄。时为荣成明府李小霞兄度支。

眉批：又识胶州茂才张小轩兄，乃铁樵先生少君。廿六日邀菊农听春台于江南会馆。

二十九日 专曹升上潍阳，带去牙扇、百折裙料。

三十日 尹菊田同年、吴春卿同年、丁和轩皆来谈，遂与耿同年、和轩兄到平陵村小酌。

九月

初一日 菊农约吃饭。

初二日 坐菊农弟新车赴姚家庄上坟。

初三日 到南关晤杨叔廉姻丈，遂到毛仲云六弟处晚饭，为写楹联廿付。

眉批：送李枕山赙敬。

初四日　赴南关杨亲家处，为子安夫子题主。午后，雷雨而归。赴金慈华表兄家，未值。

眉批：又晤潍阳茂才谭月川兄启循，在省行医得意。八月间雷，此又雷。

初五日　早，毛仲云六弟令肩舆来接至伊家，为写喜联及他友闲联几六十付，晚归。

初六日　杨叔廉姻丈来。午后，大雨至夜，几次欲往耿同年处一谈，而一街深水，冒雨至庙前而回。闷极，连日闷极甚。

初七日　夜三更前，同耿知圃同年到贡院墙根听晓报。传闻历城中十多人矣，及出榜，解元为博兴赵公德毅，第二即历城严组璋，第七名沈葆淳，十一名刘赐麟，又崔安之、贾元涛、程亿、陈大鹏、张英麟、高炳蟾、李学海、武震、陆敬亭。又有副榜楚登鳌、马中和，共正副十人，盛哉！

眉批：戊午科，北闱题《吾未见刚者》《敬其所尊》，诗题《万竹烟雨绿相招》，得“丞”字。山东题《子贡曰“固天纵之将圣”至“大宰知我乎”》《事前定则不困》《“其身正”至“自求多福”》，诗题《湘田稻熟雁来时》，得“田”字(杜荀鹤句)。

初八日　同好拟作登高之游，为集《圣教序》字一联：“慧佛镌岩凭寺迥，齐烟排翠抱城来。”赠千佛山亦曰佛慧山。僧镇玺。

初九日　自子至亥，大雨阻兴。李菊农弟命车来约，冒雨至其听雨堂小酌，同坐者其堂叔博泉、姻丈溥、前江西县丞文巡厅，现拟捐知县。

初十日　同诸好至平陵村小酌。

十二日　雇车起身赴泰安，黄山店尖，住张夏。值北兵赴南，各店纷纷，因在陆姓小店后院住宿，小雨。

十三日 早行，见近岱各山吐云，蒸蒸如釜上气，顷刻浓如拥絮，雨面雨头翁。合，山或半见，或全为云遮，四望已布满寰区，所谓“肤寸而合”，泰山之灵如此。店头尖，日落住泰安南门内遥参亭前悦来店。北兵又住满南关。

十四日 午间至遥参亭前闲步，忽遇尚斗文大兄拱辰，坚留小住，谆约十五至玉皇阁小酌。过午，至迎翠街杜丙初妹丈家，晚饭时在县署刑席。

十五日 午刻，尚大兄自南乡伊家宅子庄来城，即约至山足之玉皇阁，而玉涵道士及笠云道士拱候在路旁。到阁上翳芝山房小憩，得识卢星舫兄，汉倬，丁酉拔贡。为甲辰同年，卢运常同族兄。又识李公竹铭，在城内开翰墨斋，尚大兄之世交。(少)[稍]迟，又见山舆来者，为扬州程梅亭兄，时为县尹吴慕渠明府载勋书记。又有斗母宫之梦仙尼僧增长到阁，及在翳芝山房开尊畅饮，并为诸公作字若干。至二鼓，月上山之东南徂徕山间，始步行同归，在玉皇阁得观所设孙真人坐化本身，手足皆干而不脱，两腿盘坐，皮犹包骨，头则略加泥塑贴金。读旁立碑铭，知真人为河间府南皮人，康熙间云游来此，用炼功坐化，时年九十馀。遗嘱其徒勿掩埋，用缸合扣，三年后启视如故，因为立龛以祀，迄今百馀年，而骨与皮筋无虫(炷)[蛀]脱落，自是有道功者。第久现人世，终虑伤及玉涵，师云皆议另塑泥身于原坐处，将化身谨为掩埋，立碑以记，庶亦虑远全真之道也。回店，知杜丙兄午后来拜，约次日吃午饭。

眉批：亭前为白鹤泉。道士云：“传闻纯皇帝东巡，杜文端公堮献赋，印在泉上亭中。”

十六日 尚斗文兄约赴西门内大街李竹铭三兄甲年之翰墨斋小坐。与卢星舫兄快谈。为诸友写楹联。

十七日 辰,初刻,肩舆出北门至斗母宫,于石琴房中饮香茗半盏,石琴为梦仙之徒。舆夫吃饭毕,即登山。一路鸟声上下,与泉声相答,夹盘路皆柏,已长成。至伏虎庙五大夫松下,皆略息舆肩。坐玩山势,古色奇状,难以形容。过快活三里,飞瀑直泻,遇石作声,清泠洗耳,直仙境矣。再上至对松山,两壁无杂植,松生石隙,人力莫能至,大者合抱,微风谡谡,万虑皆空。下视州城如斗大。石上偶坐,欲吟一诗而无着笔处。忽忆家乃吉孝廉有句云:"似闻上界神仙语,不信人间道路通。"颇觉其切。山东岩下一带,红墙为梦仙龛,前郡守廷公偶梦与恽南田其一适,忘之矣。在此处盘桓,遂立祠,后人祀之。秋色斑斓,山石作五色,静境中忽闻松顶鸣者为红嘴老鹳,对飞颉颃,其声清脆可听。再上,见前人镌石壁字,皆方及丈者如张屏,有"从此看山,到此始奇"等语,乃知至此方可见真泰山,自下见者皆他山也。然无群山拱环,弗能成泰山之高。又见吾乡太姻丈魏致和先生留刻"龙门"字,古人登岱留题极多,世远年深,皆为石花尘草封没矣。再上,至十八盘,盘皆直立,若不可登。舆夫屏息(漫)[慢]行,步步戒严而上,余亦惴惴然,但仰望而不敢俯顾。盘道旁植大铁环为栏,为步登人引而上者。至南天门,风(冈)[刚]而直,急以袖掩口,心略展,放入门,转东至(买)[卖]香楮家小坐,舆夫亦吃饭,遂请元宝香纸,至东西墀下观御碑。铜者尚易铸,其和阗玉者高丈馀,宽五六尺,厚亦二尺,馀皆康熙年间立,不知当日费钱几十万、人力十几年工夫始运至岱顶也。又步上,至东岳大帝庙前叩首,至殿后观唐太宗隶书(磨)[摩]崖碑《纪泰山铭》,字尺许,高几穷目力。碑旁崖石刻字极多,半为尘封,有"大观"二字,未审何人留题,洵不虚也。再上,至玉皇殿叩首。殿前露石一堆,为泰山极顶,"只有天在上,更无山与齐"矣。今登此顶,畅幸之极,盖戊申九月登岱未至此顶也。玉殿东隅有廊可坐,宸翰一额"烙日养云",下视后石坞,万松参差,村落曲折。舆夫告予云:"是间景物最佳,春来桃花尤胜,山境险阻,游人甚少,四乡进香者往往经此而上,然非近山之人足不穿者鲜也。"涧中生石鳞鱼,鲜肥异常,武陵源不啻也，神往久之。玉皇阁门外立秦皇无字碑，碑上有顶，高而方。相传此中有字，外乃石函耳，然纵无好事者启而观之，碑东面忽露一“帝”字，未知何年何人所为。碑旁立一碑，为大名张铨题诗，云：“莽荡天风万里吹，玉函金简至今疑。袖携五色如椽笔，来补秦王无字碑。”词意壮阔，足以相称。四旁立碑无数，有“巍巍”、“荡荡”者，其他难以殚记，然皆不若“岩岩”二字之宏括也。东面有日观峰，极欲留宿，与老道同榻，五更观出日。而独自登临，怅无同志者，徘徊久之。舆夫以日将夕催走频频，兴有未畅。东南有舍身崖，愚民每有枉命者。闻下临万丈峭壁，石尖嶙峋，俯视即战栗，莫能自持，白骨隐隐留石壁下。自徐树人先生严禁后，堵以高墙，有严饬地保、庙祝时相巡查，舍身者少矣。山顶只有山菊，红叶草多刺，点缀山阿间，如设色，无一树木。道人云：“山顶(冈)[刚]风过甚，兼之不时出云，雨气氤氲，无树可以生者。人居山顶不能过十日即下山更换，司香火住久，则面目黑瘦矣。往往室中云起，雨即随之，不能设灯火，被褥须时时晒之，否则，须熨以火。每只出云，对面或不能见，亦或山上日出，山腰如堆絮，山下已大雨矣。或于云雾中见，若火蛇驰逐者，则电也。”泰山为五岳长，非泰山云不能沛甘霖，云从山隙出，初若缕烟，渐出渐满，而与四山之云合则作雨，亦或云出不雨者，非作雨之云之处也。若从某处出，则必雨，山上人每有验。东岳主生，所以为五岳长。相传鬼如超生，必至东岳神处点名。咸丰甲寅冬，同毛寄翁、李小湘兄、小岚兄在齐河防营，夜焚符请鸾，忽一鬼至，书云：“姓余，名国馨，字子兰，槜李人少年入泮，游食江淮廿年，癸丑秣陵之变，殉身于陆立夫制军节署。”盖其幕宾也。念及妻子，呜呜然若闻泣声，其子乳名桂儿。问其何往，则又书云：“赴东岳帝君前点名。”问何为。云“望超生路，从知蒿里”云云，不尽虚无，东岳主生，更非无因也。自山顶四望，见前见之高山皆若土阜之在平地，似不能数仞者。西望一顶，上立二石若门，山人云：“此名西天门，乃天生成者。”北面亦然，东面未及见，殆山顶四门也。顶之西为孔子殿，乃孔子登临处，旁一碑，刻“孔子小天下处”，拘矣。又一碑，刻“果然”，更为不通之笔，可笑。东方三大岱居其一，古今登临不乏传人，而忽忽与草木同腐者，正不知几千万人，愧然七尺躯，自顾无所表见，踽踽山顶，泣然涕下，不独见岘山之叔子也。欲多留片时，而舆夫恐天晚频催，不得不回舆而下，下山之速，足不能停，更不敢俯视。回至朝阳洞之上，前夫失足，将余掀下碰伤额鼻，险哉！再高一步，或下一步，必从高盘滚下，莫可收止，真有性命之忧，惊定自思，乃知“父母在，不登高”之训为至言也，今则为鲜民矣。然予手予足讵使或伤耶？上山心乐，下山不觉悲从中来焉。因命舆夫小心迟行，亦亡羊之戒也。舆夫上山，数步一换肩，面东忽而面西，颇可看两面山景，所修盘道每十数盘则一平地数尺许，为舆夫息肩换步地。自道光初年，吾邑魏致和先生承修后，日有冲损，亦间有粘补之者，一经夏雨，山水暴泻，建凌直下，盘石多坍塌者，山灵似警予设法劝修。闻岱工生息项不少，近不识当道作何支消去，不及此修理，再久则非数千金不为功矣。远近登岱者岁不下数十万，男妇盘路如此，伤人必多矣。问诸山中人，云年年有自上滚下殒命者，险哉！余以力薄言轻，不能即见当道急急劝修，一罪也。耿耿(予)[于]怀，(河)[何]日忘之？归路与樵子并道而下，晚鸦归林，烟云霭市，如在画图中行也。闻泰山发云既奇，而收云更可观，各山之云仍归各山，其收如吸，恨未之见。日落到店，县中将舆夫锁去，并及其夫头，欲加重惩。予知皆苦人，伤予不甚，计其心亦恐，遂急命人持名帖乞恕，因即释之，一快！

十八日　早，尚斗文兄、李竹铭兄皆来看予，杜丙初亦来，并邀吃午饭。

崇雨舲中丞夫子自曹属旋辕，晚住辛庄。闻曹属一带土匪回窜，难民苦极，而列保者不少。更异者曹尹毛篪八月十五日在省畅饮，奉辞不即行，致曹被大扰，迟迟回署，又不安抚，反以八月十七日带勇复入城，入保得奖。

二十日　拜吴慕渠兄，转谒参军胡晴江四伯，知为小怀世大兄完姻，女家为湘闽制府王春岩先生之女。吾座师。

怀江夫子在福建道任内结亲也。

二十一日 赴小怀兄处贺喜，吃喜酒。午后，同卢星舫兄至岱庙观古柏，绕至雨花道院，见徐树人先生联云："雨不崇朝遍天下，花随流水到人间。"已见梁茝林先生《楹联丛话》。又见吾东胶州匡雀泉先生联云："其雨不崇朝而遍，于山见泰岱之高。"院南墙嵌魏致和先生所刻当时诸名公赠章。回至源明道士房饮茗，观温凉玉圭，并赠予吉祥草一茎，云产此辽东，有瑞气，乃某年某府定亲王奉。

命乞雨留此者，又遍观康熙、乾隆宸翰石刻。回至遥参亭右小馆便酌。胡晴江四伯叠遣人来约晚席，因即更公服前往，同座为福禹臣先生。杯酒畅谈，四鼓始归胡四伯处。西席为刘子玉同之祖孙，向宸兄。

二十二日 吴慕渠兄请吃早饭，酒菜良佳。

汶上差人归齐，仲厘兄惠廿四金。

为车夫许姓写致淮宁一信。

二十三日 尚斗文兄约至南乡宅子庄伊家中闲游，李竹铭兄同去。庄外山河名泮盘河，秋水清浅可爱。晚饭具有山河鱼，甚美。三鼓始归。

二十四日 卢星舫兄约至玉皇阁早晚饭。午间同至王母池，见匡雀泉书联云："潜虬深护吕仙洞，驯蝶遥来王母池。"盖云太常仙蝶也。星舫兄云前七年间鹤泉来游至此，呼"蝶仙"者再，而黄蝶忽至，或飞于室，或止于衣，性喜酒，喜苹婆，与人有缘，不远千里可顷刻至，殆神化者也。相传有明忠臣殉国难而化身者，其形所现不一，而黄者居多，故京师文人好事者写《仙蝶图》，律赋有《仙蝶赋》，一佳话也。玉皇阁下有白鹤泉，匡雀泉留句云："为因胜地寻知己，与星舫兄为丁酉选拔同年，故云。似与名泉有夙因。"玉皇阁前客座三楹，对城一览，景物良佳，星舫兄为题"翳芝山房"，以魏陈思王《飞龙篇》有"手翳芝草"句也。联云："入山不深，去市已远；招鹤同隐，酌泉自清。"甚稳洽。西挂吕膺甫兄铨,丙午孝廉,济宁,与予至交。书联云:"野鹤池边松最老,仙人掌上雨初晴。"书法不甚经意。膺甫以教习在京未满而归道山,闻其少君读书尚未成,睹此联,感慨系之。

眉批:赠玉函道士联:"峻岭清流仰观俯察,仙风道骨今雨古云。"集右军字。

翳芝山房门楣上尚斗文兄拟挂一额,并挂柱对,属余题字,因白鹤泉题曰"待鹤山馆",跋云"戊午重九后,登岱归,尚斗文兄邀卢星舫同年,觞余于玉皇阁上。泉声如昨,白鹤不来,诵东坡《招》《放》之歌,玉函道士怦然而作,为题山馆,以待鹤归。少焉,月上徂徕,林烟中肩舆上者为梦仙尼,松下立谈弥增清兴"云云。又书联云:"泉声思白鹤,云影近红尘。"又为岱庙道士源明留赠一联:"一声鹤上汉霄阔,万古松凝岱雨凉。"《志》云:"道光戊申秋九月登岱冢,乃吉孝廉酌余于斗母宫,属为源明留赠楹帖。予字拙劣,未敢即作。咸丰戊午重九后五日又来登岱,乃践前言。弹指十年,源明强健犹昔而乃去,弗化鹤归来。临书,怅然久之。"

眉批:赠尚斗文兄号曰"兜雯"。

杨西屏姻世伯自省来岱,登山归,快谈片时,赠吴慕渠兄扇对,遂赠予摩崖碑一部。拓此甚不易。云饬地保运杉木数百,扎高架,须一月工,方拓得十部,非官力不易办也。

又赠予泰山小石刻数种。

王母池右老君堂西墀立武周鸳鸯碑,字甚完好,恨未拓归。

岱顶石皆五色,坚美可爱,因持归数块,亦"袖中东海"意耳。

岱顶产紫石英,殆紫晶之苗。玉函道士赠予白石英如朝顶然,晶然有光,山灵所钟也。山麓悬崖远望有丹色者,几三丈。星舫兄云见樵者用长竿拨落者如珠，或丹砂所现欤？

又闻岱顶西偏有大白仙鹤，隐见不时，人不难近，亦不食山下物，岂仙蓄耶？

普照寺颇可游览，匆匆言旋，留俟异日。

逆瀑直上，最畏热，力大而性急人取之急则挺然而远去，或落山石上，见日即化，其鳞多油云。泰山山半石壁上刻碑曰“万丈碑”，数十里即可见，隐隐白方石，不见字形。余以千里眼远取，盖亦隶书，第不辨何字耳。想亦唐刻。俟取《泰山志》考之。

泰山山鸡红嘴灰毛，有花如雉，比家鸡小而肥美如雉，盖食柏子、草实者，生在山坳处，其行矫捷，不易取。初生者，甫出壳即走如飞，山人以媒引之，而用套套其足。媒分春秋，春雌而秋雄，未识何以知性。时有买归养之者。

对松山下至红门盘路旁多居贫民，即石叠墙为屋，覆以山草，开山种地，男守户，女及幼者跪磐石乞。客栈春夏间香客如蚁，四外游民残疾老弱就山窟而居，号呼乞钱者以数千计，亦有装恶疾者，乞足后依然好人，俗所云“三千号天鬼”也。盘路旁居民云，夜时闻鬼声，风雨之夕尤惨不可闻，或众生欲轮回也？山多狼，入夜则出，山居小儿却无恙，后石坞狼最夥。泰山多猎户，狼如为害，官则雇以捕之。古云泰山有虎，岂近今皆远去耶？

普照寺下石经峪隶书《金刚经》，全部刻在麓石上，瀑水冲损十之六七，可惜。

二十三日　玉皇阁作合山会，四外愚妇几三百来(共)[供]香火，亦以秋收丰稔作平安会耳，是以不禁。

岱庙古柏古藤皆数千年物，其西墀曰“飞来凤”者，柏忽生枝作凤形，翼尾欲活，口目皆肖，亦灵气所结。

秦始皇石幢高丈许，剥落如铁，在岱庙西墀。岱庙鸽无数，飞可蔽日，无烦人养。

泰山前五十里环汶河，左右土中产燕子石，或飞或立，皆毕肖。

又或若草虫者、蜜蜂形者,结在石中,剖之两面俱见,亦奇物也。

泰山石花乃云气结成,可食,做菸者买去制菸,有异香。

登岱遇雨雪则盘滑不能上,或云盖山,则无所见。予登山两次皆晴暖。丁巳十月,学使河南吕秋塍序程先生呵殿登山,忽遇小雪,石冻不能走舆夫,顷刻云雾大作,对面不见,怅然而返,乃镌石壁四大字曰"松壑云深",笔力甚好。陈秉初为姜玉溪幕客,于斗母宫梦仙来往亲密,亦留题镌石壁四字曰"排闼送青",其心亦欲留名耳,而四字殊不合。山有灵,石必滚,星舫兄赠梦仙有句云:"林夕眠琴应有梦,山人煮石已成仙。"属匡雀翁书之,盖"梦仙"拆作"林夕山人"也。梦仙吐嘱风雅,性情聪慧,一时士大夫登山者无不乐与之接谈,赠答极多。张寿泉刺史欲为刊集。戊午九月,余再见之,已如渔洋赋《秋柳》时矣。属留题一联:"梦为胡蝶常如我,仙比鸳鸯果羡谁。"斗母宫之听泉山房开窗看瀑,水声四时不绝。徐树人先生留题一额"登岱归来不看山",颇有馀味。梦仙名增长,其同师兄曰春长,何绍甫学使对之出句云"春长嫌夜短",至今无确对。

二十四日 又至翰墨斋,为诸友写对联条幅。

二十五日 要官车二把手,起身,界首尖。住长城驿店,街北首有观音阁,旁有孟姜女庙,俗传孟姜女哭长城即此。夫秦之长城不在此,此长城乃春秋时齐鲁交界地也。今山上有城址,委宛如蛇,其土不损。姜者,齐姓,孟姜,殆齐女也。《孟子》"华周杞梁之妻善哭",其夫殆杞梁事也。后人乃附会若此。庙内有康熙年间里人学博士弟子所撰碑文,词意甚圆。余检《姓氏族谱》,载"孟姜,周时同官人,适范植。仅三日而植赴役长城,姜送寒衣至城下,植已死,沿城痛哭,城为之崩。寻夫骨无辨,姜啮指血验得之,负归,葬毕而死石穴中"云云。未注见何书,亦未言长城何地。

眉批:又见他书,杞梁名植,此曰"范植"或"杞"之误。

二十六日 巳初，过万德，望灵岩上隔十五里久，想其境之胜，思欲绕道游览。问诸车夫，皆欣然愿往，而天气冷落，且无同行好事者，遂止。然车上东瞻山坳，露灵岩之一角，耸翠若屏笋峰，人立其境必有可观者。过隐灵关，土人云："前者尚有巡政官，今裁去，不计年矣。"车夫吃饭，于饭店中犹望见灵岩。过土门街北首，外有泰山行宫庙，殿内旁塑一道服者，年约六十，问之打坯人，云张姓，乐陵人，初为长清令，外号曰"张四蝎子"，以其严于惩匪也。老年欲修养就此庙居焉，依尼为女，殁后，尼为塑像于此。无碑碣可查其年，然以乐陵人为长清官，则在有明乐陵尚属直隶时也。张夏尖，遇王心斋十兄自汶上来上省，握手快谈，饭罢先行矣。晚住炒米店。是处只一井，深若干丈，汲水者依序而先后取焉。每至大旱无水，则炒米而食。夏之雨水，冬之雪水，家置旱井而收藏之，浴面浣衣，澄去其滓再用，弗轻弃也。余见数人共拉一绳而远行数十步，则筲方出井，其深可知。一路付车夫饭钱，则喜不胜，听予行止。游山必须二把手车得自便也。自省至泰安二百馀里，所费亦不多。

二十七日 黄山领店早尖。午间遇杨西屏姻世伯，已天半到此。二套车行速，而一路崎岖，甚不宜，是以予换二把手归省也。日夕，到省城，仍住谢大表兄家。曹升已自潍回，携来丁大哥银、信。

二十八日 赴耿知圃同年二兄处。

二十九日 赴仓巷福荣店访尚斗文兄，知已到六日。林夕山人亦于前日来省。

十月

初三日 武考，章师翁监试道。连日为人写对联。

初四日 上坟。在兴隆轩请高丹麓兄、桂银，永平举人。耿知圃同年、朱秄三兄。厚基，无锡人，顺天举人，临川先生乃郎。

吃酒，酒甚好，鸭子亦肥。

耔三兄弟载基为朱斗章先生乃郎,戊午顺天中试。何子贞太史掌敦泺源书院,书法卓卓可传,乃郎庆涵本科中顺天举人,汪兰甫明府乃弟承恩亦同榜。

初五日　李振之二兄请酒,为李虹桥七兄祝寿,唤连升堂侑酒,连升堂中大小六女皆能歌,为绳伎如意之妹。回忆道光丙午、丁未在临清时,不时唤如意来歌来舞,其筋斗、绐音更,大索,一曰急也。戏捷妙,如飞燕舞,歌喉清亮静雅,一时无两。其母曰二妞,少年名噪中州。十馀年间相继殂散,如意适吴某,不得意而死。今见其弱妹,诸人不胜感慨。

初六日　偕耿同年往访恒元昌、王眉山嵋二兄,晚至李玉环家小坐。赠人一联云:“玉珮要仙子,珍珠慰美人。”安郁文世兄属书各联,时与梦仙、斗文晚谈,闻曹州一带土匪南窜。

阅《邸钞》,知邹翼生表弟顺天分校,其病已愈,喜甚。又知伊收门生十八人。

眉批:付张星槎夫人银拾两。

莼塘表哥属为茅柚村四兄、窦鹤亭、孙巢帆、阮颖伯兄写各联。安郁文属为其友写十二联,王眉山兄赠旧宣纸十张,与耿同年分收之。为眉山兄写屏八张,大小对二付。

初八日　眉山兄请吃蒸角子。栾晓坡同年来省。

初十日　耿同年请刘子玉同年、德立,寿光人。栾晓坡同年、吴春卿五兄吃酒于兴隆馆。

书挽杨子安夫子联:“函丈幸从游溯,耳提面命三载栽培,讵意山木兴悲,空目烋黄而雪涕;德门欣依托□,缅言表行坊其谨慎,即见簪缨继起,永传清白之风规。”

代黄柳堂三兄挽陈秉初太夫人邵氏:“寿母久垂型,孝著郑经俭昭姜德,看令子杨休,豸绣推恩,悉本鸿慈,方期八座,百龄遽驭翠鸾而返驾；相夫从偕老，风寒萱阁雪满莱衣，欣喆孙管饮，凫青抚字，早承鲤训，仰见九重，双诰叠邀丹凤之锡纶。”

朱临川先生属写联。金慈华兄来谈。

十一日 拜董舒翁大姑丈，并拜李十五六表弟，未晤。又拜首府余芰香太尊椝，前布经厅升者。

与耿知圃同年联句，赠林夕山人四截："云里松关境绝尘，何时一笑指迷津。风流从古多仙骨，愧我邯郸入梦人。""仙袂双携岱领云，妙蓬花结梦氤氲。相逢忽触江州恨，百八钟声不可闻。""坐老蒲团打破禅，仙人本在有情天。春花啼鸟等闲事，一梦云山二十年。""梦后吟馀尚忆不？仙山风景已成秋。明湖芦荻无情思，几度西风也白头。"即为书屏四纸。

十二日 安郁文请酒在福林园。

十三日 杨西翁来谈。

十五日 赴章师兄处，识高密单柳堂兄。

眉批：韩梅村守戎同在平陵村小住。

十六日 起身出东门，经黄台桥，近水各村皆收获新稻如山积，欣羡其乐久之。楚家营尖。二更时至夏口，住夏口一大镇。客秋，环围皆大水，舟行长六七十里，村民大饥。今年黄水未溢，旧所淤地皆倍获，天之待人不薄。山东岁稔，泰安南北斗米京钱八九百文，计十数钱一斤，上白面亦然。

十七日 盘(何)[河]尖，即古盘河故道。至陵县已更馀，见妇子皆平安，一喜。

十八日 晤新任广文蓬莱辛竹舲大兄，原名可人，改名琦，丙午举人。其胞叔本梴为予甲辰同年。

十九日 张心农七兄回峄县，以接家书，家被匪扰，全室倚山避难也。

连日无事,专候山西蒲州差人回,即可北上,而去已两月馀,未见回头,闷极。

二十日 拜辛竹舲兄,承其遗予文石,五色光润,间有似玛瑙者,海所钟也。奉天锦州海山见产锦川石,纹理晶致,莹然可爱,近来玉客琢各种玉器售重价,玛瑙不足珍矣。文石出文登县,黄白黑蓝者多现人物鸟兽草木形,有甚奇趣者,土人寻之,获重价,其如玛瑙者,殆锦川石类也。蓬莱距奉天上一海之隔,因应流至东境也。予好最多,以石置白瓷盘,养之以水,逐日(阮)[玩]味,颇自有趣。

接河南淮宁尹李酉峰姻叔信,知已接予在京所寄之函。李菊农妹倩秋闱荐而未售。连日无事,专候山西差人,闷极。

二十八日 大风,尘土蔽天,甚冷。静守书院,居室无处可谈,惟以书籍破闷。客春自省买来松树二小株作盆景皆活,因为之栽于书院讲堂后两墀,即书一额曰"双松斋",聊作鸿爪之遗。陵县文风久不振,科名寥落,几无接续者,因由文教不兴,亦因圣庙久失修,而同学无议及之者。

文昌、魁星皆听牧童杂人坐卧于阁,可慨也。学中人所读书皆冬烘气,不知日得师。予忝主讲三泉书院近三年,尽其所能,为之讲究而领略者颇鲜,及门惟蒙鹤清丹墀文尚可采,然欠精惊动人处,试帖却见长进,不知辛酉选拔著否?后起似以神头镇康鸾翔尚可造,第不知能用功否?乡曲发迹之难若此,是在司牧者振兴之也。陵县为古平原,旧城址具在,规模宏阔,想见当时之盛。予每于瓦砾中始得唐宋钱,闻土人常常耕(的)[得]古铜器。又时见砖圆子如升大,土人云古之拌马球也,或然。

颜鲁公守平原,有社稷大功,予以谓在李、郭上。盖明皇幸蜀,河北皆陷,天下不知有君,所倡义而起者独颜太守兄弟也。鲁公守平原年卅馀,久知安贼蓄异,因霖雨,修城濬隍,实仓库,料丁壮,日与僚佐驾小舟,饮酒赋诗于城西里许之看花台,今改址为看花台寺。安贼一心知其人,使侦探者再,乃以书生易之。鲁公选良工美石,书刻《东方先生画像赞》，字画坚卓，刻工深入五六分，当时早以节自失而欲留此碑光人间也。

东方先生即陵东乡廿五里神头镇人，神头为古厌次地，先生墓在镇西，祠在镇中。丙辰冬日，予率子寿恩至神头，居停于康及门雕程家两日，得拜先生祠，一大幸也。每岁十月，远近瞽者千计来祭先生墓，云祭祖，以先生为算祖也。

东方先生无后人可访。

鲁公祠在三泉书院西邻，院内有门可通。予在陵三年，朝夕与鲁公若晤对，然予幼学公书，公祠立石刻像，盖陷李希烈时，留像以传后者。貌老而严正，想见忠烈气。予立志工公书，并为公作画像赞，仿公书书之，刻立祠内。不知此志能随否？

丙辰秋初，张星槎令叔、循之二先生酌余于看花台寺，因成《怀古四律》，兹追录之：

台高曾驻鲁公车，古寺垂杨噪暮鸦。鼙鼓当年闻破竹，弦歌此地记看花。蜡书星急驰红骑，剑阁云横稳翠华。早识平原有太守，吾家何至竟无家？

未雨绸缪意欲何？岂真尊酒非吟哦。宫鹦尚学清平调，塞骆早惊曳落河。北道一城花月好，西邻诸郡阵云多。神京依旧知谁力，祠畔丰碑字未磨。

台边耕出古铜钲，问世从知久太平。万里烽烟多战垒，经年霖雨此荒城。兴怀往事惟浇酒，自愧书生敢论兵。采访岂真无义士？愿从李萼共心盟。

水流花放几年春，尚见城边旧马尘。大醉那知乡父笑，狂歌可有寺僧嗔。赤心莫认忠垂复，蓝面遂教老杀身。阅历无如台上月，于今又照看花人。

闻德平刑席丁丙华兄八月间去世。又接潍县固堤店巡政汪又村楷九兄讣,知八月间疾逝。

十一月

初一日 午后,陵少尉孙镜泉二兄来谈片时,付陵童生鲁姓拓《东方书赞碑》价。

初二日 孙镜泉兄遗余醉蟹五(支)[只],颇可下火酒,报以泰安研枣。晚间欲入署,与舒祝三明府一谈,未果。

初三日 属鲁生保真为予拓鲁公祠外明嘉靖壬子春山东按察司签事、前进士浮梁见斋曹天宪撰《鲁公碑》。又从鲁公祠拓明嘉靖间刻颜鲁公陷李希烈时所留像,鲁公自题云:"真卿奉命来此,事期未竟,止缘忠勤,无有旋意。然中心悢悢,始终不改,游于波涛,宜得斯报。千百年间,察真卿心者,见此一事,知我是行,亦足达于时命耳。人心无路见,时事只天知。"

下有靖康元年七月壬申,朝散郎秘阁修撰知同州军州事唐重书云:"观此笔迹,不显岁月,以事实考之,盖使李希烈时也。希烈以建中元年陷汝州,卢杞建议遣公奉使至(正)[兴]元元年八月丙戌,公不幸遇害。困踬贼庭者逾二年,刃加于颈而色不变,度无还期,誓不易节。盖书此以自表云。"重阮摹公之像于蒲,绘而祠之。又访得此石本状貌者矣。公以乾元元年自同徙蒲,至奉使时垂三十年,气节不衰,而状貌非昔也。乃刻石而实之祠室,俾观者有考焉。

又有嘉靖十年辛卯秋覃怀王旸谒鲁公祠诗:"陵县城迩鲁郡祠,秦王曾此建旌旗。气吞溯漾乾坤转,功在山河草木知。蓝面奸臣欺魏阙,白头元老贼湘累。瞻衣不尽英雄泪,洒白西风落木时。"

又有小石刻,为乾隆壬子八月汝和宗郡伯恩仁行部过陵谒鲁公诗:

古像严瞻拜,先生系我思。秋风闲落日,衰草凛荒初。气与山河壮，名垂童叟知。逆氛销不得，遗恨在当时。

后有邑令仁和汪本庄小愚依韵诗：

地是平原古，遗闻天宝思。义声十七郡，祀典一专祠。仗节兄同死，怀忠主未知。鬲津流水咽，传檄想当时。乘验初安部，怀古发深思。一瓣香通座。千秋业有祠。城荒樵经远，庭冷鸟声知。扪石钦遗像，须眉怀壮时。

以上皆拓出，尚有沈台簪先生维刻诗未拓。

余初学字，即爱鲁公书。初只以庄重有筋力，尔后见诸书翁学颜者腕力非不劲然，所云"深墨重笔"者皆是也。近渐学字，知鲁公无一笔不圆，无一处不聚精会神。提起来写不似他手之信笔也，诚悬书足与之并，然骨肉停匀处尚不逮颜。香光云："鲁公直入山阴堂奥。"余未获见右军初拓，然藏家上品，予窃窥及，觉鲁公笔端流露纯从右军来也，至争(坐)[座]位，心手两忘，一气挥成，直无一处不右军矣。余窃有志焉而为，食指劳劳不获，伏案者币月，然心目手腕间无一刻无鲁公也。余忽来主讲三泉书院，与鲁公祠为邻，且内院与祠通，得朝夕至鲁公前瞻望，欣幸之极，若有神合者。陵人士无多可语，每于昼间月下，独自徘徊于祠，此中息息，若有所通者两年馀矣。鲁公之忠节事业，此生未敢必然，小子有造如此，从此专力学公书，或者能得万一乎？铭诸方寸，何日忘之。

今将携眷回戎部学习，将与鲁公祠别，此心怅然，不能舍。此后将不获重主讲于三泉而与公为邻矣，慨哉！爰属鲁生拓取各碑，藏之书箧，倘能学书有得，必为公画赞而书刻一碑，以仿《东方像赞》也。

眉批：先中宪公于同治二年到蓟永分司任。壬申春，书刻《鲁公画赞碑》。甲戌冬，辇送陵邑，敬立祠内。计五年而碑成，不远千里,平安送至祠内,岂非神佑耶?光绪廿二年寿恩记。

陵县文庙大成门下西立宋时《辟雍昭碑》,为薛昂书,上为蔡京题“皇帝赐辟雍昭”六字,薛书与如一手,字颇可学,刻手石皆佳,因拓来藏之。

德州广文署藏有高湛字,甚佳,的是原刻,余托人购得一张。

陵县城北里许有摩天塔碑,塔高二尺,宽一尺,字尚四分可辨,为五代齐时物。碑下一冢,不甚高大,(想)[相]传葬者乃摩天僧也。俗以“塔可摩天”为诳语,以欺四方五天塔,久无存,此碑乃塔上物耳,字颇可学。桐卿沈胎簪明府任陵县时,购得此碑,拓出辨识若干字。其文亦不甚古,末有父母姓氏及兄弟姊妹等语。

陵县捕署后有土址,高如阜,相传为平原公子旧楼,其下有井,即“美人哭士处”,未知果否?俟质高明。

初四日 行刑于西门外迤南。

初六日 晚至朱把戎其麟朱大兄处,谈至三更。

初七日 舒祝三明府来拜。

初八日 晚至孙宽甫二兄一谈。

初九日 孙镜泉二兄夫人寿辰,演大傀儡戏《三女增官》,前去拜寿。

十一日 往拜祝三兄。晚为蒙鹤清及门丹墀写条幅、对联,又为祝三兄、镜泉兄各书楹联。

予于土中得石,七寸许,上有数十字可辨者,乃“至得到菩提”,次行“藏摩尼尼之宝”,又一行“所染著天帝若有”,又一行“养”、“是者”,字类六朝文,若佛家碑语,殆为唐时庙中碑也。

又赠辛竹舲兄书联琦,丙午举人,陵司训。

十六日 舒祝三明府邀吃饭,同座有委员候补知县陈明府启鳌,四川铜梁人,号石林,询知为甲辰同年、癸丑同挑者。因知伯岳梁石民先生曾任铜梁,至今庶民感德,士人思慕。陈同年询石翁家世甚殷段，并举当日德政，云到今民间呼“梁婆婆”，不置，知慈爱于铜邑者深矣。

十七日 午初，曹太自山西回。接到李小湘兄信，词意亹亹，极为殷挚，究如当日共砚时，令人深离绪者久之，承寄到百金。曹太云，与王丽源世谊同行，由山西省一带节次换官车，计自十月十日从蒲州动身，到陵已月馀矣。自德州与丽源分道，丽源将银带省，嘱由予处再派人到省去取，以不知予北上与否，不敢径交曹太也。当日申初，令刁兴随曹太上省，因致耿同年、陈栗师、董姑丈、田二叔各信，并送耿知己《东方先生画赞碑》一套。

眉批：午前微雪，连日浓阴，地脉融合，天气暖，如能大雪三尺，则东土弥鼓腹矣。今年东省秋收十分，连年灾歉，野殍相望，天若悯而救之也。然曹州一带以岁丰，东南省土匪之欲屡来打粮，民间苦不可言。又闻本月初十日金乡又失守。

十八日 巳初冬至。梁内侄生日，供馄饨祀。先，晚间修上张芸师一禀，暨陈靖夫年伯一函，恳芸师由德州差投。

日来无事，为及门另作鲍明远《舞鹤赋》原韵，拟王元长《永明九年策秀才文五(号)[首]》《鲁仲连台怀古》《学然后知不足》得“知”字试帖一。曾因郑小山学观风也。

二十日 入署，拜舒祝三兄，畅谈。

二十八日 刁兴自省回，接到耿同年覆函并银十二两。又，何子贞太史惠联。又接谢莼(塘)[堂]大表兄信、董舒翁姑丈函，知吴慕渠明府已到首县任。姑丈仍管刑席，发沈小湘兄寄到银百金收入。

二十九日 曹太始到，送到衣物各件。

十二月

初二日　颍儿坐小车上武城看其二姑,郭升跟随。致王序东函,并赠翠花各物。嘱郭升就近回家。住临清城内。

接省信,知陈栗翁夫子由京回东。

为朱伯符兄写对,并赠神头镇康采五老先生楹联。因着其子赋林来谢,赠予贶敬二千文。

日来无事,聊学吟哦消遣。

十二日　祝山明府夫人寿。自省唤来三庆部演戏。公送缎幛八色水礼。燕喜长春。

十三日　入(暑)[署],贺祝山明府夫人边宜人寿,内子亦去,至三鼓归。

十四日　为祝山兄令兄锡亭大兄祝寿。嵩鉴。公送缎幛一架,春酒延龄。水礼各色。

十六日　颍儿自武城回序东家,到银十六两。二妹送呵嫂自织布并线、黄米、糕、挂面各物。

祝山兄请酒看戏至四鼓。三女又去看戏。

郑厚斋少尉自省来同席。丰润人。

十九日　专郭升赴省买年物。致耿同年一函,赠其五彩德禽雄雌一对。致谢大表兄一函。致董大姑父一函,并寄南关银前后二两九钱。又致吴春卿兄一函。又寄耿同年如夫人京粉。

闻盐店王三兄培,山西潞安人。去世,在陵已卅馀年,人极老诚。

二十三日　赶集,买物,爆竹甚多。携子女暨梁内侄在集上买回若干,为度岁,一乐。

晚间,合家祀。

灶食胶牙糖。

二十四日　晚,郭升省回来,承耿同年惠年糕六斤、冬笋、南荠、宪书、笔各物。接谢大表兄函，知其仍患心气虚疾，殷殷垂念，不置手足情切，怅然久之。并谆嘱予来正，如不即北上，到省再图快晤，若恐不及者，弥增感怀。

接德州张芸师函，知承专致恩县陈靖夫年伯蒙赐廿金，存德署，为北上之资，可感也。

舒祝山兄并其夫人均亲到谢。

舒锡亭大兄亦来公分，每分出钱十三千八百文。

二十六日 专郭升上德州买年物。上张芸师贺年禀。

连日同内子敬做祭天顶大金银元宝及祀福禄神元宝，区区微诚，略答万一，非妄希也。省中带回花两筒。盐店车带来。

二十七日 郭升回。

二十八日 赶城内大集，人声欢集，诸物丰盈，是年丰人乐景象。又买回爆竹、起火二起各物。写年对，看子女欢然望岁，合家忻乐。

二十九日 梁岳母寿，吃面。

三十日 上供守岁，合家喜庆。祝山兄送到节敬四金。

咸丰九年己未(1859)

正月

初一日　天气晴暖朗润。五更拜众神，星明风静，香烛生华，鞭花高响。

国恩家庆，人寿年丰。

喜神正南。

财神正南。

贵神正东。辰时，为金匮，一年大喜。拜颜鲁公，即命寿恩拜关帝、城隍、观音。看花台寺。专人至各处投帖贺年，诸公亦均来贺。

午前，见喜蛛当门。

初二日　申初立春。携三女至县署大门内看春牛。街民妇女各著新衣簪花，候官鞭春牛。

初三日　天暖风和，人物融融。携三女登奎星楼，见远近男妇或坐牛车，或骑小驴，皆是赴亲戚(者)家拜年归者，真升平好景象也。

初四日　午前，风，天晴。日来阅《陵县志》，为前明府桐乡沈胎簪年伯印淮，丁酉拔贡。其三少君宝枏号树香，为余甲辰同年，前在三泉书院主讲。重修，纂辑详赡，考据雅确。助成者为掖县李少白老先生。图，由广文任无极知县。先生学有根(抵)[柢]，胎簪年伯亦号博雅，故笔墨甚精良，修志者可法也。

初六日　风。

初七日　天阴，暖而无风。祝山七兄上省。

初八日 天阴，无风，暖。众及门来拜年，祭祖先。是日完姻者甚多，鼓乐之声盈耳。阅《陵县志》消遣。问孙镜泉病，胃气痛者半月矣。

十三日 风。晚间风小，有月。

十四日 风，有月。吴家庄送来秧歌杂耍。

十五日 风大。酉刻，月蚀，至戌刻，月上，风息天晴。携儿女至东门内看灯笼。

十六日 天暖晴。孙镜泉兄夫人来。写省信。

二十一日 巳刻，开印。专刁兴赴德州雇车上张芸师禀，并致京信。

二十三日 骑马拜客辞行。天暖甚，有蝇。早间微雨片刻。

二十四日 诸公来拜。申刻，舒祝山明府省旋。暖甚。

二十五日 过午，刁兴率车五辆自德州来陵，知张芸师已于廿四晋省，承其崔司阍代唤官车。按，官价加增，每车到京京钱六千四百文，并遣车行头来。

二十六日 巳初，舒祝山兄亲来送行，赠银乙斤。遂于巳正起身，二十五里土桥尖。天忽冷，微雪，起风，至德州已交二鼓，雪冻如冰，所谓雾凇也。住马市街，是晚，换钱买物。宋升之父并杨、孟两人送宋升来。

二十七日 早，冷甚，刘智庙尖，住漫河已起更。

二十八日 富庄驿尖，住藏家桥。

二十九日 廿里铺尖，住任丘。

三十日 雄县尖，住孔家马头。

二月

初一日 渠沟尖。住固安县。天气渐暖。

初二日 永定河主簿朱同乡着役送至河上，而天冷河冻，踏冰而渡,且车重,上船费力,因赏河夫钱。三千榆垡尖,住黄村,谢八表弟已为看泰吉轩大店。

初三日 内子换衣至八表弟家贺喜,见新表弟妇,因留住一天。一路顿尖顿饭,约每人每顿京钱二百,车价川费足需五十金。

谢八表弟在店,畅谈两夜一天,亲热之至,并承惠食物,甚美。

初四日 巳刻起行,予坐八表弟(坐)[座]车入永定门,家眷于申刻亦自永定门入住斌升店,平安大吉。

谢鹭湄四表哥于前月廿九日自丰润之宣庄来京,住杨梅竹斜街永升店,携吴子受维禧、表阮同住。知予携眷到京,是晚即来,快谈至三更后始回。

初五日 拜四表哥,得识吴子受,适其三胞兄吴介卿在座。名希增,顺天府附生指主政,亦分兵部驾司兼选司。子受昆仲皆吴四姨母胞侄,诵芬中翰之子,名士桢。壬辰科举人,内阁中书军机章京,惜早逝。子受以双月县丞,在河南得保知县,来京引见,年甫廿五岁,英伟可爱。其六胞叔名士松甲辰副车,丙午举人,官江苏昭文县。子受七弟现署河南开封同知。吴氏本世家,现虽中落而功名方兴未艾,惜四姨母早弃世,不及拜见。问墓在永定门外。

初六日 携寿恩儿到永升店。晚随四表哥至万兴店小酌,袁樾亭世兄同坐。

初七日 于四表哥处识选司友沈友琴、周子厚兄,到致美斋晚饭。

初八日 拜客。晚间于双奎识汪春樵汇,湖州人,大使,现官芦台月支场,来京解饷。又识选友钟宜园四兄,住牛血胡同。

初九日 在百顺胡同小酌。

初十日 到兵部值堂官值园。晚携寿恩同四表哥在三胜馆小酌。夜雨时许。

十一日 早阴。谢四表哥午间起身回宣庄。

晚间,晓坡八表弟自黄村来,亦住永升店,奉委十五日文举覆试,闱差也。

十二日 巳正，到兵部衙门销假，谒见全小汀堂官、印庆，尚书。陈子雀堂官、印孚，恩尚书。毕东河、李西园堂官。东河堂官署左侍。

十三日 申初，奉旨到斩决柏中堂葰、编修浦安、兵部主事李鹤龄、已革举人罗鸿泽于菜市口。官棚、刀棚凛然可畏，观者如堵，无不感叹生惧，以戊午北闱舞弊也。中堂因科场案大辟，百馀年来未见，我皇上为此垂泪痛恨之至，不得不作此严惩，所以转移士风，轸念寒酸者至矣，凡属臣民无不仰念感泣也。邹翼生表弟为本房平龄改硃卷革职，永不叙用，亦被柏中堂胁使受累也，然已幸矣。尚有各同考未定处分，山东新中举人查办者尚未覆奏。是日，听春台，晚晤晓坡弟。

眉批：浦公已放福建考官，因南匪扰阻，未能前去，乃改乡试同考而被此祸，惨哉！

十五日 上兵部街门。晚间，海淀全庆钱店王诚斋二兄来。与国晓山兄同谈至鸡鸣。

眉批：十五日覆试平安，文题《三月不知肉味》，诗题《临风舒锦》（得"萍"字）。十五日春堂官到部，晓坡八表弟闱差来京。

十六日 午刻，进宣武门，出德胜门至兵马司副署，拜黄小云仁兄，值其上城，未晤，怅怅小坐半时许而回。

十七日 巳初，上兵部衙门，助同司李鹤龄秬卿身后京蚨廿千。因顾厚斋兄、敦敏。吴六庄兄达亨。公启也。秬卿广东鹤山人，癸丑进士，乃为其同乡罗鸿泽营谋中式，事觉，致浦静帆安编修、柏中堂同戮于菜市口，可叹可叹！顾厚斋兄以秬卿母老子弱，身后莫依，竭力为之告助，义气可钦。同司宗室福芝圃兄、书佩如兄绅、王孟松熙湘、己酉选拔。陈达夫兄皆到司。申初回店。往谒陈子萑堂官、李西园堂官、毕东河堂官,又拜沈愚亭兄、印镐,同司。吴介卿姻世兄、孝曾,选司主事。王小山先生、印,发桂。魏隶香给谏、刘翼辅兄。李少村先生、黄小云先生来谈。

十九日　属驾司递送科经承办文,咨礼部会试。谢八表弟十四日来京,闱差,是日出闱。

廿二日　看定胭脂胡同内西皮条营房子,房东周姓,户部书吏。连日内子伤寒大病,请椿树胡同世德堂许大夫来诊脉服药,料理搬家。

刘鼎臣弟到京会试,同店三日,移至莲花寺。

二十四日　毕堂官来答拜,同袁樾亭弟到东小市买桌椅。用钱八十千。

二十五日　裱糊各房,共用京大钱四十千文。

二十六日　令刁升、郭升、苏升晚到新房看物,帖新对。

眉批:分月项廿×两。

二十九日　午,吴春卿兄自东省到京,同店。黄小云兄约到骡马市大街路南馀庆堂饮筵,酒菜甚佳,同坐者江西三位皆会试者,四川罗燕汀兄候选知县。又杨公。

三月

初一日　全家至新房,大喜大利。内子病渐好,尤可喜。国晓山三兄来贺喜。

初二日　买来试卷三场三本,京钱十四千文。晚写卷头。

初三日　袁世弟代为投交礼部。至莲花寺晤林馥庵四弟,于西河沿增盛店晤吕鼎臣七兄。调元,章丘人,己酉中。

眉批：国晓山三兄约吴春翁同听戏，晚同酌于五兴和。晓坡八弟解滕录来京，未当闱差。

初三日 清明，祀祖先。

初四日 同乡李子庚兄钧山代看定小寓，在西场门外迤北路西庆宅，与诸好同寓。

初六日 诸公皆入小寓，是日安祀奎星，财神祖先。上牙牌课问入场，得课云“一帆风顺及时扬，稳渡鲸川万里航”云云，知入场稳当。

初七日 未初，颖儿同予至小寓，同寓者孔监唐七兄、王省斋兄、刘鼎臣、林馥庵两弟。过午，至场砖门内看碑，知京官皆入东右门，于外供给。遇李子芬三兄，知为大兴尹贺笠舟十一弟照料事，就近下场也。晚间，晤张心农七兄其煜自陵县来，快晤片时。黄小云兄绕场到寓小坐。

初八日 辰，起至东右门候点，至午初，点进，在第廿牌。坐东莱四十一号，与袁霭亭兄同号。惠保，辛亥中。

首题《色难有事》，一挥而成；次《今夫天三焉能使予不遇哉》，皆未费力，惟文无出色处。诗题《高车高闽》得“从”字，平日于《事类赋》见过，记不清是孙叔敖矣。

眉批：同乡各官及同司相好者皆送场。四鼓时题下。

初十日 出场，颖儿接著，意甚快然。小云兄来寓。

十一日 辰刻，入二场，平安。而西右门一江西周绍稷携带大本《五经》，明放在考监内，致露出，送交刑部。是日，奉严旨，三场命加倍严搜，可惧哉！实系周某自取重罪。王大臣并未(刻)[苛]求也，同人无不恨之者。闻周某乃由军功保知县来京，谋选缺者，其中恐有不平事也。二场仍入东莱号。十七号。二鼓后，题下《五经》题。《易》“井以辨义，(选)[巽]以行权”；《书》“有猷为有守”；《诗》“以祈甘雨”至“我士女”；

《春秋》"晋侯使士鲂来聘",襄公十有三年;《礼》"圭璋特达,德也"。

眉批:二场与蓬莱朱柯亭兄同号(吕霖)。

十三日 午初,出场,平安,未觉困倦。

十四日 入三场,同人皆有戒心矣。各门皆(帖)[贴]"奉旨严搜"。场门晤张秋舫兄、小云兄,皆照应之。至午初,入场,坐东阁二十一号,与陈寿田同年同号,此邻乃宛平杨叔通三兄助教印济,写作皆佳,可羡之至。又与济宁甲辰同年许芝山兄同号高彭,大家快谈,于月下亦良会也。

十五日 酉初,策真草,皆完好,与同号至好品茶畅谈,人生一乐。

十六日 巳正,出场,大吉。在小寓略作片时,即与颖儿坐车回家。家中人皆喜,喜如此功名三场平安也,功名则听之命也而已。晚到斌升店。

十七日 到斌升店与春晓两兄谈至三鼓。

张心农兄、韩又云兄、振东,乃东邻。蒋蕉林同年皆来拜,朱柯亭兄、辛竹舲兄亦来。接孙二兄、朱大兄函。

十八日 拜诸公至南半截胡同。大井儿胡同拜杨叔通三兄,未遇。与心农兄送行,托其带回各信并缴回陵训。朱伯符兄原银票两纸、每张十两。钱票四张。

十九日 陈镜人兄请吃水角,两圆桌皆同县及同乡,快聚之至。

二十日 许芝山同年来,晚到莲花寺,帐未值,遂至济南馆与王素轩、魏史卿两兄一谈而回。

二十一日 吴春光兄约王诚斋兄与予同听四喜。晚至店中吃黄花鱼。

二十二日 赴安定门内红墙庙后板(敞)[厂]胡同谒见舒师母,知云溪夫子去冬由云南抚台告病回,至陕西而逝,大世兄陕西候补同知,即停柩在彼,尚未卜地,请京安葬。夫子本陕西驻防归京旗者。二世兄荫生习举业,师母年六十四岁,见面甚亲爱。至安定门内方家胡同拜书佩如二兄绅,兵部员外,乃萨湘林先生迎阿次少君。

至大兴县署拜贺笠舟十一兄、李子芬二兄,未遇。至南池子拜印君治笠亭兄昌。

眉批:治笠亭印君带引记名御史。又带银库未用。

二十三日 至连升店拜许芝山兄。

二十六日 蒋蕉林、崔绍庭、张绎堂诸同年在文昌馆公请甲辰同年来会试者十人,并识尹赋山同年汇瀛。四喜部戏不出色,每桌加钱十六千,尚可吃。同日,贺笠舟十一兄请公车诸好于汇元堂,未能去。

二十九日 同司公请于湖广会馆。

四月

初二日 祖母赵忌辰。

眉批:皇上连次祷雨。

初四日 印君四位及同司公请于李铁拐斜街之全兴堂,早、午饭共三席。书佩如兄饭后同到舍,畅谈至日夕。谢八表弟自黄村专人送书来。

初五日 谢晓坡八表弟来京。又接未生弟信,知已分陈州当差。是日,本司晚班,四钟去,六钟回。初六日拜各客。

眉批:初六日拜葛季彬同年七兄于山西街地藏庵。初六日为樾庭父母题照。点《神主常雩》大祀。

初八日 听《红绿》。终日无信,至更时知又□□。

初九日 亲到礼部门前看榜。连日隔日一入司。

初十日 上衙门,印君派管驿侍股。着郭升至西四牌楼北宝祥寺街河南陈州府安宅,问其少君博雨乡先生润。知河南差人已回陈州。交李梦白同年带致耿同年信。

十三日 写致禾生弟信,并纬帽、帽盒、靴子送至东草场八条胡同汉阳会馆,托吴莲室兄长清孝廉、陈州山长转寄,并亲去拜,未遇。又到草场十条胡同拜同司宣子岩兄德,亦未遇。又至打磨场西禄寿堂间壁王鹭峰三兄天香,未遇。十三日,李小山兄、孔七兄、林、刘皆未回东,托带各信。

眉批:新贡士覆试题《务民之义》,诗题《山雨欲来风满楼》,得"阳"字(咸阳)。榜发,一等一名张丙炎,二等一名严辰,三等一名陈大诰。山西贡士高光成夹带,革问,从重枷号,在闱子外跪道。

十五日 辰初刻,至东华门下车,进内,至景运门外候,诸印君到,遂入,至乾清门下,候穆堂官、春堂官画稿。穆堂官在军机处,从门外见内悬今上书"喜报红旌"四大字,斗方,红绢描龙者,字体圆劲,结构谨严,诚宸翰至宝。未书年月,问系四年连镇报捷时书者。又见北墙悬"一堂和气"(扁)[匾],未识御题何字。是日巳刻,皇上进神武门,入斋宫见众校尉,请黄轿。是日,考差题《曾子曰夫子之道》《岷山导江》,诗题《二酉搜来秘简疏》,得"宾"(子)[字]。当场不知出处,查系陆龟蒙句,上句"五丁……去人功尽"云云。午后,好雨,至二鼓晴寸许。乾清宫门下设桌供黄牌斋戒,旁立尺馀铜人,未看清是何衣冠,人云系旧时太常寺官查斋者。自园请来黄楼侍卫十员骧护,回则挟而去矣。老公自内托茶,下门台来送诸公,笑容可掬。乾清门前两金缸,可容百石,映日宝光耀目,旁两铜镀金狮子,工细之至,镌志"乾隆年制”。是辰，得见王公宰卿，百官济济，文武趋跄，严肃整饬，人生幸事也。同诸公在九卿朝房略坐，巳初，出东华门，至大兴县署，晤贺笠舟十一兄，留吃早饭，面托顾厚斋兄荐王孝廉书记。

眉批：十八日卯刻，皇上至天坛祷雨。巳刻还园，并到六公主府赐奠，二次矣。

十七日　入司，回陈子霍、李西园两堂官，有哦啰斯学生出张家口迎其使臣火票稿，其来文云使臣为内大臣。胡小怀世兄来拜，甫自泰安携眷到京，云眷车十辆皆送务，因查有箱内洋布、德钟，计税银三两三钱，漏税不报，罚加十倍，则卅三两三钱矣，可叹！住玄帝庙。刘春圃兄同恒庆银号赵馥庵兄名馨亭。来拜。晚间，吴春兄、国晓山三兄、邱启束大兄来谈。

十八日　傅介石兄大贞，四川洪雅县人，己酉拔贡，举人同司新奏留。来拜。晚至斌升店与王素轩兄畅谈。

致丰润宣庄盐总店谢鹭湄四表兄信并《会试题名》。

眉批：散馆赋题《大田多稼赋》，以教我，“士女”为韵。诗题《应是雨催诗》。

十九日　辰刻，到兵部驾司，当月接上手宣子岩兄德事。同寅当月为英芝田兄敏，镶黄旗，升任主事军机处行走。监印官邵怡庐兄恺未来，代为监用堂司各印。酉刻，有江宁大营和大臣差官送到已革大臣德兴阿关防一颗，带印盒。同差官拆阅来文，称派即用副将常亮护印到京，当于戌刻知会各掌帮。印君随即入堂库服同封锁。亥刻，大雨。又用部票行令正阳门内官由门缝递出，禀知毕、陈、李各堂官。又命当夜赴园禀知载、穆、春各堂官。戌刻，雨至亥愈大，丑刻，止计有四指，人心大快。书佩如帮印君是日带引铁钱局监督，未用。同莫芝田兄畅谈半夜。好雨淋漓,署中静极。

二十一日 马菊初兄接月逢亨,福建人,丙午举,贺笠舟兄专人送到。请王笏亭九兄荫樾,盱眙人,孝廉。乃兄印荫棠,亦孝廉,毕河东先生门生。书记官书,聘金即送交。

二十二日 王笏亭九兄来拜,畅谈两时,人极温雅,写作俱佳,今科又取誊录,不久翰苑中人也。

贺笠舟兄来谈后,即雇车往拜顾厚斋兄、王笏亭昆仲。住烂漫胡同。又拜孙友堂八兄,孝庆,甘肃迪化州昌吉人。托代办驰驿马票,并送交住轿子胡同甘肃会馆。

二十三日 笏亭九兄邀吃午饭,未去,伊廿四日到馆。

二十四日 辰初,至驾司请江南送到钦差大臣关防,至乾清门右候治、书两君到,送交军机处。巳初,皇上到宫,载、春堂官,印堪、印佑均到,载堂官读殿试卷,并查看标识驾司共稿卅件,交老公送内候画。巳正,皇上御乾清宫,定甲乙,阅卷八位先进呈前十本,本拟孙念祖会稽人,工部郎中。第一甲第一名,李文田二名,广东人。邵子彝安徽人。三名,朱学笃侍胪。号实甫,山东聊城壬子举人。皇上从后拔孙家鼐为状元,安徽人。邵子彝不到,孙念祖二名,李文田三名,朱学笃侍胪。正叫起时,头上片云落雨,可谓雨露之恩,读书至此,一大幸也。然诚有命存焉。发各信。

二十五日 寅刻,皇上御保和殿,传胪新进士谢恩,赐表里。乾清门下左边包金大铜狮子计数千斤,下一石座,云道光廿年,某省武状元传胪,单手掣出尺许,甚恐,而后尾无著手处不能拉回,至今以为异谈,力亦猛哉!状元应系山东田在[田]。

二十六日至廿九日 无塘报,以有假抄。直隶通州换官,并无其事,而《抄报》有"知道了,须彻究"。是以各部当月皆须司员亲赴内阁去抄上谕。

二十七日 堂官赴园。兵部加班。早间浓阴,自司中受凉,回家身觉不快。晚,细雨甚佳。在司院种各花。

二十八日 朝考。晚到斌升店，忽然大雨，二更后不能不回，无车可雇，踏深泥步行，苦极。京中阴雨，非车不可，况是黑夜？回家受病，赶服药。

五月

初一日 到司，早班值日。银价忽落。前五百七十千，近十四千。

眉批：五月初二日，托高丹录兄带山东各信、物。初二日为祖母赵忌辰。

初三日 晚班，值日，标发各省咨文并刑部顶封递奉天。

初四日 易银价忽增捌千。至邵怡庐兄处小坐。

初五日 过午节，不拜节。赏本司茶房二名□，皂役，共□。

初九日 舒师母处送到鱼翅、海参两器，小鸡、点心各件。以有犯感冒不能会客，着人到印君处通融请假。顾厚斋兄送回王笏亭九兄关聘。接鹭湄四表哥函，知六表弟于四月十六日由东省回，殁于近丰润之客店，可叹！

眉批：治笠亭、印君用郎中，谢八表弟专人送到皮箱。同司吴六庄兄奏留。初七日带引。赴豆腐巷内玄帝庙拜胡小怀世兄，知已移居北半截胡同。接递送科知会，准武库司付廿二日陪祀地坛。十二日硃笔："福建正考官袁希祖去，副考官杨泗孙去。钦此。"

初十日 早班值日未去，连日服药。

十二日 马葛村先兄来拜。洪庆，德州选拔。

十三日 早到司，知未请假。

十四日 夜大雨深透,自亥至寅。

十五日 早到司。南顶大会。

十七日 早到司。晚至吴春兄小坐,忽浓阴震电,市口打棚,讹传为场案。急急探询,乃盗仓米明火案也。

十八日 巳初,大雨至申刻略小,子初又大。同司锦兄瑞来拜。蒙古、湖南驻防旗人,现住东安门外大阮府胡同路北。致山西蒲州守李小湘表兄信。托大兴县贺笠舟十一兄加封递去。书佩如兄同司来函,云亦受感冒。

十九日 子初,大雨陆续至,巳刻细雨不绝。午后,霞日光天,半晴,遂雇车至北半截胡同小怀师大兄处,为其堂嫂吊纸。便拜马念云中翰、德徽,己酉拔。李稚玉同部、恩绂,癸卯举人,章丘人。戟门先生少君,并拜茅叔清三兄昶熙,戊午优贡,知于十八日入城朝考。马念云兄乃弟德瀓亦戊午优贡。又至兵马司前街,拜顾厚斋兄。又至聚魁店,拜河南府经保举知县王明府,槢,号筠如。现来带引,不日回豫。酉刻,又大雨至亥初。

二十日 御门放缺,大雨终日。

眉批:托笠舟兄加封递历城函。

二十一日 早到司。午间,到大兴署吃早饭。笠舟兄约顺天府司狱查。四兄、大兴捕厅李海观六兄同在署,手谈至亥初。子正,朝服朝冠出安定门至地坛内,于礼部都察院处投递职名。遂诣坛下,见地祇、山川、五岳、黄幄、九座皆具太牢。寅正,执事引请各神牌到,奉安黄幄,坛下旁列僧乐,右竖灯杆,挂一方天灯,仰观,未见其大,内插白蜡五枝灯,铁丝高及一丈,宽及六七尺,缘甬路皆竖红灯,坛下左右则皆黄灯。第一层连三白石牌坊,内两旁黄布棚,列亭子灯二,古铜香鼎二,大可三尺,甚整细。第二层连三石坊,内列左右列舞乐。寅正,坊门外王府官执大图羊角灯二照行。棣华丰王恭代自坛门入,前引各提圆羊角小灯入坊，左边百官，朝衣冠，两旁肃立。到坛下后，赞礼官及太常寺官礼部祠祭司官各司其事，赞礼郎清语高唱。其声宏大以长，其唱字则不解。

眉批：圣驾未到以前，百官各就地小坐，亦有跟人者，亦有自携雨具而行礼者。百官朝衣冠新旧不一，为防雨也。未见兵部堂官到。

王公百官依次序立内行三献九叩外，皆叩，即平地行礼。纠仪御史左右侍坛上亦然。余立在坊门外，窥见坛上烛光下，引赞官唱导。

眉批：闻英夷又来，意甚不逊，而郑王奏请以和为主。恭阅《邸抄》，为夷预备国子监、老君堂、马家厂三处大馆，今欲入城而僧王防守天津严极，不允。

王爷及分献官各幄献奠，行绕坛上。又见左右官皆肃然捧祭品跪呈，读祝官亦清语，声音高长，并见执事官以黄绫套套手，似系捧物致洁者。三献毕，各官依次捧帛及祝版下坛，至坊旁大铁燎池内高唱，敬焚在后，王爷随视。礼成时正届卯初，各官随王爷皆散。余乃至坛上敬视黄幄内祭器及围桌，皆黄色销金龙者，牛握角共九只。绕坛地宽二尺，有水，仍见锦衣抬黄亭，执事官捧各神牌安于亭内。从坛右绕后，盖归后殿也。天浓阴，自入夜欲大雨者，乃竟未落，咸云即大雨亦朝衣冠立跪水中也。坛内草木，雨后青葱可爱，出坛门更衣，见坛内空阔豁目，各坛门皆有官肃立。

王爷启行后，遂驱车回至大兴署，送还笠舟兄衣物，时皆在睡中，乃即至东华门南大阮府胡同同司瑞大兄锦，蒙古旗人员外。处答拜。因到兵部候诸公皆到，以一夜未睡，欲睡已极，乃不候堂官而回家。午后又雨，大小，至晚尚浓阴也。

眉批：陪祀坐班、迎送陪班等乃大典必须亲到，而或云可以著人投递职名，不必去，大非自愿何如人？乃幸随（着）皇上行大礼，睹盛典竟敢捏故不到，虽无纠议者，抚躬何以自安？

二十二日　抄报。翁中堂病，请开缺，准。

四川正考官放煜纶，副考官放王道墉。

二十五日　闻英人在天津已到大船十三只，上岸，叫我将所有防兵炮台皆撤毁，并开单要东西百卅馀条。可恶已极。僧王不允，防备加严。兵部职方司郎中恒兴管捷报处，应发天津僧王处硃批上谕，误发在吉林，而应发吉林者误发到天津。闻硃批以缓与夷匪开炮也。

二十六日　御史尹耕云杏农递封奏，闻为谏和夷并预备三馆事。旨留。

眉批：廿六日，上谕："贾桢充翰林院掌院，补受大学士兼管兵部事务，钦此。"

二十七日　御史赵元模递封奏，闻为谏和夷。旨："留。"

二十九日　分到银结拾两，随到一钱九分。

六月

初一日　到司知加班，毕堂官留署。

初三日　早到司。巳正，赴大兴县署吃饭，又与贺笠舟兄、查四兄、顺天府司狱。李海观六兄大兴捕厅。手谈至次日天晓。夜雨。

初四日　申正，至德胜门外北城副指挥黄小云兄处晚饭，承其向本处潘姓家借车。

初五日　丑正，由土道赴园，寅正即到户部朝房，少迟，沈愚亭总办任、同司海蕙田、同司钟皆到，随入内，于军械处候穆堂官到，阅折稿并画稿。又到吏部朝房请贾中堂、陈堂官阅折稿、画稿。又在奏事门外候堪大人、春大人到，交内监送内画稿。是日，兵部带引见并看保送山西守备忠善箭射，无准，罚俸三个月。巡抚议处看抄，五月廿九日奉到上谕，知僧王于五月廿五日开炮回击，伤英夷大船十二只，只一只逃出拦江沙外，擒毙夷匪多名，并获夷兵头赫姓，船皆破坏，不能驾驭，船上炮物皆沉，馀夷无多。天下人心大快，多年以来夷匪再四狂悖，欺人太甚，无不切齿发指，经此痛打，实皆僧王老练慎诚，有守有为，成此大功。如非兵部恒公日前将硃批发错，则廿五日未必敢决然开炮，然夷匪欺中国太甚，业先开炮并上岸步战，僧王亦不能中止矣。所伤提督副将等皆落优恤，并赏将士银五千两，兵胆皆壮，各海口闻皆有通行，如大家齐心防击，夷匪虽凶，何能为哦罗斯使臣新到京声势狂妄之至？闻近日亦敛迹，可恨！

眉批：上谕竟未发《抄》。

日内闻夷炮沉海者，时见自水发烟，则涌出夷尸，盖自来火所致也。

初七日 到司，书佩如二兄署司务厅印事。巳正，约治笠翁、书佩翁、沈愚翁同到前门西月墙同兴楼小酌，阅抄报，见初八日卯正二刻同乐园皇上入座听戏。戏单：琉球国使臣翁俊、阮孝铨奉旨，初九日同乐园两边另一间(厅)[听]戏。

《庆寿万年》《浪暖挑香》《月下追信》《疑谶》《下山相调》《万国嵩呼延禧锡祚》《认子》《八享来至》《始倩冰人》《旋要娇客》《谬索乘龙》《徒邀跨凤》《洞房误救》《仙岛奇藏》《图书载现》《戈戚维扬》《万国共球》《诸番息战》。

初九日戏单：

《福禄寿》《奸遁》《鸿门撇斗》《夜看春秋》《草地》《万年甲子》《胖姑》《井遇》《佛会》《罗卜济贫》《琴挑》《太平有象》。

眉批:过午拜周小田兄(文溶)、尹赋山六兄。同年汇瀛,壬子进士,分工部。王莲塘兄武选司。

初八日 新分司苏兄来拜,佩训。万镜蓉兄培元来拜。

十一日 治笠亭印君来谈,遂同到小马神庙清晖堂陈达夫同司家恩泰看西洋大画,十二幅画法活现,皆作《深草大山群夷打猎图》,其王花衣,骑大象,神色毕肖,外夷奇兽,各种如生,从显微大镜中外看,如睹旷远异境,豁人心目之至。

十二日 《邸抄》:浙江正考官放钟启峋,副考官放汪承元;湖北正考官放钱宝青,副考官放薛书堂河南人。硃笔:"贾中堂作为体仁阁大学士,毕堂官道远调署户部右侍郎兼管钱法堂,兵部左侍郎殷兆镛署理。住翰林花园。"贾中堂十三日未到任。

十三日 到司。午后大吃西瓜。

十六日 到司。

十七日 卯初,到司。卯正,贾筠堂中堂印桢到兵部任。先到内阁及翰林院任,回至兵部。在大堂上设七堂官座,拜印时,堂书吏喝礼。兵部大方银印二颗,一堂上用,一随行在用。各司员公服在午清轩外两旁恭立,候中堂进内屏门,公揖,四司掌印各缴中堂拜司名片,并递各司所管事红单,及各司官笔式职名,随各呈稿手画,皆捡吉祥事稿。连日热极,如火蒸然。

十九日 谢八表弟来吃午饭。热极,吃西瓜两个。

二十日 到司,知捷报处主事三月内又将发伊犁各部公文错递塔(儿)[尔]巴哈台,其应发塔尔巴哈台各部公文误递伊犁,驳回本司,查明系主事宝山值日。回各堂官,而陈堂官大怒,并波及本司印君,以回堂迟延,专折从重特参宝公,并记印君过。

眉批:《抄报》:"桂中堂花大人到京,撤销刑部员外段承实五品卿衔。"

二十一日 治笠亭、沈愚亭两印君夜间丑初赴园，大雨，持奏稿回满堂三位。至巳刻，雨大，淋透衣服，踏水进内，公事不敢迟误若此。午后，天晴，清凉之至。韩蔼如姻四兄文昶自东省到京乡试。盛小澜表姨丈令坦，前即墨令，荆门先生四少君，住永盛店。谢八表弟约同在万兴店晚酌。

眉批：廿一日《[抄]报》："山西大同府缺，李汝霖补受。"

二十二日 初伏。到司，见贾中堂、陈堂、李堂。午后，约韩蔼如四兄、王鹭峰三兄、谢八表弟同到广德楼听四喜，晚至廊房二条胡同富兴楼小酌。李瑞圃千戎恩泽，历城武举，自东省来京，送香稻米二包、茶叶二包。斤许。

眉批：廿二日《抄报》："陕西、甘肃正考马寿堂、副考吕耀升。"

二十三日 兵部值日。

二十四日 同司恭祭关帝，有早面。

二十六日 署左侍郎殷堂官兆镛午刻到任。自辰刻浓阴，至巳大雨倾泻不止，晚犹阴，各街巷水泥深厚。难行之至。

二十七日 辰刻，又雨，冒雨踏泥到司。贾、陈、李三堂到。午刻，至杨梅竹斜街西永盛店韩蔼如四兄处与晓坡同饭，饭后到广德楼听三庆。

眉批：《邸抄》："浙江解丝绵到缎匹库交纳之，委员候补府经卜洵到京，住永恒店，因库书陈云浦及经承钮姓、范姓索费太多，闻要千金，情急服毒身死，交刑部。又，宝泉局监督员外张仁政以局款不清自缢。"

二十八日 午后,密勒尖(注:即英国)夷人廿来名到京,我官文武及押护者将三百人自通州来,入彰仪门,在内城老君堂新馆住。

二十九日 桂中堂等代奏,密夷(注:即英国使臣)到京请安。申刻,晓弟方回,付春翁二金。收印项十六金,随封一钱九分、八十二分。

三十日 到司。

七月

初一日 同蔼如兄听四喜。全小汀堂官到京。初二日到部。

初二日 到司。接谢四表哥回信,外洋货四两三钱。初三日。

初四日 兵部加班,到司无事,遂至大兴署吃早饭。晤贺六兄瀜自江南来京,引见连日。贺笠舟兄在嘉兴寺伺候桂、花两中堂,差使咪里尖(注:即美利坚)住老君堂。咪夷来者上下共三十人,前月初九日午刻进北塘口。闻与直督藩见面,坐车入公馆吃席。该夷自有蓝绿呢大轿,要夫未给,仍令坐车。夷使华若翰、年四十四岁,有二子二女。水师提督达酋、带刀副使廉士通、士丁韪良,其馀参游等共十三人,分三席,与直都藩东西坐。夷人体皆白毛,(羊)[体]臭,非人类,好啖水果,时用凉水洗身。大宪与谈两时之久,略加驳诘,该夷权词以答,无不中肯,貌虽恭顺,情殊诡谲。廿七八日自津抵通,坐车入京城,同来之中有一山东平阴人,一浙江人,一广东人,皆写汉字者,闻束修皆数百洋圆。带有铁裹甬木箱,问非贡物,日来惟大嚼大乐。郑邸加心伺应,昨夷人要去白布,云擦地以卧,又欲馆外竖大旗,未许。夷人去问哦罗斯,向来无此,乃止。我们委员代咪夷向哦夷送信,信外一面汉字,一面夷字,不识,讨得回字封固,英能拆阅。桂中堂知之,以此委员,未经禀明,率代送信,大怒,几乎重办,实自取也。又闻僧邸在海上,近又捞获英人大炮万八千斤者两尊,皆受六十八斤炮子,试放,灵捷之至,大悦。

眉批：桂花与咪夷（注：即美国使者）见面，问其来意，只言代为讲和而又不言所以和，并云英夷六月初六、七间驶回上海，想系调兵，嘱我防备。其实英夷已回上海收拾南去矣。盖惟我焚其夷馆也。英夷此次来津，大伤元气，洋货沉海者不少。自宋世以来，所未受过者，其连年洋货卖不动而烟土又被内地顶的销不动，夷国已窘之至，而郑邸一意讲和，曲为事奉，无不闷闷。咪夷乃小国，而令大宛县加意伺应，令其见我大皇帝，行九叩，坚不肯。

未晤笠舟兄，遂拜菱舫四世兄。出城拜李雪堂世兄，并贺其续弦偕来之喜。又拜陈寿田同年，知前月望后奔丧，回恩县，盖镜矣年伯去世也。又至斌升店晤新选江西建昌府同乡隋公藏珠。在吴春兄小酌。

眉批：同乡来云，东省甫经官修明湖上古历亭等处，乃六月十九日未刻，火药库有委员黄公林监出火药失火，震死居民、游湖人官民无数。古历亭、铁公祠、北极台、晏公台及北门一带，城墙掀陷若干，北门外轰死者亦不少。并闻贡院亦震，学院正考试，而考棚震塌，伤及试者，幸未死。所存连年火药皆轰去，是日满城飞石黑暗，人心大惊，闻抚台正在趵突泉音樽，至晚方筵席，罢，鸣道而归。

初五日 李子芬三兄代贺笠舟兄送到还予钱四十七千，吴春翁留其廿千作七夕听戏吃局。

初六日 韩蔼如兄同听三庆。

初七日 吴春卿、韩蔼如、邱启东、李子芬、国晓山诸兄同约到广和茶楼听四喜，有《鹊桥密誓》一出，场上未看摆设周全，是日人多极。晚至斌升店春兄处同吃鸭子。二更，雨一大阴，阵云如墨。

眉批:初七日,托蔼如兄专人回东之便,寄德州、陵县、历城耿同年各信。早间到司。

初八日 午后,大雨,戌初晴。

初九日 兵部值日晚班,到司发各部公文。

眉批:全堂与陈堂不合成,同司适为奏留阻滞。

初十日 早到司,午后钱爽泉五兄垲乃郎锡麟来拜。年廿一岁,已第二次入北闱。酉初,蔼如兄来谈。

眉批:初八日,河南正考官华祝三、副考官孙诏谟,山东正考官郑琼诏、副考官董元醇,山西正考官钱宝莲、副考官张锡荣。

十二日 早到司。姚雀巢兄自宣庄带到谢四表兄函并土物丰润胰子。

十三日 到顾厚斋兄处。

十四日 到司。午后,蔼如兄约同朱月樵兄、孙□□兄听双奎,在中和园。

十五日 早到司,适蔼如偶患霍乱症,遂急到杨梅竹斜街西永丰店为之诊治,午后见好。过午,到南下洼看所谓广东菜蟒者,长六七尺,粗若大鸭蛋,色黄,花黑(班)[斑],用布障围住。蟒盘在地上,昂首向水盆,观者如堵,每人讨一文钱。又有刀山高跷等戏。到天齐庙,即东岳庙。香火极盛,游人男女如蚁,由中院穿过,到都城隍庙,众僧建坛施食,旁放纸扎彩船,高丈许,长丈许,晚间焚化以救鬼者。酉刻,祀祖先。晚接河南淮宁尹李酉峰姻叔信,知前为禾生二弟所寄帽靴各件已收到。更许,到蔼如兄处问病,已愈八分。是夜亥正月蚀,子初,食甚,子正,食无,一天混黑,直无月矣。天事懔然,街巷击铜敲铁，老少救护，喧填不绝，皆云未经见过月食如此之甚者，至次日丑正始复圆，共三时之久，食十八分。

十六日 早到司，见全堂官、春堂官，贾、陈、李皆到。午初，到蔼如兄处问病，大好，遂留早饭。伊发省信，接山东董舒亭大姑丈信。

十七日 晚，程炳采斩决，惨极。其乃翁程庭桂奉特旨从宽免死，与已革刑部员外陈廷彦、已革工部郎中谢森墀、李旦华、庶常潘祖同、国子监学正王景麟、副贡熊元培、候补通判潘放俨同发往新疆，效力赎罪。

十九日 考试汉教习，阅卷周中堂、毕道远、宜振。阅《邸抄》，江南乡试十月举行，借用浙江文闱。

七月，分同年崔绍庭中翰选云南寻甸州知州。

连日钱店纷纷起钱，土棍藉端滋闹，致连闭数家，银价忽落，民间所用皆官号票，只取当钱八百作一吊。硃笔："历恩官补授宗人府府丞。"

二十七八日 推官，廿九日祭社稷坛。礼部奏请，经筵讲官派贾中堂，匡源署讲官桂中堂。

眉批：廿六日还官。

二十九日 提督衙奏交，御史福宽奏参各园演唱票戏之笔帖式，袁□堂及傅保山等十六名交刑部宗人府。上谕："惠亲王等奏，再禁官民私藏一斤以上铜器，交官领价，违者分别治罪。"天下至大，铜器至多，第禁辇下，未免偏苦，且自王公以及庶民，焉得家家搜求？如必从严，徒滋扰害。

眉批：自场案有"平龄曾演唱，票戏奉铭文，不销除旗档"之语，随肆然放为，乃有《三湘雅集》等名色广帖报单。

八月

初一日 奉上谕:“山东巡抚崇恩著来京另候简用,文煜补授山东巡抚,直隶布政使著文谦补授,钦此。”

眉批:奉堂谕,自八月初一日为始,巳正到日。

初二日 卯正,皇上出内右门、景运门,进文华门,至文华殿经筵,进茶毕,出如意门,进景运门还宫。

巳正,到司,入东华门经煤山东,出后门至鼓楼街路西裕成首饰,问戴兰村二兄。旗人,名承恩泰,豫亲王府典翼官。是日,在王府有事,未晤。又至德胜门外,拜黄小云二兄,小坐时许,仍入德胜门由东四牌楼出宣武门,舆夫出门瓮城内,古冢二。(俟考)。至菜市口西扬州会馆拜姚雀巢大兄。光鼐,扬州廪生,新捐广文即选。阅《邸抄》,广东世系海澄公幼子奉旨入大兴籍。

眉批:北闱正考官周祖培、瑞常、灵桂、梁瀚。金堂官庆兼署刑部,陈堂官孚恩兼署户部,李堂官维翰兼署吏部。

初三日 还宫。

初六日 皇上出顺贞门、神武门、地安门至关帝庙拈香,还宫寅初。

初七日 巳刻,到司,遂至场东门外笔管胡同路北韩蔼如四兄小寓,住晓坡弟,派在大门外伺候。晚与朱云仲二兄应梿、朱月桥兄、孙叔园兄、蒋公、邵公同饭小寓。北上房崇公厚两少君下场,人云:“自见亭先生以来,皆在此房得功名,吉地也。”

眉批：初六日上谕："以本科派出御前大臣在贡院门口稽查，知考官及内外帘执事各官，有迟至申酉刻始入闱者，嗣后午门听宣后即行入闱，并令稽查御史查明各员入闱时刻，次日具奏，如并无别差，入闱迟延者即指名参奏，以肃功令。"

初八日 卯正后开场门，点名。蔼如兄诸公，浙江人，在东左门四十八牌小所，与谢八表弟同当差者，尚有一位王公，候补县丞，至十二点钟始点到。浙江同严少珊七兄。山东金云卿粮道令坦，亦浙江新分直隶候补通判。又识郑秀岩兄。其新山东运千安邹四先生少君，同严公来送韩四兄入场者。予至观象台下，见所祷铜器精致已极，并为山东同乡及钱瀫书世兄送场，头场平安无事。未正后，同郑秀山觅坐伊车出城，伊回板章胡同自宅，予即回寓。国晓山三兄初二三间大病，转筋霍乱，危极，赶去为之调理，始渐见好。缪伯父子初五日潜回山东。

眉批：江南正考官杨式穀、副考皂保。

裕成送到首饰各件。裕成局掌柜张姓，通州人。朱耔厚基三兄来拜，知现分兵部库司。与乃弟酉山同住臧家桥锡金会馆，名载基。

初十日 令郭升至蔼如兄处接场，得知钦命题《郁郁乎文哉吾从周》《鱼跃于渊言其上下察也》《辞十万而受万》，诗题《赋得长伴云衢万里明》，得"分"字，五言八韵。

十二日 午间至三庆园听全胜新班，未久，知戴兰村兄出城来拜，在家候人，遂回，快谈至申正后，伊始回城。言及豫亲王侄去世，廿三出殡，府在八步口。德胜门内。付茶皂，即赏，又赏送知会鲍姓。

十三日 到司后遂至蔼如兄处，住送三场，知二场平安，惟号官多干咎，有逐出者三人，士子被帖者六百馀名，丝毫不通情。

十四日 辰刻，微雨至午。送蔼如五兄入场后，在供给处见贺笠舟十一兄，并识宛平尹张同年。昭，贵州人，癸丑进，甲辰同年。未刻，冒雨坐河南候补道戴公少君(坐)[座]车出城。其少君入场,车夫周姓,甚好,谈一路,遂赏其京钱二千文。

眉批:二场有宣化知府某少君兄弟,接卷未细看,遂认(坐)[座]号入定,至打戳始看出坐错,其弟呼号官回堂,监临官以虽已自尊,且未出题,非大弊,然究系接谈换卷,同扶出。兄弟大哭而去。二场有真草,皆(滕)[誊]完而自焚于炉内者,面色白矣。号官取卷灰代伊取照出签而去。接吴慕渠兄、魏子善兄各信。

十五日 巳正,入内城,到板厂胡同舒宅拜,节见菱舫四世兄。回至南池子拜治笠亭印君,值伊腹泻,在尹住室小坐回家。晚间,率家人儿女拜月,月色皎亮可玩,少迟,微云半遮半吐。

眉批:都中过节,满街卖物者,多猪,羊肉如山羊肉尤贱。月饼各种皆妙,家家热闹之至,各馆子皆讨(帐)[账]暂止,各铺家要(帐)[账]如年(帐)[账]之急。

十六日 内人生辰,天气晴和。蔼如兄三场毕,出城,言及三场。十五日夜,士子策完,唱者喝彩者满场,轰然如沸,并多骑屋乱叫者、吹笛者,习气亦诚可恨。监临早经出示禁止不住。又皆亲到各号禁止,不听,大怒,遂将两字号士子二人提出,并重责,号头乃止。

十七日 到司,知场案,发新疆七人。一月假已满,又展十天,亦满,牌饬速即起解。写致历城吴慕渠四兄、吴春卿五兄、陈栗翁夫子、耿知圃同年、李菊农弟、魏子喜三兄各信,同蔼如兄家信并交提塘。至西城根花石桥拜户部员外张慎斋兄敦,未遇,出宣武门至山西街拜厉砚秋先生,署刑侍郎。并拜厉世兄寅知。厉实翁夫子已捐道,分湖北候补。

眉批：新疆废员，每人赎银五千两，可以减罪，郑王主意。

宗室场请旨中四名，北闱二场题《谦德之柄也》《厥贡璆铁》《银镂砮磬》《跻彼公堂》至《万寿无疆》《公会齐侯于夹若》《蛾子时术之》。

宗室题《南容三复白圭》，诗题《养空而游》得“舟”字。

十八日 晓坡八弟场差竣事。提塘此日发信。

十九日 兵部值日。予与海蕙田兄锺、成春暄兄元菱、邵怡庐兄垲、马畴甫兄圻同班，赴园画稿。

二十日 巳正，到司，小雨几阵。贾中堂、陈子隺堂官、李西园堂官到署。未正，出城，至杨梅竹斜桥西永盛店韩蔼如四兄处小坐，遂同蔼如兄、晓坡八弟到观音寺恒庆钱店为蔼如换银。前七月底，每两易当十大钱十六千文，中秋尚易十四千，今因各店不敢开票，市人皆用官号钱票，且每票一千，只易现当十钱八百文，银价日落，早晚即不同。本日早间十三千，晚间只十二千四百文矣，而各行买卖及食物仍贵而不落，价钱如此无准，无不叫苦者，而市井则获利加倍。官号遵定章，每一千发铜当十大钱、八百铁、小钱二百，而铁小钱市人弗用，直同弃物，然铁钱局则费帑不少矣。其实，国宝只以年号为信，铁亦五金一品，且铁易采而亦便用，而市人不以为信。亦铜钱亦焉能饥以为食哉？

同蔼如、晓坡至前门大街估衣店，用钱四十七千文买米色时花慕本缎军机马褂一件，回店晚饭，而[后]回家。

二十二日 独自去听双和山西班。蔼如兄、嵇公文笏、姚隺巢兄皆来拜朱耔三兄厚基，新分兵部车驾司，来拜，均未见面。晚间写致鹭湄四表兄函并绢扇一柄，交隺巢兄带宣庄。廿四日起身。

眉批：接袁雪舟姻长函，并致宋雪帆少司空、李西园少司马函。

二十三日　午后,鹭湄四哥家人赵恩自宣庄来京,特送到大米三百廿斤、白面百斤、海米、香菇各一包、玉田火腿一支,并函一件,知为韩四兄送到银二百两。又为晓坡八表弟送米面,赵恩自河西务先至黄村送下米面。又唤弓兵邓永禄同押大车来京。朱籽三兄来谈。晚间,到蔼如兄处小坐,同严少珊兄祖全,新分直隶通判。至百顺胡同,伊赴双全小坐,予遂回家。百顺胡同一带多伶人堂名,时听唱影戏,至四鼓热闹之至,所谓隔壁听戏,倒也怡情。

眉批:都中大尚滦州影戏,云用驴皮刻成,画五彩者。晚间张一大纸帧,悬一大油灯,隔纸取影,作诸剧人,以竹签挑弄之代唱,作诸势,亦甚生动。山西一带大尚此皮影戏,云胜滦州者。

二十四日　无事。

眉批:陈堂官奉密旨出差。

二十五日　巳正,到司值日。当自同海蕙田主政锺同班。前班满福公申、汉沈公元溥。朱致堂尚书尊兼署兵部尚书,是日到任。午间,监印官宗室福芝圃兄兰到司,随同去开库,闻库有旧存各物,令库书开取,见有前明玉圭,色略苍,约七寸长,三寸宽,一面光,一面刻玉星五行,中十四星,外各十三星、十二星,未察作何用者。又有嘉庆四年夜行牌板一面,盖夜间传令用者。又存分十二辰令箭十二支,皆行各督抚提镇者,上有黄绫旗满汉字,盖大印。又有行在银堂印一颗,选驾方三司行在铜印三颗,皆乾隆年间铸者,尚完整若新,惟驾司即有盒若屡经用过者。又阅存案,知尚有镇库大炮一尊,未开。隔壁库看,又有各处前缴到王命旗牌各件,并存武场弓刀石若干件,皆与外省不同。头号刀名懒龙,头号石名卧龙,最不易拿,所以京中后场武士子视为畏途也。海蕙田兄由笔式当差已十四年矣,年四十二岁,印海澄。

辛亥举人，人极纯粹，乃弟亦由笔政升刑部主政，现改知州，分山西候补。乃翁前承德知府，升至奉天府尹，壬子年去世。与蕙田兄畅谈皆心腹家常。自过午至夜四鼓，遂订至交专。《科抄》：有湖南换雒奏："前月廿外大获胜仗，石逆已逃至全州界，湖境业然肃清。"一快！

眉批：外省武士子耍刀拿石多逞力，极尽花探者，不知到京场之要面背，花石只要合式，硬弓能开若干石即开，不准强付，如舞刀(进)[尽]力盘旋，致将刀尖或刀后把点地即扣不中，弓如强付亦扣。而外省多未知也，莫如量力而为为是。

送厉砚秋先生处，托寄湖北候补道实甫夫子一禀。

二十六日　辰正，予衣冠自天安门入端午门、午门至内阁，送本二件。微雨数点，天家趋步，觉宽宏清润，禁苑晓光迥异，寻常微末枢员幸得奉章纶阁，良不易也。午后回家。接月者满润主政汉孟瑞生兄，兆麒，山西人。

二十七日　马葛村兄送到德州牧张芸师一函，并送银十两。又，山东从九胡慕陶兄潜自东解太监到京，谈云交内务府刑司，枷杖后发黑龙江四年再释回，当苦差。便寄来董舒亭姑丈一函。

九月

初一日　韩蔼如兄、谢晓坡八弟为余补祝。

眉批：皇上亲诣太庙行礼。初一日，上谕："朱凤标著赏给翰林院侍讲学士衔，仍在上书房行走，钦此。"新升东抚文煜到京，号星岩，行六。

武会试新添覆试，磨勘者不少。

初二日 听双奎部。

初三日 到驾司。回到永盛店,同严少珊七兄祖全、韩四兄小酌。

初八日 约王鹫峰三兄、严少珊兄及韩四兄在予处手谈,藉听报红录。至二鼓后未见韩蔼如兄报到,又落孙山矣。

初九日 同约赴陶然亭登高,不果。知章丘马德微号叔度,及历城茅叔清三兄昶熙,皆中北榜。

眉批:十二日,上谕:"清盛著补授山东布政使、直隶按察使。著吴廷栋降补。钦此。""旨张家口监督治昌去。钦此。"

十三日 新中武举人覆试。

十四日 赴南池子为治笠亭兄贺放监督之喜。到司中。

十五日 拜同司华子承兄,锡三,江西人。山东粮库大使程简侯方策来拜。严少珊兄之亲家、山东德正帮千总诸葛湘乔兄来拜。名淦。

十六日 公请治笠亭兄在馀庆堂两桌。午后微雨。

眉批:十六日大考翰侯。

十七日 毕堂官道远知武举完竣,覆命。接东省信,见《山东题名录》历城中十名,李石湖十六表弟高捷,可喜。到司中。上谕:"谭廷襄著赏给五品顶(带)[戴],前往直隶大顺广一带帮办团练事宜。钦此。"沈松轩兄忠诸湘乔兄、韩四兄同酌。

十八日 徐五兄来谈。号信卿,天津人,山东运官。

二十日 武传胪状元韩金甲,山东历城人,到司中。

廿一日 诸湘翁、韩四兄、徐五兄同在富兴楼小酌。闻提督衙门拿窝盗之女犯,名"野鸡刘",住家在抬头庵后,久开堂名"发财",私产极多，诸盗皆其义子，经刑部审，盗供出者。抄出金银衣物珠玉累万，诸大案可破矣。

廿二日 《邸抄》："理藩院奏，失去堂印。"

廿三日 诸葛湘乔兄、徐五兄同约到庆乐园听新到之广和成班，韩四兄作东。

廿四日 又同去听广和成。内有小老生名小焦田。

廿五日 当月同海蕙田兄锺，辛亥举人，堂主事。畅谈一夜。

廿六日 辰刻，入内阁送本。申刻回家，少珊兄来。

廿七日 赴西河沿福峰禅林李小山兄晤谈。

廿八日 严少珊兄、李小山兄皆验看。

眉批：上谕：廿八日、初二日俱推班。

廿九日 同诸湘翁、徐五兄、韩四兄小酌。早入司。

十月

初一日 少珊兄、蔼如兄、诸湘翁同听三庆部。

祀先。山东结局，陈镜人兄、安冶亭兄公。按年轮管，每年二人以到部先后为序。

眉批：皇上吃肉。

初二日 张惇史表姊丈少君兰坪甥守樊，海丰廪生，捐府经，在天津海运保升知县，验看。来拜。早到署值日。

眉批：兵部值日稟，酌改武会试日期。

初三日 拜杜云巢先生、张兰坪甥,皆未遇。

眉批:上谕:"大理寺少卿朱凤标补授。钦此。"

初四日 入司。回到少珊兄处送引见,并送李小山兄引见。

皇上升殿武传胪,状元韩金甲,山东历城人;榜眼杜玉春,直隶人;探花李上伦,四川人;传胪曹凤甲,河南人。

上谕:"曾望颜著署理四川总督,谭廷襄著赏给三品顶戴,署理陕西巡抚,俱著驰驿前往。钦此。"

初五日 皇上巳刻还园。入司。

初六日 上谕:"保准其回京穿孝,所有钦差大臣关防。著袁甲三前往署理漕运总督,著联英署理。钦[此]。"匡雀泉先生入军机。李旦华等均准赎罪。

初七日 杜继园先生署理吏部右侍郎,仍入军机。入司。

初八日 到西永盛店。杜云翁来拜。

初九日 拜杜云翁,晤面。入司。又拜西狗尾巴胡同宝楚翘同年,署驾司掌印。

初十日 御门办事。

十二日 午后,魏子善兄到各街间游。早入司。

十四日 专郭升上省,由德州、陵县并上武城。写信十五封,并送各物。诸葛荣枝来拜。湘翁乃即运千。

十五日 到司。午后,李博泉姻丈溥,江西县丞,保举知县蓝翎,来引见。来拜。新捐把总党嘉宾来拜。历城龙山镇人。

李季芗十五弟来拜。

十六日 邀李季芗弟、孙莲坡三兄、子善兄、韩四兄同听三庆。

十七日 到司。

十八日 李雪堂世兄约听三庆,晚酌龙源楼。

廿一日 夜四鼓赴园,黎明到。

宫门同海蕙田兄、马畴甫兄至奏事门候春、堪堂官，画奏稿及常行稿。辰刻，蕙田兄约同至御前榻榻早酌。予遂入德胜门，至鼓楼东宝钞胡同拜沈公松轩，未值。又至方家胡同书佩如兄宅印绅，因其邀予同韩四兄吃野鸡也。午后，韩四兄到，因观所藏大内收《西游记》大画册十本，计二百页，金碧灿烂，界画精细已极，每页皆有海宁陈奕禧题跋，可云双绝。佩如兄云："某年，上赏某大臣者，渠与此老至亲，特借来观，以开眼界。"又从观所藏书画，并皆佳妙。佩翁老大人，萨湘林将军旗下才子，所书各手卷及石刻尤苍秀圆润，名不虚传也。晚酌，酒菜皆美，并得畅谈竟夜。

廿二日 未刻，同韩四兄回，路过兵部，予因入司，韩四兄回店。顾厚斋兄偶患下泻，肾气不固，半月间来甚形消瘦力疾，到司小坐即回，乃竟长辞矣，可惜之至。

廿四日 子善兄赴大兴县。佩如出城。

廿六日 入司，知厚斋兄病，增欲代邀韩四兄往诊，不果。

廿七日 申刻，厚斋兄去世，可惜之至。同人无不悲叹。厚斋名敦敏，江苏癸卯举人，癸丑进士，分兵部，已题员外，封总办，人极精明深厚，交友最广，为其两弟一纳职主政，分户部，一补吏部司务厅。家贫，视者以官为家，忽尔逝世，伤哉！其少君已应乡试，闻同伊女皆割股疗亲，疾而不验，闻之酸鼻。

杜绰然兄裕贤忽得痧症去世。杜中堂之侄。

廿八日 辰刻，送韩蔼如四兄、李博泉姻丈至阙左门验看，藉识顾向梅兄。肇墉，杭州人，亦捐县丞，分发直隶。入司，因顾厚翁帮总(辨)[办]，拟请邵怡庐兄垲补其怡翁坐(辨)[办]缺，拟予同王杏樵兄炳坛、沈春甫兄元溥补印君，回各堂派王炳坛，癸丑进士，山西人。

韩四兄县丞分山东注册验看，托予代托马少梅兄邦彦代(辨)[办]。费十八两。

眉批：春堂官调礼部，在堂。

廿九日　书佩如兄出城。入司。
专王恩龄上宣庄。十一月十一日,提督严谕挐娼,各堂名多闭门者。

十一月

初一日　同韩四兄听四喜《思志诚》。子善兄同李子芬兄自大兴署出城,子芬兄前改捐兵马司副指挥,部吏漏,未注销教职。前月分因选平原教谕,必须呈明注销。

眉批:初一日,基堂官溥到任。

初二日　约子善兄同韩四兄听双奎。
初三日　入司。韩四兄赴鸿胪寺谢恩。刘黼堂兄来拜,邵文炳、陈与堂兄来谈,印咏。
初四日　晚留韩四兄吃羊肉面,围炉夜话。刘春圃兄来谈。
初六日　子善兄搬入大兴署。入司。

眉批:考学正学录。

初七日　陈子雀堂官自天津收商米回到署。值日,因有事托监印海蕙田兄代发公件。晤王鹫芬兄。以发,杭州拔贡。
初八日　到韩四兄处谈至四鼓。诸湘翁自通州送到独流醋。
初九日　入司。
初十日　驾司汉掌印沈愚亭兄镐考御史。

眉批:汉御史送考者三十人。

初十日　值日。考御史题《田横齐之壮士耳犹守义不辱论》《湘闽水师宜勤操练策》。

十一日 巳刻，韩四兄到吏部领照。未刻，起身回东。午间，任武到京。接谢四表哥银、信并军机马褂、丰润胰子，并致八弟毛公一信。托韩四兄带省各信，并送盛表姨京花，送马少梅银十六两，为韩四兄验看费也。

十三日 入司，桑芝文兄炳来拜。新分驾司。

十四日 入顺治门兵马胡同，谒崇雨舲夫子。又至西华门内经板库拜于次兰同部。莛，潍县举人。又拜陈秩卿兄。介猷，壬子翰林散出，加捐员外郎，初分兵部。出城至米市胡同拜陈与堂二兄，知已上密云找王小衡明府宝权，未回。又至兵马胡同前街拜齐梅臣世弟。孙莲坡三兄来谈。怡禄，辛亥孝廉，候选知县。

眉批：梅启照第一，沈愚翁御史取在第廿名，大差只三名。

十五日 入司，买《嵩崖遵生》书一部。以后值日皆须住署。

十六日 无事。陵县许春田号吟村。四氏堂官引见，以知县用。

十七日 到前门外。银价又落到十二千二百零。晚间步，皓月，至斌升店寻国晓山三兄，未值而回。发历城信。交提塘。阅《邸抄》，选司额外主政马伯凯兄映奎，前九江总兵马济美少君难，荫世袭骑都尉。由京告假，赴安徽措资，经张小圃先生芾奏，留军营差遣。奉硃批："留营不遇，希将来(保)[葆]奖，况忠荩之后，亦应护惜，著饬来京销差供职，所请不准行。钦此。"

眉批：沈愚亭兄镐送坐粮厅，未用。坐粮厅用康锡龄，系户部郎中军机。

十八日 到司，宝楚翘掌印新章，各员值日皆须住署，因文报早晚不定，须司官标发也。又因奏留诸公多不到署当差，所管各股皆与沈愚亭总(辨)[办]商酌另派，予派主驿传科正稿，兼管别股，并行文。未正，风作，欲答拜桑芝文同司炳不果。系前任云南巡抚、现候补阁学印春荣少君。

眉批：堪堂官进班(载堪)。

陈子湘同司鸿，大兴人。服满到部。稿班系五班。梁内侄文田生日。

皇上以前月偶感风寒，恐冬至郊天拜跪不便，惠王等仍请遣官代祭。

皇上仍于廿八日宿皇穹宇。

十九日　午初，皇上还宫，马上仪仗推班。上谕："督察院左都御史沈兆霖、吏部右侍郎爱仁均著加恩，在紫禁城内骑马。钦此。"

两江总督何桂清、江苏巡抚徐有壬、学臣孙葆元令词奏请，据两江绅民至请，前钦差大臣、湖北提督霍钦巴图鲁谦忠武向荣四川大宁人。入祀名宦，奉旨依议。新安地灶，晓坡弟着人来取去。致霸州牧赵岱霖同年信稿。

廿日　李博泉明府引见分江西。李季芗弟来谈。

眉批：廿日，候事府考供事。

廿一日　兵部有引见，赴前门内东城根天泰参局拜同司帮总邵怡庐兄垲。出城，为李博翁贺引见喜。又至福峰寺拜李季芗十五弟。又至羊肉胡同拜同司桑子文主政。至文昌馆吊顾厚斋兄。又至米市胡同杨协卿兄处访陈与堂二兄，知赴(蜜)[密]云王小衡明府处宝权未回。子善兄自大兴署出城，来谈，子芬兄亦到。傍晚，同入城，晚间，北城副指挥黄小云兄来谈，国晓山三兄亦来谈。

眉批：厚斋兄印敦，丹徒人，癸丑进士，驾司员外，乃弟敦和，吏部司务厅，三弟敦义，户部主政，乃郎名衍高。

前仓场侍郎崇伦、前科布希多大臣熙麟，皆因官号案革任查抄。传质。

廿二日 到司。申初出城，至文场馆，为滨州杜绰然兄裕贤行奠。绰然兄候选知县，其大少恩禄在天津候补。

廿三日 知邱大兄雨辰玉枕骨下生疮见好。

廿四日 巳刻，瑞林祥潘兄送到耿知圃同年二兄在东托为寄到吴慕渠兄所赠肚银四十六两并函，云郭升已出东省，约计在陵县候信也。银价又落到每两十二千文。听山西万顺和。新分驾司江苏沈主政之瑛来拜。住前门内(碾)[辇]儿胡同。

眉批：廿四日《邸抄》：沈愚亭兄、孔绣山阁读御史引见，皆未记名。共计十六名。

廿五日 入司，日夕始回。《邸抄》："窝贼之刘任氏老鸨子即'野鸡刘'，房产八九十处，入官，起出赃物巨万，命大臣等估变，候旨。"

廿六日 黎明卯初二刻。入城，至东华门，车轿已盈，群马环列，大小官员已到。进东安门，由文渊阁后至景运门，见宝楚翘印君已到，遂同到乾清门下，九卿朝房回各堂。山东丰官屯五年第一案。报销，会户部、兵部以马兵自有骑，得不应再开车辆，议驳。又伺应兵差等项车辆开列到站二日，空回一日，兵部以此款无例，有案，然当帑项支绌，不准多开，只准每日准销，每车仍减二成云云。

巳正，堪堂官自春堂官亦出舆，堪堂官及王公大臣同在朝房早饭。内廷出，遂上前回事，跟随出景运门至朝房画稿十四件，公毕即出便道，拜怡庐兄。出城，至打磨厂拜瑞林祥号，又至王鹭峰三兄处送还银两，未遇。午正，回寓。饭后又到前门外买物回家。鹭峰兄来谈，因面交肚银五(定)[锭]，计廿九两零。同稿班者成春暄兄元发，直隶人；马畴甫兄圻,甘肃人。

廿七日 天冷甚,欲携子女至天桥观象并銮仪,未果。晚间,李季芗十五弟来谈,至二鼓后回福峰寺。

廿八日 辰刻,皇上出正阳门至天坛皇穹宇行礼后,少坐,进正阳门关帝庙拈香毕回宫。午初,到司,堂官皆未来,遂到大兴县署略坐,又到方家胡同书佩翁处,值其与伊亲家都察院都宪绵竹坡先生手谈森,小坐,仍回大兴署,与子善兄、贺融波六兄、李子芬三兄、李象侯八兄青雷晚饭。贺笠舟十一兄公毕来谈片刻。夜与子善兄、贺济之世兄炎泰、霖若五兄、乃郎同室夜话,至五鼓始眠。

廿九日 冬至。早起,家中专人送信到,知鹭湄四表哥廿八日申刻到。托兰村二兄来函云任武已到。带到皮棉袍、马褂等件。并致八表弟皮袍一件,又腌腿二支,猪肉卅斤,白面二百斤外,致八弟百斤肉,油廿斤,腌腿一支。因予在内城,未及讨回信而去。午初,予驱车到东华门边,见策马奔者告人曰:"署中火起。"未及询明。及过皇城墙角,见西南黑烟突冲,急命舆夫赶至兵部街,乃知系户部失火,其焰愈大,观者填街,而皆不敢近。户部垣墙、户部后门有兵严守,及过东交民巷至棋盘街,见南城外水会人至,各执小旗及汲筒、木筲各器,首事者率领齐趋。出城来犹见纷纷往观者,及到观音寺东口,又见水会两起,前往,至日落时尚闻人言火未息也。

眉批:考笔帖试竣事。
闻自稿库起火,前门西麻线胡同草料铺失火。

卅日 如松馆后帽局失火。奉特旨:"户部失火一案,严审夹讯,刑部久无夹棍,兹特新造。"

知会来请,次日到司主稿。山东军需报销,驾司驳回两款。

三十日 入署。接程简侯信,十月廿日发者。取印结十金。送毛伯雨先生孙妇京□廿千文。

眉批:伯雨先生少君子刚太守在福建殉难。孙少君玉成,丁未进士,在云南殉难,玉成夫人自滇携幼来京求助,苦极。

十二月

初一日 大风。写致省信,并为四太太送去银、布、鸡、肉各件,交李季芗十五表弟带省,托董舒翁大姑丈转送。

初二日 早,沈松轩兄出城,约同至万兴店早酌。午间,李季芗弟来辞行,交塘递山东历城、德州韩蔼如兄、耿二兄,并子善兄家信,限五日到。过午,黄晓云兄来,托代撰挽北城御史李子和同年鹤年太翁锡侯正郎长联。晚间,小云兄又同钱公来谈。住干井胡同护萱堂。

眉批:考荫生,派许滇翁乃普、梁海楼瀚、绵菴论同蒉。

初三日 入署。闻户部书吏、皂隶等在刑部夹训,昏死几次矣。吏部司务厅顾鹤斋兄敦和来拜,未遇。

初四日 至前门间游,遇张秋舫兄,坤,东城吏目,福山秀才。立谈片刻,买木瓜回。为梁内侄曾字曰"心畲"。

眉批:季芗起身考恩监。贾中堂桢、朱桐翁凤标、宝鋆。

《邸抄》:"丁忧人员不准请留军营。江苏文童刘珠至都察院呈递所撰兵书《如意草谈》。奉上解回原籍,交地方官严加管束,不准出外滋事。"

眉批:"湖北荆襄郧道毛鸿宾赏戴花翎。"《邸抄》。

闻官人于茶坊酒肆、街头巷曲暗访户部起火之由,户部堂司各官办公皆在后面银库左右。闻估工银需三十馀万,且近处无此大木料。驾司掌印宝埜翘兄请假五日。提督郑王奏:“初三日储济仓失火,延烧丰字廒,接连言字廒、思孝廒,俱被烧毁等情。奉旨仓监督锡年、景祥均交部议处。延烧丰字廒,责令监督花户等自行赔修。”交书佩兄顺致大兴一函。

初五日 无事。到广和茶楼独听山西万顺和班,耳目觉新。内有老生名五十者,外貌声调俱好。日夕至西河沿增盛店访李博泉明府,知已于前月廿七日起身回东矣。

眉批:吏部尚书花沙讷忽尔痰壅半刻,无疾而终。

圆明园同司奎华亭英随查,二日完竣。

初六日 到司。沈春甫同司回宝掌印司堂谕事。宝元请病假。谢晓坡八弟专赵春升车来,取去白面百斤、肉廿斤、火腿一支、皮袍一件。同司朱调元兄和钧十二日嫁妹,送来喜帖。

眉批:上谕:“广东南诏连道元缺,著方濬颐补授。钦此。”

初七日 饭后独听万顺和部。

初八日 早吃腊八粥。午初,到司,申刻回。又至干井胡同裕恩堂周子厚兄处,立谈片刻,为托谢四表哥投供事。阅《邸抄》:“花松岑尚书沙纳照尚书例治贝勒,前往奠醊。赐恤,并赏给陀罗经被,治丧银三百两。其少君兵部选司员外郎希凯号雨臣。俟百日孝满该旗领引。”

眉批:《邸抄》:“御史富稼奏参贪婪不职,及身家不清,各员奉旨饬各督抚查参。”

见奉上谕:“吏部尚书全庆调补,穆荫调补兵部尚书,春佑补理藩院尚书,銮仪卫銮仪使载堪补授。钦此。”

眉批:穆堂官住东单牌楼锡蜡胡同。

初九日 书佩如兄绅,户部颜料库带引。

初十日 到司,知佩如未用。兵部各司年终应题应咨行各事件均须初十日半齐交,说堂督催取,已催数次。连日稿件极多,即须料理清楚。宝掌印又续假。

十一日 到司。午后,豫邸包衣汇富泰六兄同裕成首饰楼张四兄来拜。汇兄本姓载,名筠衡。

十二日 朱调元同司和钧嫁妹,送去奁敬四千。

十三日 未刻,穆堂官荫到任。

御门放缺,崇雨舲夫子恩放阁学,内阁侍续学士放王映斗。馀不及载。同司各友抓当月,予拈得廿九日,陈芷湘兄鸿拈得除夕。赠海蕙田兄字条四张。

十五日 到司。陈堂官派查三库。阅《邸抄》,投诚升至副将之李世忠眷口十三人寓居陈州府,因着其亲戚陈姓带勇多名护送回商城原籍,至淮宁所管之红石桥地方,被乡团误认作匪人,将其眷属全行杀死。淮令李叔三姻叔虽即获凶十多名,而为首者在逃,且未审出起意下手者,豫抚奉函撤任,限两月严缉,如满无获,从严参办。闻豫省人谈及李世忠并无眷属,素为悍贼,骤升副将,大作威福,且有州县拜伊为师者。

申初,至大兴县贺笠舟出城谒(兼)[见]尹张诗舲先生,未回,在子善兄处小坐,遂驱车至旧鼓楼大街鼓楼迤西。大石桥迤西弥勒院内访戴兰村二兄,知其患病初愈,室中精洁,暖炕细茶,快谈片刻,并出烧酒小酌,野鸡肉脯羊肉小饱,枣汤稀粥大妙之至。又谈至起更后,乘月下回大兴署宿。兰村兄胞姊早寡,幼好佛若素,孀居后嗣一外姓子,不欢而去,乃誓志皈依空门。兰村兄不忍拂其意,又不肯听其削发,因买此弥勒院呵姊居之,静养供佛将五十年矣。院甚宽敞,二老妪一仆供驱使,极为清洁,知前生有来历也。兰村兄事姊最恭,时来照应,因犯肝疾,即在此院后室调养。

是夜大风,冷甚。晚与张仙侣兄鹤千,山东单县,丁酉选拔,教习知县,分顺天,在大兴问案,人极古道,读书本色。李象侯、贺融波、李子芬诸兄同谈至五鼓,笠舟以连日伺候乞雪,早睡矣。

崇雨舲师以前在东抚任内,福山县余令梠办理海口税事,入已致生事端,经文六爷严参,并将伊兄首府余芰香撤任查办,雨师亦因此降为常少。两日之间,忽升忽降,固因人受累,亦事所必然者也。余芰香以山东布经一意贿求,不数年中,骤升济南太守,且兼署首道,宦囊充盈久矣。乃弟梠福山之缺,直同指定而得官,常有何皂白耶?类此者正不少。

十六日 未刻,自大兴出城,受冻一夜,到家困倦之至,为仙聆者写条幅,华子承兄锡三嘱写,未识何人。阅《邸抄》:"皇上赏王公大臣以及上书房、南书房'寿'字,并赏祁中堂'福'字。"

喀拉沁王到京请安,各街遇着蒙古外藩官民拉麻等,皆著皮衣大皮帽,骑明驼,并有女人骑驼,帽间饰以珞珠,发辫分披两肩,帽上有如扇面者,耳带大环,足著皮靴,男女面上皆黑而粗。其王公大臣亦皆坐绿兰大鞍后轮车,前后随从官员不少。又见带来去毛干羊若干支,头蹄皆全,未询作何用,想必美味也。又见外来鹿只、野鸡、铁雀等物,皆口外美味,京外盖鲜有者。过廊房头条胡同,见各铺出卖各色五彩纱绢花灯,画皆新鲜可观。

覆谢四表哥信,交笠舟兄加封递丰润。

《邸抄》:"奉上谕:本月二十一日举行三坛祈雪祀典,执事人等照祈雨服色,俱穿青褂。礼毕,仍用常服。"

十八日 未刻,郭升自东省回京,带到各信及耿同年信物,又陵县舒竹山明府信并银廿两,孙镜泉少尉信并代取衣物各件,吴慕翁、陈栗翁夫子各信。

十九日 到街换银买物，并承王鹭峰三兄惠假银两，每两京平□□。

廿日 寅刻，封印到司。开发各帐。

廿一日 写年对、门封，又为书佩如兄写对卅二副。因庚申年，皆用"庚申"字作首，随手集书，诸多牵强：

庚邮喜报红旌捷　庚签叠展金泥诰
申命渥承紫诰荣　申馆陪承玉笋班
庚由初奏鸿厘集　庚鼎呈祥多富贵
申转频看燕贺来　申盘献瑞皆吉祥
庚鱼佩绾金章灿　庚金初制吉祥字
申燕来凝玉度和　申玉新镌苐鹿文
庚经富有缥缃业　庚展芝图云霭吉
申诰钦膺沦渟恩　申开蓉镜日初长

廿三日 祀灶君，各街巷爆竹之声盈耳，彻夜不断。

廿四日 至大栅栏一带看各铺买卖，热闹之至。

廿五日 寅正，入前门，卯刻，到东华门，星光下到景运门外候宝、沈两印君，各朝房王公相卿皆至，胜克斋亦在候递缮牌。卯正，沈愚亭兄到，遂同至军械处候穆堂官。在窗外，知彭中堂文公祥、匡雀翁已到。少迟，杜继翁又自隆宗门来，入军械处听其所谈，初无大计。黎明，穆堂官始到，兵部各司友亦皆到，遂交苏拉将稿件取进呈画。见蒋蕉林同年已到军机回事。

乾清门下各蒙古王公衣冠肃立，有三眼花翎者，有带耳坠者，面目粗胖，未懂其语。日出后，见自内赏出克食赐蒙古王公者，众宝石顶者用手乱抢，嬉笑之至，似多奶饼等物。又见十木匣福禄寿字。穆堂官画稿毕，又将稿至东朝房请堪大人画稿。见各蒙古随从多亮兰顶花翎,亦有五六品者穿白皮旧袍无面,足下旧皮靴,面目尘垢。又有红顶者及廿位,皆翻穿紫毛外褂,应算貂皮耶,皆手持小念珠一串。

眉批:蒙古王公贝勒贝子等军班来朝天。卯刻入内,候旨至元旦朝贺,后即回矣。

箭亭子南蒙古马数十匹,未问作何用。

景运门外有官弁进呈枪杆、箭杆,木皆精坚。又有上用鞍鞯,全副双踢胸,皆嵌金花。见各门及殿阁亭房皆挂门神、年对,对用白纸七言春联,四面黄绫厢裱皆落色矣,字未见出色,木架宽半尺,长七八尺许,已用多年光景。门神画的精工,中间多画唐臣秦叔宝、尉迟敬德,旁门则画天官样、或童子样,各持吉祥花果。

蒙古王亦有紫禁城骑马者。辰初,蒙古王公等皆出东华门,纷纷上车骑马而走,其拉马者尚系三品顶戴也。予亦偕同司马畴甫兄同回。

爆竹之声一夜,问诸支更人,乃知各戏班下处祭老郎神也。连日专等韩蔼如四兄银信,乃竟未至。

廿六、七日　买(辨)[办]年物。

廿八日　托王三兄质钱百千文。

廿九日　岳母生辰。饭后至司,当月同伴者觉罗景世伯椿现任郎中,系崇雨舲夫子堂兄,人甚好。宝印君谆嘱,因至绒线胡同右堂基堂官溥宅画稿。

军机处来片,要各处所调兵数。

夜与景世伯畅谈至四鼓。

卅日　午后,陈子湘同司鸿到,遂交月,驱车而回。

京中为官号之案,各银号皆收帖,以致银钱日紧,当铺亦不多当,即大票不过当十钱十千文,诸事因之愈难矣,专盼韩四兄银项,竟杳然,闷极。

命颖儿偕梁内侄收拾供桌。
封印后两日一送《邸报》。
除夕守岁，一家团聚，人间一至乐也。

封底书：潍县西三十里有伯夷待清处，南曰孤山，有碑立路旁并刻联云："兄让弟，弟让兄，父命天伦千古重；圣称贤，贤称圣，顽廉懦立百世师。"博山范泉书院联云："五六月间无暑气，三四更里有书声。""水声常在耳，山花不离门。"

咸丰十年庚申(1860)

正月

初一日 祭天地、百神、祖先后正交卯正，放千子爆竹，响快之至，放花炮皆好。

眉批：钦天监奏："元旦风从艮起，时和年丰。"

吃水角子后，日出，遂坐车至陈西峰世叔处、韩又云兄；镇东一号，纫芸太翁光均。

马春山提塘，景阿、历城武举。前孙公园；韩宅；懋源，又名销。又，雪兄本家。

毕大人道远，魏染胡同；谢兄云升，在乾益官号，西单牌楼富有堂；

孙莲坡三兄，兴胜寺；任丹文兄；官印，山西绛州人，住又云兄宅。

陈镜人大兄；李雪堂。张永禄；住对门，在提督衙门充当番役。

张伯昂大兄，刑部，西革厂胡同；泰小号。以上皆本胡同街坊。

厉大人恩官，山西街；朱籽三、酉山两兄、厚基、载基兵部，锡庵会馆；

安治亭兄、镔，工部。邢香岩兄丹新，分兵部。果子巷万顺客寓；

汪雪帆兄，仲洵，吏部。钱门；张竹溪同年，培之，刑部。抱头章胡同；

孙紫峰兄、官印，刑部。顾二兄，敦和，吏部司务厅。兵马司前街；

杨协卿大兄、绍和，户部。齐梅臣兄、云布，工部主政，改山东布库大使。茅叔清三兄，昶熙，己未中。宋市胡同；

胡小怀大兄、荣禧，刑部。马念云兄、德徵，内阁。李雅玉兄，恩绂，兵部。北半截胡同；

贾中堂筠堂、赵吉孚八兄，衍禧，光禄寺署正。椿树三条胡同；

朱调元，和钧，兵部。珠巢街；陈子敬十二兄，钦，内阁。椿树三条胡同；

齐小筠姻伯，承彦，刑部侍郎。烂面胡同；王杏樵大兄；炳坛，兵部。

王笏亭九兄，荫棠，户部；荫樾，国子学正。烂面胡同；沈春甫大兄，元溥，兵部。椿树二条胡同；

刘仁山兄、秉厚，刑部。傅介石大兄，大贞，兵部。小椿树胡同；

陈荔村兄，大诰，刑部。烂面胡同；吴大庄大兄，达亨，兵部。小椿树胡同；

陈子鹤堂官孚恩，门楼胡同；孟胪卿同年，傅金，御史。永光寺西街；

谭仲宣二兄，金诏，兵部。七井儿胡同；王孟松大兄，熙湘，兵部。绳匠胡同；

沈愚亭大兄，镐，兵部掌印。顺治门大街；华子承兄，锡三，兵部。香炉营下四条胡同；

杨菊人同年，光泽，兵部。教场二条胡同；袁樾庭大兄，恩荫，长山。香炉营二条胡同；

蒋蕉林同年，继洙，工部军机。教场五条；马葛村大兄，洪发，兵部。北柳巷；

陈奉绅大兄，正笏，兵部。皮库营北；国晓山三兄云霞，斌升店；

李西园堂官，维翰，兵部右堂。土地庙上斜街；邱雨辰大兄、钦天监五官正。苏菊生兄，佩训，兵部。麻线胡同；成春暄兄元庆，果子巷羊肉胡同；

王连塘兄，星源，兵部。东北园；马廷扬兄，东北园；

陈子湘兄,鸿,兵部。五斗斋口内;刘春浦大兄,照远,兵马司正。三眼井;

桑子文兄,炳,兵部。羊肉胡同延寿寺街;赵馥庵大兄,恒庆钱店。观音寺;

王鹫峰三兄夫香,打磨厂西积庆堂;陈达夫一兄,恩泰,兵部。小马神庙清晖堂;

瑞林祥号,打磨厂西口;孟瑞先大兄,兆麟,兵部。大安南营;

宣子严大兄,德,兵部。革厂十条胡同;周小田大兄,文溶,兵部。小安南营;

郃怡庐兄,恺,兵部。东城根天泰参局;王镜塘兄,鉴远,刑部。阡儿胡同;

沈兄之瑛,碾儿胡同;杨叔通三兄,济,国子监学正。大井胡同;

守介如大兄正,汉军兵部。花石桥卓宅;赵一琴大兄,淦,兵部。大井胡同;

杜大、二大人,翰,翮。太平街;吴子绂大兄,承恩,兵部。果子巷;

崇雨舲夫子,恩,前山东中丞。兵马司胡同;海蕙田大兄,钟,兵部堂主政。武定侯胡同内城;

文翰初大兄,启,兵部。兵马司胡同内狗尾巴胡同;景芝世伯,觉罗景椿,崇雨翁堂兄。宫门口;

基大人,溥,兵部右堂。绒线胡同;福芝圃兄,宗宣,福兰。干石桥;

奎大人章,狗尾巴胡同;张慎斋兄,敬铭,户部。西城根;

宝楚翘印君章,西单牌楼南;赵警愚同年振铎,平则门内;

丁次兰大兄,莛,兵部。陈秩卿兄介、猷,吏部。陈莪卿兄介,璋,户部。皆潍县人,经板库;曹梦泽兄,三府,莱园。德源首饰局;

全大人,庆,号小汀,吏部尚书。宽街;黄小云大兄,丽中,北城兵马司副。德胜门外;

春大人佑,五王侯胡同;戴兰村二兄,官名承恩泰,豫王府典仪。住府内;

舒师母宅，板厂胡同；裕成首饰楼沈松轩二兄忠，后门大街宝钞胡同；

眉批：现在舒太夫子世兄惠即年，系候选运司，指日即可简放。

松芝岩三兄、又宜世兄、惠小聆四兄、书佩如二兄、绅，兵部。贺笠舟十一兄，流，大兴令。方家胡同；

李于芬三兄世贤、李象侯八兄青雷、魏子善三兄昌绪、贺融坡六兄灏、王化堂兄，允荣，山东新城人，大兴茂才。皆大兴署；

张仙侣大兄、鹤年，候补县，在大兴问案。李海观六兄、大兴少尉。查如江七兄、光泰，顺天府司狱。戴友亭六兄、钧衡，豫王府包衣。穆堂官，荫，军机大臣。锡蜡胡同；

杨兄兆麟，骡马市大街中和银号；

堪堂官，宗，载堪室。怡王府；张秋舫大兄绅，东吏目；

同薇卿兄，动，选司。东四牌楼九条胡同。

初二日　祭财神。

初三日　驿传科书吏朱其源持稿来画，并到毕东河堂官宅画先行稿件。

眉批：选司员外福伯祥兄（名兆）委署驾司掌印。

初四日　无事。国晓山兄来。

初五日　发山东韩蔼如兄信，交提塘，限五天到。付酒资乙吊，五百文。

初六日　听万顺和山西梆，在庆乐园。

初七日　至前门一带闲游。

初八日　无事。

初九日 驿传科吏董姓持稿来画。

初十日 至琉璃厂看卖灯者、风筝者、玩意者，游人甚多。

大神庙古玩最多，吕祖阁前耍货最多，自初五日至廿日，无日不游敞甸者，俗名“光敞甸”。内城富绅豪贵车马喧填，衣裳楚楚，多在古玩店买各色器物，不惜重价，其各官春及小孩多坐车闲游，随意买物，亦有民人妇女美恶不一，众中拥挤，每至卡车，数时不能开。各处所卖古玩书画者甚多，其朝鲜、蒙古各色人亦皆购买物件，朝鲜人口音似登州，蒙古人则弗懂其何语。

十一日 午，魏子善三兄自大兴署出城住下。

十二日 偕子善兄听戏。各茶园皆人满，无立足处，因至广和楼听万顺和，亦千馀人，每人京当十两七百文。

十三日 同子善兄领三女、梁内侄、颖儿至敞甸闲游，买耍物而归，人仍济济。王化堂兄来看子善兄。

眉批：戌时立春。

十四日 贺融波六兄自大兴出城看演象。象未出，只见九龙车。遂约子善兄同至天桥，午后，伊在致美斋小酌，到予处小坐，又约子善兄游敞甸，同入城。月明，微有云。

十五日 辰正，皇上出正阳门至皇乾殿行礼后还宫。早间微雪，晚有月，有薄云。吃元宵。黄村巡司谢晓坡八表弟来，留吃晚饭。

眉批：僧王回津防，请训。

先君生忌，供饭。都中元宵节无灯，各铺自挂纱灯，随手敲锣鼓而已。各堂名伶人下处皆放花炮不绝，亦无甚新奇者，不过大老官浪费而已，然提督早出示，严禁不许乱放花炮等物，以防火灾。

户部估修，派全小翁庆、宋雪翁晋。阅《邸抄》：“东抚奏参乐安令朱子湘源，撤任察看。长清令王梅村元善亏挪钱粮至十馀万，撤任，限一月完缴，否即查明监追。山西巡抚英奏：'太原总兵田在田之祖母王氏寿至百岁，五世同堂，请旨允褒。'"

大栅栏、廊坊、二条胡同、琉璃厂等处出有灯谜。

十六日 同司团拜，在顺治门大街财盛馆即财神馆，共到七席，并请前在驾司现官御史曹菊兄及选司满汉印君振兄兴、翁玉甫兄同爵。听四喜班，是日四喜分四包，文昌馆、玉和馆、汇元堂。角色寥寥数人，另有乙巳同年团拜者十来席，公请贾筠堂、周芝台。中堂、桢、祖培。许滇生尚书、宜春雨侍郎振、新放广西学政张正春，四川奉节县人。亦在坐，酒席甚好，所做关东鱼尤肥美。未正方开戏，日暮始散席。宝楚翘印君以祖母大事未到。

眉批：张家口监督治笠亭兄（昌）寄到团拜费五十金，每人尚须摊不五千文，已付。

十七日 午刻，皇上到园。谢晓坡弟来谈。

十八日 予独至三庆园听春台班。余三胜自天津约来，幼伶名三玉，年约十八九岁，态致秀媚可喜，询知为山西梆班中人，演《破洪州》，仍唱梆腔，耳目为之一新。同兴楼送来鱼肉、水晶（饱）[包]子。关东鱼甚肥美，可啖也。

晚，晓坡弟来吃饭，云明晨回黄村。

眉批：上供送祖先。

十九日 巳刻，诸葛湘乔二兄自山东德州交其表侄崔仙峰兄振瀛，武清人，候选从九。带来一函，并银八两。午后，至三庆园听春台班，新到之三玉问，在天津山西班，内（绖）[侄]邀来观者，千馀座，亦喜新者多耳。

廿日 至西河沿晋隆店回拜崔仙峰兄,未值。晚间,国晓山三兄来,谈至三鼓。云廿一日上班,须至廿五日回,上班即在观象台住。

眉批:陈堂官(字恩)派天津收米。

廿一日 寅刻,开印。阅《邸抄》。刑部候补主政何秋涛预备召见,闻其所进撰书甚好。夜间爆竹声满。

眉批:贾中堂赴西陵,随带四员,有沈愚亭兄。

廿二日 新年初次到司,诸事大吉,是日大好吉辰。开市者多。贾中堂、陈中堂、毕堂官、基堂官、李堂官皆到,吏翰林值日,兵部奏事。

眉批:选司福伯祥兄印兆署驾司掌印。

海蕙田兄来拜,未晤。马春山兄送来金西农五兄自河南惠函到。

廿三日 许吟村兄春田自山东陵县来京来拜,吟村兄以廪贡选四氏学教授,俸满保举知县,九年冬带引,以知县用候选,十二月回家,今正复来,拟指直隶分发。阅《邸抄》:联秀峰先生英调授山东臬司,仍属漕督;陈弼夫先生仍授山东运司,署臬篆;崇地山先生厚仍授长芦运司;叶芸翁降一级调用。

廿四日 入司,午后,陈子湘兄同至西单牌楼狗尾巴胡同宝楚翘掌印家为其祖母行奠。正月初一日丑时逝世,年九十一岁。奎云台同年章与楚翘兄请予二人至灵室叩谢,后坐谈片刻,出见其陈设富丽,棚敞轩豁,仪节周至,官衔牌几百对。云台同年现署刑部侍郎,其祖慈诰封。太夫人家道素丰,且旗人尤重丧事,故极为开阔也。旗人丧事,门外皆竖高杆,上悬长幡,乃红锦者,红油木架,方可四围。至殡日，用十数夫抬此幡在前，后面仪仗更多，有经。

御赐物件皆须皇亭抬出，并有插乘，四队或八对，马上驮锦毡等物，未知何用。又有八轿绿围车及显轿等类，鼓乐多至四五班，棺罩以大金蟒者为巨观，夫则六十四名，非大街不能行，后护豹尾枪杆等件更为壮威。天下丧事约以旗人显宦家为最也。

又至兵马司胡同谒崇雨舲师，未值，遂出城回家。

廿五日 至五斗斋口内访陈子湘兄，不遇。又至西河沿访王鹫峰三兄，亦未在庆丰银号。见巡城御史出示，非银号不许私挂钱幌。

眉批：祖父忌日。

廿六日 有山东解京饷委员钟公带到董舒亭大姑丈寄来一函，并学源表兄来函。

廿七日 约王鹫峰三兄、陈子湘大兄、邱启东兄、国晓山三兄同在广德楼北面高桌听三庆班。三庆近来座多于前，皆为小香兰来也。傍晚，同约至西月墙同兴楼小酌而归。毛寄云观察自襄阳递到手书，情词殷挚，可感也。书佩翁来拜，未晤。

廿八日 入司。堪堂官到署。着茶坊送请同司帖。

眉批：推班，皇上进城。

廿九日 晚，陈子湘兄偕全石斋五先生来谈，印、载、全宗室头等侍卫。人极谦和可敬，为事须赶到前门也。

卅日 阅存稿十多件。日落回家，公事托邵怡兄。

眉批：经筵，祭社稷坛。

二月

初一日 入司值日。各营官值班者来参见,差官亦来。申刻,发各省公文若干件。

初二日 各铺皆酒食。

初三日 巳正,至济南会馆公祀文昌帝君。同乡京官到者:毕东河先生、陈镜翁、陈荔村兄、刘仁山兄、张伯昂兄、李雅玉兄、柴鲁峰兄、孙紫峰兄、王雪帆兄、陈子镜兄、李雪堂世兄、贺小霖世兄、谭仲宣兄、马葛村兄,馀皆未到。

公车贾松轩世兄来拜。丹生,先生三令郎戊午东榜。

城门新规:公车亦须送务,每车要银若干,有货另议。郑邸敛财太急也。

初四日 卯正,至东安门入。沈愚翁、王杏翁、陈奉绅兄皆来。

内廷军机处隔窗回穆堂官事,以应发军台各官犯数年延不起解,汇案奏催,拟稿呈阅已定,又画稿十八件,复至堪堂官处画,回家巳初。

眉批:怡亲王蒙赏四团龙正服。

李石瑚十六表弟来拜。己未东榜来覆试。

江西抚恽光宸片奏:"前准部咨失守城池,各员如其中实有因公离任人员,应令据实奏明,其仍回本所。新授之员留于该省,另行补用等因。查有崇义县典史沈家泳于失守时先期委赴各乡劝捐,并随同光复县城,业经前抚臣耆龄奏请免其议处。九年正月廿二日奉上谕:'沈家泳著免其议处等因。钦此。'钦遵在案,新选典史周光渭应请留省,另行补用云。"奉硃批:"吏部查议具奏。钦此。"

初五日 巳刻,皇上到园推班。贵州巡抚蒋蔚远出缺,照巡抚议恤。

初六日 怀六兄恩元来拜。

初七日 过午，落雪至夜。自上年秋至今初得雪。

眉批：钦差袁甲三六百里加紧奏光复凤阳县，赏穿黄马褂。

初八日 予与同司诸友在东麟堂公请同司诸公，用三席。快雪至晚。发德州信，交提塘。

接陵县舒竹山明府专函并银五两托买物。

初九日 天晴。至琉璃厂买物。到观音阁下卜者黄绮琴处谈命。潘德玉七兄来拜。鸣銮，己未新中。国晓山三兄约吃便饭。

眉批：吏部掌印王继庭放山东青州府。

初十日 无事。为舒祝山兄买玳瑁眼镜一付。

十一日 覆祝山兄信，并为孙二兄买去狗皮膏。

“山东监生谭维清潍县人。赴都察院呈递地城图，说奉旨交僧邸，阅看有无可采，酌量办理。谭维清解往听候传询。钦此。”

拜蕉林同年。

十二日 拜同乡诸公。微雪。买典琳富艳。

十三日 沈愚亭兄随贾中堂赴西陵查工。接知会，奉堂派署坐办缺。

眉批：贾中堂自差回，即请病假已月馀矣。

十四日 至国晓山三兄一谈，约次日同去送覆试场。

眉批：皇上赏年逾八旬之理藩院尚书春佑之母马佳氏，御书匾额“福寿”字、如意江紬袍褂料、八丝袍褂料。

十五日 丑刻,大雪如绵,顷刻铺满院地,从窗外窥,如月光也。大雪一日,竟未能出门。

十六日 雪住。吴雨轩来拜。东抚文煜奏参峄县知县沈善济延不到任。

十七日 《邸抄》:"上谕:上年冬令雪泽稀少,降旨派山东布政使清盛恭赍大藏香诣泰山,恭代叩祷。兹自二月初七日起,祥霙迭沛,渥泽深沾,农田可卜丰登,朕心实深寅感著,仍差内务府官一员恭赍大藏香十支,驰驿前往山东省城,交巡抚文煜,传旨,令布政使清盛恭诣泰山虔申报谢,以答神庥。钦此。"

蒋蕉林同年来谈。董姑丈来信。

眉批:副都统安兴阿(无福寿□)之母那拉氏,同户部左侍郎梁瀚之祖母韩氏匾额"如意"小卷江紬袍褂料、小卷八丝袍褂料。桂中堂许滇翁、张诗舲先生均赏官保卫。

十九日 《邸抄》:"六百里四处清江六百里加紧,捻匪窜扰,清江庚长请严议。"

廿日 到司,申刻回。又大雪。

贾中堂回请安,请假十日。

工部秦彩紬库彩紬驾衣变价。

派肃六爷顺、宋雪帆侍郎查办都水司掌印延桢,主稿翁学涵监督书役、商人等,均交刑部,以含混蒙蔽也。连日天阴,时有雪。国晓山兄来谈。

眉批:旌德、泾县失守,张小圃芾自请严议。

廿一日 选单,陈子安兄奕勋选湖南武冈州巡检。

廿二日 买《古文约编》八本、《经训约编》二小本。

廿三日 黄小云兄来谈。至国晓山兄处谈。

眉批：皇上进宫，推班。皇上至宏仁寺、仁寿寺拈。

廿四日 阴，有雪。接耿同年信。

廿五日 有雪。张芸师来函，送银六两。

眉批：补覆试改于廿五日在保和殿。

廿六日 大雪盈尺，街巷深泥，寸步不能走，非车不可，且非好骡不可。小巷几无路，车多陷于深泥中，然公事须照常办理，遇有差使，即大雨雪亦不容稽迟，幸予请殿试假家居，纷纷大雪未为累也。家居无事，课子及内侄读书。翻阅《经训约编》，蝇头小字，《十三经精义》《文选》、子、史、《夏小正》皆全大不几四寸，只两小本可宝也。陵县署广文杜棣园二兄钟英公车来京，送到舒祝山兄、孙镜泉二兄、张心农七兄各函。

镜泉兄函云，自予携眷来京，王石樵、辛竹聆两广文皆有事归家，朱伯符把戎近成瘫疾，无多可以往还者。张七兄函云，大雪盈尺，书院荒斋寂冷，想见其砚冷株守之况。予前在陵主讲，尚不寂寞。

眉批：阅《邸抄》，浙江奏，杭城二月廿七日陷。

廿七日 雪住，天仍未晴。黄小云兄来谈，托致耿同年信。

廿八日 阅《邸抄》。知陪祀文武各官未到，奏参议处。

廿九日 无事。吴春卿兄到京，带到袁雪翁信。

眉批：皇上祭朝日坛。

三月

初一日　亲赴礼部买卷,卷价十三千文。

初二日　无事。各街泥深数尺。刘鉴堂官同年来拜。

眉批:早雪寸许。

初三日　赴礼部领卷,至东城根天泰参局邵庐怡同司处借笔砚,书卷头毕即赴礼部投讫,领有卷票。

眉批:袁午桥光复清江。

初四日　令人至举场东赁定大牌坊胡同中间阿姓房一所,独院,北房,甚好。阿姓行四,充马甲,与文姓同院。房费十三千。

眉批:皇上换白袖头。

初五日　到西珠市口魁盛店拜鉴堂同年,知已搬小寓。

初六日　阅《邸抄》,见大总裁及同考各官,饭后搬小寓,颖儿及仆从先到小寓,步行而往。

初七日　料理场物。场西砖门外墙角围多人围观,见尿水中有如科斗浮而来往者,人以物,取之不见,既而又出,皆云尿鳖也,在此地已多年矣,人不能得,水涸则蛰,有水复见,岂《善书》所云“人精”,随尿所化耶?此物不多见,故记之。

点号军入场回避,示出山东杜、张守讯回避。孙。揖孙搃回避。

眉批:大总裁周中堂(祖培),副总裁全尚书(庆)、朱尚书

(墫)、杜侍郎(翰),同考官王映斗、张之万、孙如仅、夏同善、杜联、马恩溥、孙揖、瑞联、王拯、罗嘉福、洪昌燕、谭钟麟。

初八日 出候点名,京官东右门进。余名在第四牌之中,平安入闱,坐西,"称"字三十号。三鼓后,试纸到。细审题旨,倦而即睡,次早方起。

《大学之道》。乾隆壬子北闱出过,己未建甫出此题。新中者必多顺手,惟尚未见其乡墨。

《植其杖而芸子路拱而立》。

《定于一》。

《赋得聚米为山》。得"波"字,五言八韵。尚有不解"波"字作何解者。

初九日 三篇草全完,至夜,欲誊真,而身倦,遂就睡。夜乃大风,至黎明冷极,水皆冰,飞土满号。

初十日 赶写文字,手冻欲僵。至申正写完。同号多出场矣。同乡中与周步蟾六弟允升、韩少黎兄、亦昌,齐河人,己未中。许三兄,敬祖,夏津人,亦己未中。又江夏新中胡兄韵兰,香岩。皆同号。

申正出场,至小寓,如到暖阁华堂。家中送大毛皮到。

十一日 辰刻,天仍冷甚,点名处人多不到,亦为冷所阻。于候点入闱,坐西,"朝"字十四号,与同司吴子绂兄承恩,河南人。同号。左邻湖北黄州彭子香兄,学桂,丙午举人。右邻江西陈兄,号梅生,己未新中者。午后,天渐暖,风亦稍息。三鼓后,题下。

《易》"关乎人文以化成天下"。

《书》"以闰月定四时成岁允厘百工庶绩咸熙"。

《诗》"君子万年福禄宜之"。十二日二鼓后,风正大,闻一片人声,知必有火灾,惴惴弗敢言,恐同号骤惊而乱也。至三鼓,人声定矣。号官各号严谕,号军小心火烛。次早,知系"昃"字号失火,幸卷未烧。

《春秋》"盟于召陵"。

《礼记》"萍始生"。此题较新,成文少。

眉批:《邸抄》:“二月廿七日,杭州失守六日。三月初三日,光复。皇上甚喜,皆有封赏。兵部捷报,亦得花翎。”

郑王赴万年吉地督工,九门提督穆堂官暂署。基堂官同赴工,兵部右侍郎缺,庆英暂署。

十二日　五艺全完,天气和暖。晚间略歇息,于烛下写真两篇,恐次日再冷也。能头天誊真一篇,次日觉从容些,然亦不必太急,致少琢磨之功。

十三日　午间写完,默写头场首艺起讲。未初出场,饭后欲睡而时尚早,随信步至场西观音寺胡同内福建司营馥庵刘鼎臣、朱松山、孙莲坡诸兄小寓一谈,回寓二鼓。后欲睡,适子善兄自大兴来,同炕而谈,就枕不觉睡着,醒来已晓,收拾入场。漏点甚多。

十四日　辰正,听点入闱,坐西“水”字二十一号。天气清和,与河间县赵梦符同年松邻号,又与同部方司王霞举兄、轩,丙午举人。同县张振卿兄、英麟,戊午中。朱酉山兄载基,戊午中,无锡人。同号。三场心渐放,觉安闲矣。三鼓后题下。又与丹徒严兄思忠邻号,乃问樵先生本家。

策:问自古万寿圣节名称年代及贺表。

问兵志。而题中又有夹带“刑”字,不知何故。

问节用。

问官人之法。

问团练乡勇。

场中第一要小心火,盖设有失处,殃及者不少,乃诸先生往往于风中剪烛,乱投于外,或置烛于油纸帘旁,风一鼓动,时相扑摇,更或题纸杂物乱置烛旁,更有吹烟袋不知择地者,皆粗心可恨。予每于夜间向同号言之属属。

眉批:阅《邸抄》:“浙抚罗遵殿等殉难,印无下落,请另铸造。”

十五日 至二鼓，五策真草皆写完，遂就睡。

十六日 巳刻出场，至小寓略坐，吃食物，即全令回家。予至外供给小所拜贺四大爷，崇信，大兴令，贺笠舟兄令叔也。适宛平尹刘昆圃兄到。名炳麟，己亥举人，壬子进士，即用由宝坻调来，湖北黄陂人。遂留予在小所吃早饭。昆圃兄人极和平，读书本色，且闻待同乡及朋友尤好。未正，予出城到家。场差除领项外，尚须赔钱四万千文，大宛分认。

眉批：小所即伺应搜检王大臣吃饭之处。

十七日 至斌升店与吴春卿兄、国晓山兄、邱雨辰兄小谈。

王鹭峰三兄来拜，同司华子承兄、陈芷湘兄均来拜。

十八日 早间，陈镜人兄来拜，予因前晚自斌升店归受凉，大为感冒，骨重头痛，发烧一夜，至未刻始能强起。

林馥庵、刘鼎臣、朱松山兄来谈，丁梦符三弟彝绶，己酉中。自内城来拜。接小湘十二表兄山西蒲州来函。托伊处山长史省庵兄带。

十九日 沈朴人七兄来拜，乙卯中同邑，名葆淳。过午至陈镜人兄处公请历城同乡陈搏九兄大鹏、朱松山兄、李石湖十六弟庆翔、林馥庵弟、刘鼎臣弟、贾松埏三世兄元涛、刘氏昆玉、赐麟、赐璋、达夫。茅叔清兄昶熙、楚笔峰兄登鳌、戴香坡兄荣芳、李学海兄、路敬亭兄、沈朴人兄。吾邑中人人得意，皆有必中之心，望之生畏，究未知谁是也。

眉批：历城共到京会试者连京官卅三人，可云盛矣。镜人兄及子敬兄、谭仲宣兄、李雪堂弟、汪雪帆兄与予共六人公请同乡。

廿四日 又在镜人兄处公请吾邑王素轩十兄严中、魏史卿六兄燮和、程子安七兄亿、周步蟾兄、高兄、炳蟾，号环生。郭兄凤书、吴雨轩四兄汝亭、怀芝九六兄恩元、陈子与世兄沂、张振卿兄、英麟，年少而用功刻入。崔绍庭五兄安之、吴兄珂琦，尚有诸公未到斋。

孙紫峰兄回家,予至济南馆各处拜同乡。

彭子香兄、朱调元兄来拜。晚至素轩兄处小谈。住钱老鹳庙内。

廿一日 蒋蕉林同年来拜。午后,予至前门外大街闲游,至天桥看官夫除道清尘,回至大栅栏买各色花种,到家知陈子与世兄来拜。子与乃雨人老先生曾孙,翊之仁兄胞侄也。

眉批:皇上巳刻还宫推班。

连日开沟,臭不可闻,而时起大风,臭尘飞扬,目不能开。向者焦笠泉二兄云:"京都遇雨,则在荷花池内行走;遇风,则在香灰中行走。"可谓妙喻。

廿二日 雨淅。盐运使关防并无遗失,毋庸另铸。

眉批:皇上卯初至中和殿看版。

阅《己未天下举人全录》,知周绎廷三弟同年在江西分房取士甚多,为之一快,现仍官奉新县。又知郎皆山兄亦在江南分房,两江皆并科加倍中式,故得门生最多也。

同乡人谈及梁凤轩内兄,自凤阳罢职回家,甫就乐安小席,亦非得意也。

陈子安兄燮勋自蓬莱到京验看。高丹麓兄来谈。

廿三日 便衣步行至铁老鹳庙内,与素轩王十兄坐谈片刻,其对房乃报房,看其寻字凑版片时,遂至香炉营下四条胡同华子承同司处小坐,知乃翁又斋先生现署广西方伯,已换花翎。又至接待寺怀之九六兄处,知周步蟾年兄明日回东,甫自予处辞行也。又至教场头条胡同山左馆拜刘鉴堂同年,德立,诸城人。未值。又至教场五条胡同蒋蕉邻军机章京同年处小坐,遂绕至南横街珠巢街拜朱调元同司和钧,未晤。又至潘家河沿黄陂会馆拜黄州彭子香兄学桂,未遇。

廿四日　午刻到署，销假，上堂画稿。申刻，丹麓赴良节。署右侍郎庆堂官英到任。住城东单牌楼总部胡同。酉初回家。晚至素轩十兄处小谈。

廿五日　将明时，梁上君子约三四人自东邻来，由予住室窗外行，悉琐有声，似得物归者。予适醒，漫语之曰："此非远处者，乃借道归耳！"不闻声者片刻，予乃假寐，闻数人且细语，上西邻墙而去，小犬望之而吠，然弗敢近，时已天明，家中人皆醒，闻犬声且斥之，予故若弗觉者，计其远去，乃启户视其行处无迹可寻，似西邻一带必有歇家，不然若辈不能此时方来借道也。都中此等事最多，不足惊，盗中有道，凡在邻近，渠不肯下手也，然住京必须择地，若居无邻，或近旷阔处，不宜僦寓也。

门生张恂厚来谒。前在临清时从予游者，少年英发，早卜其腾达，今果于己未护中，喜甚。恂厚号小畹，亦号慄庵行一。其尊人庆兰号香畹，乙未孝廉，司铎观城，现主讲武城弦歌书院，品学兼优，可敬。恂厚堂兄全厚丁酉孝廉，号东圃。现任费县教谕，世居临清东门外林家园，家学渊源，方兴未艾也。潘德玉七兄来谈，午后同至前门一带闲游，遇陈镜人兄，乃郎渠与同归。予遂至前门内西皮市四眼井迤南丁梦符三弟处小坐。彝绶，己酉孝廉，潍县人。

廿六日　沙仙根三兄同年名培之，又号芝农，章丘人，甲辰副榜，更名培之。邀予同蕉林、竹溪两同年在福庆堂早酌，并有天兴正料货铺(溜)[淄]川王三兄同坐。饭后同到庆乐园听四喜，名优屡出，而燕仙演《琴挑》《偷诗》尤绮媚绝世，为之一乐。天热甚，蕉林兄有事先回。

眉批：皇上换毡冠绒领棉袍卦。

接历尹吴慕渠四兄函，知祝山兄现撤回省，尚可调缺。陈栗师于前月由武定绕道回家，然今尚未到。叶芸翁镌级后，贫苦之至，云云。林馥庵、刘鼎臣弟来谈。

廿七日　黄小云兄来，知伊于三月初二日酉时得子。

廿八日

廿九日　取印项三十两。黄小云新来托撰书萧曹神庙联："西汉作股肱，在昔弼教明刑，四百年治平大业；北门资锁钥，迄今奉公守法，亿万世护卫神京。"就来文改作。

予至大栅栏听久和，不遇，乃听万顺和。国晓山兄、邱雨辰兄晚来谈。

眉批：山东定十六名额。

卅日　晚雷雨大作，骤雨一阵，天凉，不知何处大雨也。

闰三月

初一日　大总裁呈进前十名试卷，予至陶然亭文昌帝君前求签。
第五十七签　中中

云雨难忘日月新(郑畋)，世情谁是旧雷陈(元微之)。
不须看尽鱼龙戏(李义山)，贵向烟霞早致身(白香山)。

折庙内丁香花一小枝缓步踏青而归，至斌升店吴春卿兄处小坐。

初二日　至同乐轩听广和班，多有玩票登台者。

眉批：崇文门呈进黄花鱼。

初三日　午间食新到黄花鱼，甚美。
王鹭峰三兄、胡小怀大兄、李石湖十六弟相继来拜。
申刻，蒋蕉林同年约到福兴居请吃饭，同坐者黄县赵声甫三兄、高唐赵玉绂大兄、寿光刘子豫二兄、博山张竹溪弟、章丘沙仙根三兄，皆同年也。

书佩如二兄、邵怡庐大兄皆来拜，未值。路遇于山西巷口，下车立谈片刻。

初四日 贺笠舟兄请在燕喜堂音樽四喜班，所请皆同邑公车，诸公在正面楼上四席，演戏甚好。盖楼下对台丹池内正面，有人公请沈朗亭先生兆麟，大约皆门生也。沈朗翁点戏约五六出，《小联桂》《教子》《谢保》，又唱《诸葛斩郑》，声色俱好，惟音稍哑，年纪太小，唱多之故。彩珠演《鹊桥织女》，态度可爱。又唱《二进宫》《李后》，亦佳。丑脚杨三昆戏中教师，色色皆精，演《洛阳桥》。夏德海演《风筝误》惊丑小姐，甚妙。《胖姑学舌》之胖姑，未问何名，静媚可爱之至，其他《湖船》等戏则非点唱者，故未出色。又唱《醉写》者，亦新排小老生，年约十二三岁，则如蒙童背书矣。《乔醋》之潘安，乃苏州小生，年不过十四五岁，未问何名，却身口皆佳。午后早馔完，笠舟兄因须即赴黄村镇打勘骑马贼抢劫送银信脚子之案，未刻，先告辞，出永定门矣。五点钟，席罢，小坐皆归。予步行至玉极庵前，黄风大起，飞沙扑面，自西南来，一时凉甚，急急归家，至晚始息。二鼓时，小雨帘纤云铺墨，颇觉清快，因写白折一本，又为人写草条两幅。窗外雨声匀润之至，至四鼓尚点点不停也。

连日盼榜心切，不能不急抱佛脚，遂逐日演习写大卷白折。近年，南方多事，湖州笔客久不来，即间有来者，笔价昂而毫低，数管中未必择得一管。吾乡章丘人王泳兴在骡马市大街路北开一笔店，所制狼毫尚可作楷，间有不能圆转随手处。

街上每遇人携海青鱼十来尾者，问价不贵，盖来者甚多。此鱼每届清明必到，闻诸东海滨人云，鱼来如密蚁万万计，举巨网至，不能牵动，迁至海岸，众船上人齐取，剖而实盐，顷刻满其大船，再易船而载，渔利者急市而飞奔分投各处，卖之争先恐后，初到处钱若千买一尾，与黄花鱼同一贵重，过三日则数十文一尾，后则数文一尾矣。吾乡各海口藉此获利,年年如业。辽东人亦然,惟鱼来不定,暂闻雷即潜而回,似海神驱之供人口食,而示以限制者,乃近年以来此鱼竟不至,即至亦旋到即回,不似从前之多,海滨人因之失利。又闻此鱼由高句丽境南去,今忽见多有买者,是此鱼又到矣,第不知吾东河如区区青鱼何关大事,然生计所系,亦天时所系,故附志之。

初五日　国晓山三兄约至广德楼听双庆奎,同坐者抚宁县傅二、傅三两孝廉及南宫张孝廉、吴春卿五兄、邱雨辰兄,晚在富兴楼便酌食大黄花鱼,肥美之至。

眉批:皇上至四公主府赐奠,皇贵太妃薨。

初六日　予请沙仙根同年三兄、丁梦符三弟、李石瑚十六表弟在广德楼听双庆奎,酉刻,在富兴楼小酌。

初七日　潘德玉七兄早间来谈。予遂为诸好书联十副。杜棣园兄来拜。申初,予同德玉兄闲步,至王泳兴笔铺小坐,又至报国寺看花,古松如棚,三株相接,就石阶小憩,风声涤虑,如在仙境,满院丁香、紫白正繁,蜂蝶争采,其他海棠、李花,半为春风吹老。至僧房,与乐山禅师话旧,知乃师戒公学已于上年正月十四日圆寂,年七十岁。僧舍所挂联副皆名公巨卿墨宝,而松中堂之"澹然"二字及祁中堂各字特佳,其前者所挂尚多,乐山云半为识者要去。回忆八年戊午夏与袁雪舟先生、王鹭峰三兄两次来此,与戒公盘桓至终日,食其素饭最为精洁,瞬间戒公已证佛果,为之增慨。乐山正为戒公修造后土山下小亭,邀予往视,穿花寻径,出后廊过小板桥,对面墙高七丈,上建昆庐小殿,两旁有耳室,盖戒公生前欲扩此土山,建大昆庐殿,为全寺后靠。登高四望,西山列屏,万家环绕,北望一带,菜圃人于豆棚瓜架下桔槔辘轳宛在,乡野诚为胜地也。乃工未募成,而戒公归去。逝之前夕,禝釠山人来,与之诀,嘱山人云云,半是禅密风慧中机悟语也,命其徒乐山为葬土山下,不崇封,不建塔,若无遗相者。盖所志未遂,自示贬也。乐山尊而如之,缘山栽竹松花草以久,供养若师,于月夜花夕灵于是徙倚者,𫗴𩢍山人为书一偈并志来历,"终生文古字老不负戒公之处"碑,于今春镌成,高五尺,宽二尺,立于葬处之前。乐山为覆以亭,尚未题额,似亦待山人书也。予忝承戒公慧目,来至墓前无所睹,遥于乐山指予处参之,(祥)[详]读山人碑碣,弥增感臆专,因偕德玉兄拂竹拾级曲折至土山(颠)[巅]昆庐殿之小室略憩,相与述前岁游此光景,共相唏嘘者久之。戒公不远在前,其知予又来耶?岁月不驻,人生如寄,真耶?幻耶?俯视亭前花红白如落雪,都人士向名此间为"花海"。花虽吹残,而叶渐稠密,循环不已,转眼又春正,不必为花生叹,惟好名心多,深恐不如花之以海名者,胜称于首善也。下山,又至僧舍,啜苦茗惆怅而偕德玉兄出寺,乃各归焉。

眉批:在报国寺后殿恭请小古铜观音一尊回家供奉。

"𫗴𩢍"音"瞒求",亭名,晋阳东百馀里有𫗴𩢍亭,又云"亢求"。所设𫗴𩢍山人者,盖祁春翁也。

滨州杜公恩禄昆仲来拜。云巢先生堂侄超然先生乃郎,前在直隶候补知县,今来京谢客。

初八日 林馥庵弟来谈。新分驾司徐少圃二兄炳烈偕来耔山大兄来访。少圃兄已未联捷进士,用中书,今年改捐郎中,签分兵部,其尊人兰圃九先生系济南府司理厅,终于官印,在吾历东乡置地,遂家省城。少圃乃兄小圃兄亦在山东候补县丞,七年疾卒。其少君即邢詹五兄令婿。

眉批:书佩如兄偕邵怡庐兄到舍,未遇。

初九日 兵部驾司值日。未刻,予到署,至酉刻,标发公件。各处纷纷报录,闻同司帮总邵怡庐兄恺已中,同司朱耔山兄中,在第十五名。酉刻,落雨,予心怅然,买车而归,至夜不闻叩门声,知又报罢矣,可叹!

初十日　揭晓,吾东省中十六人,历城公车卅馀人,只中贾松埏一人元涛;章丘中二人,一刘玉山三兄秉清,系甲辰同年,皆出闱即回家,不想会上者。山东上科解元王荣琯联捷,馀多不识。

眉批:旨派礼部尚书麟魁钤榜。

十一日　吴春卿五兄、邱启东大兄约予同步行至陶然亭小坐,回至龙树寺小游,又至龙泉寺读碑文,知为住持龙泉老人募金重修。人云寺内古井乃龙泉者,妄也。后殿斋堂戒僧约百众,两旁寮舍极清净。出寺至斌升店小坐而归。

眉批:礼部呈进《题名录》,迟延一日议处。

十二日　小雨。
祁中堂春浦专折,谢伊子世长中进士恩。
十三日　考试翻译举人。
十四日　新贡士覆试。

眉批:十四日借道安徽泾县尹靳岚友七兄(芝亭)自常州城内玉带桥发来一函,知于去秋奉调入帘。差竣,因公留常,并知今春致尹一函,业经收到,南北告警,三千里寄书不易,接读喜慰之至。

十五日　到署。落地诸同人纷纷回东,为之增慨。
十六日　庶吉士散馆。山东朱学笃、王师曾留馆,陈侍奎改部。
十七日　听戏消遣。林馥庵、刘鼎臣、潘德玉、朱松山诸公同至通州,坐船回家。

十八日 贾中堂奏请开缺，又赏假廿日。

十九日 同海蕙田大兄锺当月住署。

廿日 午刻回家。沙同年三兄来取去致保定府函。

廿一日 换戴凉帽。

廿二日 蒋蕉(邻)[林]同年来谈。

廿三日 小雨。买小铜钱大不易，前门外摆摊者皆经官人撵了。用铜大钱五吊买乙吊，买来三吊。

廿四日 巳刻，起身赴丰润，出沙窝门至于家卫打尖，廿五里；又行五十馀里至太子府住宿。

眉批：请假八天。韩蔼如之二令兄到京。

廿五日 至渠沟镇打尖。此镇买卖铺甚多，午后过宝坻县，城内十字街东右古石幢，高可七八尺，刻有佛像，约系唐物，未遑问居人而过。宝坻文风甚好，邻亭镇李宅三代科第，翰苑不绝，李新塘四先生莼，其文郎平甫兄现官山西。晚住张各庄小店，盖村农斗室，满屋堆集柴米农具，室仅容膝，举首即至梁间，问有鸡子白面香油，即觉一快。傍晚有(买)[卖]豆腐者，即空谷足音也。四更间，西北雷雨大至，幸车骡皆有安放处，屋虽小而不漏，孤灯不寐，随遇而安，乃顷刻雨止矣。此庄只有二三小店，店主人云，如再多行廿里至邻亭镇，则旅舍较多。然予出门滋味领略已久，可止则止，何处不可寄宿。

廿六日 至石家窝早尖，缘河堤种麦甚茂盛。店门外邻大河，午间东南风作，海潮拥水涨尺许，盖距海不远，子午潮生，水皆涨满也。午后，过窝里骨坎上新屯至三神庄住宿，离宣庄尚有卅五里，店主朱姓，家道小康，新开此店，正收拾房棚也。

眉批：旨廿七日采桑。

廿七日　巳刻,至宣庄,正值集场,从西街外绕至盐店。谢鹭湄四表哥赴海下查看设巡事宜,董健元四兄陪予谈片刻。徐献亭兄、董子参三兄、田湘臣二兄皆来晤谈,不到此店转瞬三年馀矣。刘六兄回滦州,(于)[予]仍在伊室下榻(晓坡到京)。

廿八日　无事,晚间大风,店后半里许居人不戒于火。

廿九日　巳刻,鹭湄兄回店,久别快晤,无日不畅叙至天明也。侯梅亭兄来拜。广平。宣庄人问孙午亭兄仍抱病在芦台。高三兄来店小坐。晚间起风,甚冷,庄南阁外唱滦州灯影戏,甚好。

卅日　早饭后偕田湘臣、徐献亭从庄东散步,缘小河行二里许至董家庄西斗河闸上看捕鱼者。河声如瀑,京东一带土沃树密,春深柳絮铺地如雪二寸许,南来小鸟最多,穿柳入苇,声娇可听,有红点可、蓝点可、黄豆翎及各色水鸟饮啄自得,盖此等鸟夏间至北山(伏)[孵]雏,交秋南归,乳燕颉颃,掠波呢喃,不知何语。河中鲤鱼尺许,渔人捕得即卖与盐店,近日大鱼大虾更肥美可食。

京东近山海关,北地多寒,麦尚尺许,农家云须六月初方食新,较吾东迟一月。

四月

初一日　为诸人写对联、条幅,暇则与鹭湄兄畅谈连年诸事,自叹夷在海口滋事,近海之李八厫庄煎盐私贩丰润大受其累。李八厫庄多李姓,近数百户,向为永东西煎盐灶户,近年丰润。东境盐务废弛,无人整理,煎盐之户无处去卖,遂大帮私贩,诛之不可胜诛,且恐激生巨案,而又不可听其自然,幸鹭湄兄在京东抚宁道化,及今二十馀年,声名素震,手下巡役皆得力,私贩尚不敢逞志,然亦须及早设法办理。连日获私盐数十抬,约二千馀斤。

初二日　海下张庄管巡张鹤峤二兄到店,张庄一带地薄而卤,多草鲜禾,居民惟食黄粟,有终年不得食香油者,肉食更可知其无矣。

泊里多生苇草，而苇地所生之苇蘑菇则较口外野生者更鲜美，似集鱼虾海卤所生也，海下淡虾米极佳，土人藉以获利。

眉批：又请假八天。

近海多雕，其尾十二支，有花，所云“芝麻雕”也，其翼较长而花少，土人用枪取之，每支不过易一二千文，到京羽扇可售大价，尾最贵，花匀而毛整齐者，一扇值万钱，次者亦卖数千文，两翼可成两扇，价则减大半矣。

初二日　无事。至鹭湄表兄家，其妾保姑娘出来叩见。

初三四日　无事。舒祝三明府专人至京有信。

初五日　为侯梅亭兄写伊祠堂匾额。

鹭湄兄赠予古玉章，上刻“白鹤山房”，刻法不似汉时刀工，而双虎纽甚古雅，水银浸纹亦古，系丰润人陈乐天购自农者。据云前十年间农人取土至五尺许获一土球，大如鹅卵，去其土，盖古玉小印也，初犹黑暗，经数年手摩，光润可爱，“白鹤山房”似宋魏了翁故物，然以水银浸度之，似古章新刻而后入土者。陈某赠鹭湄兄，因又赠予，遂宝而佩之。

初六日　拟同鹭湄兄、田湘臣二兄同行，适署丰润令毕仲容明府因公过宣庄。名世榕，山东文登人，承船公少君，在直隶候补，年卅许，现署丰润。

过午，到宣鹭湄兄须与言公事。至晚又阴，雷雨，遂不果行。毕公云，自北来，大雨到宣，距卅里则无雨。

初七日　巳刻，用饭毕起身。阴雨渐来，沿路柳绿深密，麦茎与新禾苗高低，色油油可爱，飞燕随车，语声如送客者，一路不断。近来水边多黄花，俗所云苦菜也。其色如金，铺地如锦。至宿各庄，雨渐大，遂赶行，至韩城店住马，雨愈大，至夜不住，幸同鹭湄兄、湘臣兄联床畅话，忘旅店之苦。

初八日　辰起，雨仍不止。予与鹭湄兄三年未获畅叙，藉此阻雨，倒可快谈，惟湘臣兄急欲回家，而中途阻滞，未免怅怅也。

初九日　早晴，行卅五里至白屯盐子店尖。午后，过河，行廿馀里至沙流河盐店住。此镇为京东大道，商贾甚多，酒行尤多。仍与鹭湄表兄、湘臣兄同床夜话。鹭湄兄次早即由此回宣庄。

初十日　巳刻起身，田湘臣兄分道北行，赴遵化州，予西行，与鹭湄兄握别，依依不舍。午间，至玉田县东关尖，见各铺卖玉泉沙者八文钱一小袋，玉人买去琢玉，沙行天下，问诸店主，云沙即在城外河中一宝也。晚至别山住宿。

十一日　午初，至邦约镇尖，晚住燕郊。

十二日　通州尖。酉初刻，进东便门，门者讨赏小铜钱六百馀文，验车放行，至城内，又有海巡拦车吓人，卢安与之大吵，予付其京小钱百文遂过。自今春以来，无论何人何项车马皆押送上务验税，为查洋药，实以□爪牙，郑邸之政也。然来京客商每多裹足都中，诸为减色，到家平安。

接读舒祝三明府、韩蔼如四兄专函，知祝山已撤陵县任，现寓德州，专人来京托予买物，已候多日。

蔼如兄乃兄来京验看之便带到，还书佩如兄貂褂筩、耆介春相国大蜜蜡烟壶，皆托蔼如兄到东觅售，主未得，因为寄回。又送佩如兄凉帽、阿胶、纨扇等物，并送予阿胶、茶叶。知韩二兄在河南捐输县丞案，未到部，不能验看，已于初间回东省矣。知盛小澜表姨丈夫人大病。

十三日　令卢安、郭升送貂褂筩、烟壶、阿胶、凉帽等物，至安定门内方家胡同书二兄处销假。

眉批：《邸报》："苏州于四月十三日失陷。"

十四日　为祝山兄买物，即覆函，令来差回德州。

戴兰村兄专人送到鹭湄兄交伊带项。

十五日 入署，知徐绍圃兄炳烈分在驾司，并派同予六班。赴园，专函致晓坡八弟。为鹭湄兄定《邸抄》一分。

十六日 晚，梁岳母伤右足，甚剧，找湖北薙发者拿上，肿痛未止，年逾七旬，双目又失明，可惨之至。

十七日 国晓山三兄来。

十八日 到司。

十九日 至铁老鹳庙赵安甫五兄寓小坐。名全晟，河南唐县。

廿日

廿一日 到司。

廿二日 魏子善三兄自大兴署到舍，因邀同至天乐园观剧，初知为安庆班弋唱，及到乃换山西双和班未入园，遂至大街买鸾翎扇而归。送选司王莲塘兄令兄、雨堂兄奠份四吊，在长安任所去世。

眉批：殿试湖北贡士陈炳勋交刑部，闻因有试笔条字迹。肃六爷以为策料而陈公口吞，因之获罪，可怕哉！

廿三日

廿四日 知三鼎甲钟骏声、仁和人。林彭年、广东人。欧阳保极，传胪黎培敬。

眉批：并掣卷六十馀本，有写作甚佳，因一二行未完而掣去者，其实天尚未晚。钦赐进士杜廷深殿试二甲，筠巢先生少君。

崔清穆之如兄前十本、赵安甫五兄选福建长泰知县。

廿五日 选司满掌印张诗原兴放口北道。一等复带。

廿六日

廿七日 李西园堂官取去《医镜》两本。接朱景言二兄函并银十两。

廿八日 鹭湄兄令任武,自宣店到京。田湘臣二兄送到广锡等二盏。

圆明园殿传胪送状元归第。即在胭脂胡同口外浙绍乡祠采觞公宴。

廿九日 取印项卅两,喜出望外。

眉批:朝考,《多多益善论》《纱窗宿斗牛》得“门”字。

圣躬欠安。琉璃厂观音阁内路医,山西人,盛年七十馀,经怡邸肃六爷荐入内治病。皇上服其药甚效,路医之名一时大振,求医高车盈门。

皇上在园升殿,传胪:“新例执事谢恩官员皆穿蟒袍补褂,不用朝服。礼部尚书绵森补授。钦此。”

五月

初一日 为鹭湄兄买《天仙正理》一部,所要《性命圭旨》各书,坊无此。又为买潮烟等物。银价十五千文。各处关闭钱铺。

初二日 为赵安甫五兄写楹联等件。付还各铺账目只付一半。

眉批:初二日上谕:“礼部尚书麟魁呈递谢恩折二份,读经撤回一份(系兼管鸿胪寺者),实属有违定制者,照部议将三级调用,不准抵销。奏事内务府员外郎瑞芳于呈递折件听从撤去,亦属非是,著退去奏事处,即照部议降二级留任,准其抵销。钦此。”

初三日 写覆鹭湄兄函,并送田湘臣兄潮烟二斤、棉烟一斤、宣纸屏四幅,报其赠灯。又至启兴首饰楼取定做大小银盒三个。

初四日 早,令任武起行,著郭升至板厂胡同舒师母处送午节礼四色,同赵安甫兄买字画等物。申刻小雨。

初五日 午节，家筵。晚写致天津海防总局委员，即升直隶州钱爽泉五兄函垲为荐家人。卢安至舒师母处拜节。随至大兴县，出前门遇雨。

初六日 令卢安赴天津爽泉兄处。李堂官交代发胶州家信，即交提塘。

眉批：常州、苏州相继失守，徐有壬一门殉难。何桂清拿问警报叠有六百里，不胜愤(闷)[懑]。

初七日 阅《邸抄》："新授河南归德府知(傅)[府]青馀同年寿彤，壬子庶吉士，留营得保。赏戴花翎。又知河工候补道宋玉珂、署漕督联英等随河帅庆长听戏。经御史薛书堂及两淮盐运使乔松年参，奉上谕，庆长即革职来京听候审讯，联英、宋玉珂、黄寿豹等廿一员交部议处。"

眉批：祁中堂专折谢伊子世长以庶吉士用。

初八日 贺一源四姻伯邀同至玉皇庙扬渔笙印遐龄，江苏人。水部处晚饭。傍晚大雨，倾盆一夜。闻有彗星亥初时见于西北。

阅《邸抄》，知同司邵怡庐兄亦声明兵部主事引见，以知县即用，部员用知县者四人，馀则仍归本职先补。同司朱子三兄引见以主事，仍归兵部，三年报满即补。

眉批：朝考单：翰林，山东崔穆之、王荣琯、杜廷琛，主事，李楹、刘树伦、张同符，知县，贾元涛等。

《邸抄》："江苏按察使段光清于城陷时出至，调兵拿问。"段光清由知县起，有"段清天"之颂，人皆代为称冤，究不知此次是否因公。

闻山东福山、烟台海口有夷船若干只支。

眉批:王懿德到京,专折告病,准令回籍。

初九日 阅《邸抄》:"奉上谕,六月初九日,万寿停止筵宴,照例行礼。钦此。"发德州、河南禾生弟、历城各信。

初十日 《邸抄》:"奉上谕,各直省军务未平,而郡邑士民(辨)[办]理团练足以补兵力之不逮,具有明征。朕前降旨,谕令籍隶河南等省在京官员各抒所见,昨据怡亲王载垣等会同周祖培等拟定河南团练章程呈览,自应先令该省筹办,顺天府府丞毛昶熙著赏加都察院左副都御史衔,充为督办。河南团练大臣驰驿前往,并著河南盐运使衔南汝光道郑元善帮办团练事宜。载垣等所议团练章程十条,著毛昶熙于驰抵河南后同郑元善按照所议条款妥为办理。周祖培所保之陈州府知府安奎等云云,无论在京在籍,均著毛昶熙差委。钦此。"阅《邸抄》:"副都统胜保物议沸腾,畏葸无能,来京以三四品京堂候补。"同贺一翁至顾星楼处晚饭。晤李鹏起兄、胡琴山兄。

十一日 母忌辰。贺一翁阻雨住欲访竹书未果。

眉批:连日到司。公阅军台废员册,除因军务及重款不准开列外,馀俱开列奏请恩旨,以万寿向有此恩典也。

《邸报》。苏州。

十二日 值日。点京指奉天民妇河南民人两案。申刻,黑云四起,雨又大至,遂催发各省公文。买车而回。晚,雨止。

十三日 阅《邸抄》:"何桂清犹具折奏,江南常熟县知县周沐润督带沙勇光复江阴县城,请保。奉旨,以知府用云云。钦此。"计前拿问来京之旨,可以到苏,何根翁犹未知耶?

接保定府守徐梦卿同年来函,知沙芝农同年已禀到。同司员外郎锦瑞捐知府引见。

十四日 到司。书佩如兄亦拟改知府。

眉批：戴崇调补兵部右侍郎。基溥调吏部京城修栅栏。各部汉司员公同捐输（予写捐廿千，大率如此）。修户部衙门。修昇平署，旨派肃顺、伊勒东阿。

十五日 兵常仆值日。贺一翁约同至西河沿如泰馆小（座）[坐]，晤廉煦斋宗室公爵、梁稚香中翰、章介福户部、洪琨笙舍人、俞竹书兄诸公。

十六日 至星处小坐，闷闷而归。夜又雨。

十七日 《邸抄》："奉上谕：前因河南等省办理团练，并已令顺天府府丞毛昶熙回籍督办，因念山东地属海疆，毗连畿辅，陕西与川豫接壤，地方均属紧要，自应一律办理。所有应办事宜，即著籍隶山东、陕西在永大小官员各就地方情形直抒所见。该两省官绅中有名望素著练达事务者，并著各举所知，候旨派往，该官绅等必知公体时艰，助兵济饷，不但为国家保守疆域，亦可自卫桑梓。朕实有厚望焉。钦此。"

十八日 山东贾中堂暨诸大老公议山东团办事宜，公请郑邸、怡邸、肃大爷阅过具折奏闻。大雨。

十九日 至同乐轩独听安庆弋腔演《万仙阵》。午后，大雨一阵，傍晚又大雨。

廿日 拟团练事宜送呈李堂官，值于午后赴园。夜又雨。阅《邸抄》："杭州将军瑞昌奏：在籍前任兵部侍郎戴熙在浙办理团练及协防局务，本年二月间杭州省城失陷，从容尽节，追赠尚书，照尚书例赐恤，并于钱塘建立专祠。翰林院编修张洵之妻施氏于贼扰杭城时，先命二子保送伊姑迁避，自率子叙典、女喜姑一并投水自尽，奉旨实属孝义兼全，均照例赐恤。"施氏者，即前与先君在山东武城县同事钱席施文伯先生廷献之妹也。时张肖眉内翰在文伯先生用功，乙巳邀予同北上，相晤甚洽。肖眉以壬子入翰林，即不获，时聚兹伊甫于春间在上书房请假回杭省亲，未至，而贤夫人率子女忠孝全节，可惨，亦大可敬也。阅廿七日瑞将年奏，已到杭州其殉难情形即肖眉送交节略。闻杭州官民男女殉难有可稽者十三四万人，抚臣罗遵殿受如此重案，一任贼匪草草陷城，害此一城人，宜邀恤典。后经高御史参奏追褫也。何根云素讲忠义，及退守常州，当闻贼信开城先逃，伸民泣留，反遭鞭挥，纵兵驱打。追奉以误国殃民，即时拿问，犹潜至上海奏事，何哉？

眉批：毛鸿宝补授安徽按察使。达镛放安襄道。

上谕："陈孚恩奏山东已革道员黄良楷，素为捻匪所畏，请给以三品官堂虚衔，令其带得力勇二千名前往宿迁，必可得力（节云云）"等语，"当交文煜查明具奏。前据奏称黄良楷从前带勇颇资得力，近来年近七旬，性近刚愎，所带步勇毫无纪律，转为纵容袒护，以致各勇所在横行，居民纷纷控告，不可胜计（节云云）"，"若令该革员再行带勇，恐防剿未见有功，百姓先受其害（节云）"，"陈孚恩所请令带勇防剿之处，著勿庸议，仍著文煜督同道员王观澄、明新将前参各情严行审讯，并将滋事勇丁按名查明惩办，毋令漏网，儆凶悍而安良善。钦此。"

苏州如此重地，天下精华所在，大吏众官平日何等尊荣快乐，乃贼一至即陷，何若斯之易耶？段清天闻实系先期出城请兵，为名藩司蔡映斗府县等直弃而逃，生死一关固，虽然，与其如此，何如死。

眉批：皇上御门办事。都察院左副都御史放朱凤标，光禄寺卿放雷诚。

廿一日　《邸抄》："奉上谕：前谕山东等省在京大小官员各就地

情形，仿照河南团练章程，直抒所见，并令各举所知，候旨派往。兹据大学士贾桢等酌拟办理章程八条呈览，均属可行，自应一律筹办。著派前任户部侍郎杜翻作为督办山东团练大臣驰驿前往，并著山东登莱青道贡璜、青州府知府暂留，济宁知州卢朝安帮办团练事宜，即按照所议条款参酌河南章程，体察情形，妥为办理。贾桢等所保之翰林院编修郭孟惠、工部主事毕瀚昭、前署福山县知县何淮城、莱州府同知汪澄之、兵部主事张弼、前任江西铅山县知县李淳、曹州府教授李宗泰、翰林院编修朱学笃、户部员外郎王毓宝、工部员外郎李展业、前任江西饶州府知府张衍重、河南候补直隶州知州王荣烈、直隶候补县丞史炳第、顺天候补知县张鹤千、候选知县陈子端、高岱、山西新平路守备刘国治、前任户部朗州颜锡惠、兵部主事傅儒功、前任宁波府知府李汝霖、候选知县高含章、登州镇标把总赵振邦，无论在京在外，均著交杜翻等差委。另片奏：曹州民团练勇最出力，所有候选直隶州知州赵康侯、候选知县李锡、鲁魏督、候选州判刘瑞玉、候选训导许长春、刑部郎中朱世宜，均著随同办理(办)[团]练事宜，以收众志成城之效。钦此。”

眉批：直隶省奉旨同河南、山东、陕西一样团练。

廿二日 礼部奏万寿圣节庆员请旨祝嘏。晚又雨。上谕：“前二等侍卫庆志等暨耆民情一般，祝嘏俱准其附入百官之末，另班行礼。钦此。”

都察院左副都御史顺天府府丞毛昶熙奏请随带司员。

廿三日 兵部值日。予同徐绍圃兄、马畴甫兄、成春暄兄、傅介石兄稿班。早间又雨。予以偶患时恙，未能赴园。

廿四日 马念云兄、德征、张兴留补中书缺。雨。韩又云兄晚间来谈片刻。

廿四日 午后，狂风大作，黑云四起，等时大雨如(拨)[泼]如瀑，院中一时水深二尺,风雨如吼,可怕之至。至晚二更,雨息。

眉批:《邸抄》:“上谕:瑞昌奏,四月廿六日,逆匪攻破嘉兴府署,知府张玉藻藉经管局务携银逃避至绍兴,请革职拿问等语。皇上震怒,以不足蔽辜,著将张玉藻即行正法。又奏,五月初一日,贼由张渚犯流洞桥,驻守之黄岩营守备汪超英临阵退缩,弃营逃避”等语。“上谕:即将汪超英正法”。“上谕(节云云,抄本日):据李若珠奏,前投诚至薛成良归诚效顺,献出江浦县城,屡次出力,著有战功,旨赏其三品顶带花翎。昨据乔松年奏,薛成良退至扬州后,因索饷不遂,撤,称带领所部归农经粮台发给饷需,乃即拥众入邵伯湖抢掠。今副将王万清晓谕,竟被拘留,且于高邮之王家港筑垒六七座”等语,“现派水陆官兵进攻,将薛逆大小船支三百馀号全行焚烧,逆众剿除殆尽,薛逆投水自尽”等语。

廿五日 午后,黑云又复四起,狂风忽作,硬将乱云四面吹散,东北、东南一带,黑云如墨,予心惴惴,幸而未雨。

廿六日 午后,又阴。予驱车至太平街拜杜筠翁未遇,出城至李堂官处久谈。又小雨时许。晚间,国晓山兄、邱大兄来谈。出胡同口,小刹将邱大兄雕扇抢去。

杜筠翁奏请带户部郎中杨绍和、户部主事陈介璋随办文案。编修徐昌绪、吏部主事邵子彝、副贡杨晫,同差委。五月分选单,已未翰林散馆者七员皆选军务,忽而瀛洲,忽而风尘,戎马升沉,得失可以略悟。省分知县取谭仲宣二兄。印结一张交国晓山兄托张莲洲办投供。同司邵怡庐兄仍呈请归主事原班,然不能尽先补用同捐纳一班矣。名次第八。各街胡同泥深一二尺,难行之至。

廿七日 初伏。辰刻,在宣武门外迤西河沿洗象。只馀一象。

朱桐轩先生凤标署刑部右侍郎。

都中亦议办巡防。自昨日过午小雨后天晴，至今未雨，路即好走，然闻固安永定河水涨，阻行人。山东又有五百里。

过午，傍晚又大雨，至二更，平地水又深至尺馀，幸三更后晴。

廿八日 辰刻，唤栗姓车从东猪市口入果子店，一作瓜子店。见贩西瓜、大桃来者，堆垛如山，凉意沁心。赴市买卖者若堵。经瓜子店、布巷子，绕过内布，买卖猪肉者甫罢，各酒楼已多登沽，老酒香扑鼻，不禁垂涎之至。穿出，至前门桥，泥尚半尺。出入皆令贫民背过，喧(嗔)[填]争路之声不绝。东交民巷西口内一片深泥二三尺，不可行，直北过礼、户部门口，户部初修理，向因水泥难行，大鞍车多穿吏部而走，今乃半掩，不许外来出入，不得不沿皇城墙而东。又遇臭水，几没车轮，过此胡同到兵部，心始放开，咫尺之路，其难如此。贾中堂、毕堂官到署，知书佩如兄已捐知府，邵怡庐兄可以仍呈请回部，朱耔山兄到司当差，贾松埏三世兄签掣山西。申刻，仍从旧路绕瓜子店，由大街回家，路渐干些。贺一源四太爷自大兴到舍一谈。约予同至如泰会馆小坐而归。晚间至东邻韩又云兄处略坐。晤宋明府，在东省候补知县。

谢晓坡八弟申刻到来吃完饭回店。

京城四外南、黄村西、卢沟桥东、通州等处皆安兵巡防，已由兵部办文发兵，每处五百名满兵。闻山东现查南来奸细，京中亦令五城严查。闻新添有挑小担钉鞋者、卖火石火绒者，皆似奸细，刑部已拿钉鞋者多人问供。郑王查抄户部司员王正谊家产。

钦天监递封奏闻，因彗星渐落也。

眉批：皇上换葛纱袍。

廿九日 取印项银价□千。张研农世兄书田自保定来京来拜，在保定候补典史，去年署沧州吏目，三次押海运得保。申刻，予唤车至太平街拜杜筠翁，又未遇，闻在贾中堂处吃饭。出城至铁门为贾松娫贺喜。又至草厂胡同白衣庵为崔清如同年庶常贺喜。晚，国晓山三兄来，送到《投供互结》。

具《互结》，朱森今于……与互结事，依奉结得同候选官王锺麟，山东举人，筹饷例捐员外郎，双单月即用，今赴大部验到，委系亲身所结是实。咸丰十年六月□日，朱森系兵马司正指挥。

薛焕，江苏六百里加紧，山东五百里两处。

眉批：奏事处传出，奉硃笔："初七、初八、初九、初十日，著王大臣进同乐园听戏；各部付郎、上书房师傅于初八、初九二日进内，馀二日不必进内。"

天晴一日，大街即多好走，小胡同则仍难行，无人督令收拾也，可恨。京中内外城官民所用甜水除自已有车自拉外，馀皆水屋按时卖给，凡有水屋皆山东登州人，无论大风雨必须送到各门挨卖，他人不能有此长功夫，亦不敢卖，只成一霸。然当雨大泥深，各街巷难走已极，而水车不能避难而不送也，大街尚易行走，如小巷业经存水，复经三套大水车压过，辙深一二尺，且高低掀翻，他车愈因难走，水车及居民如协力随时备修垫，天晴即不致受累，水车亦多翻倒者，乃皆因循不肯，殊为闷闷也。水屋人多义气，每日有存出公项，遇有事故，即以公项应用。京中居民不下百万家，皆仰给此水车之水，亦多不肯得罪他，盖水屋各有分界，他处不能越送也。山东东三府在京贸易者，亦不知有多少人，若大京城，食水酒肉皆东人，各衙门轿夫皆东人，下及拾粪者亦是，其他煤炭、油盐、放小利(帐)[账]，则皆山西人，京中要事，山东、西人实掺大半，人云非山东、西人不能如此，辛勤性久且能赊、能要也。京中大事之坏者，皆山西人放大小(帐)[账]者收本回家所致。

六月

初一日 辰刻，国晓山三兄到舍，约同坐车至吏部投供。巳刻，始在澄叙堂点名，官不甚多，不似前五年之拥挤不开也。张莲洲兄邀同小酌，予因徐绍圃兄到司未果，晓山兄同莲兄去矣。到司，知印稿两公赴园回添军需班也。贾中堂、李堂官到署未上堂。午后回家。竹湄三叔忌辰。

眉批：谕旨："本年朕三旬万寿，所有同乐园听戏之各侍郎均著准其呈递如意。钦此。"

初二日 到广德楼欲听春台部，乃值传差。传差者，官传去也。闻诸送戏目单者云，系内传，云在同乐园演唱，四大徽班皆须传去伺候，为贺万寿也。闻双奎班张二奎现不唱戏矣。予因信步至庆和园听四喜，遇贾松埏世兄、孔润周兄，昭浃，曲阜人。皆新进士即用者。松埏分发甘肃，润周兄分发广东。又遇汪雪帆兄仲洵，考公司主事；徐李侯世兄郙，武选司帮总办，即前济东泰武临道桓生夫子少君、新科会元庶常致祥，乃李侯兄世兄。年少联捷会元、翰林，一快事也，可羡之至。接本司知会，知已派予军需班。黄小云兄来谈。

眉批：初二日上谕："陕西团练即派署巡抚谭廷襄督办，前任陕西候补道坐补巩阶道陈晋恩著发往陕西，与现任陕安道张守岱、在籍候选知府马百龄均著帮办团练事宜，所保之云云。敕令办各属团练事宜，官绅内有才堪任使之员弁，著该抚留心体察，随时奏派。钦此。"又，"奉上谕：江苏著派大理寺卿晏瑞书作为江北督办团练大臣，在籍内阁学士庞钟璐作为江南督办团练大臣。钦此。"

初三日　到司军需班值宿。新派克兴阿带京营兵二千名赴天津之青县驻扎,防堵办给勘合兵车票。

军需四班:

头班:宗室富兰,号芝圃、王锺霖、朱和钧,调元。

二班:海钟,号蕙田、吴达亨,六庄、华锡三、子承。

三班:英敏,芝田、陈、鸿,芷香。吴。承恩,子绂。

四班:福、申,华亭。王炳坛,杏樵、王熙湘。

初四日　下军需班,令郎升至北城送礼。

眉批:《诣旨》:"本月初七、初八、初九、初十日著推班。钦此。"

初五日　予至太平街送杜筠翁起程。未刻动身,予出德胜门,到北城副指挥黄晓云兄处晤刘心兰诸公。晚酌,遂作竟夜之谈,食冰梅汤、西瓜,甚佳。热甚。

初六日　巳刻入城,至大兴署贺笠舟十一兄处赴席,给贾松埏(荐)[饯]行也。贺一翁出城。未刻,黑云落雨一阵子,赶出城,同贺一翁至韩又翁处晚谈,一翁住予处。次早回大兴署。

眉批:谕旨:"所有朝鲜国贡使俱令于初八、初九二日进同乐园听戏。"

初七日　军需班值宿,予同朱调元快谈一夜,即在司堂廊下酌茗对坐,满院飞萤,一天浓露。

眉批:初七日皇上卯正入座听戏。贾松埏请在文昌馆,予未到。

奏事处传出同乐戏单。四大徽班轮流进内唱戏。

初七日:《八佾舞于庭》《势僧》《夜奔》《逼休》《福禄天长》《思凡》《教歌》《双拜》《四海升平》《拷打拾柴》《花鼓》《奏本》《庆寿万年》《地涌金莲》《小卢林》《茶坊》。

初八日:《士林歌乐社》《藏舟》《虎囊谈》《老人呈技》《打虎》《扫松》《太平有象》。

初九日:《福禄寿》《别弟》《扯本》《茶叙问病》《万寿甲子》《送盒子》《舟配撇子》《罗汉渡海》《诱房别词》《击掌》《宝塔凌空》。

初十日:《万国嵩呼》《颜禧锡福》《八享来王》《始倩冰人》《旋要娇客》《谬索乘龙》《清平见喜》《和合呈祥》《楼会》《小妹子》。

闻各徽班好角色皆蒙奉赐赏银锞。

上谕:"前任漕运总督邵灿作为浙江督办团练大臣,并著浙江差委道员史致谔帮办团练事宜。"云云。节抄。

眉批:驾司具奏军台员请旨,奉旨均有减释免罪,特恩程庭桂兼蒙赏给七品京官衔释回,令赴江苏办团。

礼部奏各省耆老祝嘏。

上谕:"外任大员老亲有年逾八十者,普加赏赉。"

袁甲三之母郭氏、叶尔羌大臣英蕴之母瓜儿佳氏、伯都讷副都统富隆额之母扎先达氏、署湖南提督暂革留营周天受之父周文喜、贵州安义镇总兵颜朝斌之继母徐氏、贵州古州镇总兵巴杨河之母那拉氏,均蒙赏御书匾额、如意抱褂料等件。

初八日 出军需班。巳刻,海蕙田兄、吴六庄兄到,掌印总办皆赴园回事。奎华亭兄派驾司帮印。

连日各堂官赴内听戏,予步行出城至杨梅竹斜街东首蕴和店拜汤载生二兄履志,现加四成,分山东知县。接省城张逸上姻叔来函,知前寄去之《捐官单》未接到。晚至蕴和店访汤载生兄快谈省中事,至二更后回家。

青县防堵兵二千名皆有赏银,每弁五两,每兵三两,不许按站要车要供给矣,前发之兵票、勘令皆须追回。

载生兄甫接省信,平安无事。前因天旱,各乡求雨者纷纭,是以京中有戒严之讹。闻黄村巡防处获一可疑乡人,独至庙中叩头,带兵大臣即驻此庙,见其情形可怪,令人搜,获一小旗,上写"风调雨顺"字,云为求雨而来,其实近京并不缺雨,当即并交刑部云云。俟见刑部中官,一问便知果否有此事矣。

初九日 午后,予闲步至前门外买鸾翎扇,偶过广德楼,适见春台班演《牧羊卷》,其老生人呼为陈大纇,即小马神庙清晖堂陈宅旧家子弟顽票者也。

眉批:皇上万寿,天气晴明,无风无云,虽在初伏,不甚酷热,可卜四海升平也。

初十日 魏子善三兄出城到舍,知贺笠舟兄委署涿州。

眉批:彭中堂以精力渐衰出军机。

十一日 军需班富芝圃兄住。同子善兄至贾松挺弟处一谈。

十二日 到司,看山东丰官屯军需奏销册,核其所开正站处、马三十匹,夫□名。腰站之处。马十五匹。晚至汤载生兄处小坐。

徐绍圃兄邀同朱耔三、谢芷香兄、陈研、西曹文田、幼涛明府四川来引见者。同在果子巷宴宾斋晚酌。

眉批:至天仙庵与绍圃兄略谈。阅其友函,知福山海口夷船聚人万馀,船若干时开炮云云。文中丞已(付)[赴]海口,并知省中附近得雨,尚未深透,秋收大是可虑,直东一带旱甚。

十三日 午后,西南北浓阴雷作,傍晚雨。韩四兄专人来京买物,即于是日回,口传问候。谢八弟专李永旺来,知九表妹之族叔自九江来接,并搬文怡园参军父子之柩。代谢八弟致盛小翁函。杭州又有六百里加紧。

十四日 兵部值日。

十五日 予到司,军需班值宿。午后,赵一琴兄淦到,伊系值日班。晚,傅介石大兄大贞到,为派陪祀。月食,救护,亥正初亏,子正食甚,丑初复圆,食四分。满官即富芝圃兄。

亥初,傅介石兄至太常寺,予仍就睡,闻钟鼓之声喧阗,蚊声如雷,不能成寐,起,看月食数次,鸡鸣三次始睡。

十六日 午初,买车回家。五婶寿辰,一家吃寿面。

眉批:直隶团练大臣派候补内阁学士桑春荣。新任河南臬司边浴礼到京,蒙叠次召见。内务府奏派惠王之女拴婚之大臣,旨派倭什浑布。

十七日 听万顺和,忽见旺儿又露面。

十八日 上谕:"原任福建延建邵道赵印川前在麻沙地方剿匪阵亡,被害残酷,准在阵亡地方建设专祠,并入祀山东青州府城照忠祠,以慰忠魂。钦此。"过午,大雨时许。

眉批:上谕:"嗣后州县署事代理人员不得过十分之二。"

十九日 到司,交捐修栅栏钱廿千文。闻天津与夷接仗,小胜。

廿日 上谕:"山东民妇贾王氏,沂水人。以县役逞凶毙命等词呈控一案,著交杜翻亲提研训等因。钦此。"

上谕:"江南河督改设漕河总督,裁汰河工员弁,清江地方添设淮扬镇总兵,所属修防兵若干名改为操防等因。"

过午,宣庄谢四表哥专阮庆到京,带到一信,外买物银五两,又海米二斤,又有姚雀巢兄致陶宅一函。

眉批:江西团练旨派四品衔翰林院修撰刘绎以三品衔为督办大臣。

廿一日　换银价十五千以内,为买潮烟,安烟袋。晚间写信。

廿二日　早,令阮庆回宣庄,予至蕴和店送汤载生兄行。

眉批:阅东抚递到奏稿,知福山夷势猖獗。

廿三日　汤载生兄同朱籽三兄同回山东。徐绍圃兄搬至锡金会馆。闻僧邸各处布置严备。廿二日,沈松轩兄邀吃龙源楼,未去。军需班到司,富芝圃兄住。沈愚亭兄去岁得子,殇。

眉批:廿三日,火神、马王圣诞。

廿四日　同司吃肉。内城旗员有大祭,则请亲友吃肉,俗谓"烧燎白煮",愈能多吃,主人愈喜,不许言谢。予以夜间大雨未到,早晴,每分□十千文。

眉批:子刻祭本司关圣帝君,芝圃兄上香,用猪羊祭毕,即大家吃肉,所谓神福也。

廿五日　午后,书佩如兄到,快谈时许。

廿六日　黄小云兄到来。李于芬三兄来拜,得拣发北城副指挥,刘春圃兄拣发西城正指挥,孙廉坡三兄怡禄选四川雅州府属荣泾县知县。午后,予至兴胜寺为孙廉坡兄贺喜,又至西河沿如泰馆访俞竹书兄，又至香炉营头条胡同拜张莲洲大兄，托其代办投供小结。

眉批：兵部带引见召陈孚恩。

六月分印项四两。贺笠舟廿六日卸大兴事。

廿七日 军需头班值宿，予到司住。李子芬兄拣发北城，派在前门外一带查夜。

廿八日 僧邸六百里由大沽发。总办沈愚亭兄，以幼子殇，抱病未到司。

眉批：僧邸与咈英夷接仗。

廿九日 御史朱潮递封奏，请幕友亲属回避交议。

眉批：僧邸六百里加紧由大沽发，失利。

四川奏请团练，赵给谏树吉奏保在籍右赞善李惺等办理，同司傅介石兄大贞随往。旨允。

卅日 到徐绍圃三兄处小谈，晤秦水部福谦。

奎华亭兄员外引见。

七月

初一日 到吏部投供，见堂榜知员外投供者，予身上三卯三人，予在廿卯第一，予身下有一人投供。结后到司。徐绍圃三兄请假回山东。军需班。严老九到家，夏布衫徒步而来，可悯可恨。

眉批：初一日皇上换蓝纱袍。恒福六百里由天津发，僧邸五百里大沽发。

初二日 专车夫栗升上宣庄求救。接历城吴慕渠四兄函。

眉批:初二日,僧邸五百里大沽发,宽惠五百里天津发,西凌河六百里宁河发。孙廉坡兄引见。

初三日 贺笠舟兄约同李子芬兄在广德楼听春台班《节义廉明》。晚饭在福兴居。笠舟唤伶人增福等侑酒,匆匆赶城。

眉批:初三日,文煜五百里山东发。

初四日 贺笠舟兄仍同子芬兄及予在广德楼观《节义廉明》。过午,又到福兴居小酌。子善兄到舍即回署,笠舟兄并率其二子。张家口监督治笠亭兄昌,以征收马税不清,经庆都统昀奏参,不以公事为重,巧为推避,交部先行议处。北塘失守,大沽告急。

眉批:初四日,僧邸六百里大沽发,恒福六百里加紧,又六百里一件大沽发,文俊四百里天津发。

初五日 军需班值宿。阅《邸抄》:"钦差崇实奏:查明四川撤任知府翁祖烈讦告曾制军望颜八款。奉上谕,曾望颜身任总督大员,不能整躬率属,种种荒谬,又任其子,不能严加防范,因而家人藉势招摇,致招物议,实属咎无可辞。前已因案革职暂留四川总督署任,著即行革职,仍留于四川听候,另案查办。翁祖烈属员讦告上司,虽讯非无因,乃砌词列款,肆行诋毁,此风断不可长。著即行革职,永不叙用,以示惩儆云云。钦此。"

眉批：广东年老举人伍璋准给京衔。瑞中堂带兵驻通州。光禄寺少卿焦祐瀛、翰林院侍读学士张之万奉旨回籍办团。

又奉上谕："公祖烈呈出知府田良幕友邵桂芳禀词，控告田良捏报冒功，纵贼殃民，所有各款虚实，均应彻底根究。邵桂芳予该大臣行抵川省时，即向行馆投递呈词，经成都府知府杨重雅向候补知府钟翰假称借阅，擅行怀去，显系意存寝息。陕西候补知府田良革职拿问，并提邵桂芳到案对质。杨重雅一并撤任，严究以成信谳。钦此。"

又奏："随同办案各员恳恩奖励，交部议叙。"

眉批：初五日过午雨。

初六日 申、增两女同生日。

上谕："著派协办大学士户部尚书周祖培、兵部尚书陈孚恩、工部左侍郎潘曾莹、右侍郎宋晋会同五城御史办理团防事宜。钦此。"子善兄到舍住，夜雨。

眉批：初六日，僧邸六百里加紧大沽发。

初七日 早，子善兄回大兴署。午间，子芬兄来。

眉批：初七日，文俊六百里加紧由天津发。僧王退守杨村，提督乐善阵亡。恒福六百里加紧由大沽发。

初八日 奉上谕："桂良、恒福均著授为钦差大臣，并著驰赴天津，会同办理事件。钦此。"直隶提督成保署理。

到锡金会馆为徐绍圃三兄送行。初九起身，又调香山八旗并赴天津。

眉批:初八日,文俊六百里大沽发,僧邸马递杨村发。奉上谕:"僧□□□办理一切,未能周妥,实属咎有应得,著拔去三眼花翎,革去正黄旗领侍衔、内大臣镶蓝旗满洲都统,以示薄惩。钦此。"上谕:"直隶提督乐善久历戎行,功迭著,前在海口防所阵亡,殊堪悯恻,著照提督阵亡例从优议恤。任内一切处分悉予开复。该提督有无子嗣,该旗查明具奏,并著在海口地方建立专祠,以慰忠魂。钦此。"乐提督号"阎王"。

初九日　军需班予住。贺笠舟暨属并子善兄起身赴涿州。十一日卯刻到任。住同司施兄灿服满到司,准留。汉军以简缺知府用。亥刻,巡防处到公文一件,即标发。

初十日　未刻出城。贺一源四太爷到舍来谈,知同子芬兄搬在石头胡同准提庵住。因笠舟举场欠项累累,须自涿州带银来还后,一翁方能走也。一源翁年七十馀,每日自大兴出城,且往往南城一带办事后再进海岱门,皆步行,可谓强健之至。

彭中堂蕴章奏请开缺,旨赏假两月。前开军械大臣缺。

十一日　奉上谕:"桑春荣、张祥河、董醇酌保绅士分顺天团练一折,前任贵州候补道方涛等均著随同分办顺天东南两路团练。钦此。"

眉批:恒福六百又六百里大沽发,文俊六百里大沽发,僧邸四百里蔡村发,王有龄六百里加紧杭州发,瑞昌六百里杭州发。

初十日,恒福六百里加紧天津发,焦祐瀛刘八里直隶境发,文煜六百里山东发。

十一日,焦祐瀛、张之万六百里由通州发,文谦四百里保定发,增庆六百里山海关发。

十二日,恒福五百里天津发,薛焕六百里加紧江苏。

十三日,恒福五百里天津发,文俊四百里天津发,成凯五百里加紧绥远城发。

十四日，文煜六百里山东发，恒福五百里天津发。

十五日，焦祐瀛六百里天津发，桂中堂五百里武清发。召见钦天监正音德讷，旨宝尚阿之子兵部笔帖式崇绮准其带赴军营。

十六日，恒福五百里天津发。上谕："彭恒章现在赏假，上谕处著贾桢署理。周中堂等办团防，旨允行。"

十二日 至潘家河沿同部王莲塘九兄处晤谈，知与新庶常同住，庶常牛元恺乃其甥也。

十三日 军需班到司。栗升自宣庄回，接鹭湄表哥银信并土物，知丰润一带尚不甚乱，惟天津自僧邸退守杨村，又退守至蔡村，人心如失所依，津城纷纷外搬。皆奸人贪夷利，使屡屡泄我计谋，致功不成，大沽炮台失守。

毛昶熙奏请部员回籍。同部王同年化堂回籍。

焦军械佑瀛、张子青之万殿撰在津南团练，与僧邸合势，决与夷战。工部尚书文彩去世。赛尚阿赏五品顶戴，交僧王差遣。

十四日 梁家园寿佛寺作盂兰会，有子弟莲花落少年涂粉装旦、装丑登台高唱，极尽丑态，而喝好且千馀人，男女杂处，大非佳。俗又多壮年子弟，高按四层桌凳，作觔斗、竖蜻蜓、骑马、装象，在一顶高凳之上，且在人肩上挺足踏肩耸立，至人手持双石而舞，叠番献伎，骇人观瞻，固由演戏有素，然非十分力大，亦不能一人中立于凳肩上，两手腰间，或踏或携，或(附)[俯]身作势者四五人，(呈)[逞]能而戏，略有不慎，直有性命之忧。年少无知若此。

贺一翁邀予至寓略坐。

眉批：周中堂等办团练，旨允行。

十五日 中元，祀先人。万佛寺、城隍庙等处皆焚化大五彩纸船。扬渔笙著人来取表。

直隶顺天、文安等四县士民联名呈请刑部主事王化成回籍办团练,邀准。皆吴慕翁信。

十六日　兵部值日。僧邸调正定兵、蒙古兵,又要去大炮、大药发山东德州、历城各信交提塘。

十七日　军需班值日。富芝圃兄住。

十八日　胜克斋到京。金星光不大,亦无人指言者。

十九日　耿知圃二兄同年来函。并致高丹麓兄、黄小云兄函。

廿日　八角琉璃井路北候选县丞吴六兄亲送到德州。张芸师来函,并舒竹山兄函。张八两,舒十二两,少五两。

眉批:十七、十八、十九、天津未见到报,想未发《[邸]抄》。廿日,桂中堂六百里天津发,僧王驻张家湾,文煜四百里山东发。廿一日,桂中堂六百里天津发。

从俞竹书署正处取到表,送交渔兄省信。近省秋收尚好,地方亦平安。杜使业分委办理团练。

眉批:发火药第二起。

宝钞局现钞即发现钱,每钞乙千,发现当十钱八百八十文,外加钱小钱一百文,官号中取钱者不甚拥闹矣。

廿一日　军需班住班,予同当月者成三兄官、林笙若兄镛同住,大谈半夜。无巡防。

阅盛京驿车报销与户部会题,因稽核一夜。

闻和议将成,然据该夷所开四十馀条,各条,如令我三品以下皆属伊管辖,京城另造夷房官舍,并要僧王云云,三岁小儿亦气愤不已,不加痛打如何能和?闻僧邸已布置汉、蒙兵十万,决与再战,津城搬空，而夷人终未敢即入，在津岸一带来往。

廿二日 汉四堂巳刻到斋，为考送军械司员，首善自京师，论题在午清轩，时许，皆完卷矣。未刻，予方回寓。瑞林祥送到耿同年银信，吴慕翁所寄也。

祭增福财神。银价十四千六百，京平换满钱。

眉批：廿二日，僧王马递张家湾发，桂中堂六百里加紧天津发，德扬额五百里山东发。

廿三日 予至广德楼听四喜，巧福又出演《思志诚》，足有千五六百座。遇洪琨生兄于山西巷。

眉批：廿三日，桂中堂六百里加紧天津发二次。

廿四日 予回拜吴六兄、马春山兄，又访蕉邻同年，皆未遇。至国晓山三兄处小坐，晤音公德讷。写山东信八封，廿五日交提塘。

眉批：廿四日。焦祐瀛六百里天津发。

周中堂看同善水局演《汲篇》，在虎坊桥东大街排演，人却整齐。

兵部值日。

廿五日 军需班，朱调元兄住。掌印总办皆未到司。

闻桂中堂时到，加紧六百里，力请议和。该夷所要四十馀条欺我太甚。如须百官听夷管辖，摆队接伊入京，另送夷馆、夷衙，令僧王去赔礼，令亲王为质等语，直是犬吠。

眉批：廿五日，桂中堂六百里加紧天津发，僧王马递草地发。

召见郑王军械、恭王、惠王、惇王。

廿六日,桂中堂六百里加紧天津发,薛焕六百里加紧江苏发,骆秉章六百里长沙发,张芾六百里安徽发,毛昶熙五百里归德府发。怡王、穆尚书赴僧王大营,闻见僧王云限五日姑与该夷讲和,能和固好,否则定与开仗,调来蒙兵,皆自备饷需,不能旷久也。

上于廿四日召军械及诸王大臣,至酉刻始退朝,即派肃尚书,未去,改派怡王、穆军械同至僧营议战,并闻甚怒。桂相所奏京城各门添兵稽查,各城楼安立(账)[帐]房大炮。顺治门往城上拉大炮用多夫,炮车不动,改用幼丁童子,数人一呼而上,皆称异。午后,予出城,见大兴拿去官车若干,为解军火。到通州一带,内外城人心较前半月倒安静,前门外各胡同堂名更加热闹,卖食物者夜不息,唱影戏者锣鼓喧(嗔)[填],各饭馆酒楼如常欢呼。

张竹溪同年来拜,未晤。银价十五千零。

军械交片,八月初三日考吏部礼汉司员,军械初四日考兵部工汉司员。军械令于八月初一日送齐册卷。兵部送六人。

前门内贴三次,传茅昶熙八旗教习到。渠尚在东省。看吏部堂榜员外,予身上仍是四人。

眉批:廿七日,僧王马递由贾各庄发,恒福四百里天津发,巴东阿六百里京口发。廿八日,怡王六百里通州发,崇实五百里四川发。

廿六日 闻《邸抄》:"奉上谕,僧著赏还三眼花翎。钦此。"人心一快。

交提塘致德州一函,内有致历城各函,共八件。予至提塘拜马春山,未遇。

山东直隶兵由京中赴津，京城内拿车甚紧。

城上安兵，分垛口若干远安一帐房，提督之令也。晚间，黄小云兄到来，因约刘心兰兄到舍，手谈一夜。闻浮言有上欲行秋狝之典，至热河一带驻驿，都人士纷纭焉。

眉批：南书房、上书房大臣各递连衔封奏。

廿七日 六部九卿递会都察院堂官、五城御史递连衔封奏。外人不知，遂谓秋狝之议已成，众臣诤之，其实闻上有硃谕，因该夷如此猖獗，欲亲提兵督战，众臣会议云不可者十有其九。彭中堂、潘祖荫各递封奏。贾中堂带兵钥匙。到竹溪同年处，未值。

上谕："张家口监督兵部郎中治昌照部议降三级调用。"顺天府仍纷纷拿车，仅官坐大鞍不拿，致城内外街巷无一车可雇，殊乱人意。

眉批：廿九日，僧王马递贾各庄发，文俊三百里通州发，李若珠六百里扬州发，林扬祖五百里甘肃发，曾望颜六百里四川发，袁甲三六百里安徽发，杜翮三百里山东发。

沈松轩二兄忠具帖，请予至燕喜堂音樽听春台班，余三胜唱《碰碑》《高老之至周》，喜子唱《捉放曹》。《放曹》足与三胜媲美。同坐三位皆匆匆一问，竟忘其姓氏。饭后予步行至小马神庙清晖堂陈达夫同司处恩泰小坐，得识其叔耕吟兄，遂与朱调元诸兄夜谈三更始回。

廿八日 祁中堂寯藻、翁中堂心存各专折递封奏。

都察院九卿科道各递连衔封奏，御史刘成忠、曹登庸各递封奏。无日不见《邸抄》，召见有郑王。

眉批：胜保递封奏，闻指参权奸。

陆星农同年曾祥补授广西庆远府知府。

张竹溪同年来拜,未值。

闻怡王时有六百里加紧,多未发抄。

顺天府将城内外各车拿去五六百辆,又闻提督拿去车数百辆,在海淀伺候,致人心纷纷,各车店无一车矣。闻挨家查问。城内各街分八旗,按段皆安帐房,派弁兵防夜。

是日,奉上硃谕:"朕仅念兵艰,中心怛恻,若令枵腹荷戈,焉能责其用命疆场?兹由内发银二十万两,普赏防堵巡防各兵,丁以示激(厉)[励]人心之至意。派惠亲王端华、御前大臣、军机大臣办理。特谕。"同时又奉上谕:"近因军务紧要,需用车马,纷纷征调,不免啧有烦言。朕闻外间浮议,竟有谓朕将巡幸木苏,举行秋狝者,以致人心疑惑,互相播扬。朕为天下人民主,当此时势艰难,岂暇乘时观省?且果有此举,亦必明降谕旨,预行宣示,断未有銮舆所莅,不令天下闻知者。尔中外臣民当可共谅,所有军营备用车马著钦派大臣等传谕各处分别即行发还,毋得尽行扣留守候,以息浮议而定人心。钦此。"

圣天子圣明仁厚,无微不至,臣民闻之忻舞咸励,莫可言喻。该夷以殊类,乘我国多事,欺我太甚,凡有气血无不愤恨,欲食其肉,无人不以我皇上处之太仁厚者,更以该夷一时未除,即愚夫愚妇亦仰天祷祝,求速灭此夷,以快人心而安天下。此皆我朝累世仁圣相承,德泽在人者深也,以天意人心卜之,该夷虽极狂悖,必不能害我,况兵力既厚,而僧邸调来四十八家王子兵,每王出兵一千,计四万八千,皆自备饷需,决与夷战,乃郑邸一味劝上且和,而夷人所要各款种种悖妄,有万不能和者。郑邸是何见解,如何存心,臣庶畏其权势,无敢指纠之者。昨闻胜克翁弹章至厉,尚在中未发。惜予职末势小,未能一陈愚诚,奈何?闻怡王连到,加紧六百里。

谕旨:"所有本年庚申恩科武会试著仍于九月举行。钦此。"

廿九日 军需班巳正到司。福芝圃宗室住宿。

至南锣鼓巷内前圆恩寺胡同路北广慈庵。

座师舒云溪夫子讳兴阿，道光辛巳恩科举人，壬辰恩科进士。灵位哭奠。夫子由云南巡抚告病，行至陕西省寓，于咸丰八年六月廿九日寅时疾终。大世兄公熙龄陕西候补同知，即停夫子柩于陕省原驻防旗籍。二世兄崇龄官刑部主政，三世兄松龄官吏部笔政，四世兄惠龄官都察院经历，五世兄恩龄官……

因择地未就，暂厝陕省。夫子之祖茔现届服阕，承师母之命在京开吊。自七月廿五日禅经至八月初二止。予以苦况，有心无力，未能厚尽弟子之礼，仄愧之至。

至顺天府司理厅拜查如江七兄，晤谈片时，言及昨扣留五百馀车，在府署大门内，车夫闲人近千人纷吵，莫能禁止，其声甚骇人也。因面托如江兄加封递丰润县，转交宣庄谢鹭湄四表哥一函。

又至宝钞胡同沈松轩二兄忠家，未值。又绕过方家胡同，出东口过王大人坑，巷仅可过单车。向新开路东拜奎华亭兄，英，同司帮印，新题员外郎。未值。过新开路往北即雍和宫，天晚未及一游，为怅。见红教喇(吗)[嘛]最多。街上尘土厚尺许，轮蹄过处，飞扬如烟露满面，一身皆臭土矣。

焦笠泉给谏前有语云："京中街上，天晴则在香炉灰中，阴雨则在荷花池中。"比喻切当。

各车强放还，而车价尚不可言。日夕到家，腹中甚饥，室人为买肥蟹下酒，穷京官一乐。

地藏王菩萨圣诞，晚间各处祭之多用香插地，望若联星，亦有悬挂灯彩。僧众设坛唪经，焚花船者，盂兰会之意也。晚间访陈耕吟兄，未晤。

八月

初一日 至吏部文选司澄叙堂验到。午刻始点名。

崇文门监督换。肃王爱仁。

眉批:四日未见招郑王。

上谕:“杜翻奏请仿照河南章程调遣官兵等语,著山东巡抚文煜敕令各营将弁,将额设官兵认真训练,遇有缓急,由团练大臣调遣,与民团相辅而行,以资得力。钦此。”

闻四处到加紧六百里。山东加紧,外加五刻。

接驾司递送科经承傅宽禀,因总办沈愚亭兄请假八天,奉堂派吴六庄兄达亭署理总办,邵怡庐兄就内外官未能,堂派予署帮总办。吴六庄兄来拜,予晤谢子香兄。知朱籽三兄太夫人四月间在无锡因城陷遇贼自尽丁忧在山东。接伊弟西山兄来信也,子山兄夫人月前已同徐绍圃三兄回山东省寓。

初二日　到司。谢印君各堂画稿毕,出城至贾家胡同南首西胡同内贾中堂宅,又至门楼胡同陈子鹤堂官宅,又至土地庙上斜街李西园堂官宅。坐谈时许。又至魏染胡同毕东河堂官宅谢派署帮总也。至贾家胡同北首江震会馆,为沈愚亭兄贺新迁之喜。至小椿树胡同吴六庄兄处。华子承兄来拜,未晤。

初三日　兵部值日。

灶君神诞。户员外王景韩兄育芬送到朱籽山兄自东省来函,托予代由本驾司报闻讣也。

眉批:初三日,僧王马递由贾各庄发,托云文盛福钤。蕴秀各由防所回京。冯誉骥、鄂堃、张锡荣递封奏。

光禄寺卿著胜保补授。

午后到天桥北路东万隆小估衣铺,以当十钱十二千为梁内侄买来两截蓝绉夹袄一件,合铜小钱只两吊四百,足见买卖萧疏,无利亦售也,各铺多无雇主。

闻通州来买红铺垫,为设夷馆议和。

至小马神庙清晖堂陈达夫同司处小坐。

初四日 军需班，予住宿，三更时巡防王大臣处送行，到顺义、密云等县口北道，文三件，皆四百里。又行胜营一角三百里，当交差官、营官接发矣。

初五日 午后回家。

眉批：僧王马递由八里桥发。

怡王、桂中堂、军机穆荫、恒祺由通州发八百里加紧，因与夷人和议决裂也。闻在通州因夷酋等狂谬太甚，当时决裂，该夷等怒气而归，即经僧邸派兵将夷酋及随夷全数擒获。怡邸与众大臣当派官兵押回到京交刑部。奉到上谕一道，粘在前，一时官民大快，争欲奋勇灭夷矣。

初六日 巳刻，黄小云兄到舍，言及是早又有解到黑白夷从德胜门外经过，怡邸等解到夷酋等交刑部严审，闻即要正法者。英夷等狂悖有年，此次解来之夷初见官不跪，刑役用杖击之始跪。内外城人知拿到各夷，多到菜市口看行刑者。

僧邸在八里桥扎营，该夷众已过通州。

初七日 到司，闻堂官谈及我军在通州失利，蒙兵竟多愚者，驱之对敌，见前军放枪毕回头，则以为兵败，皆纷纷四散，僧邸从后严督，且立刃退却者。蒙兵则一气直前奔，过夷营尚多不知，如一经夷放炸炮有受伤者，则众蒙兵俱胆怯。前元朝之兵何等猛壮，及今乃尔，为之太息久之。山东及正定获鹿等处兵皆勇往之至。闻僧邸究非将材。

午初，同奎华亭兄、施星垣兄灿到景运门外载堂官崇公所画稿，予并谢派帮总办。

申初，予出前门，忽见出入者纷纷而奔，有云到刑部看又解到黑白夷众者，有云夷兵已抵齐化门外者。予立前门外久之，又见各部司员驰车外出，外城官民纷纷内入，市人云我军又失利败回，受伤蒙兵带血奔回,经沙窝门,兵阻住不令入城,当即禀报各官,立将东南面内外城门全闭,各戏园亦将戏止住,一时人心惊慌,纷无主见。予过大栅栏,见三庆班甫住戏,馀则早止矣。及予到家,知内外各城皆闭门矣。时日尚未落。是日未刻,张二奎出殡,竟能出永定门,少迟则闭矣。

初八日 予早起,正出门欲到司探信,路遇国晓山三兄,茫茫然来云,各城门至今未开,人心惊疑之至。内城已各街安帐房炮械,各城上皆推上大炮若干,大事不妥之至。

未刻,予至前门外见候门者男女不过百十人,皆茫然不知何事。是日,该同司友朱调元兄军需住班,顷见来一绿呢大轿,朱调元兄亦坐驴车跟来,各候门者皆欲随此绿轿入城。予至前看,系刑部尚书朱致堂先生,向门官叫城,经门内兵传话进去,时许,传出话来,不准开城,于是纷纷皆回。是时内外阻隔,不得实信。予回至陕西巷,遇江西杨某,候选知县。暗告予云,皇上已于巳刻匆匆起驾北狩矣。是日城门不开,人心大有变意,幸多不知北狩信息。予赶至各处探听,知西便门尚开,大老有自园回者,知初七日傍晚郑王端华叩宫独见,力劝上北行。恭王闻知,亦即赶至上前面斥端华退出,因痛陈不可北行之害,声色俱厉,上意甚决,不可挽回,恭王亦即退。至初八日卯刻,军机大臣文祥至上前诤谏,业触上怒,经军机大臣穆荫劝以且退,并告以万死不得云云。文云:"死有何益?千古庸臣误国骂名,我等身受之矣。"痛哭而出。七、八两王爷尚在上书房习国画,内使忽传上谕,令收拾启行,谙达及哈哈珠色等皆不知所为,此时车驾未齐,所雇民车亦一时未集,仓猝起身,宫人等尚多未梳洗,皆挽髻披衣登车而去。随驾者诸王:端华、肃顺及宗室大臣、众侍卫、内监而已,馀臣因无车骑,望尘而叹而已。当将圆明园略为查点,即加封锁,人云凄凉之至,似王府被抄,光景可惨已极。

恭王独留居园子外藩府。各城门仍一日未开。

是时满汉大兵几廿万未至,全抔我清朝累世仁圣,皇上明诚之至,乃独听信无赖郑王昆季之言,轻弃宗庙社稷臣民,匆匆北狩,初无上谕以安众心，即街巷愚夫愚妇亦称怪事怪事。

初九日 开顺治门、西便门，人心略安。予急欲入城，赶到顺治门外，人云不时即闭，可以不入。予在门外徘徊无聊，见官民商贾纷乱赶西便门出者如蚁，各车行已无二套车可雇，其各街口单套车每辆每百里非银十两不可。早间有雇赴山东车尚需银二三十两，午后则忽增至四五十两矣。各衙门官员送眷口至西山一带住者，闻已住满，即各庙洞门亦有租居者。闻甜水需当十钱三千文一担，又云五钱银一担。

眉批：胜克斋受炮伤抬回京寓。

银价一日数增，每两易当十钱十七八千文，如买银号之银则需廿馀千一两，自私钱铺往往闭门而逃，官不令私开钱票，市中交易只有四天、八乾、十二官号钱票，官号中人早已亏空巨万，如非官人严查，早皆弃铺而逃。银价日贵，市人以官号票从他处换，当十现钱，只能换七八百文，而官号则须发九百六十文，因此争到官号取钱者自益多，拥挤争闹，弗能禁。官号中人无多存钱，则从外铺换钱应付众人，而每千钱须暗赔一二百文，逐日赔累不堪，则遇取钱者乃故迟不发，以延时刻，即发钱，则无论持票若干，只发一二千文。多有贫苦满汉妇女希官号可多取一二百钱即可多买食物，终日在官号呼号而不能取到手者。奸民乘间冒取，并暗中剪绺，其害百端，在官号中人甚愿有抢钱者，藉可以抢诈报，从此闭门弥封其亏，幸地方官知之，多方镇压，昼夜防范，使其奸计不行。银日贵，钱日贱，外来米面菜蔬因城门不便，观望裹足，食物亦逐日增价，各当铺早皆满架，此时有当无赎，因一概不出重价，值银一两之衣物，不过当当十钱数百，贫民穷宦益生无理矣。

外城各街巷，家自集团，又经团防大臣严饬，众兵马司官各处剀劝，又添派各城御史督查，日来尚无抢劫大案。予正值窘乡，进退无主，目击情形，焦急万分，遇街巷人皆面无人色，目瞪口呆而已。

见各处贴团防大臣告示,正阳门、崇文门卯时开,申时闭;西直门、西便门卯时开,酉时闭。治笠亭兄部议降三级调用。

初十日　予及早到司,始奉到军机自密云县初九日戌刻五百里来文,内上谕三道,一派留京办事王大臣豫亲王义道、桂中堂良,驻城外办事周中堂祖培、全尚书庆在外城办事,步军统领文祥署理左翼麟魁,右翼庆英署理。又发来各衙门钥匙廿八件。

上谕:“派各大臣佩带,兵部派贾中堂佩带,钦天监派音德讷佩带。”馀未全记。又奉上谕:“所有圈马著全数解赴行在。”此件公文本应接报处收,乃接报处无人,适驾司有住军需班者,事关重大,不能再推。方司当月亦应当月处收管,乃当月司员无人。同司满帮印奎华亭兄收下,当付给收到凭据,即赶出城至贾、李、陈、毕各堂官处回明,时已闭城,予送华亭兄至小马神庙陈达夫同司处住宿,始知上于初八日驻石漕,初九日驻密云,令王小衡兄宝权因伺应大差不及,竟自潜藏,致上膳未备,闻只食二鸡子、小米粥。随驾诸公亦匆匆粗食而已。上初骑马,衣冠如王大臣装束,后又换车,因道路崎岖,卧在车内。后又易轿,换蓝轿围,辛劳万状,皆端华误国至此,闻之伤痛不止。我皇上慈惠爱人,何乃受此艰苦,凡有血气宜何如愤恨端华耶?闻肃顺为上作顶马,并赏穿黄马褂。

十一日　辰刻,到司,与诸公商议,即时回。李、毕两堂官行文各衙门来领印、钥。闻惠王后赶至行在,为藩府福晋以下各留帛一条而已,惨哉!

眉批:皇上出古北口。

署提督文同、贾中堂及团防大臣公出告示,晓谕人民照常贸易,不得故抬价值,各城门亦不许阻抑卖食物人等。诸有力家皆搬赴西山左右,闻西山等处奸民云,诸家携来重赀如回城去,须皆留下。

各城御史贴“匪徒抢劫,格杀(无)[勿]论”告示,肩挑背负大小车争出西便门者日益众。予手中空乏，一无可以通融之家，欲且住为佳，而处此危城，不堪(涉)[设]想，欲且送家眷出城，而先到黄村谢八弟处，每车要银四两，心急如焚，为之奈何？

左右邻多回原籍者，家中闻之亦不能不心动。韩幼芸兄约东西皮条营胭脂胡同各家捐钱制旗械。是日，会团，夜间添更夫查夜。

此时各有见解，各有难处，此不能与彼谋，彼不能为此主，各人量力自谋而已。晚至国三兄处，同邱启东兄一谈。

发德州、历城各信告急，交提塘限五日到省。

十二日 到司。军需班富芝圃兄住。闻天津海张五雇勇三万击焚夷船数只，夷众自通州回救。后知虚语。

眉批：皇上抵热河行营。

夷众至八里桥，近通州一带，旗官坟墓皆极宏阔，半为战场，可叹。闻登齐化门城上，望见东南夷人各营时冒白烟。齐化门内已用土屯，夷人时有数十骑突至东面城外探信，为吧嗄哩等在监也，受伤临阵退缩，被僧邸令用刀(坎)[砍]之。蒙兵纷纷奔逃，既不敢回营，又不能回京，遂至各村庄强入民家夺食而睡，民间妇女见而生惧，多有弃家而逃者，或遇村人约众向阻且吓，以此地有官兵，或云王爷来了，蒙兵即抱头而去。

拿来吧嗄哩等九夷严禁，刑部监守兵四千五百名，其馀数十夷分解附京各州县监禁，有中途死者，在监死者。

僧王、罗王所带蒙兵四万馀名皆自备饷需，近因伤亡若干，且未得力，罗王又亲回蒙古调兵运饷。

十三日 到司，知议设接报处，在司务厅收文报，而笔政诸公皆先争薪水，并不肯当差，欲推在驾司代办。

皇上来要内库银六十万，户部侍郎宝鋆以北道难行，先解十二万赴热河，尚未派出解官。银价八十吊。

连日城门启闭有时,团防查夜加紧,各胡同团练亦皆齐心协力,人心尚安,米面菜蔬尚未(长)[涨]价,戏园中照常演戏,惟每园多不过百馀人。王鹭峰三兄来访,未晤。

吧嗄哩乃英夷驸马,前假充俄夷学生在京已十八年,一切情形尽早潜记,以图不顺,此次被拿到京,多有识之者。年近五十,一口官话,其馀八夷,一云系弗兰西小王子,一系大将军等官,(该)皆该夷重人也,如非上留旨暂缓决,则早皆正法矣。闻吧夷等在监横闹之至,前粤海关监督恒,祺,汉军内务府人,本侄白行七。今春自粤海回京,宦囊近百万,报交崇文门税六万,行李车大小百馀辆,进前门有数时之久。恒某与吧夷在粤即交好,刑部提牢厅竹镇九年随桂中堂等至上海与夷人议和,亦与吧嗄哩等认识,此时吧嗄哩等在监,恒、朱颇加照拂,恒某并嘱刑禁人等小心伺候吧夷,何吧夷之遇合如此。闻吧夷之妻到僧营投呈,求夫情,词甚切。

眉批:胜克斋伤好回营。

隔城外营盘不远,竟不能时常得准信,第闻各官兵皆声言夷炮厉害,不肯出力交仗,闻汉旗奸不少,僧邸亦无可奈何,坐拥厚兵相持而已。

连日报房未送报来,各大街铺户皆呆坐无事,各饭馆纷纷讨账甚力,各堂名尚多吃花酒者,卖中秋月饼及果品者如旧。至王鹭峰三兄处,未遇。

内城尚皆安居无事,夷人亦未攻城门,自津运物皆用重价雇民船。

同司陈子香兄、国三兄、邱大兄晚间来谈,欲雇车送家眷上黄村,每单套车要银四两。

往外搬者日益多。专栗升上黄村向谢八弟借车。

两家园寿佛寺雇练乡勇,以能举八十斤石者为合式,或能技艺者，然须有的保，每日每名发当十钱二千，每日早夜点名五次，系团防大臣等公捐赀，有御史督查，已集有三百馀名。岂为敌夷哉？各大老为事急护送家口耳。岂知万靠不住者。

连日为无存项，盼郭升回来，心急如火。

贺笠舟到涿州署未十日，办兵差赔垫不堪，因携印赶至良乡，找著本任强交印，回京住石头胡同准提庵。李子芬兄查前门外一带夜。

十四日 报房送到十二日上谕："山西按察使著瑞昌补授。"

予因手窘已极，将前当银器十来两赎出易钱，趁银价正贵，竟挪出二百千，不无小补。闷极无聊，在前门外各街彳亍，又至天桥闲游，见估衣店买粗布衣者甚多，买小车者亦多，回家计也。看各处买过中秋物者。

安点各铺欠项，免致纷纷来讨。栗升回来云，尚无车子。

申正回家，到门忽闻郭升应声，不禁惊喜交集，赶至家问及乃知从潍县丁云藻朴庵昆玉处取到百金，又从省中韩蔼如四兄处取来十金，因恐路上难孤身行走，适谢四表哥专赵恩至省欲回，因与同行，绕到天津，见黑白夷众及夷船竟无阻之者，遂又同到宣庄，经谢四表哥添派一人，同郭升行至三河县界，知通州戒严，京城门闭，因绕道北行，于无人处行六七十里，始到北城外，又复绕至西直门而进，城门口亦竟无查问者，幸哉！有此一宗大救星，举室感叩神佑，可望出城矣。遂易廿金，始获赎取一家人棉衣物，京中居人当此时难，无力者救命不暇，固不能还(帐)[账]，有力者亦多不肯还(帐)[账]。予念既有此项在手，岂可不安点众债，令其背后诅骂耶？乃统为点缀，该清楚者与之言明酌让些须，即时清还。惟欠煤炭铺钱八十馀千，当十钱。实无此力，乃将木器大小廿八件付给，原价百五十千。该铺上不肯，又付钱十千。连日安置一切，心中觉坦然。接读耿同年信、丁大兄信、韩四兄信、谢四表哥信、董舒翁姑丈信。街巷卖中秋物者尚多，又专差车夫栗三至黄村借车。

眉批:国晓山三兄窘到万分,予强为挪百千,始获安点欠项。

十五日 闻余三胜贴戏单,演《捉放曹》。午后至大栅栏知听戏者寥寥数人,因而停戏,予亦未到别园。遇张秋舫兄,前东城吏目,现选松江府郭事,尚未起行,官名坤,福山秀才。在观音寺东立谈时许,知津通众兵渐渐暗逃,可叹。

眉批:汪雪帆兄坐小车而行。

初更,月色甚好,渐多浓云掩映,遂率家中人拜月,分食月饼、水果。闻街坊亦多吃酒乐声。

十六日 为内室生辰,粗具素面,合家且乐,惟急盼黄村来车。余三胜仍在广德楼唱《捉放》,听者三百馀座。

三更后正欲就枕,急闻远处锣声渐多渐近,以为匪人防火肆抢,举室惊恐,又闻邻居上屋放枪,各街亦皆鸣锣相应,知事不妥。予乃唤醒家人,暗听消息,嗣知后街安义堂乃三庆班伶人喜禄家,家财颇厚。有众盗登房欲劫,经各街团众齐集喊呼,众盗竟不知去向。予知从此多事,家室实难再住矣。

眉批:在恒庆钱店晤陈荔村、张伯昂两兄,并未言及出京之信,讵知已暗同陈镜人兄、张竹溪同年、李雪堂世兄、陈子敬十二兄各分印项公项,每车费四十五金,雇车数辆,同出京矣。

王大臣九卿公同至朝,专官到园请恭王入朝议事,恭王以看守园子为词未到。贾中堂又去请,亦未到。晓山兄、启东兄晚间来谈,力劝予切勿请假,冀有转机。予知事不可为,不能再留矣。

十七日 巳正,黄村雇到一车,谢八弟坐车亦到。李永旺同年来,遂急收拾,先请梁岳母暨内室、两女、颖儿坐车出城,至彰仪门为守兵阻，斥令出西便门，又绕至西便门，仍不放行，聚车甚多，人心愈急。幸车夫生心，暗与守门兵京钱三千，即时放行，时已交未刻矣。栗三送车出城后，回寓告予云云，商换大鞍车，再送五婶出城。

各街打鼓担最多，卖白薯者亦多。将零星瓷木器卖与打鼓者，值数千者易数百文而已。

十八日 到司，与海蕙田兄谈及时事，予不禁泪下不止。

连次飞催顺天府传车解热河来要银两，而屡催罔应，实因无此大车，即双套亦寻不著，星急之事已耽延五六日矣。团防处劝办捐买饼米等物解赴僧营，因众兵十馀万渐渐绝粮，已令开外七仓食米，而夷人亦乘此纷纷来要，竟不能不与，闻已与夷人仓米百馀石，令人发指。雇车二辆，每辆廿八千。黄村又来一辆，每辆十八千。五婶同小使女、富贵坐车，刁升同行，遂将家具等物可以带者，全运出城，只留梁内侄同予作伴。

眉批：前门、顺治门开。

知内室已安抵谢八弟处。

五婶自巳初到西便门，守门兵力阻不放，又暗付三千，费多唇舌，始获出此城门。

未正，予自署回寓吃饭毕，目睹室人全搬，满院凄凉，尘灰遍地，不禁泪涔涔下也。

至陈耕吟兄处小坐，亦茫无主见，知大事不谐，欲移家外出，又急难摆布，相对慨叹而已。

十九日 日出即起，一面令郭升料理欠项，予乃至大栅栏各处闲游，窃听夷人消息，知吧哑哩等在监为粤海监督恒祺一味善劝，因窥透我皇上北行，并非向蒙古借兵，吧哑哩遂逐日肆骂，摔碗拨食，不逊已极。诸大老及愚民人等皆知巴夷等万不可放出者，如夷兵攻城，计将巴夷绑至城上，令夷人共见，一攻即杀，计非不善。而恒粤海力劝不可,又恐巴夷日久肆闹,致刑禁多囚炸狱而逃,业有此言,恒某、巴夷誓约以全家性命保放巴夷等,吧夷亦许恒某云“如获得出,总可对的起你,不叫你落骂名”云云。恒某因力请将吧夷安置后门外十义海积水潭中高庙内,仍环守五十馀人,看守伺候外,设众兵而供给吧夷等饮食愈加丰厚矣。恒某在粤海关监督任六年六月间,回京大小车百馀辆,人云其赀百万两馀,此时一力与吧夷讲好主和,多半为己也。恒某劝吧夷写信致众夷退兵,闻朱调元同司云,吧夷所写四句云:“中国以礼相待,恭王大人甚明白,勿攻城,且退兵。某二千岁百几十年吧哑哩亲笔。”遂将此书飞送夷营,众夷系汉字,不认识,打回云:“须要写夷字方能识。”因又令吧夷写出夷书,而我四夷馆翻译生皆不识,乃中止。夷人时骑马至齐化门外窥探,且指门而笑而怒,亦不解何语。从城上望见八里桥左右之夷营中时起白烟,众多不解,后乃知用狼烟也。夷营逼近京城,闻自京津运通米物,皆强雇天津盐船。天津府太守石赞清由佐贰升起,官声素好,夷船到津时,夷众至府肆扰,逼令石太守伺应车船,石守坐大堂厉声骂夷云:“我乃天朝知府,岂为汝狗夷作使?”夷逼愈急,骂声愈大,夷遂拥之而去,至夷营,逼太守坐,太守骂不绝口,逼夷速杀,且高声云:“汝等腥臊之处,岂能辱我无已? 此地上乃天朝地方,我可以且坐看汝等将奈我何?”夷众反又加敬,好言善劝。太守只有大骂,夷众遂派夷数十,令至府署护太守家眷,恐为夷人扰害。与太守饭食,太守随手摔出,夷人乃从旁问得太守向吸水烟,急从府署唤来太守家人伺应,以安慰之。登时津民聚至数万,环绕夷营大哗要好太守回去,夷众颇惧,急问太守此民有多少? 太守云:“此民不过十分之一二耳,当日长发贼来,即此众百姓将贼全行杀死。”夷众云:“上年何以未见此等?”太守云:“上年百姓即欲杀你等,因大皇帝念你们究属外国,但可讲和,即可罢了,所以未许百姓动手。”云云。夷等见势不好,众民亦喊骂不止,夷人乃用大轿请太守回城。太守不坐,夷将太守强抬入轿,而太守立时跳出,仍然大骂,众百姓乃换轿抬太守而行,鼓吹入城,一时男女老少跪道迎太守者不下数十万人,欢呼而送太守到署。夷众大声称:"好官不绝。"众百姓因恐太守终或受辱,乃应付夷人车船,夷人即借此出重价以买人心。日久必受夷人害。天津县官姚某则一味听夷人使唤,夷人万里来此,言语不通,何能得利?乃处处以重利动人,愚民渐入其奸套中矣,可恨可恨!

天津、通州官民家室尽为夷人占据,奔避至北山者遍山谷矣。同司总办沈愚亭兄送家眷到海淀翰林花园殷侍读兆镛处安置。

晚间又至小马神庙陈达夫同司处小坐。

廿日 巳初到司,富芝圃住军需班,云夜间后院午清轩喊贼,兵部库向有兵二名驻守,此时当月者皆寥寥矣。予同同司上堂请假,与同司诸公挥泪而别,并为马菊初同司回堂奏留。毕东河堂官云:"此时纷纷外出,马某尚恳奏留,好司官也。"菊初兄福建举人,孤身在京,欲归不得,其情甚苦。

谢八弟又专车来,予到斌升店与国晓山三兄午饭,闻夷人又过八里桥支炮,不觉心痛泣下,知事难即有转机,遂趁车出彰仪门,门兵亦未阻止,当为开导数语。时方交申刻,将即闭门,乃匆匆而出,绕道南行,初更到黄村,仍留郭升在京城开发一切。

廿一日 在黄村无事,觉心宽许多矣。直督恒月川福带兵自固安来,前站来云即时可至,而黄村民团伺应一日未见到来。栗升自京城来。郭升晚间亦到。

眉批:圆明园四十七处坐落,烧馀只存四处矣。

廿二日 早起,见街内街外逃难者不绝,渐多内城旗人。晚间,恒制军到镇,民团五百多人各执刀械,人执一灯,整齐之至。南路厅费小园司马为恒制军管支应局。晚间,闻京城外渐多夷人矣。恒制军住泰吉轩店,静悄之至。

眉批:夷人率土匪等焚烧圆明园、万寿山等处,乘火大抢。

闻园内金银宝器抢去岂止千万，南北海淀铺房、官宅、王公各府皆被焚烧，烟火十日未息止。恭王、僧王府未烧，有人护守，然家资全无。

廿三日　早，忽闻恒制军启辕赴长(新)[辛]店，匆匆而行，随员尚多留店者，盖因夷人于廿二日晚在德胜门外放火烧黑寺，城内大乱，官民男女逃者多极矣。恒祺愈劝急放吧哑哩出城，知事已如此，各大老亦不能不听。夷人、土匪集满外城，东北西面渐至海淀，肆闹抢劫。

廿四日　逃者益众，内外城商民十逃其六七矣。晚间，天微阴，约三更时忽见北方出彗星二尺许，正在紫薇垣中，其光发赤。予同晓坡弟及内子、儿女观看，骇叹不(置)[止]。次晚不见。

廿五日　一早，见纷乱逃来者，云是夜西直门外土匪放火，夷人又放火烧圆明园及海淀南北街，乘火大抢，无家不搜括银物。更可恨者，夷人喝令土匪肆抢，黑白夷人按人家持刀强逼要金银财宝，无论少妇闺女必遍身摸到些须银器，亦必抢去。其馀喝令土匪争抢，粗重贵贱各物不能拿者，用刀石(坎)[砍]坏，付之一炬。圆明园宝器尽为夷人、土匪所抢。向闻有大自鸣钟一座，想亦为夷匪打坏，一切细毛皮衣、细缎衣料、字画古玩……闻南北海淀街上擲满，尽为人马践踏。盖至天明，土匪不敢明拿矣。海淀以及西山所有避难富绅、王公大老家私，全归乌有。闻夷人中多有广东口音者，黑白夷多有用汉人装束者，官民人等焚死者无数，火光逼天，喊声震地，千古大变，惨不忍言。

眉批：闻钦天监中人云，连日帝星不见，未敢入奏。圆明园本前明太监花园，我朝又掘得藏银巨万，因修宫殿坐落，一切极为宏阔。挖昆明湖泾玉泉山水，湖山苍翠，亭台阁榭，画图所不能绘。入夏，芰荷稻田，树色浓蔚，王公百官，轿马穿林而行，官民人等，车行湖堤，远近相接，到此者真升平神仙福分。挖昆明湖之土堆叠为山，缘山坳皆词林直庐，俗呼为“翰林花园”“富贵神仙”，诚非虚语。恨予差此一步功名，望而难即，二百年胜地，不意为此黑白夷鬼一炬为墟，令人愤极而悲而已。南北海淀几廿里，延烧半月方息，附近奸民贫者成富不知几百家矣。然当时拿到正法，事后辨住正法者，亦数百人矣。

廿六、七日 在黄村，无事。只见逃难者仍如前纷乱。海子内素蓄黄羊、花鹿、四不像等牲，日久滋生，数百为群，海户亦偷打烹食，然系禁物。日来近处土人数十成夥，强入囿内，火枪乱打，制熟争卖，每斤京钱百馀文，肉味较厚。海户及官竟莫能禁止，深虞日久藉此为患。海子官纠集兵分路兜拿，立获数十人，径解大营惩办，此风顿息。海子周围百六十里归奉宸苑管理。

黄村镇多卖熟寒鸦者，每个当十大钱五六文，味似五香鸽，肉较老耳。寒鸦乃白项，其声咿哑可听，点缀秋景颇趣，乃为乡儿郎网而供食，亦鸟之不幸也。

廿八日 霸州刺史赵岱霖同年瀚，云南人。寄到纹银廿金，可感已极。闻自京中来人云，大小官皆以恒公现与吧哑哩议和已定，即日从积水潭高庙将所获各夷放出，该夷等出监大快，穿城而出。

廿九日 专郭升入京买物赎当，并换金银器。闻夷人耀武入城，城上满布夷兵将，我们炮械全行掷下，另安伊之大炮，皆向城内。声言恐开炮伤人，官民其各逃生云云。所以内城满汉人等逃者愈急。吧哑哩进安定门，绕大街出德胜门，当令夷兵将安定、德胜两门，把住不许我们出入，云是他们的地面也。闻恒公祺初与吧夷约，如放出，言归于好，不动干戈云云，吧夷答以“此番与大兵犯中国，致皇上北狩，情形如此，罪实不小，但既讲和好，只求放出，总不令汝落天下骂名，大大对的起你”云云。恒公再三与约，而后放出者，初约只许数百夷人入城，今忽入万馀，恒公大恚，在北城外某寺投经，从人赶为解救，后吧夷见面云：“事从缓办，何必如此。”吧夷及各夷人在内城穿街游巷,并入殿廷窥探,闻并至内里步行。满官各家不能搬出者,家家惊慌,矢之以死而已,闻宫内皆设法避之。夷人从齐化门内迤北安定门内迤南,将城墙扒开,为伊等出入便当也。安定、德胜、齐化等门皆不闭,外城尚未惊扰,各街居者十不过一二家矣。夷人占住怡王府、肃王府、景公府。

廿九日 为予生日,谢八表弟尚为点寿烛吃面,一乐事也。

九月

初一日 在黄村,无事,时至村外闲游,看农家治庄稼,四外虽乱而民家尚安堵。闻附近各处连夜有明火抢案,其中多有近处回民。郭升自城回。

僧王败兵渐皆退回北去,不敢如前之强入人家宿食矣。闻僧邸现驻南西门外某家,多养菊花,并多菜圃,皆为兵马践没矣。

黄村镇谢献甫兄琛大兴茂才,时相过谈,日来未得城内夷人的信,第闻不日议和而已,逃难者仍如前。驾司掌印崇星阶兄福,系斌印良八大人少君桂中堂良胞侄,奉母暨家室自西山之望儿庄两车逃来,住黄村旅,狼狈之至。云堂上率妇女初在海淀暂避,而夷人焚抢伊家财物,抢空并欲抱其少女及孙女,幸有邻人率妇女欲逃,急来约堂上,率两女黑夜而逃,越山入谷,不辨行径,至明约卅里,名望儿庄,始暂住足,形神惫极。崇星兄各处寻母,次日方知,始接至黄村。言之泣下,闻方司印君、宝楚翘兄亦逃出,不知何往。崇星阶兄家计不足,前路茫茫,不知何之为好。予急劝以速,再著人向桂中堂九爷要数百金为旅费。据云九爷携金二千两在海淀为夷匪抢去,现须向伊五兄去开口也。四外乱信日逼,而岳母病日增甚,在黄村势难久停,而手中又乏乃用。从谢献甫兄处寻来者,银十三两,觅一大车,又将谢八弟坐车予夫妇及三女同坐,将行李同岳母、五婶儿女、两婢坐一大车,颖儿及梁七内侄、郭升、刁升等雇驴到霸州投赵同年,再雇车回山东。黄村无车可雇，即有一二辆，其价之昂，出乎情理外矣。

初二日 起身未果，夜间小雨。

初三日 亦未动身，因专弓兵入城，函托国晓山三兄代为托驾司递送科傅先生，另换资斧假呈子呈大堂标画。盖以前系请病假出城，恐日久干咎也。

初四日 辰正起行，未出镇街而大车翻倒，将岳母等以及行李皆翻转不齐，予夫妇已登车而又回，俟收拾妥当，已交午初，因前行。忽见天自西北浓阴，过五里庄，大雨雹，赶至小店避暂，雨止，过庞各庄，天尚早，因未打尖，赶到榆垡住宿，心中觉安闲许多。

初五日 过固安河，遇汪兰甫明府，自山东来，到京省母，伊弟汪慕杜四先生，癸丑词林，人极迂直，在河干立谈时许。又见齐小筠先生坐车自霸州安置家眷回京。午在固安北关打尖。一路遇沧州等处，乡勇持刀携枪，破衣赤足，□□似贼，七八为伍，云系张子青先生之万团勇赴京听用者，沿路讹人，其形可怕，恐京中从此多大案矣，可叹！过柳泉庄，多勇在此横行，行人相顾多不敢前行。时将日暮，至牛(头)[坨]镇，尚隔廿馀里，而此地只一二破店，已有多驼住宿，万难同住。乃壮胆约同伴而行，赶到牛坨，已日落，幸无他虞。回忆京中，不知如何景象。

初六日 午到霸州，住南关小店，饭后拜赵同年，相见甚好，当晚留饭，因与伊婿吕世兄及刑席沈小湖兄相识。晚间，向满营要门钥启南门而出，当为写信致谢谢八弟及谢献甫兄。

初七日 早令坐车及大车回黄村，弓兵邓永禄及杨禄押回，并向赵同年讨取路票，恐有拿车处也。赵同年来拜，并送来一品锅，情谊殷殷，托代雇车四辆，又欲送路费，实不好再取收矣。霸州距京较远，人心不乱。赵同年正劝办团练甚忙，沧州勇在霸州东关大不安静。赵同年官声甚好，前者从里下出车到天津应用，多为夷鬼拿去，将牲口留下，车子用坏，车夫仅能逃回，致各乡纷纷向州官要车。如不为设法，以后拿车不应，然向何处去要原车耶？时乱如此。

在店中无事,独步至城内闲游,心中比前清净。

初八日 晚,吕世兄领车夫来见,已雇定四辆轿车,每辆送至德州,京钱卅吊,较京中车价贱极。

初十日 辰刻起身,至赞冈镇打尖,镇甚大,正值集场,在小店打尖,男女来观者如堵,知从京中逃来,以为骇事也。岳母带病,又兼失明,上下车皆郭升背负,大是可怜。过午,至雄县住,仍见有自京逃出者,闻店中人云,午后有骑马贼十多人经过,及团众知觉后赶未及,想已入衡水匪党矣。前途匪股甚多,大是惊人。

十一日 过十二连桥一带,水光与早晴之色并爽,渔舟雁影,如在画图,几忘是携眷奔波时也。巳初,至鄚州南郊,梁岳母车又翻,将车杆压断,乃负至他车,且到路西大店,候车夫觅钱匠收拾。店中有布商,甫自京中,用驼西山煤之骆驼数十,将布运出,暂歇此店,欲另换车运往山东昌邑交财东者。询商伙丁姓,系潍县丁云藻仁兄堂侄,因嘱到家代致云藻兄,云予已接其惠我之项,携眷出都矣。车子收拾须时,遂打尖,计不能多走,只可住任丘,节次耽延,大觉闷人。午后起身,日暮住任丘县西郭店,是时路上行者已少,只遇一回民眷车三辆,男女全家,颇见丰厚,问系济阳人,在京内城生意,亦因乱不能住矣。

眉批:十一日,与英夷、法夷议和,至十二三日,并与各国议定。

十二日 巳刻,过臧家桥河,河上桥坏未修,渡船一人争钱甚横,大似无王法时也。过河到店打尖,店伙云附近土匪不下八九起,至少者三百来人,四出劫抢,某布车被劫,且被杀害,某村富室被焚抢,直成乱世云云。家口闻之,能勿惕然?然亦不能不前进也。日暮,至商家林,在路上遇自南来者云,十一日富庄驿大会,有衡水县土匪王老越者系武举,聚至三千馀人到处强抢,业将会上财物、牲口抢掠大半,并抢去流娼几口云云。及到店，顷刻有京货商车赶到，系河间府铺至富庄驿赶会者，云伊在庄北首开设，此股匪将庄之中段南首皆抢，伊等登屋遥观，匪众得手即捆载而去，幸未波及云云。闻有路过委员携眷者，越至邻家暂避，亦未失散。其中段客商皆连累矣。予心中好不闷闷。

十三日 至河间廿里铺打尖。过河间府，见四外筑起重城，濬壕深及丈馀，似设重镇者。过献县，闻系吾郡(溜)[淄]川毕芸堂官，老先生权县篆，越狱四十八名犯人，大半入匪伙，不能缉获。芸堂老先生系东河堂官，尊大人由选拔在直隶州县任多年，已保升知府，循声素著，此时屈署县伊，获此重咎，代为慨叹久之。过午，将至富庄驿三里许，见东面人行，遥观私语，不便过问，大非寻常事光景。车夫亦生戒心，打骡急行，及至富庄驿街，见各店门人皆散漫，情形可叹。遂至东大店住，店中前寓估衣商，业被匪抢，而予不知也。至三更时，室人皆睡，支更人住声叹气，四外人声沸腾，枪炮时发，顿觉心惊，盖土匪另股又来，村人率呼持械迎出，喊吓逼散，幸未进村。天明起而治装将行，店中人始告予云云，幸哉！方思如非在鄚州车折，或自霸州，如重阳起身，皆可赶上前日富庄驿抢劫之乱矣。感叩冥冥中保佑。曷阮耶。于此见一动一静具有使之者，平心任运，但行好事，值此乱世，或有神佑也。鄚州之折车，大似有令折之者，当时不觉，或生怨诅，则大谬矣。予多年每遇难处即有解救，自问鲜德，惟有感念祖父栽培之深而已。

十四日 辰刻出店，街上人相指而语，似云此客昨夜大幸大幸也。午刻至漫河，遇山东中丞文煜，系奉旨调赴京中勤王之师。闻京中已于十一日议和宴会，调兵归伍。予眷至店，草草打尖，见南房有随员，因告以衡水等处匪有八九股，乘此中丞声威，前驻河间，立加剿捕杀，此惊彼免，至日久酿成大患，为畿辅忧，亦伟绩也。予尖后即行，至德州，闻中丞擒斩多名，各县亦多兜获立毙，此匪顿散，到今未闻复起，天下事类如斯，如早如斯，何致天下如斯？愧予人微无权，空随处留心时事,无能为力。晚住刘智庙,居然太平之乡,各店流娼弦素声繁,犹是昔年光景。

十五日 巳初,过德州,浮桥已拆,小雨淋淋,渡船迟迟,因大呼而渡,到南关米市角三合店卸车。计前年由陵县携眷起身北上住此街店,以为到京苦度十年,得能升转一麾出守,亦足纾予半生迟滞之抱,讵意未满两年,我生不辰,逢此大变,辛勤流离,携眷而回,复止此地,尚不知此后何处为家,功名若何,悲从中来,第不忍作儿女涕耳。换银开发来车,先专郭升至州署请芸翁夫子安。芸师赶即著世弟来看予,慰予奔波之苦。晚间送出酒菜,十分可感。岳母一路受苦,到店且小将养。

十六日 闻芸师轩夫子至刘智庙公干。

十七日 巳刻,至州署拜谢,畅谈一切,方知京中初议。初十日各位相卿在礼部设宴,奉恭王与吧哑哩等各夷见面议,不许一官不到。乃是日,各夷不到,闻恐我有伏兵也。天津大盐商张锦文者,俗名海张五,亲领团勇数千暗扎前门外东西荷包巷,伊亲为恭王作顶马,并有张子青、焦桂樵两先生团勇及僧王兵驻京城内外,以备不虞。我恭王镇静稳重,体具阔大,于十一日先率各大老至礼部大堂。正面设一席;南面设十馀席,以待各夷;北面十馀席,为我诸公之座。各夷鼓乐肩舆而来,一见恭王摘帽抓发,云系大礼,其畏惧之心见诸容貌,中席空设,该夷主北向座,馀夷升桌持刀环护。我恭王与言皆得大体,众夷颇服,因议定各条,至晚方散。天已晚而夷人未散,城内外兵民颇生疑惕。次日,以及十三四日,他夷相继而会。十一日,各大老已多不到者,如皆到实无座位。此几日更不整齐矣,官民人等观者填满街巷。议和之后,各兵勇方渐散,而馀孽布留京城,明火大案益多。

十八日 拜陈荔村兄、大诰,刑部。马葛村兄洪庆,系同部,时皆请假在家。又至州卫书院拜李山长云鼬,济宁人,戊午孝廉,初名成龙,系芸师门人。又到诸葛湘乔兄、徐信卿五先生各处晤谈。

十九日 张芸师请酒,用燕菜席,盛设之至。同座者陈荔村兄、马葛村兄、新中武赵公朴及某。芸师惠银卅金。前知予不能出京，专人送至黄村，而予已起身，乃留在账房，候予到来应用，其情之厚如此。芸师任德九年，官民一体，此时已各处藉杜团聚众抗粮，而德州人民输服若昔。予前向人云，当此乱世，素日做官好者方能安稳，公私亦顺，否则今而后得反之矣。于斯验之，益信。

廿日 徐信卿五先生、诸葛湘乔兄皆来拜，因为信卿先生函致都中，托照拂伊大少君。

廿一二日 在德无事。家中拆洗棉衣，予怅无所之，欲安置家室，未得其地。芸师云且住德为佳，而店中屡过满兵，人马喧扰，幸一宿即行。

廿三四日 恳芸师代为觅大车，定将家室送往武城序东二胞妹丈家安置，予即欲廿四日起身，由陵县上省谋。闻齐河县民变河不能过，尚未知因何而变。因予棉衣未做齐，包车价一天。

廿五日 自德起身带郭升到陵县，看现时情形可否安置家眷。以前者主讲陵县三泉书院及门颇多，陵地素为僻苦，计或不致遭劫，人地熟习，或可暂处也。至土桥打尖，过午到陵县署前窦姓店，及门来看予者三人，乃知夜来东乡莠民聚二三百人，明火枪炮大喊入城，将狱打开，劫杨子龄等，并放监犯多名，不肯走者以刀吓令强行，随将押贼全放，监押皆空，贼众当时借刀砍倒捕役二名，他未受伤，官民大惊。予闻之甚骇，遂去拜捕尉孙镜泉二兄，其面无人色，举止失措，徒唤奈何。询杨子龄本系为匪，奸民。为命案监禁，其党乘此乱时劫狱大闹，并即聚众抗粮。县伊罗号平山，永平府人，重利轻事，不洽民心，其少君与门政比匪，怨声啧啧，遂有此变。正在谈论间，外面传信，云今晚仍来抢劫太太、官署资财，登时县中纷纭外移，官幕书役人等均皆分逃。孙二兄更为无主，至上房收拾欲避。予亦出署，到店嘱闭店门，而忽有门政到，与予一揖而坐，倾吐心腹，若痴若忙，予不觉相视而笑，盖伊未识予为何许人，第闻有京官到来，恐私访也，可笑可悯。至天明，未闻动作，想是愚民故作惊官之笔，而官果骇绝，足见其平日矣。见署前已打席棚开厫,数日无完米者。

> 眉批:闻和合金珠店东乔朗斋七先生出殡。朗斋本寒微,在东六十馀年,利获数十万,善借州县之钱丢阔。新盖山陕会馆,在布政司大街,极力宏阔,同行能者以伊为第一矣。终年七十馀,为娶妓者陈七(禹城人,在京称“武状元”),费银三万,并为此妓请宜人封诰以媚之,使不能再嫁。其子名春子,捐纳知县,啬苛为能,因不称此妓为母,父子不合。以七十馀叟得此名妓为妻,其死必矣。闻死后其子商同乃叔(行八)硬领人至陈七娘家抢掠,恨其暗谋去多财也。闻将陈七置之冷室,设法凌辱,致吞鸦片烟而死。

陵县民素刁顽而欺软怕硬,遇官弱贪利,则任意欺罔,漕固利厚而办理不善,半归烂漕,官仍无济。如官好而猛治民,有法则刁民帖耳,势如破竹,万金易获。陵县素称美缺,然在官之能否也。陵县文风夙靡,科第甚少,予主讲三年,日为讲究,颇多成就者。至民情,素鲜义气。县之东鄙与德平、临邑等处接壤,向多匪聚,遂有“三国十八围”之目。有侯登亭者,有作恶之才,专以挟制官长抗粮为能者。前张星槎明府到任,大以侯某为虑,属予为之画策,予乃暗察详度,属及门婉将侯某约至书院,用言笼络,加以开导,人性皆善,竟令生悟,开诚作人。又属张明府假以词色,遂为官用,素听伊指挥之。各村庄皆不知完粮者,俱顺流而遵官法,其他顽民见侯某尚如此,亦皆去恶向善,漕务居然得利。杨子龄者,乃乡曲无赖,不识抬举之徒,素善化制钱为小钱,且与贼通气,前张星槎明府在任,杨某即犯铸小钱案而未即大办,官若硬办,即可去此一患,而张明府弗能行,予亦无此中人使之劝导也。侯某正欲装人,而张明府去任,后任孙著亭者,名善述,癸卯举人,大挑知县。贵州人,自以为能,亦虑侯某之刁,又不欲假之词色,乃藉侯某欠张任粮银为名,夜唤侯某至堂,立加桎梏,亲自星速解省，送入府狱，俾永远监禁，以图方安静。历任尚未保出，现在罗平山不甚洽民，适各县奉杜芸翁团练，民团渐大，杨子龄日无忌惮，遂有喝令(欧)[殴]毙良民之案，罗公欲拿而未敢，恰好杨子龄投审剖白，云非伊喝令，因即将伊入监。其乡刁众声言劫狱者已久，而官弗为备，是夜竟敢劫去，并劫他犯，直同造反。罗公束手无策，惟以漕务为念，尚欲营求开厥。予以民乱如此，弗即严办，则各处效尤，其患真不可问。深知杨子龄之为人，不过与若等刁民比匪为奸，计与同谋者不过数庄，如禀请大兵，立可擒暂，此患必息。时文中丞将回至德州，统领回兵用以制此刁民，至为易易，虑其不识底里，迟疑不作，予为连夜作书，命郭升次早回德州，与张芸师密商，属其面禀文中丞，刻即统兵驻扎，距陵县廿里之土桥，命武官下县指名拿此首犯，否则大兵洗此数庄。民究畏兵势，必捆缚杨子龄到营就地正法，所全不小。予因留陵无益，即起身上省，后来至芸师如予所言，面禀云云，而文中丞心怯，令地方官小办山东漕务，民情因此大坏，且乱作弥多，可惜可恨！孙镜泉少尉无辜革任，冤哉！

廿六日 住禹城，知齐河廪生郭少堂为县吏漕中舞弊，连控不休，又袒护书吏，致连年藉以抗粮，本府硬将郭少堂及韩秀才等详革，齐民不平，益图抗粮，适省城自夏以来，时有暗中剪去发辫之异。有乡和尚大安者，素不安分，时因夷人入内，土匪四起，渠乃暗与距省城五里马家庄教读之童生朱某及土豪大赵勇、小赵勇，并运署前街之剃头某姓，约定臬司监役武某弟兄及府县监役某某。和尚日与朱童讲究遁甲之术，以为大事可图，遂计议某日起事，某劫某监，某劫某库，以某为号，内外接应，为期已近而公然谈论不避。有绅士某在剃头铺听来云云，知事怪异，当密陈杜云翁，刻传首县，吴慕渠明府严密将赵勇从洛口传到，一讯而吐全情，立时分拿和尚等十馀人，幸未即逸，讯出已暗封文武各官。斯时土匪张洛行数万正在济宁南北滋闹，如非破案，大乱立作。案定，立决此十匪有日矣。济南太守汪晓堂先生镛，如皋人，捐班。恨齐河郭少堂之屡屡抗官，且堂干犯也，严刑令郭少堂供认,与和尚通气,将同出决,致齐民不服,遂传各团及邻近良莠几二三万人围焚齐河县城,并布满省城,欲劫法场,且即杀官泄恨,省中大恐。杜云翁见事不妥,知李振之仁兄印,金声,山西闻喜人。前在任丘县十五年,有政绩,及调齐河,正值高唐失守,冯官屯等处兵务旁午齐河,为省门户,安营办团,抚治地方,振之兄极为尽心尽力,民间到今感颂不忘。本府无奈,求杜云翁扎饬振之兄到齐河解围。振之兄尚未起服,禀到前升胶州,未经到任丁忧者,此时尚不能算山东官,而迫于众推,不能推辞,遂先到府中见郭少堂,尚跪铁索。郭少堂前曾在振之兄任考过县考,予在毛寄翁齐河防营为阅试卷,计取在三百名外,一见振之兄大哭求救,当将伊属首县领出,暂安置小室。振之兄连夜到齐河,河干无一渡船,但见民团如昨,官已开炮打死数民,民正烧四门,几乎城破,城内绅民大恐,官为德法三明府,铨,旗人。其实与郭少堂等作梗者,乃前任张召棠也。振之兄遥呼民散,并呼船渡过。众民一见,环叩而泣,可见民非无良。振之兄令其暂散,必为入城善拜,并告以郭少堂已为保出,民初不信,以振之兄素与民无半点假话,率北退,候至两时许,始将洞门内土石抬运,启半扇,令振之兄主仆入内。恰值袁雪舟先生自禹城盐店回省,同时入城,与德明府略谈,即登城环谕,令民远退。天正阴雨,交三更许,忽闻西面喊声震天而来,大家骇极,当又登城。急询,知民众所约各县团众并回民万馀来接应攻城者,民亦可惧哉!因急谕民众传示现办情形,嘱暂停止,候次早李、袁二公同步行出西门,随走随劝,民皆投械跪听。振之兄开诚晓谕,步行十馀里,前望尚皆民众,不见边岸,人众诚为不少。此时,汪滋厚四弟业领郭少堂从省中叩谢杜云翁首县及绅士公保伊者匆匆而来,民众见伊真回,方陆续退去,设或杀却,则大乱莫能息矣。振之兄回县属,德明府目瞪口呆,其幕友亦皆神魂丧失,官眷从后墙逃在民家,始暗出城远移,官多若此,勿乱作耶。李、袁、汪三公为之清理一切。

廿七日　予住洛口河北杜姓店。

廿八日 巳刻，方过河，入城住凤石店，略涤征尘，即至将军庙团练总局，适李振之兄甫自齐河回省，袁、汪二公昨日已回，遂与诸同好晤面，问及予出京情形，颇向予慰藉，振之兄更与予亲密。

廿九日 拜客，并至贡院谒见杜云翁及朱实甫兄，知所带各员皆自称大人若小钦差者，杜云翁奏带各员杨绍和协卿户部郎中、陈介璋户主事、朱学笃实甫编修、李展业宽甫工员外、邵子彝吏主事、徐昌绪编修、陈继业中书。皆在贡院办理文案，闻甫审蒙阴令区子祥同年士熊，广东人。误杀不识姓名之赵康侯晋三团众百馀名，内有武弁亦被杀却。此团众过蒙阴，强向饭店吃饭，发横，自云系赵勇与匪接仗败回者，初无凭据。区明府初善抚绥，予以川资令各回城，分所安插。当夜全行杀却，后此众家小纷纷向赵晋三团长要人，方知非尽土匪，然事已难办，此众家属即欲聚众向区明府滋闹，经赵晋三婉劝，许以上控鸣冤，故控察院奉旨发交杜使审办。值此乱时，地方官遇此等事不辨是贼是民，见其形迹可疑，如不严拿灭却，设有大变，官民受殃，而冒昧办理又蹈此重谴，诚为难处之事。同时日照令张雨楼明府德霖亦拿到似土匪者十来人，苦刑立毙数人，后来亦有若辈家属告状，云亦系团勇，现亦并交杜使审办，天下纷纭，那分皂白，统归劫数而已，可叹！张洛行大股十数万，各色旗帜并时起事，时僧王带蒙古兵驻扎济宁一带，立志灭却此股大贼。闻贼匪皆云僧兵久称利害，如等到来，我辈无遗类矣，莫如大家迎上去也，因此，将江南、河南、直隶、山东各匪纠集，并到裹胁之人，闻长者有百五六十里，宽有五六十里，黑压压尽是土匪。匪首张洛行系河南鹿邑盐(犯)[贩]，前在袁午桥先生军营充当勇目。另股匪首龚瞎子，系河南卖水烟者。翟三秃子、四眼狗诸贼杀人最惨，此时一拥而来，在金乡羊山等处占据，日与蒙兵对仗。僧王素日统兵以老诚持重，能将多兵善长，不善用智。而张洛行等诡计多端，以致官兵屡次失利。一日，有数万团民各执团旗跪迎僧王，王尚以好言勉励，策马而前，乃人众过多，已将官兵围裹，方知中计，欲出不能。僧王曾向夷人借来鬼子子母炮，立放数炮，虽见冲开血路，而登时挤煞匪众过厚,眼见失利,都统格绷额父子业已阵亡,官兵死者无数,匪众不欲害此贤王,是以僧王杀条血路,外面亦有东勇迎接而出,险危之至。自此以来,匪众益骄,官兵益怯,一任匪众绕行北来,连破蒙阴以及泰安南之大汶口。署蒙阴令乃钱爱山表侄,年少捐职,初握县篆,颇自得意,匪众忽来,穿城而过,抢掠一空。钱爱山及幕友奔在山上暂避,其尊人钱容川表姊长现馆历城,素有名幕之称,代为嘱托,只以贼未破城具奏,爱山得以降留处分,仍未离任。宁阳令董兰溪明府春卿,壬子进士,丰润人。因贼破城,革职去任。前广东巡抚黄石琴中丞恩彤,宁阳人。在籍团练,其少君黄小琴编修师誾系杜使奏调者,父子同受贼伤,家私巨万,急运至大汶口镇,而贼人追到抢去,并害及镇商若干家。贼众家口皆在江南等处,筑起围子共居相保,盖苗沛霖团众不时率众抢伊等家私也。贼众中多有山东州县胁民逃回者,云贼之来者,多有借下钱银安家,由各处抢掠,回围子再按股分(帐)[账],少者亦可分数十两。云贼裹红巾,身穿□□,大半妇人,大厢沿华丽中衣,年来人争服饰,宜其为贼,糟蹋也。

黄蘖老人诗有"东南万里红巾扰,西北千群白帽来",于此验矣。贼众至泰安南境而回,与乡人云:"明春再见。我们皆与汝等光景相同,自被贼连次惨扰,家中老小皆已被杀,资财全无有,地不能种,只得相从而活,汝等再过数年,恐与我们一样矣。"闻之伤极。

邹县教匪宋继明传教有年,官无知觉,现亦起事,闻其中多念书人,不尽乡愚也。省中如不将和尚大案速办正法,一或起事者,省中五方杂处,素无积蓄,张洛行等众业到泰安境上,声势一连,大事直不可问。

僧王又剿教匪,匪皆暗散,后闻伊乡人云,宋某言断不在桑梓之地滋闹,如官兵来捕,且皆散去,如捕急,则往长安图事业矣。到处如此居心,何人心若此?可叹!

杜云翁世代书香大家,存心忠正,第非治乱之才,其随员等初到,颇知关防,后经巧宦童际庭、齐仲礼诸公请出饮宴,遂忘形骸矣。袁雪翁、尹菊田同年、汪滋厚仁弟以及李石湖十六表弟、傅伯韩同年、金慈华表兄、谭仲宣同部、吴仿伊世兄、吴子泉同案、郑仁圃先生诸公，皆省城团练总局之员，团局一无薪水，大家捐赀共事，初未见有远谋善策，各街团查夜甚严密，宵小实不能潜踪向各铺抽厘，奉僧王扎饬也。咸丰三四年间，长发贼在东城内，绅富皆向南山外乡避难，并多到博山、淄川、章丘山中远避者。此时贼不在城池，只图财女，每到必先搜掠山村。予急向同人云明春大是可虑，万不可如前之出外图避，只有同保省，设法练团防守，最好是(连)[联]络十村廿村，亦皆筑围，有山水处更易筑围，省西州县皆平阳，更需急筑。贫富相救，按户出丁，无事仍图耕读，有事老小有围子可住，少壮者出围剿贼，彼此围子接应，贼不能长驱直入，见如此防守，必即退去，我们乘机共捕，且必得利。平日议定围长、团总公正之人，总须操练。有仗其年壮而胆怯者，勿令出仗，致懈众心，能迎敌者，加重赏，人死予地十亩，其中章程相宜而定，如此则东直庶可保住，以待澄清，不然，贼来一无布置，贼之边马先到放火，人可乱逃，则乃得计，且抢且追，人财皆为贼有，何日是平安日？予自前十年留心时事，体察人情，遂处用心，觉此时非如此办法万万不可，苦苦向当道言之，而人存一心，总以为难，岂非大数将到，区区何能挽回？

临邑县令吴东甫名淳燾，浙江人，捐班，其尊人名章，前任章宦，资廿万。在任十年，所获十馀万，平日遇民词讼必要两造脏银，民恨已久，莫可如何。此时奉杜谕团练，乃敢犯上，吴令知事不妥，令伊夫人带子女暗携银数万坐大车上省，距省止百馀里，四鼓起身，甫二三十里，忽有多人将车夫打退，抢掠一空，并将太太衣服全行撕脱，止馀小衫裤，声言如非见伊母家，必令失身。又有人硬将太太裹脚脱去，云："此布亦系我们钱买的。"闻并将少太太抢去，一哄而散。有拾粪人担筐而过，闻妇人啼哭，问及情形，乃将太太请入粪筐，遂有人前来，二人抬送数里，恰有空小车路过，二人劝令将太太送县署，天已将明，太太到县，哭骂吴令不止。吴令缩头自叹而已，并不敢追问所失银两。团众又欲围抢县署,吴令乃令伊子与团长王章、陈絅及邻县团长沈怀义等八拜为弟兄,求若辈保送伊家口资财。各团众虽皆指天为盟,义气相许,而必须分若干数方可保送。吴令以财为命,甚不甘心,因之迟迟。予闻之,为画一策:令在杜使捐局,首先捐银七八千两,必邀优奖,恳杜使派随员过县伊资财回省,并令吴令于民团捐留三千两,情理兼至,必能平安无事。而吴令不肯,仍暗与团众若干,迟多日始将家小送省,所掳之少太太不知是否。团中并未凌辱,业即送回。后闻抢伊者乃团长陈四所使也。吴令尚欲追伊银两,不知能否追出。此之谓亦悖而出也。自捐纳途,杂官第贪利,与民为仇,渐令百姓轻官,相率云:"我们粮食收成得存,亦是知县积愤。"至今乘此皇上北狩,愚民咸云:"我们纳钱粮交官何用?与其官自亏用,我们留下作团费。"团中强横者吓民出财,各立各团,良民伏首,(费)[弗]敢如何。虽不纳粮,比粮银所费较多,而奸民则大可不纳粮银矣。杜使到东,虽能劝成团练,不动帑项,不知民皆恃团抗粮,所失大矣。此户部不察,不准杜使请饷之奏,大患也!

署平原令韩俊伯兄光鼎,捐班。系前寿光令荆门先生大少君,初次署事平原,缺大而累,差务烦多,民不畏官,相率效尤,一经开廒,初则若罔闻知,及饬差催科,亦即围城抗官,尚不知若何办法也。

乐陵令齐介平兄世淳,丙午举人,大挑知县,天津人。补此好缺,(竞)[竟]不善做官,民欲换此太爷,相率围城,以求官让钱粮为名,云只能照一两完一两,不知别的。齐介兄乃乘空上省啼哭,求即交卸,不敢回任矣。以乐陵与天津相隔在五百里内,照例回避,另补已到任数月,以先不知是五百里内,此时方知,亦可笑。闻后委某官署事,未至县境,团众迎来,不要此官,官竟不敢去。

博兴令王迪齐暄,湖南人,捐班。其父名政,前任掖县,系乙未进士。咸丰三年任郓城,贼到乃报公出,贼破城,将伊妾杀死,伊未被议,妾妄得旌奖。后经郓民上控云云,现补此缺。一味重利吸烟,性情乖张,民咸切恨,乃引盐匪多人,枪炮入署,抢掠大半。伊先远奔,印幸未失，匪等杀死多人而遁，伊只获降级处分。捕尉陈冶亭五兄老诚君子，在任将十年，因伊受累，以狱犯被劫革职。陈五兄即欲向伊拚命，闻许出银三百两为陈五兄捐复，王令诡谲素著，恐未必准出此项也。此辈盐匪业与直隶沧州等处匪民合伙，到处抢掠，官弗能制，团中又恐多事，恐数月后匪众得计矣。

邱县令陈众观。用宾，山西人，前在陈栗翁夫子家管账，捐佐裁，到东谋充巡捕，保知县，补此缺。在任无善政，民多不服。

十月

初一日 多上坟者。连日无事，时至曲水亭谢大表兄处谈谈。徐绍圃三弟炳烈、朱籽三弟厚基皆同司者，时皆在省。耿知圃同年仁兄亦在省，时相过从。李振之仁兄请吃，在小馆。杜使令、刘瑞轩参戎同袁雪翁、汪滋厚弟出西郊相地，欲安团营，并约予同去。与西关金二世兄晤面。治光西农胞侄，武生。

又至张逸止姻叔家问讯，并到各处亲友看望，皆问予出京情形，以为不易。

初六日 与袁雪翁、尹菊田兄、杨子厚兄、傅伯韩同年、郑仁圃先生同至贡院谒见杜云翁，值阅洛口等乡团民。闻杜云翁已保赵康侯知府衔，因问及都中现时情形，多明火大案，皆沧州团勇勾结土匪也。云翁京寓被大盗劫抢衣物，将伊少君捆缚铁炉足上，家中雇有壮丁，盗众将若等闭在别院，竟不得出。打开十馀衣箱，未得多金。后街坊团练鸣锣惊逸。卓中堂在海淀之北乡庄避难，被多贼打抢一空，并伤重卓少君。

皇上在热河行宫，各官渐多。大军械杜继翁翰、匡霍翁、穆尚书皆租民间土房居住，止三间，每月京小钱百千文。书写无人，一切皆杜、匡手办。三更诸事方毕，五鼓又须入内廷，辛劳之至。郑王、肃六爷与上益亲近，闻宫人皆可不避。皇上言，此皆好奴才也，令各官赴行在当差,不到者照军法从事。

闻郑王、怡王、肃六爷在热河同吃馆子,遇众侍卫声言:“令我们扈从受苦,无衣无钱,而王爷等大喝大吃。”言语犯上太急,诸王暗退。领侍卫载大人恐事不妥,请病假回京就医,未及候旨而行,致干严议,盖以此获咎,胜于约束不严之罪也。

章丘令屠小芸明府,继烈,宁波人,由捐纳县尉升四女寺县丞,捐升知县。精明过人十倍,在任诸方营利,缺分又好,人云有廿万。素不服民。团长马金榜系武举,率团滋闹,亦致闭城,衙役有受重伤者,屠令已因保举引见交卸,仍住县署,几乎酿成大事。屠令赶紧回省,私相说和。

齐河多日无官,德明府回省不敢再回齐任,求本府另委贤员,而皆退缩不前,大家议及非委李振之兄去不可上台,以振之兄尚未起服,禀到亦未引见,格例不可,而绅民皆推振之兄必能到齐无事。首府汪太尊乃请振之兄商议,振之兄力辞不果,又经杜云翁劝驾,首县劝说,不能不去。

眉批:阅《邸抄》,知李西园堂官告病回籍。毕东河堂官实补其缺,其老太翁芸堂太守署献县,以越狱革职回京,苦极。

初八日 本府下委著振之兄代理。振之兄以予适在省,力约同去。连日为舒祝三明府谋回陵县任,不易成。陵民侯登亭尚在首县监中,托人恳胡庆转托予为之关说保出,劝团自効,而官多不肯即应。

至姚家庄东阡扫先人墓,植柏渐长大矣。晤贾八太亲翁,年九十馀,尚精壮。

朱临川先生请予吃饭,用燕菜大席。临川先生现在抚院办理奏折事宜,系无锡茂才,品学兼优,同司朱籽三弟太翁也,与朱熙之兄快晤。籽三弟堂兄言及常州之失,实由何根云,临翁夫人及熙之兄夫人皆尽节。

徐绍圃弟回京供职,托带致京中各信,尚未知予家眷已由德州到武城否？一切托张芸师矣。与韩蔼如四兄畅谈。

初九、初十 无事时到振之兄处，得识王石庐四兄，己未庶常，尚未服阕，乃兄午桥先生由国子助教外用同知，分山东，己未入闱，潘德玉七兄即出其房也。

十一日 振之兄收拾赴任，知已约吴春卿兄、汪滋厚弟及王仲书世台、王尧封兄、伯韩表弟。沈菊芗兄。世祺，候补，从九，韩漱泉仁兄之表兄。盛小澜表姨盛四表姊患重病年馀。送予四金代筵，知予无暇也。晋三表弟托荐李伯英兄前任德法三明府书记，常州茂才，品学素好。仍为振之兄书记，已妥刑席，仍请孙玉亭兄，钱席为徐泽圃五兄。

眉批：盛小澜表姨文向办度之，品端学纯，为当道争迎，后纳按察司司狱补缺后调赴冯官屯军营，升知县，管理军需凯撤，保升。又在省局总办军需报销，殚尽心神，年未五十，须发皆白。前补定陶令，未能赴任，因幕友回避，改河南分府，上游依重弗令到汴，日在军需局办公，现奉僧邸调在行营，仍司军需饷需支绌，日夜焦劳。

十二日 振之兄同吴春卿兄赴齐，谆嘱予即日到署，予以事未能偕往也。王尧封、汪仲书、沈菊芗诸公亦即同去。

十三日 振之兄接印任事，荐家人者多极。十馀年来不知何以此等如此之多，每一官得委，必多方求荐主力荐，一收即要派大车，狐假虎威，只想多分钱文。其门印等人如真可用，亦必不可少之辈，乃近来此等人皆发大财，相引愈多，大为官民之害，而大家不觉，一门印至少一年可得数百金，多则一万八千不定，正不知从何处得来。家人品原不齐，前者与优隶同不准考，予常论此要分本底如吾辈读书不成，或受坎坷，往往有埋名隐姓出外，作执教鞭之士于督抚大人之门，或为州县出力，藉势行其阴骘，不然亦有贫民因亲友引进为纪纲之仆。其存心本正，阅历又深，公门中好修行倒可得财，而且有名，然其中究是剥民至财，所以子孙每至穷败不堪。若本系优伶，或系贱子，一经官爱，初用使令，渐著管遂，至门即大权归伊一人之下，万民之上，声势薰人营私，陡焕门庭，一切不肖官员尚多迎合，扳援与之缔交，是以近今奴辈渐皆著红青吉服，暗捐五品，财可通神，无恶不作，为之子者，不必是真。初纳监，即有出身，公然应考功名，可以力得。省城五方杂处，寒士只图得利，即可不顾声名，为作廪保，卅年来从此得功名者不知若干，事隔一二十年，并忘此辈之祖曾在某班唱某旦角色，所云绅士者，且与之结亲。世事如此，能不大乱？如今倒是此辈财多名盛，吾省不下数百家，安富尊荣，胡不著伊捐团费耶？此吾所以云要论本底也。时至杜炳初妹倩家，甥福麟读书，聪颖可喜。至贡院后看三婶婶，见幼妹巧姑已及笄矣。

十四日　舒祝三兄请吃烧鸭。时至团练局，知一切团长皆奉杜使札子，未见团练若何，多有吓乡人者，可笑。

十五日　至首县署，与吴慕渠四兄畅谈，遇蒙阴令区同年，时在首县官狱监禁吴四兄念，系同寅，格外照拂。伊太夫人年高。尚不知伊现议抵罪也。闻欲从轻定罪，拟以擅杀罪人，恐刑部驳斥耳。论伊所杀之赵勇，当时强横之至，奸淫抢掠，未必皆无因，有可杀之道，第人数过多，且不识姓名，为难办耳。

吕祖年来到处降坛，谆谆劝人速速向善，庶大劫可免，人心诚然不好，十五年中天下死者直弗能记数，自古无此惨劫，凡纷华太甚，人情巧伪之处，所遭更惨。大乱在前，人犹重利忘义，好不警悟，大劫何时方止？咸丰三年，毛寄翁与诸公请吕祖降乩，示及山东为圣贤之邦，近来世情日非，然食用一切，尚不似南方奢华太甚，人心亦有可取处。

至圣吕祖再三上求穹苍，“业将山东归入辛壬籍中矣”等谕语，似有从轻之机，大家皆称幸。予云不然，“归入辛壬籍中者”，乃缓之之辞，计可缓八年，劝人急速回心向善，丕变世风，则此籍可以免入，如仍不悛，入籍必矣。籍者，劫也。毛寄翁当将此乩谕刊刷送人，远近皆见，明年即是辛酉，且看此劫何方最重，可畏之至。大劫茫茫，似竟无处可逃，然试观良善之家，或祖若父德泽深自有解救，冥冥中自昭昭也。天之生物，即蚁虻，尚不欲杀至，何况芸芸众生，令贼杀戮？若斯之惨，大抵由人造，即天亦无如之何。

山东曹州团长季席鲁、赵康侯声势久播，附近州县民团皆可呼应，为张洛行等所惧。然季有大志，忠烈性生，其团中勇众素皆勉以忠义，弗许为奸，扰及乡里。赵则不能无观望心，勇众亦未必皆良民，故季每与赵不洽，夷人逼至京城，当调曹勇北上助剿。季闻调大喜，以为可以建功显名，到省谒见杜使，后适大众请吕祖降坛，季因求指示。季号海门，吕祖书赠一联云："海上红云初捧日。"季以为勤王之功必建。次句云："门前白骨积如山。"众咸吐舌，觉非吉语，而季心坦直，云："此示我杀贼若斯也！"后因夷已议和，止此。曹团、季海门回里在家，阴即与南逆接仗，期赵团救应，不至，身受重伤，团勇死者甚多。季海门临终向县官某要蟒袍，云："我立志杀贼，不意为贼所害，使我愤懑不瞑，可以蟒衣殓。我盖已受皇上荣命，保举知州也。"受伤太重，次日而卒，临断气又以"赵团不尽忠义，可善可恶"云云。

僧王驾驭赵晋三，令助声势，尚属可用。

十六日　借祝三兄坐车赴齐河，申刻到河干，见轿车聚有廿辆，黄水溜急难渡，予乃急呼官船而过。船至中流，水为大桥所逼，浪大势猛，舟子用力支撑，幸平安到岸，时大风冷甚，河干众车不知何时方能过也。至署，与振之兄贺喜，予两载部郎，忽来依人作嫁，颇自慨叹。虽振之兄以至交相待，然鸡口牛后，滋味不同。振之兄约在上房院西厢下榻，商议公事便当也。又识征收陈召园六兄，系栗堂夫子族孙；正定梁六樵兄、仪征曹警之兄。闻李伯英书记抱小恙在寓。时郭少堂回齐，各乡亲多接去，备酒席慰其受官刑之苦，其名大震，乃竟不学无术，妄自尊大，向各里要钱以讼费为名，大意以受此官累，皆为民间，可以从此少纳粮银若干。各里应按亩摊钱归伊，伊遂制造抬枪大炮，蓄养壮士，有恩不报，有怨必报，闻前者即有烧仇家房屋之事。此时官皆惧伊,因益放肆,将所告之户房书吏张青云等拿到伊之公所,私设法堂,喝人捆打若干,复拧耳跪链,立索千金。有骆八者,乃已革抚院书吏,为之助虐,齐人士大骇,甚虑其从此效梁山宋江也。振之兄虽有耳闻,然不宜猝办,袁雪翁、汪滋厚为伊现任老师,予乃与吴春翁商议,连夜专车接袁、汪到县侍伊说话,不题伊之恶欸。幸即来署,多方开导,方暂歇手。予始见伊面,皆横肉,鸡眼粗发,行动异人,言语之间时露恶态,已决其不能善终矣。然齐河民团正皆为伊使令钱粮漕米,亦须伊向乡民劝纳,到处抗粮,不宜骤与为仇,只有属振之兄阳若弗知伊之妄为,缓为解党劝化而已。所幸振之兄素得齐河民心,良民究竟多于顽民。张芸师致予函中语云:“振翁旧德,知其入民之深,新漕定易出人之手。”趣语亦实语也。齐北乡陈维藩世兄系镜人兄族孙。来谈。

十七日 无事。前任尚未造印,开廒粮串,连日赶造。

十八日 同汪滋厚四弟出署拜马丽璇广文、绅士。陆赓臣仁侄。系砚农仁兄三子,已成人矣。拜武营李把戎捕厅、毛少尉北通州人。学博。只一位黄若鲁副斋,李居坦为详革,郭少堂旷课,恐其此番回县报复,告病回东昌矣。

齐河督扬书院山长曹俊三兄炳辉来拜。扬州选拔车驾司小京官由军营保知府,分山东服阕,尚未禀到。齐河县丞顾二尹锡康,苏州人,在藩署监印。来拜。

闻平原县因民抗粮求让围城,韩俊伯明府请兵,上委姚志梁司马景崇及某守备领兵百馀到县镇压。某守备贪鄙无能,被团民诱缚胁制,官长事益难办,适徐琴舫太史自京回东,路过问及民情,强为定准粮价,较齐河少一半,民团虽解而平原差务应酬,岁赔巨万,惟藉收粮沾润,不知情形,在琴舫太史以为处置得宜也。

十九日 无事,为振之兄料理公事。

廿日 开厫请众同事酒席,衙门中照例事也。

齐河城内大寺和尚燃云入署拜见振之兄。和尚多武艺,咸丰三年间，令同马漪澜兄赞清督练民团，甚为出力，凯撤附保六品军功，众劝还俗出任，燃云弗肯。马漪兄因选江西新城县丞，和尚同去，仍与在彼练勇颇好，现甫回寺，头戴五佛冠，上戴白顶，僧衣外著六品鹭鸶补服外褂，足著方靴，蹒跚而来，乍见可笑。大寺乃明永乐姚广孝剃度之寺，其画像犹存，每元旦，和尚必挂出，貌甚雄伟，一见知非安分和尚也。

齐河东门外大清河上之大清桥，高可数丈，长十三(空)[孔]，明万历间张道人演昇独力募化银数万两修成。桥下深潭，闻通泰安，现多鼋穴，为运盐水路。河水发源于鱼山，一名吾山，陈恩王闻梵处也。每至水发，溜急澎湃，险阻水大，盐船不能由桥(空)[孔]穿行，商人乃因桥西接修低桥数(空)[孔]，势如仰瓦，水大则船由此过。顺治八年，黄河水决金龙口，遂由故道北来入此河而到海，水势急猛，跨桥而行，幸桥工坚固，五年之间迄未冲坏，嗣河复故道，经章丘监生某募资重修。□□年，黄河又决，复越桥而过，亦未至甚损。彼时国帑充足，河员岁费数百万，故合龙尚易。张道人墓在桥之东岸，迤北周砌以砖，松柏蔚然相侍，墓前石碑外镌“张道人之墓”，中舍碑上有字，有“坟在桥在，修桥先修坟”之语，土人呼为“神仙坟”。自近年经费支绌，河久失修，咸丰四年河决，□遂与运河、大清河汇，淹没田庐人民无算，乃将桥之东首全行冲塌，桥上石栏皆没，水势甚于前，人力莫施，桥浮水面如约略，道人墓露水上，仅如篑土。秋冬水落，墓削若将见椁，松柏亦多冲去。盛涨渡黄固已险极，至冬冰如山积，行人裹足。斯区为九省通途，且军书星急，到此每误，署尹汪明府以齐民之饿毙太甚而渡水维艰也，乃请帑三千两修桥代赈，第修桥东一处属工匠包修，乃将旧石斫小，架木接桥，暂行车马，闻实费不足三分之一，至夏水发，仍归漂没，历任无款可请，亦第云垫款浮修而已。振之兄抵任，有义必为。予时至河干，相度桥势，欲设法劝捐大修，而工大，莫能为，乃与土人商酌，仍如前叠石架木，且便行人，属振之兄捐款办理。桥之东首属长清县界，因函致长清钟少梅明府，亦捐钱数十千文，计共费京钱二百四十千文，亦如汪明府之请款所修者也。惟念道人墓已如此，如不急为修筑，再加冲刷，恐致(票)[漂]没，令加修筑，虽水至，仍或损坏，然损其外筑，而内尚可保也。因属振之兄筹款，并欲广劝当道，俟来春动工。倘应"坟在桥在"之语，黄水得顺正道，则大清桥可望重修矣。

禹疏九河，为杀黄水之势，厥功大矣，心力亦极远到。自九河日久淤没，如马类徒骇。鬲津等河尚有，顺水、钩盘等河，河身尚存，半为居民修垫成地，虽夏潦未能收利，而冬麦夏收土沃获多，所得良厚。自黄水横行北来，无帑可请，叠奉旨派出员勘验，议治而半，以功大因循兼之。南北弗请不能雇，一任洪水害民而已。予每向当事者言，非急浚九河故道不可，如恐民间占种有年，难与图治，须择贤员亲履劝导，使富者捐地，贫者酌予以资，或查州县入官地亩予之，即使近河村民出夫，劝绅民捐资挖土，即以筑堤，况旧堤存址尚多，小民难于谋始。如河不为患，民不似前饿殍流离，一处有效，其他顺流而成，况九河不必尽用，即以有水之河，因势利导，事半功倍，所全大矣。而上台弗理，州县视官为侍舍，因循已八年矣。所伤禾稼人民，不知若干万计矣，可叹可悯。

廿一日　晚，刁升自省到齐，知从武城送胡三妹妹回家，原车回武，知家眷已于月初二日由德州到武城南乡十五里杨家庄王序东二妹丈家，正值序东继母去世。且闻人言，仇人欲抢序东院乃叔家私。其家自国初以来即称富厚，所居之院四楼高起，数十里外皆可望见，当此乱世，实为(召)[招]匪之由。内子率儿女住此十日，虽久未与二妹妹见面，恋恋不令即走而心中不安，乃急到夏津乡之郑保屯序东乡庄房子居住，此处房屋宽敞，存户几八百家，以黄宅、张宅为富绅，科第不绝，皆与二妹丈家世为婚姻。予前在临清，每至武城幕省，亲往返尖此。其时序东祖嶙斋太亲翁峋，贡生。老夫妇居此，有地数顷，颇为康乐，村中读书者多。前予在临清书院主讲，并阅州考童卷两次，故夏、武、邱三县考者多识予，而予难记忆耳。黄又书二兄德铭前曾应试，现纳监生，照应予家眷若素好然，可感也。

黄三、四先生型祖，癸卯举人八名，癸丑二等，号□□；熷祖，丁酉拔贡，癸卯副榜二名，戊午四名举人，号丙生。兄弟儒素和悦，继守先畴，设帐乡里，远近及门甚多，可羡可钦！郑保屯临运河二里许，对岸为油房，属直隶清河管，南距临清卅五里。临清自三年失陷，死者十三四万，无贵贱，男女莫能认辨，经官捡骨，分男女，做十馀大冢，环葬城北郊。城内居者寥寥，七八年来阴气未除，州牧以城外告市口学使署为衙，遇考试则移至临关署中。

廿二日 令刁升回郑保屯，知岳母一路辛苦，在武城即病，比至郑保屯，卧床不能起矣。连日无事。

寿恩儿在家与梁内侄、徐五儿课读。荫溥，清平廪生，序东姊丈。日来设法劝民纳漕银，尚踊跃，下忙正赋，亦兼完纳。闻芸翁拟赴兖、曹、济宁一代阅团，以土匪尚在，济宁等处与僧兵抗拒也。

廿八日 杜云翁世兄庭琛庚申庶常，经云翁调随团练，自京到齐并请宗伯祥兄同来。汉军大医院官医道甚精，云翁门生。杜世兄谈及在京寓被大盗明火入宅，搜刮财物，打开十馀箱未得多馀，将伊缚在铁火炉短足上，幸未受伤，素尚蓄有壮丁，盗等将若等锁在所住院内，急不能出，后仍喊动街团，鸣罗惊逸。据云盗中口音多系沧州人也。内外城被劫者，无夜无之，小有之家亦不能聊生。夷人入城出示要不日开炮，致内城弃家逃者无算，多有被家人辈携主重赀远飏者。北城外女辈为夷人、土匪淫杀太甚，海淀亦然。闻七八十老太婆亦被夷奸，可恨！恨恨！云翁已过泰安，函嘱其世兄在齐等候，不必到省，因与杜世兄宗伯翁盘桓多日。袁雪翁亦到署，逐日手谈。

十一月

初一日 郭升自家中来，知一家平安，为慰。

初二日 令郭升上省买物，知姚霍巢兄由丰润盐店到东，因已选淮安府学博,回扬州家中料理赴任,而南北路阻,乃拟绕至胶州,坐海船赴上海,再到扬州。近多由此回南者。振之兄上省,禀见文中丞煜,适接到法夷由天津递到伊付东海驻夷公文,似织就口袋,约长尺馀,宽一尺,似线似毛,上安横木,有铜抓手。横木有窍如锁,门外一洋纸包,写洋字,另有"我们注明:递大法国办理东海通商事宜,某官某开封",内装似钥匙,封口若儿茶,又若松香,粘贴加园小印,如小洋钱花文,(鬼)[诡]计多端,又不能不为递省。杜芸翁奏参首府汪、请以同知降补。茌平陈,鹤皋,请以府经降补。并他州县共七处,未与抚台商酌,奉旨著山东巡抚文查明,另行参奏,适清藩台盛以民皆恃团抗粮,禀请云翁饬员劝谕,云翁大加批斥。云翁奏请回籍释服一月,未蒙恩准,只准廿日。又奏请直隶候补丁守存到东帮办团练,奉旨未允,并以丁未候回谕即行到东,交部议处。云翁各处阅团,带勇百名,并多随员,上下若干皆向州县要供应,致州县不愿。文中丞及清藩与云翁不洽,乃拟具款揭参,有"服中早晚放炮,纵跟随人等向州县需索及团民抗粮"等语,嗣经徐琴舫太史从中婉说而止,而云翁声名为之少减,随员李宽甫展业捐纳员外到东,用愚弟帖拜抚台,致文中丞大怒,乡党之间咎由自取也。郭升自省回署。

初八日 令郭升回家送银,并为岳母带去食物。

连日风冷太甚,夜间虽有火盆,手冻不灵,闻河冰大,下激水声大若雷。

连日袁雪翁为郭少堂暗交伊报复等事,闻郭少堂近日向各村索钱,惹怨甚多,有小役张太者,素非安分之人,酒醉持刀欲杀郭少堂,经其爪牙拿送到官,官为重责严押。郭少堂从北乡拿来骑马贼一名。

杜云翁札饬振之云:"如郭少堂人才可用,尚可保伊出力,盖恐其横行乡曲成大事也。"予细察郭少堂一乡愚无知,小有八股之才,考副一等,遂趾高气傲,不安本分,毫无材略,近日所为更谬,如在太平时,早可办出去也。首府如以其聚众抗粮治罪,彼竟无言,乃强欲置诸反叛,草菅其命,激成民变,又无能办理,仅令朱禀到之。振之代为,将有化无，堂堂首郡，缩首自藏，属员亦多不理，所靠者薪水、节礼一闻皆不送矣。

杜云翁自济宁等处绕东昌，过德州，回武定、滨州矣。

连日公私无事。闻衡水县土匪王老越势败，无所归，乃携家小坐二套车两辆到齐河欲依郭少堂，见其势难依，因往依赵康侯矣。曹州长枪会以团为名，聚至万人，横行一方，经童太守正诗，号樊唐，捐纳。知府约束，会众尚不致大闹。因无此经费，乃向所经过盐船抽利，保送盐船南行，暂以相安，然日久总可虑也。

十五日　与同事至西门内千楸园闲游，园为前明房尚书别业，现已零落。人云树有一株双影者，入县志。郭升回署。

闻禹城、平原一带有穷种团官，呼为"穷总团"，皆乡曲无赖集聚多人，自立为团，暗与临邑、商河等界之黄王庄贼匪为比，四出为盗，间向行商索钱，云作团费，且护送出境，否则要而劫夺，若要买路钱者。他处盐匪亦与通气，官莫能制，又不能动款雇勇。每遇劫案，直不能拿，亦团练之大弊也。袁雪翁经其亲友怂恿，当此乱时，乃独禹城盐商底名子店各处皆有私盐阻滞，弗能畅销。近日更多劫盐之处，人人皆云是子孙累也。

十六日　马小虞运官名英麟。齐河世家，来拜振翁。

闻盐匪与马贼时在北面州县抢掠，无兵可请，任其肆行。匪等初亦试行，见无人惩治，日渐得计矣。山东盐务巡役久不安设，即有巡费名色，商人多为支销地步，有名无实。运台亦未见及此，地方官视盐商为利区，亦不与之一气，即官办，地方恃有官役，遇事将就。其乡里贫酌无食者，煎晒私盐，求些许利，官易捕治，往往毙之押房。至大股盐犯过境，店友闻风远避，任匪搜抢，即有团练，事不干己，坐看不救，况民间多疾，视盐商且乐其受祸，此风日炽。盐匪多，究亦地方之大害，而上下不悟也。如京东丰润等处，前十年盐务废弛，私贩大帮时起，几乎难治。谢鹭湄四表兄初入吴号盐务，即大以巡务为意，随处择人，人皆胆力可用，而又时以义气勉励，久之，挑有三百馀人。现在丰润等处滨海多盐,又与永平州县接壤,彼处无商已久,只滦州一处官办,而历任但顾目前贱赊与州人承卖,公私相假,数年之间赊积已多,私亦难治,浸灌丰润等处,极难防查。经谢四兄布置,数年情法兼施,居然易坏为好,东家大受其益。其间非无大帮盐贩滋闹,恃有素蓄巡役受恩已重,感谢四兄之深遇,令对敌真出死力,设有命案,又能为之料理,不致令受官累。丰润一处为蓟六州县屏障,谢四兄独当此面,他处安枕无忧业有年矣。上年,夷人占据北塘芦台,镇民纷纷逃难,京东匪民柴宝善者犯事逃出山海关,因与马贼结连,四外劫掠,官不能办,渐至关内侵扰,夷人正来之际,若辈觉乱,正可作,几乎在马兰峪一带占山为寇。盐务有此巡镇压,各处盐匪竟未与之勾结。柴某久扰无功,兵官急加搜捕,擒治多人,此股遂散。巡役之有益若此,况当此兵力不足之际,民团究不足恃,只有巡役系官人,加意养练,岂独盐务受益?此急切要务,上下官常,不可不知,故特记出。谢四兄与予为姑表弟兄,幼即投契,昕夕相聚,不能离者。三母舅乙青先生照为名诸生,品学兼粹,古道可钦,惟知以讨书为乐,弗知谋生产,及门科甲甚多,而己乃以增生终老,每当家不举火,而吟哦不绝,乃有真乐者。训子弟以立品博学,弗许染半点习气,遇有无耻之子,事虽小而怒詈加之。大表兄、春堉,号纯塘。四表兄、春埏,号鹭湄。六表弟、春□,号东皋。八表弟,春城,号晓坡。皆承庭训,惟四表兄读书最敏,屡列前第,乃以家计日艰,诸兄弟阮难力学,适道光丁酉秋,三母舅疾逝,舅母、外婆相继而卒,诸孤茕苦,壁立冻馁矣。四表兄乃饥驱至京,依吴四姨母,吴宅乃巨族,百药先生之裔,巨商名宧动京师。是时吴诵芬表兄士桢,壬辰孝廉。尚书、内阁中书、军机章京,以为家道可再兴隆,而京东盐务日坏矣。四姨丈早逝,姨母与先母同胞,苦节无子,见四表兄至,若获真宝。吴惟勤九姻叔亦相待甚好。四表兄留心世务,阳示弱而阴用强,初入盐务佣值甚薄,乃遇事能处,笔下明畅,一二年间遂管重事,有心人也,亦素日承庭训者深耳。大母舅向山先生焜,邑诸生,为学使刘金门先生赏拔者。风诰,江西人,诗酒为乐，亦贫而能安，每当严寒，无衣无火，手擎杯酒，拈须苦吟不辍，搜罗山左名人诗，小车独游，各处访采数千，成为十二卷，题曰《海岱英华集》，又欲付刻，无此力量，近为同邑余秋门先生正酉，辛酉拔贡，山西知县。选去，刻入《山左诗续钞》不少。大母舅一生学杜诗，所著有《缘云堂稿》行世，近人无一生深厚之作，同时与周二南先生乐、何岱麓先生麟泉、翟麟江先生凝、王青阶先生联登、郑萃史先生云龙、王秋桥先生德容、范伯野先生炯、乔松石先生岳唱和，结诗社于明湖之畔，有渔洋先人柳园之遗致。

大母舅、三母舅兄弟困场屋者卅年，家贫不能共食，而品学双称，近今无此受命人矣。予幸登甲辰乡榜。三母舅在日时，唤予至家，口讲指画，夜深不倦，故予所得者多，乃不及见予之代为吐此微气矣。大母舅喜予之第也，有句云："早识汝能贵，今教语不惭。甥能无似舅，青却出于蓝。"云云。后年近八旬，为酒伤目失明，后三年而卒。大表兄绍基，号镇甫。善画，尤工写照，为人作书记，两表侄镕、鉴。皆业儒，有先人素风。

眉批：母舅虎臣先生（熙）负苦一生，与先母相继而逝。

周二南、乔松石诸老先生多青目于予，二南先生赠予一联云："文章白地光明锦，品望乌衣磊落才。"

乔松石三先生同邑诸生老困场屋，为人潇洒儒雅，工于诗，与予为忘年之处。刘星庄先生湟，布衣，工画，亦与予作文字交。灯下无事，追忆诸前辈先生，皆归道山，时下交好又皆年少英发者流，以敲门砖取功名，所投皆利，无庸黄卷青灯，穷年兀兀，今昔兴慨，知世事颠倒矣。

眉批：中宫镇有主簿若山大王然。

王午桥司马过齐小住,荫昌。孝廉,由国子监助教外用同知,知乃弟石庐。谈及候补之苦,现假振之兄南山别业暂住。南山中宫镇东锦绣川距城四十馀里,山水树木如在画图。春初则秧苗麦浪,山鸟啼花,河流漱玉,山色排青。川长百里,东与章丘界通,鹿车款假,人行岭坳,山中人有老不到城市者,颇有桃花源景致。振之兄别业在葛儿庄迤东,为裘家庄,前毛寄云侍御偕李小湘表□置产安家于此,避李开方等之难。时予由潍县到省缴藩宪札,予署全乡广文丈之委,毛寄翁、李小翁邀余住其家者月馀。时维九月,枫柿如万叠金丹,点满陵坡,加以苍松翠柏,银杏楂梨,胡桃婆娑,黄碧相杂,名为"锦绣",诚非虚也。过裘家庄往东山,径幽曲,渐多荷塘稻塍。司马府孙悟山,与予同入泮。表姊丈小泉自明世置产于此,村名王家场,家世搢绅,为省中旧门第之首,距裘家庄三里许。北山有柳泉观,山泉曲折下注。坐大银杏树下,对望山翠若屏,人家高下而居,落霞晚鸦,令人心旷神怡。时同毛寄翁、李小岚兄、林馥庵弟、李小翁、振之兄、汪滋厚弟及诸好游此,回忆已八年馀矣。山水之乐,何日忘之?安得与诸兄归老林泉,优游杖岩。连日照常办公,无甚事可记。接谢晓坡八表弟及国晓山三兄自京来函,言及夷人换和约后强居各公王府第,并相地欲立天王堂,尚与居人相安。银价仍廿千上下,生计维艰。

眉批:知唐煜轩九兄到京引见,即住斌升店。

闻僧兵屡不得利,一日又为贼匪围裹,冲突不得出。安丘李云舫漕督少君小舫麟遇,前景州知州,保知府,随僧营。练有乡丁三百,甘苦同尝,相(失)[矢]生死。知僧邸被困,乃示乡丁,云:"我辈受王厚恩,今知王困若此,如不以死相救,王设不虞,我辈生亦何益?宜急共冒险杀入。"乡丁激愤,袒背持刀,大呼"(无)[勿]伤我王",以三百人冲入数万贼围,如入无人之境,竟将僧王救出,可见兵不在多也。以僧兵若干为贼所侵削,日见伤耗,且调度失机,饷需不给,徒有鞠躬尽瘁之语，可叹之至。闻伊都统兴额素称飞将，最能以马队五百杀贼若干，南北贼匪畏之已甚，民皆呼为“佛爷”。前在江，见和帅与张提臣国梁不洽，坐冒兵机，乃独出队杀贼万馀，和帅弗为实奏，伊公自具捷章，奉旨著正帅查核覆奏。和帅乃以并未杀此多贼，只毙千馀云云，致干严议，侍令回京，经江南市民若干人联名到京保留。伊公告病，不肯即留，士民连诉不休，云“大江南北，贼闻伊大人名即弗敢侵犯，虽云抱病，只求在营卧治，百姓受庇不小”云云。上意亦解，乃允准行。适夷入京纷纭，未暇问及，及僧邸本年十月间统兵南下，志在剿尽大河南北之贼，伊公以为主帅得人，可出而致命矣。其麾下大将腾甲胜由勇目所向，皆捷荐保重，职在伊公，左右如臂，使指民兵，贼种皆称伊公为“佛爷”。佛爷云者，满洲至重至亲之称也。如用兵有方，山东、直隶尚未尽残缺，民团民粮颇欲共助僧王。初闻僧王兵到，民皆欢呼，家室老幼亦皆称庆，以为吾侪有福矣。僧王出示，欲按亩抽饷，民无异言，其莠民欲借团滋事者亦皆闻风潜散。邹县教匪宋继朋兴教有年，官弗闻知，见此世乱，即欲起手图霸，闻僧王驻兵济宁，宋匪相戒莫犯，大兵来捕，各归山曲渐散，大局安危今在僧王之来也。省中官常素善巧谋者，多求入僧营效力，不必冲锋，只在文案处，为近水楼台，遇贼来大率暂避，贼去即张大言词，虚报冒功。自军兴以来，此名利兼获，得意而赫赫者不知凡几，其真冒失立功者皆武弁好勇，不过千把总职而已，茫茫宇宙，有何公道？反者，乃不正之词，失今而后得反之也，可叹，叹叹！予每人言，知僧邸前在津门防守已极周密，及夷过通州，大兵节节失宜，直同束手，一切用计似若弗谙者。今贼匪二三十万，因闻僧王此来欲尽剿灭，贼匪皆恐，相告曰：“僧王素灭长发无遗，与其我们皆毙于兵，何如我们并力前迎，与之死拼，不必尽失也。”所以无贼不合，分各色旗帜，红旗放火当先，白旗肆抢，黑旗逢人即杀，花旗则老贼大股，所云“张洛行”也。曹、沂、兖州一带贼所过处，来往数次，民皆无家，乘其未来，多打席棚回住，而贼至全烧，今数百里内无人烟矣。贼中所裹良民极多，皆将其家口杀却，逼令归从者,民且求生,只得相从抢杀,久亦得利,亦皆愿为贼使。闻现在贼众无衣无力,骑马执枪,冻卧马上,若恐跌下者。遇良民,力不能杀,第以枪刀吓民财物,民若齐心回击,大可毙贼,而民间闻风乱逃,(謄)[腾]出家室财物,令贼抢烧,遇贼数人即战栗之至,任贼杀害而已。或大劫一到,其理不可解耶,亦无好官办团敌贼耶。予自忖殚尽心力,颇能为僧邸画策,且洞悉民情,知大可用,屡拟投营献策,而以家口累身,不能见义即为。午夜闻鸡,且愤且愧。闻贼众向民间云:“我们再过两次。汝等与我们一样,我们初亦有地亩家室,安居乐业者,仅为贼胁迫,别无生路,奈何?”贼中逃回难民云,贼先令边马前冲,遇村放火,惊民乱逃,后贼踵至肆抢,遇有团练之处,即不敢直过,最怕村民敌,铛铛盖撞寺钟齐围也。贼智日多,见有大团,乃好言假道,声言万不骚扰,以懈团众,民各怕贼,颇有信而自懈者,贼乃先劫小村,令大团弗肯往救,不知唇亡齿寒之理。贼既抢却小村,转而回至大村,比为所害矣。如大小村庄守望相助,协力合剿,贼即人众半皆良民,无奈一击即散,何致令贼猖獗若此?此中无人调度,民间太平日久,安知军务机宜?不杀而战,驱而险,贼往往然也。杜云翁身膺重寄,为东省总团大臣,弟知深居贡院,一无远虑,且当此贼众时来时回,人心惊惶,不思妥为调度,且先回籍,以图卸责,何斯民之不幸若此!自捐纳途杂,人皆可官州县,为天下要职,尽用捐纳保举,以官为利,与民为仇,毫不关心民瘼,致民积恨成仇,否则轻官太甚,咸云:“地方官今若此,我辈今秋收获后亦为子若孙捐州县也。”署邱县陈仲观初纳佐杂到东,因陈栗堂夫子之力得充巡捕,渐保知县,补此缺。邱县与直隶威县等处毗连,地窄民陋,俗呼为“邱家庄”。前振之兄任十五年,到今民皆思之。而陈仲观擅作威福,装模作样,一味重剥,致民团将伊抬至乡村孤庙中,弗令跟从近前,团民环守,互相揶揄。仲观一动,民相笑曰:“彼尚学官走耶!”一痰嗽,民笑曰:“此官腔也。”一怒一笑,民皆指而戏之,不堪已甚。饿则民与以食,渴则与以水,数日不令出寺。问民何为?云“求官出示,将钱漕照定例银数,令民完纳,不准加重浮收"云云。官不肯则不放走,实在无奈,乃勉应许而回,急将官眷他徙,自己上临清州求见张寿泉州牧延龄,亦由捐纳,无往不得意者,为人轻佻妄为,独善营求。哭诉求卸此任,情愿回家,终身不仕云云。州牧只得代禀交卸,上委王叔平者准署事,亦年轻捐班,骤欲以威制民,不知民肯听命否也。

廿日 有许文杰者,号邦美,向系绍兴酒客。山阴人,欲上京捐吏目,婉沈小斋妹倩来斋求予函托京友照拂。其人矮,卅来岁,多诈,土气未除,独自携银上京,满口乡谈。闻京中以查税为名,无车不送务,且南西门下洼一带,名为海巡,实系匪人,遇孤车过此,以查贷为由,即可抢掠,客商无处可诉。今见许邦美光景若此,既来求予,乃为函托国晓山三兄,诸事必能省而且好。又为致黄村巡政谢八表弟,托其派弓兵护送入城。因与振之兄商送晓山兄银十两,当此京用正艰之际,计可换钱二百千文,似可补助一时也。又为晓坡弟带去土物三两,聊作伴函。后接国三兄来信,知许某大得予为致托之力,不但捐事伊全未费心,且未令城门上讹钱,又未致海巡者抢去财物,真许某好运气云云。

近来《京报》尚通,两日送一次,在齐河皆看提塘寄省过报,连年江西、湖北、湖南各省平安,长发贼现正攻苏杭等处,志欲必得,或不暇及此耶。济阳周泽庭三仁弟成民,甲辰同年,同挑二等。初选江西县,现调新建首县,闻甚得意。盖江西等处州县前数年屡困于此,且多俯受伪官者。此时境内肃清,即觉各解倒悬,地方不无奸民,尚藉官为惩治,是以官民相安,钱漕乐输,而所征钱漕多折解邻省军需,省却兑运重费。州县官沾润不少。袁雪翁力劝予改州县,指分江西,查只一州缺,予恐长发复到,即难办理矣。值此天下惶惶,正不知何处是乐土,惟安分待时而行可耳。予向来逐处体察,觉取巧者只快一时,正如熏开堂花,虽得早发,而根本全伤,莫如小草逢春,年年滋长也。每欲谋事,必试其机,若搬运大石,用力而石动,则此石可运,加力为之,必可动转矣。如力弗能胜,而加强为,不独石不能运,且有绝膑之患。识得此理,可以省却多少妄求,大抵凡事皆有定理,人事不尽欲走此道,试行而顺,或中有阻滞,要人竭力去为,只所谋者正顺理行去,必无损害,即后有歧途,亦思虑所及,非冒昧而行也。若前途节节阻碍,必欲背道而进,势必作穷途之哭,其理率皆若此,处世不可不知。

廿二日 首县吴慕渠兄专马车一早送到银卅两,振之兄敲窗唤予起而拆读,乃上蔡令金西农仁五兄寄到者,知予偕眷出京,助予家用之资,力劝予勿入团局,且回京供职。闻长山团长袁三豁鼻一名袁三火蝎子。团练甚好,渠为北团,南团长刘公濡,进士,知县在籍者。团练逊袁,马金榜办章丘县团,闻有霸气,世事纷乱,大有英雄争起之势。在唐之知世郎据邹平山为寇,与昌乐窦建德、济阳王伯当等各据一方,与此时大略相同,安得太原公子出而扫却耶。皖逆及张洛行等皆各筑围而居,时出围拥众烧抢淫杀,满载而归。大家计人分银,有在围子中取借人家银钱,出外杀抢得利后归还借项,尚馀赀养家,故若辈出围后,其家人皆盼其得重赀而回。苗沛霖在皖亦筑数十寨,与贼围犬牙相错,贼之筑围即恐苗团烧抢伊家,而苗势甚大,往往俟贼得利归,安收渔人之利。乱世银钱纷散无算矣。苗沛霖初充团长,惟行霸道,官第抚绥笼络,使不即乱,经各统兵大臣荐保藩司花翎,而彼虚应此荣,不戴此二品顶翎,盖坐观时事不定,为王侯?为贼也?闻安徽省官皆两印,一我们部印,[一]长发贼印。其百姓亦半剃发,半留发,暂为两面人,以求苟安。南京长发贼居然有宫殿、太监、文武官员,已开科取士,未知取何文艺,所掳功名学问人,近不加罪,多授重职,厚禄美女,俾为伊用。入其中者久,亦不能逃出矣。初获官员呼之为公,无不杀戮者,今闻不甚查问,只为伊用,即不加害。又茶商自皖至北京贩茶,经关报税到京上务分售,年来茶商裹足张家口等处,需用甚急,故此次茶商来,获倍利而回,比到南北交界,仍蓄发,俟发长成再回原家。南人仕商在北者近来为团、为贼、为长毛,节节阻碍,去秋夷乱,竟多无家可归而汇兑银项又无妥便,盼恋家乡,若有老亲,更难为情。

齐河城内向有古会,四乡婚嫁皆来置办衣物。郭少堂来云:“北面骑马贼数百人欲乘此会来劫，前所获之人恐不免抢劫，大是可虑，莫若止会。”振之兄半信半疑，弗得主意，商之于予。予云：“会商多系省城铺面，现在四乡安静，骤止此会不独商民不便，且骇人听闻，省中上台闻之，必云官不能镇压地方。以振之兄平日官声，岂肯有此？况北面未必贼真致来，我一胆怯，贼反可乘虚而至，是本无事而启事也。郭少堂时时以各团皆由伊呼唤自矜，近又制多枪炮，约费四千馀吊，而分文未付，致匠人乞讨为难，其居心不知云何，胡不一举两得全？会照常开设，即属郭少堂调团，获城巡会，每城百人，要枪械齐全。每日由官付团丁每人三百文，以八日为期，看其能调与否。”振之兄初以为费此多，钱力有不逮。予云：“不然。民之纳漕，原因官好，现在所欠尚多，而振之兄向为民信，有义必为者。今四乡纷纷来城赶会，见如此防护，是皆好官。所谓处处为民，不惜重费，民间相传，必皆感动，争相完漕。计所费团丁之资，八日用二百馀金，民能多完漕百石，即有馀矣。且邻封亦真多，贼匪不无窥伺，今见齐河民团忽然如此整饬有备，一呼即成镇压之处不少。自民变围城，土匪颇知齐河有数万声势，有此一来，更知官民一体，团练必好，此起显焉者。郭少堂为众所推，加之宵小暗谋，近与各乡团相聚，深恐其大有作用。郭少堂寡谋贪利，自强向各乡敛钱自肥，名为讼费以来，闻怒不敢言者不少。今令调团，每城百人不能足数，好冒领团丁口粮，且每人未必果予三百之数，各团中人必登时发言，詈其不公，四乡即与心散，正可解其党类去。上台及邑中绅良正虑其日久作恶，弗能办理，今我以二百馀金买其离心，岂非大有关系之举？况藉此可以看其团众能否为匪，枪炮究有若干也。”振之兄向来爽直，只要所谋者是，当即允行，刻即传郭少堂入署，令当晚传车，单调团四百名，明早执枪抬炮，到四城分守，每名钱若干。郭某喜甚，遂即传单启城分调，次早果即到齐。振兄欲点名，予云不可，连日冷甚，乡民衣履不齐，冻形可悯。晚间，予同振之兄便衣到城门口骤问人数全否，乡民云五十人，一个不少，盖已短一半。郭某日在娼家流连，护从伊者十来人，恐仇家暗算也。闻伊宿娼家,其从者即在窗外地上共卧,寒苦已极而不加赏恤,怨言已多,并加诅咒矣。自令郭某调团,将前者官办团练帐房火炉发交乡团,各丁安设以避风寒。郭某向官讨去火药,团丁纷无纪律,任意点放枪炮,半夜惊人,郭某自以为身统团兵,扬扬快意,而官属其传,知团丁不许乱放枪炮,号令竟不能行。振兄同予每夜到城上严饬,令其安静无哗,仅半听受者,率团若此,知不得力。次日,闻丁众只得钱二百文,纷纷乱言:“我来受此大冷,而伊从中渔利,不若即回乡间也。”散者不少。会商各皆安业,郭某乃向言:“非我之力,汝等何能若此?”硬用估衣店皮衣,不欲付价,致人不服,几乎生事。团丁及其团长皆知郭某处处借此贪利也,遂皆离心,会皆安稳无事,而郭某伎俩尽露,乡间党与亦解。振之兄甚乐,究竟亦当然之理,非必有奇计,只妥图谋得到耳。凡事皆然,如杜云翁有见识,留予辅助办团,或投僧营效力,自揣必有所用之处。前路茫茫,髀里肉生,搔首自叹,岂果令我碌碌终身耶?所难者大劫真到,以予微力,其何能救?然有团可使,有僧邸贤声可藉。如予有日出头,似大局未必无补,旷观上台州县,以及绅民鲜远虑熟计者,世无用予之人,每拟自荐,而仔肩恐难即胜,(五)[午]夜愁思,为之奈何?到处抢掠淫杀,古人有趋吉避凶之言,但可早图,且谋远徙,富贵功名,此时皆不可恃,所可望者,祖功宗德,在于后裔,或遇大难,不致骨肉有伤残耳。

关帝、吕祖到处降坛,训人“急速向善,庶大劫可免,试观兵灾之区,或贼不加害,或有解救,必其人家有善可取也。惟连年谆谆劝化警戒,并代万姓求上苍念好生为德,略从末减,而人心弗改,神明劝化无效,并代受罚。今贼匪到处毁灭神像,即其明儆人心,若不速改前愆,一味巧诈淫恶,正若牢豕待肥而后杀耳。辛壬籍劫已到,急速行善,尚恐波及”云云。训词凛然,好善之士敬刻广送,亦以劝得一人是一人耳。如近华衣珍宝,多为贼人掠掷如粪土,娇艳妇女亦多被贼污且解其体,贼匪所过之处,贼首择居大宅,拥抱美女,与其亲近,任意宣淫。环绕贼首者皆其党恶,亦多掳女宣淫,再外绕护,则以裹挟之人分布四面，至夜枕刀械而卧。再外，则用马队巡逻防查，被胁之民即夜欲逃生而不能。贼众每股数万，远近相应，贼中半皆吸鸦片者，所著衣服皆抢自民间，无论男女多有外著破衣，内著四合云厢沿红绿等色女衣，其形可笑。自道光十四五年，江南、两广盛饰女服，穷奢华计，沿衣缎边五彩金绣花鸟人物，宽有四寸，缘领用四合云钩，俗呼为“四合云”即此，花边之价比衣料还贵，衣料颜色日新，有藕色茄及火里烟色五彩夹织色，争鲜斗丽，妖艳已极。近十年又有所谓“血砑色”者，必藕色，淡些如浅粉红而加白，竟致官常大衣亦用此料，不以为怪，反以为时样，京中阔少无不著此者。予以寒素衣物不齐，室人衣饰向青缎即以为华美矣。本无钱制衣，而暂买数件估衣，且常入质库，有时伏夏而室人尚著蓝布衫，初不觉其减色也。予初不识所云血砑色衣，遇有美少年华服而来，则以美人装赞之，少年者亦不见嗔也。更有著绿绉夹袄者，第不明戴绿帽耳。自南北多贼抢掠，富室衣物皆为贼有，往往作践不堪，掷如粪砾，此明明上干天怒，降此凶罚也。长发贼多用红巾裹头，披发赤足，(刑)[形]同恶鬼。前吕祖降乩，告人云：“此盖魔鬼下界，收拾劫众也。”然此尚属假鬼。上岁夷人入京，指挥土匪抢烧海淀，火及圆明园，将二百年宝物珍美尽为乱众劫掠践踏，海淀因多王公大老府第，去秋夷未抵京，又纷纷搬到西山一带，一城官绅富商之资大半先运到此，以为可以藏避。有同年满友属劝予亦同往暂住，予本寒士，所虑者嗷嗷众口在京无罪，不能不外出谋食，如云藏避，直无物可藏，早计移西山者，皆诲盗也。夷人土匪淫掠之惨，不能言状，是天恐长发尚不足以惊人，乃降真鬼子来收拾若等。虽是怒极，若等仍是警戒，若等如皆从此惕然为善，大劫不日可退也。

海淀各铺户皆被烧抢，似难兴理，而自乱抢以后，竟多获重赀之家陡然大富，遂打草棚开设铺户，每得厚利，然为人窥破，出首追赃正法者，亦复不少。

眉批：自三月间太白星、经天星十一月方灭。按，太白在□

行道外若干度，为昼见。在日行道内若干度，为经天，今在内四十馀度。天象警人，仍是爱人也。

连日天冷太甚，近年无此冷法也。我皇上在热河，其冷想比山东更甚也。同司吴六庄主政达亨，云梦人。同宝楚翘赴热河住班。

廿五日　写送挽首县吴慕翁夫人绫联。

齐河征解下忙钱，粮银二千两，漕银亦征至五分馀，民情皆好。西乡菩萨堂地方分堂中、堂南、堂北向，多水灾，漕半缓征。秋间民曾报灾，而德法三明府未即禀请缓征，现在未见完漕。振之兄托袁雪翁代为赴此各里，寻其团长，令转令民间完纳，团长李琢之诸绅指示乡间各家向年皆房上堆草，即可知收获有馀。今年为伏水伤稼，收成不及十分之三四，故各家房上并未见有草堆，衣食维艰，实难照常完漕。前呈官为缓征又为允准，既承李父台托雪翁来劝，不论若何变钱无不竭力急公者。所言系实在情形，可见官为民服，那有围城抗粮之变，后来完漕者正自不少。

黄水忽下凌汛，冰水涨发数日，盖年年冬汛若此也。

十二月

初一日　至大清桥上闲眺。

初二日　接徐绍圃同司专函，现在严查九月间告假及未曾告假部员，自八月底夷人入城之日起至九月十三日换和约后，止令各堂官具实查明，各为详注参奏。兵部派选司翁至甫、驾司施□、库司文翰初诸公密查，司官笔政现俱亲身书到事甚急，且嘱予速速回京云云。振之兄大为担忧，予亦觉事有不妥，继思当时北狩匆匆，夷人入城时如此焚掠不定，祸患如何？当时并无上谕，不许告假，见所派留京大臣且住城外，似听百官逃生者，况内城满员受惊更重，纷纷外出者众，其汉员告假回籍及并未请准假硬自走者不知凡几，其中大老子弟至亲好友正多,一时如何即皆回京?诸大老似无不为之着急布置矣。况予系请资斧假出京,照例办理,即云不应,似属公罪。予出京时即虑有此,所以请准赀斧假方回山东,今家室远在夏津乡间,无人照料。梁岳母病已日重,后事须备,予万难独自回京当苦差,且计查奏已过,何处分已定,即连夜赶去,亦恐不及,只有听之。或先致函同司,托其照应,如有可照应,同司皆予交好,似无不为之料理矣。振兄属予诚求一课,云:"公文火速催,行人迅似雷;所谋心未遂,病者待回春。"其词甚应。予初请病假后换资斧假,据课词揣度,似来春回京无碍。正在拟专人而未决之际,适文中丞专门政回京过齐,当函致绍圃弟,并致同司,切恳其照拂而已。课词上二句于此更验,文中丞门政杨光明,号峻德,已赴晏城,因专马送交信函。尽其当然,听其自然而已。专郭升回家送去岳母外卦、九连环等物并函。序东代购寿器。

眉批:旨撤杜团练差使,其随员大无精采(京官随出者暂不分印结)。豸史奏参各省团练大臣调营随员多京官,将来可得扰保,而一切升转俸项如旧。太便宜在京各员,现在苦甚。请旨严汰并不许优保云云。

初四日　辰刻,梁岳母闫氏在郑保屯去世,年七十三岁,岳父士喆号阮堂,行六,在省西关外合泰估衣店掌柜,忠诚可靠,生意日起。梁伯寅四伯岳,邑诸生,在盐务料理事。八岳丈士成,庠生,早卒,八岳母守节表扬。九岳丈游手好闲。岳家人丁三十来口,多系六岳丈管家胞兄弟,四维和悦而安,正在家道兴隆,而六岳丈去世,年甫卅来岁。予初定亲,年十一岁,犹记为六岳丈送殡,见其家中老少亲友来者,无不痛悼顿足。合泰东家因六岳丈去世,遂收不做,一人所关如此。自合泰收后,百顺估衣店继起,遂致巨富,即张乐堂同年冠英家也。岳母孀居,盼内兄锡田成人,而游子浪费,一无成就,四十馀岁夫妇前后逝,遗内侄文耕从余读书。岳母无依,遂同接到京,以为可养馀年,讵意双目失明,幸有内子侍奉,知身后一切妥协也。大伯岳石民先生士俊与二伯岳懐兴先生兄弟峥嵘,相继登第。二伯岳终于福建邵武县任内,大内兄云骧读书未成,仅属小康。大伯岳官四川,所履皆有循声,古道君子,至老不敢放逸,终于金堂任内,蜀人至今呼为"梁婆婆",大内兄云桂,号小山。贵州贵阳县少尉,丁忧抚柩回里,业去世十馀年矣。凤轩四内兄云翥,系七叔岳遗腹子,大伯岳胞侄,视如己子,随任四川,到处办理帐房甚好,咸丰二年选阳凤县典史,在任两年,因失守去职回里。内侄甘霖在皖捐纳从九,现随军营,颇能辛苦,惟南北间阻,安徽久为长毛所有,不知近来内侄消息。初八日,郭升回齐,方知岳母去世也。

初八日 吃腊八粥。振之兄拟接家眷,须先接其夫人,次及二、三、四姨太太,而其夫人管理家务不能脱身,只得接伊三、四如夫人也。振之兄一女,名莲官。一子,乳名石头,甫八岁,予为起名绶章,皆三姨太太出,不免恃有子女,骄诈傲人。振之兄夫人闫氏善能(逮)[待]下,毫无妒争之事,且治家井井,真伊贤内助也。振之兄胞侄小霞大兄锦章,前在河南候补府经历,振之兄为捐升知县,到京,正值疏通,投供一月,选四川,告近,改选山东荣成县。振之兄丁忧,尚可不回避。荣成滨海,极东隅,距省千馀里。小霞世兄读书不多,满口山西土话,又好使才,如非僻在海曲,恐诸事为上所闻,必致获咎也。现在丁忧,尚未回里葬亲,当此乱时,予劝其急办大事,而乃以无钱为词,夫谁欺?盖将靠乃叔出资,而伊侄道诸缺,不知如何办理也。

陈栗堂夫子服阕在省,因部查前在临清欠解关税万馀,急亲去办理,并到保定办理起服事宜,且张罗引见费。由省雇二套车起身,车小,不能容其胖体,兼因连年运蹇,精力殚尽,致痰重身笨,拜跪不灵,今欲引见,恐须奏对碰头,正是大难事也。过齐河,在花厅用早饭,予同振之兄、汪滋厚侍陪,见其口水直流,精神时明时昏,及送上车,身倒车内,几不能转动。十年前全副精神,无论官绅、朋友、亲戚一见后,并其八字皆可说出,一切应酬处处周到,最好帮助人,弗顾己累,慷爽有名，计由即用。到东，调首县，升临清，调首府保道员，一路顺风，受恩惠者众矣，所用足有三四十万两。其曾祖，雍正状元，礼部尚书。德华，乃祖，号拥书，驾部员外。希祖太夫子，白衣，殷富，挥金如土，惟赋性正直，不识诈伪，年甫半百将家资数十万用尽。栗堂夫子丙申联捷，继起运通，奉亲至孝，供亲挥霍。西峰三世叔壬辰孝廉，中书侍读，记名御史。在京结驷酬应，所交皆有名人，年来用度日绌，接连丁艰，夷入京时几致断炊，再想从前来银之易，难矣，而京中家居犹然大门面。栗翁夫子多年未受此等道路，严寒车小，难容之苦，省中官常奴仆得意者正多，何致今坐如此小车，自己坐车早经送人，即雇太平车所费不过多三四千文，岂人情炎凉耶？予送栗翁夫子上车，悲从中来，大难为情，而振之兄未言换轿，送至平原，予亦失于提及，后悔至今。栗翁夫子在首郡三年，振之兄两次作为属员，今未出前所治之境，急应换轿也，尚不知路上若何？念念。

初十日 予坐振之兄坐车上省，住振之兄家东厢。

十一日 振之兄三、四如夫人携子女上齐河。晚间至大表兄处畅谈。回访舒祝三兄于承笠亭明府家。恩，旗人，首山东同知，署泰安府，降，捐知县。

十二日 到将军庙团练总局，与同邑诸团长晤谈，知省团亦属虚设，西关厢现立两团，营一，效忠团皆回民，三四年归金西农五兄团练，勇为一省之冠，真费尽调度者，今仍旧时规模，令金世兄志光，五兄胞侄。统带，即不能如前认真，而前领司库饷银，此则各团捐办，何能久计？回民性悍，然激以义气荣名，即能效死，如不急将回民布置得宜，回众贫不安分者多，恐贼至从中为乱。予屡向当事者言之，而大家漫应之，不解何以关系最大之处，大家皆不虑及，上台大员更甚，天下所以坏也，可叹！袁雪翁送少妹出阁，十六日。予送添箱八包。首台吴慕渠兄送伊夫人讣到，日内暂厝西南乡邵儿庄，因不能回扬州也。

十三日 到首县署，与慕翁略谈片刻。又到刑席杜丙初妹倩处小坐,知首县一席已定,潍县张旭桥明府。楷枝,直隶满城人,拔贡,庚子副榜。吴慕翁向办张寄琴先生帐房,积功升临清,合家尽难,只逃出一子。后在历城帐房数年,故书差人等仍皆称为"吴四老爷",及由泰安调首县,官民素洽,政声颇好。历城向来绅士不入公门,有交情者尚或到署,民肃顺良,钱漕银价一任官要。现时各处闹漕,而历城漕银每两计浮收四倍,而无怨言,征收分数向来年清年款,虽值此乱时,业已征到七分有馀,民间知慕翁不日升济宁州牧,制万名衣伞(扁)[匾]牌颂扬,乘此夫人出殡鼓吹恭送至署。

十四日 慕翁请酒席,为执宾也。晚间,到祝三兄处小坐。

十五日 到县署助忙,见挽帐已到,三百有馀架矣。忽传登莱道崇观察芳来奠,予与见一面,甚熟,而急忘其人,过后思起,乃月之初一日在吏部同投供应到者也,见其人极谦和,知为循良官也。祝三兄前在陵县任内,应解送首县承办部硝银五百两,此本调剂历城、齐河、聊城等五州县者,解京事竣可得馀润万金,然须合省州县解齐,如多延欠,则不能矣。祝三兄初以为事轻,置之不理,慕翁甚恨。今祝三兄设法求上司饬令回任,情难上达首府,惟望首县为力,而因前隙在心,经予屡代尽言,漫应而已。陵县劫狱禀上,先将捕厅撤任,委员去查。罗平山明府使百姓要于路云罗系好官,必求委员代禀留办漕务,事毕再行撤任,并代百姓作公呈吁恳。愚民何知,亦必不回境,皆知委员想亦厚差费,乐得含混,竟为回省善禀求准。平山明府已属五日京兆,让价大收,包户亦乐,其价贱,本包既是折包亦收不少。当此乱世,满载而归,永平官之有无弗论矣。将劫狱大事不问,民叛若此,犹然唯利是图,地方从此益难治矣。应沙小燕署事,系燕三明府之子,年少捐纳,无知妄作,得委后不知能胜任否,以为可以肥己,急欲到任,而罗某使手脚暂留,不让此缺,沙某房且恨恨也。如急令好官前去振作一番,百姓究竟怕官,或尚可安静,上台毫不加意,任若辈如此,天下事何由得好?自上司要钱,官无忌惮,廿年来酿成大劫,事已无可指望,尚无出而旋转之者,其中大有天意在耶。

平原百姓乐此漕银价小，急急完纳，韩俊伯亦且收下挪用。山东、河南小米军船，向称好帮，弁丁皆得厚利，今两省皆乱，山东有曹州县办遭贼破，即多抗漕如平原等处，虽云收漕而万不敷兑，明年不知如何运法。天津又住数万黑白夷人旗丁、水手，河干守盼一年，望此兑运活命，倘不能兑运，官或不能闹事，而水手皆无赖游匪，岂能稳安无事乎？前之长毛残破山东、直隶者，大半皆因海运一办，南粮不用军船，水手聚而成贼，今之小米军船情形相同，乱在目前。予与当事言之，初无一策，及此可虑之至。

官常之富而大阔，皆由此浮收勒折中出州县，任意要民□，从厚赙送，上司为之护庇，百姓欲诉不能，其著名美缺，可以行赙某，得并拜老师，遂无语不说，上下交利。是以官常局面日大而无恶不作，间有一二好官，且设法黜之，官以亏空多为能员，一州县可以亏空一二十万，上司畏干吏议，且素受其赂，不能不为之弥缝掩盖，日久难清，则望豁免。自军兴以来，更全归入报销中矣。有一小州县，计一年所征之银，全不解司，亦不过两万，在任一二年即可报军需用廿万之多，不知其所垫之银由何处借来，抑自家中带来者？为讲究部费数十万之多，年来官多调动、死亡、改省，凑费不齐，数百万军需尚未报销核准，前局未撤，后局又设，此项军需无日完事矣。现在不准动款练勇，而百姓亦不完粮，官日叫苦，如何能赙送上司？窃恐上下皆苦，贼来收拾，若辈令从此另换样子，官亦不敢似从前之一切阔大，上司亦不能为州县指使，公事公办，或将反华为朴，转败为安矣。

皇上法令不能制督抚，督抚不能制属员，州县不能制百姓，乱于此极。天乃使魔王夷鬼以杀制之，此一定之理。予本好州县材，略以为如宰百里可使民为我立生祠，盖真有把握，非妄语也，而总不能出头世间，保举巧道，一点未能得著，亦颇自疑，从亲友借银捐此员外，以为可以苦耐，有苦中乐趣，不致混入州县习俗中丧志丧德，以承先人谆谆，弗令学刑名之命。不意夷人据京，几乎为夷逼仕，自愧庸庸，无术以驱辇毂妖孽，众人受恩深者且不思一效忠烈，区区何人(距)

[讵]能有裨？万一不得已携眷饥驱出京，当与同司相别，不觉痛哭失声。我生不辰，如此微职，尚不能循分当差，流离无依，何处是家？年逾四旬，将无复吐气时耶！所自信者，自廿岁后，步步谨慎，思深虑远，冀自培植，或不至大困，则感(扣)[叩]曷极？

十六日　至袁雪翁家道喜。晚间，同到傅伯韩同年处畅谈至五鼓。为吴慕渠翁夫人倪宜人送路祭，托谢大表兄办理。

十七日　韩蔼如四兄约同谢大表兄在后宰门平陵村小酌。晚至娘娘庙西王芝山明府处拜访，知赴恩县找何竹如，为潍县交代也。其西邻公馆自十月间有本地子弟班开茶馆卖戏，仿京城样子，每位京钱三百文，他班亦时来唱。省城人杂，自前次团练，勇中多习唱戏者。京城满汉人多玩票登台，渐吃身价。前者笔政袁复堂等被参，情愿销除旗档卖戏。时在天津，亦时在京，不以为怪。广和班票戏不少，唱花旦者两个，皆内城子弟，其父兄极力禁止不住，亦风气使然，皆效张二奎，欲名利兼获，而廿年来竟无比上二奎者。海淀少年张子久，家计素丰，一力学戏，已唱七八年，居然列二奎之次，其有名之程长庚，大家呼其号“玉山”。余三胜现俱年老力弱，而急无接手，仍有重名也。官绅商庶皆呼二奎之号“子英”。二奎之兄大奎本武库司书办，二奎亦曾在司学习十馀岁，即唱出名，乃兄屡屡严禁，而四喜班得二奎为性命，大肆争斗，不能胜大奎，亦乐得吃此快活饭。后并自立一班曰“双奎”，争相听看。自去秋二奎已死，班渐不支矣。二奎之名无远近乡愚以及外夷皆知，廿馀年富厚快意。人云状元宰相天下不必皆知，而二奎之名则远胜矣。

朱籽三同司并江南诸官常，皆移至博山、(溜)[淄]川等，预为避难地。耿知圃同年(溜)[淄]川城内有别业，其世兄已携眷往住，耿二兄谆约予亦送眷到彼，存粮亦有，予觉非长久之计，迟迟不敢也。

十八日　接国晓山之兄信，知查办告假一层，现已有人另奉奏旨从宽，有云当夷人入城其平日当差平平，此数日常川到署，不必即算能员；其素日本好，适此数日未能到署办事，亦不必遽予处分。京察署展缓一年办理，当时各堂官即迟迟不即查办，彼此候信，适奉此旨即罢手矣。然并未言及行走司员，只有查出未曾告假出京及至今无下落者，当去秋工刑部不准告假司员，卒皆自写假呈交书办硬走。现查出刑部未告假者十馀员，工部十馀员，未知定何处分。有此信来，心中放下，同好亦皆代喜慰。连日买年物。日前在齐即函致序东，属廿外来车接予回家度岁。

十九日　袁雪翁请酒，并约严秋泉三先生，当年同考老友，情形渐惫，然酒后兴致犹昔，惟山林性成，好为刘四骂人，语言诙谐。乃侄。名组璋，戊午二名举人，其尊人四先生在临清死难，无尸。

戚云如六兄前在振之兄处办征收，振之兄因与不洽，未请，今连年苦甚，到齐河求助，崔少云亦前在齐办征收，甫由临清盐务中被盐匪抢掠，回省年事无着，亦到齐求振之兄帮助。予前嘱振之兄早买银二三万两，时价京钱二千九百零，知年内银价必增，计可省出千金，足彀帮助省中各苦朋友。振之兄初尚犹疑，后就三千一百七十文，买银万馀，年底银价曾至三千三百有零，计已省三百金矣，大可厚助众友，而振之兄山西脾气，每友只助二三十千文，不无觖望。

廿日　料理年物。晚间至谢大表兄处小坐，知其年事孔急，而尚乏用项，予又无以赀助。渠有碧霞玺一块，重一两六钱，桃红色，属予到齐河代售，因令宋福同行。接江西九江文九表妹来函，知已到家，地方尚属安静。文怡园参军山东候补有年，分临清，与予至好，其太翁调钧前临(溜)[淄]捕厅，怡园先生自代理蓬莱帘缺，李伯易明府。宦有馀赀，太翁宦囊亦积有二千金，因在临清住家，其二少君行五，为予谢九表妹之婿。咸丰三年三月十五日，贼陷临清，怡翁夫妇与其次少君恋守家财，不肯外徙，时九表妹甫为谢大表兄接至省城，贼已轰到城西南角，由南门外掘地道，用棺三四口装满火药轰，城遂陷。怡翁夫人登时自缢，夫子甫卸下，停在室中哭奠，毕，而地雷骇震，烟火满城，方欲外走，而贼入室矣。其长媳孀居，与同院女人暂避马棚，见贼立杀乃弟，旋将怡翁架出，不知所终，杀抢数次，始行放火，惨声闻数十里，贼之(恨)[狠]毒已极。此股入室乱杀后,彼股又来复杀,或用枪扎,间有可望活者,三四次后亦无完体矣,约计死者十三四万人,四外皆入城避难,四城门内用土包堵塞,后见势不好,官令开城放人,而土包一拉即散,反将土填满城门洞,人皆壅住,出入两难,贼到全行烧死,盖人身皆脂,遇火即着。文庙前大湾水深丈馀,一时男女跳满,幸在上面者,贼又掷硫磺火球烧死,其跳城跌死及为贼从上杀下者,高与城半。次日,贼头一吹号筒,即言王爷封刀,不杀矣,不死者皆大命也。其中奸淫复杀却者多极,且互相娶亲,任意凌辱,虐三日放妇女出城,而每人予一刀,或重或轻或未杀着,彼盖以为仍令受一刀之罪也。满城死尸,白日贼人剖妇验孕,或易其首以为乐。贼多水手,独与临清五路捕头赵焕相识,一破即扬言,逢赵焕亲友不杀,藉以活者数百人。予前在临清,赵焕时来照应,及予送先母灵柩上省,一切箱物托赵焕看遇允当无事,果即无事。彼既有本领,又善交各省各行有名人,所以能如此,一异事也。文九表妹连年与乃嫂住谢大表兄家,秋间其堂叔翁来接,云已从近支为九表妹嗣子。怡翁太翁前回家,置有田产,尚可足用,故九表妹亲到临清旧居后园,经九表妹倩业师曹先生指其事后掩埋之处,掘出已成堆骨,所可辨者领衣及发辫丝不错,惟见折一肋骨,想是刀伤。怡翁夫人骨已全得,惟怡翁不能觅矣。九表妹痛死。是夜即梦九表妹倩来,若历诉彼被难之苦,而连年不能见面者,到天明,话说不完。幽冥之理或有也。

廿一日 饭后,小雪,同沈菊芗兄两车同回,时齐河捕厅毛少尉丁母忧,即代求首县,转求首府,委菊芗兄代理。论班次尚未到,人多以齐河难处,故无说闲言者。起更到署,大家正吃封印酒席,予遂大嚼。振之兄又到予室谈至三更馀。

廿二日 郭少堂与其同团孙学然、王天禄、骆老八、西乡陈一眼等皆来看予,予与若辈联络月馀,比喻化道,多与予投合,每以文字与郭少堂畅谈,触其兴致,颇觅勃然,转念思及,为不甘己事,为同学韩某名指南拉上,彼乃得书办暗利抽身,致伊不平,挺身而告,竟致革去功名，且几乎冤杀，不觉对予流泪。天良犹在，非不可教训者，如当时官善办理，何至激成如此大事？天下大抵由此兴乱。予竭力宽慰，屡与振之兄、袁雪翁商量，设法为开复廪生，倘十分为难，大家出赀为捐功名，人有上进之心即不肯为恶，不然，念及革生，午夜愤恨，再由牢骚惹出事来，官必格外加罪，法不能治即激而成乱矣。大家吃一品锅，适祝三自省过齐回德州寓，遂约入座，谈至四鼓，假川资七千。次早起，闻武定、沧州等处盐匪数百人到处抢盐店，现已抢德州土桥盐子店，并抢德州南门外盐店，波及绅士马宅，传言德州闭城请兵，其势甚急。初，祝三兄大卫难，予云："此不过盐匪为乱，万不致如此之，兄所急者，即会民团协剿，勿令日久难治，不然若等到处得意勾结，日多又是一股大患也。"

眉批：适见德州寄来禀稿，果盐匪抢掠情形，求抚台速速发兵。后连抚批云："此时南逆未除，省中无兵可调，而事在至急无已，仅凑兵二百名，略胜于无，容即委弁带到。"凡发兵，必先制行装安家银两，此时军饷无出，往往十日兵不能动身，计贼早抱头远走，徒劳此举。可叹！

廿三日 武城车到，向振之兄又支得卅金，并请吃早饭，赶紧收拾。天短，交申登车，两骡甚快，至伦镇住宿，冷极。车夫云："郑保屯河西对过油房、盐店甫为匪抢，当时围长出挡，匪将团长缚住并捆去。"团民六人乡老向言，始从盐店出银六百两，京钱十千算赎此团民也。夏津民团获乡匪十人，当由团中杀却。

廿四日 高唐早尖，见昔年店房街道皆为长毛毁坏，至今未能修好，附近大树皆无头，后发乱枝亦不小矣。住夏津。

廿五日 巳刻到家。计自九月廿五日由德州上省，弹指三月，家人见予皆喜，寿恩儿与梁内侄读书尚好。至岳母柩前哭奠，知身后一切虽不能齐全，而内子视母含殓，衣服棺木皆好，亦即岳母之福。当至街东拜谢黄右书二兄法铭。

廿六日　大雪堵门约五尺馀。予自幼以来未见此大雪且宽满乡间，安静无哗，夜闻犬吠，自有真趣。年事粗备，心中一快，当出京时未敢望有此太平年也。

廿七日　在家不出门。二妹妹与予久未见面，踏雪坐车而来，云一片茫茫，不辨道路，虽廿五里，大不易行。黄二兄上夏津，亦新开雪道而去。二妹妹因年事正忙，携甥福昌回家。

廿八、九日　书贴年对，令寿恩同梁七内侄料理家中人办理年供吃食。如此深雪无甚人来，为向来过年未有之事，第不知京中如何光景耳。

除夕　更冷极。祭神祀。先同吃平安守岁饭，分带岁钱，安静欣喜。三更馀，雾凇大作，开门望，若烟雾，树草皆白，俗云“树挂寒”，冷更甚，真滴水冰响。企望皇上驻北，触景心伤。又念南逆方盛，不知何以心惴惴然。

张二奎乃直隶衡水人，其父赶车人呼为“车张”，素善交街面上土豪，好打不平事，遇有土棍讹诈，渠到即可解释。在京各部书吏多半浙绍人，尚为官，常弥缝公事，或高下其手，从中想钱，此弊已深，即奏请严办亦不能禁，诚滑而且蠹者也。然地面上无赖常向书吏中大经承及有利者讹索钱财，车张久为各书吏赶车，故皆熟识，每遇讹诈事出，即找渠来解说，因与各书吏交好，遂将其子大奎、二奎送入兵部武库司科房学习，入堂上签筒，可望提升矣。二奎(像)[相]貌丰俊，眉目清扬，且声音宏亮，举止高阔，望而可知为不日必得意者。平日爱唱，乱弹湖广调，都门戏班以湖广调为时尚，余三胜、程长庚正倾动一时，名利兼全，二奎遂亦学其各戏身法、唱法，昕夕慕仿成癖。都门年少素夕好唱，并登台玩票者，二奎唱名日噪，无能胜之者，各名班购请一好脚色即获重利，故老板南北访求，百不逢一，今知有二奎之名，遂有嵩祝班老生丁三者，教其关目大色，日久艺熟，且令在庙中装扮登场，居然可观。斯时四大徽班、四喜、三庆、春台、和春，而四喜多昆戏，无唱乱弹好脚色，因之观者日少，不满数十坐矣，班头乃将二奎请去。是日，四喜在中和园，观者楼上下不能，坐立亦挤满，不能动移，向来戏座茶钱三百文，此日每人要钱一吊，午后来者不能入园半步矣。自此以后，盖有重名，娇妻美僮，华衣鲜食，岁可得两万金者。廿年大奎被革，亦只得乐此富厚矣。二奎之妻精能无比，为二奎好内助，九年死。后至咸丰十年七月，二奎死，八月初七日交午出殡，一切足费三千金，午后即闭各城，城内外乱极，而夷人焚园子进内城矣。灯下无事，记此。

咸丰十一年辛酉(1861)

岁次辛酉正月建庚寅。建寅者,寅日,即建日也。建卯、建辰同此。

元旦　寅正,冠带敬神祀。先合家拜年贺喜,吃韭菜猪肉角子,俗名"遍食"。相传系明太祖元旦令百官吃水角子,并令天下遍食此物,因名"遍食",讹呼为"扁食"也。予到黄三、型祖,癸卯八名举人,挑广文。四爚祖,戊午四名举,前拔贡副贡。先生及右书兄张宅今第系世家。等处拜年。街上雪积五尺,村中往来车马难行之至。黄三先生世兄法坤年少入泮,骨格清俊,乃发品也。

眉批:午前天晴,午后阴。

晚间,雾凇如雾,草木皆挂冰花,俗名"树挂",古有"树有挂,大臣怕"之语,恐多伤亡也,近年时常见此,未知验否?

初二日　祭增福财神。乡居无事,街上雪大,日与妻子两女围炉闲话。晚间仍有雾凇,极大,寒冷已极,天阴黑,觉冷气濛濛逼人,或是雪气所凝,然不能如此之甚。企望都门不知如何景象,海淀为夷焚掠如此,敬念我皇上九重深居。久享万方玉食。今为夷乱,费多年无数帑银,竟不能远制夷鬼,当事者初云夷人只能在海洋为患,如登岸,则于伊不利,不意夷到广东上海岸上矣。初云夷来万馀里,岂易到京,不意夷过天津,且到京矣。堂堂中国,文武多材,竟无能出一计驱此黑白鬼物,致銮舆仓猝北狩,依藉蒙藩。在朝亦早纷达奏章,恭请皇上回京,试思夷尚据京、据津,既不能制之使退以清君侧,而第以人心到处抗粮滋事,皆因圣主在外而然。譬如请尊长来住此地而不先为扫除粪秽，修理居室，备办饮食之需，一任豺狼当道，蠨蛸在户，家无担石，尊长来将何安置？当此之际，必须急清地面，布置妥适，职皇上自即狩回矣。在朝宰执公卿无一筹及此者，亦第俯仰自适，得过且过。我皇上初次受此风寒之苦，有宫殿而不能临幸，想在热河触景伤情，不知若何滋味。予小臣力薄势微，无能竭其蚁力，千百年后读史者及此恐皆追恨，误于庸臣者久也。署夏津令邵朴斋明府文焕，浙绍兴人。系安澜轩酒菜铺邵薪之五老先生次少君，前补穆棱关巡检，捐升知县，委署此缺，尚未致抗粮聚众，然民皆藐其基薄，不甚敬服也。署武城赵晴岚明府新，天津人，癸卯举人，大挑一等。人甚和平，与民一体，故钱漕顺手署邱县王叔平闻不洽舆情，临清州牧张寿泉部刺史名利兼得，仍如前高兴，闻其子近于纨(裤)[绔]，有乃翁势利，觉天下事皆易办理，现在州演排龙灯、彩云灯，(顽)[玩]灯者皆其手下走狗，华衣短袖，便捷轻利，正在得意扬扬，初不思及南匪曾言春间再来，州牧身任重职，且表率三县，所行若此而到处风顺，不可解，实可解也。

初三日　二妹妹坐车自杨家庄踏雪而来，甥福昌暨甥女皆来。

初四日　序东妹夫来，二妹妹偕子女回家。

初五日　天暖，雪渐化，路更泥，大难行。振之兄与予谆订正初必即回斋署，今积雪未知何日方能化出好道路也。

接德州牧张云轩夫子专函，年前由驿递武城，属其速送者，知前与函商，因僧邸运调不灵，饷需支绌，仍驻扎济宁境，上东省谋入军营，图保举各能员皆渐退回。予极目时艰，知大乱在迩，南逆人众无数，想既成此大劫，急何能诛戮尽净？僧邸为人心所属，成败关系甚大，自不揣力微，欲投僧营窃看究竟如何布置，闻曹州长枪会众勃勃欲动，但能献得一知半解，有裨当时，不至生灵涂炭，亦不虚生碌碌等意。芸卿师颇以为然，力劝予“行有勖”，“予为斯世不可少之人”等语。予俯察现在民情，仰窥当事筹画，以为如有用予者，须三月布置，藉僧营声势，与好州县官协力同心，次第更张，认真办团总。须由保甲之法办起，以筑围子为急，每廿里内外筑一大围，附近村庄皆入围共保,平日按户抽丁,富室按百亩两丁雇人代,择公正乡人,照州长党正之治,使贫富均势,认真劝导,无事以耕读为业。

眉批:既经筑围,将镇店亦围在内,仕商来往可住围内,并可派人获送行者皆欲出其途矣。

且将各村庄房屋暂置不用,或经拆移入围,围子外筑雉堞,濬濠蓄水设吊桥,寨门濠墙内设枪炮守御之具,计围大在十里之内,所练乡丁不急,须教以步伐进退之节,攻守就应之道。山东民团,如省东州县约在十数万众,一无纪律,遇贼无胆无智,前伍一败,或偶致散乱,人心即溃,虽壮勇亦难再教其力,遂云团勇不足用。岂知人皆可用,顾用之何如耳。太平时,乡下(顽)[玩]灯尚要预先排演,孰前孰后,孰左孰右,今人命至,直乃不教弃之,岂不大可哀乎?故练为急务,择其胆力过人者先定赏罚,并定死者恤项,如遇一人战殁,由围子中酌捐地数亩以安其家。重赏之下必有勇者,南逆到处如入无人之境,长驱肆虐,以各乡毫无阻挡也。如大围筑起,各乡家中老小皆有获芘,不致流离,人心先安。一大围必数村合筑,则抽丁可有数千,以逸待劳,不急与贼战,贼或环攻,且加意防守,不轻放枪炮,待其略有破绽,不论昼夜,乘间而出,此入彼出,使贼应接不暇。且一处筑围,必到处皆筑大围,隔数十里即有一大围,俨然到处连营。南人远来,利在速战,而我故不动,以缓懈其众,到处有大围,贼不能随处得利,粮必不给。遇贼攻此,围则以烟号传示他围,使互相联络,喊声来救,不必全来,亦且不必真来,贼必闻之,惊疑欲退。贼众过多,费搁腰坎不可,乘其□退,冲腰股击之,首尾必不易顾。盖民不知兵,往往贼之边马一到,即先惊逃,即有能迎敌者,见贼即打,讵知贼之前队皆驱我协民试锋,我幸得胜,以为伤贼,实未中其真贼。人云:“贼善以败转胜。”非转胜也,其败者,乃贼弃协民而引我妄放枪炮者,迨我之火药不继,枪炮亦热而难用,众心亦懈,真贼乃一到,而歼我众。民如识贼奸智，何患不胜？如皆以筑大围为难，以为恃有乡团可以制贼，或贼攻彼团，使人以好言劝此团不去救应，唇亡齿寒，取彼遂来取此，民皆不悟，可悯已极。兵法至多，乃善用者甚少，非但不谙兵法，连《三国演义》及《水浒》所载计策亦皆不识，尚不如贼中有能人，岂不更可哀乎？思之思之，神鬼通之。诸葛先生一生非必真有神仙法术，只所学者博，所虑者到耳，一生谨慎是其长处，然且有讥其非将才者。今之统兵大员，胡乃不急计乎此？如或自己不识兵机，只要能用人，到处有材可使，此颜鲁公自平原起义兵，所以首重采访也。如今山东、直隶为京畿门户，即同边陲，地多平旷，如用筑围之法，民尚可望无患，否则再任贼过两次，亦同大河之南矣。东、直不保，京畿安恃？此予日夜愁思，不觉两鬓日添白发，虽现在僻乡且乐新年太平，而乱又将来，其何以避？可恨有权有势尚得过且过。

初六、七日 无事，为人写对联、屏幅。黄右兄时来谈心，乡间究竟平静，远隔城市，一切不闻，竟不知都中消息。人云有夷人一二个路过，形同乞丐，向村民求食，亦不择美恶。人仅解其一语，云“上北京”。武城南乡有天主教堂多年矣，今夷人即属天主教，闻夷人到其堂中，教众款待甚好。直隶大名广平府属多有习教村庄，前道光十四五年为失(查)[察]，清河教匪、白莲教、尹老须坏官甚多。金文波表伯前在大名府任内失察镌级，今之天主教及一(柱)[炷]香教到处皆有，弗以为怪。闻其教首于一年中定期烧茶，各处教党夜至其家，人持一小包茶叶，教首预备若干大锅，人皆入茶共煮，一饮而散，似为聚会而设教首，不尽愚民。省城东乡董某在藩司充当书办，即系教首，近已死矣。闻中国人民入夷人天主教即可得，夷人多金，往往贪此利而入者。然闻在教之人将死，其教首或夷人必先知之，即来视其死，于其将死收取眼光以作邪术，云可点假银做洋钱若干圆，而人不知惧。自夷人入京内城，贫者多赖夷与钱文，并有入天主教者，初尚系无知旗、汉人等，近则宗室、上旗亦多入教，且得其利矣，可叹！去秋山东省城多暗中剪去发辫者。前道光廿五六年间，忽多邪法，不知其何以下入寻常食物中,人员去食之,顷刻口眼歪(邪)[斜],神魂不定而死,急用硃砂等物灌活者不少,而不能治者亦多。闻人死必埋,彼邪教夜至埋处掘取人身上物,盖人实未死,被邪术魇住耳。予大岳母同四伯岳亲受其害,一时母子并死,急用药灌活,却不甚委顿。细想无甚异物,惟甫自街上买回鸡蛋数枚,只母子共食,或毒即下于此物中。四岳母只饮鸡蛋汤些许,亦觉神昏,时许,有人食烧饼油果而死者,卖此物者皆本街熟识,彼亦不知毒从何来,怪极。初八日。见邻居张宅演顽龙灯,天气渐暖,雪化如河,更难行路,乡居无事。时来四五村中老妇,谈昔年临清失陷遭难,惨状可怜之至。郑保屯南距临清卅五里,知之罪悉也,当时村民亦逃,其不逃者多为富室稡地,俗呼为"里工"者。右书兄约去吃饭。

初八、九、十日 无事。欲寻可游赏处,亦无,只庄北一古寺外植皆松柏,无僧可谈。

十二日 请黄三、四先生及右书兄并其堂弟法坤吃春酒,序东弟作陪。

十三日 王椿崖五兄夫妇来黄宅拜年,系三续岳家。因留王五兄吃晚饭。王五兄前于丙辰岁在予家教读寿恩儿,品学甚好,予书赠一联云:"几欲登楼发清兴,每当揽辔触深思。"

十四日 黄三、四先生请予吃酒,在乡间已为盛设。晤黄四先生令婿清平孟大兄,在直隶候补县丞。托予代为函,托保定府太守徐孟卿同年照应。孟大兄年前借差使回家度岁,言及十一月廿八日在保定见陈栗堂夫子坐轿拜客,知平安到彼矣。谈及去秋直隶州县越狱者十数处。

十五日 上元佳节,为先严生辰,上供。晚间花炮过元宵节。二妹妹来。

十六日 祀增福财神,著杨斌赴武城雇上齐河轿车,闻路上好走些。

十七日 车子未到,因牲口不妥,又专郭升回临清城内雇车,临清学训导耿十二弟曰愿，系知圃同年堂弟。郭升与其门斗同至乡间雇定一车，价九千文，耿十二弟代付三千文。

十九日 晚间，车到，收拾行李。

廿日 巳刻起身，出庄一带泥水尚多，至夏津路渐好，住夏津南关。夏津城内义昌和南果杂货铺系黄右书二兄开的，时伊在铺，到店来谈至三鼓。

廿一日 高唐尖。过菩萨堂遇李国泰兄自省来接岳母灵柩，盖年前曾与梁内侄文焕商定上元节后专人来接，予为雇大车送省，即择二月半间合葬，乃有此大雪，大车难行，不及通信，须予到齐署支得银项方能办理，而梁内侄不候予信，即先专人来，只有令先上郑保屯守候，予到齐后再令郭升回来办理。住辛寨。

廿二日 午，到齐，知振之兄公出上省，遂与所请教读朱凤纶七先生同室。名绂来。少有"朱七神童"之目，年六十馀，始获入泮，文字不佳，学业亦浅，幼所诵读《尔雅》《三礼》等书，一日可读二三百行，朗朗上口，若将成博学者。乃现年七十馀，所读皆忘，且文理不佳，穷守寒业，无子，只可教读蒙童，急图糊口，可叹，且荐馆甚难，费许多人力始成此馆。

廿三、四日 无事。孙玉亭刑席经兖沂道卢小亭观察聘请，昨回武定府家中看视，再回省到馆。前几日过齐。文中丞奉旨升直督，已赴任。

廿五日 振之兄回署，一月之别，畅谈久之。知刑席已请陈秉初母舅邵星初先生。

廿六、七、八日 无甚事。闻南逆又动，在济宁之南肆扰，渐往北来，大股全动。僧王力不能制，到曲阜避难者日众相侍，贼亦知敬重孔圣，不加扰害。予云贼知敬者，以贼中必有读书人也，若富室绅士虽欲借圣庙为庇护，贼第不扰圣庙，能即不扰财主乎？可笑！闻东平一带渐有贼来，淫掠已甚。廿五日，伊都统兴额追贼三昼夜，至东平之卧佛岭，人马困饿已极，杀贼若干人，入庄寻食，正在造饭，未熟而其贼转到马队五百，尽为贼害。伊大人当时遇害，惨不忍言，其麾将藤甲盛忠勇有名，皆为贼畏服者，赶救不及，抚伊尸自刎，可怜名臣名将，期应失救，被此无赖之张洛行匪党杀害，实属可惜可愤。卧佛岭俗呼为“落佛岭”，大江南北皆称伊为“佛爷”，今犯地名，竟致受害，当日庞凤雏死在落凤坡，虽不必真，而相传至今，落凤坡、卧佛岭，居然古今对联，或大劫注定耶？

名将忠臣往往先死，因云主帅调度失宜，然其中竟无默佑，岂大厦难支耶？予觉事非不可为，人心亦非即难化，顾人有能有不能耳。午夜，仰首视天，不知予之气能到灵霄间否？

济宁州县宅自国初以来即称富室，乾隆、嘉庆间，孙寄圃中堂讳玉庭。贤良久著，受恩至厚，其少君大次讳善宝。荐陟封疆三，讳瑞珍，号符卿。由(祠)[词]林擢尚书，恩眷日隆，桃李满[天]下，道光廿几年在朝大老公商捐饷，而孙符翁叫穷不捐。一日在朝为王公指出伊之家私若干，致老差发誓，云“有钱者，乃忘八蛋也”，经王公参奏，上含容之。斯时毓殿撰号梧江。已擢山西臬，指日又是卿相。符翁长孙印楫，号驾航。已入词林，簪缨绵绵，予见驾航太史覆耿同年函有云“现在毁家纾难，搜罗尚在不足”，而斯时伊同乡皆云前有人见伊家阄分财，名为按支指开，实尚同居，约计现银五六百万。济宁大买卖以孙家玉堂酱园为首富，天下驰名，比江苏孙春阳过之。其他买卖铺皆由玉堂号分生者，州城铺户十居其六七，皆孙宅财东，世代富贵功名，因云伊之家私非尽由官宦得来，然三代皆显宦，所任皆美缺，当咸丰元、二年京中银价日增，户部发帑平市价而不行，如损伤属捐银十万以助军饷，计银价即可大落。我皇上圣明之至，素不肯白收臣庶捐项，必从优奖，况孙尚书受国大恩，即不敢仰邀议叙，皇上亦必授孙氏子若孙显官美缺以偿其应急之捐助也，乃无论官民皆计及情理，所应为者，而孙氏装穷自若也。驾航太史壬子科。由散馆，误以“雩祭赋”题为“大雩祭”，阅卷大臣已列入一等，经皇上指出，改归中书，在他士则归班矣。由中书不三年即升部员外，记名御史补缺后赫赫有名。

符翁少君印毓汶。壬子已中乡魁，复中进士榜眼，授职编修，兄弟鼎甲。前癸丑状元孙如仅与非一家，而亦系济宁人似上为其一家而特取一甲第一者，待孙氏可云厚极，论交情，亦当如何报答？自南逆时到济宁，大约窥伺孙家，孙氏亦捐钱团练，然合城多为伊守护，设一不防贼必肆掠，伊家出多钱团练为公仍是为私。现在僧王在济饷需不足，向劝捐万金，斯时孙梧江廉访告病在籍，久图安逸，贤昆仲不肯多捐，只许二千两，致僧王发怒，当调孙榜眼带团出队，孙榜眼号莱山。置札不拆阅，令人回覆僧王，云系文官，不会带勇打仗。更触大怒，立即传到，以"情理法"三字训斥，当即参奏革职，先枷号一月示众，再发往新疆效力，奉旨允准，惟姑免其枷号。仍是恩厚。大家以为急求，杜钦使婉转速捐两万金或万金，再请从宽办理，而孙莱山执意不肯，携重赀眷口到省暂住将军庙，店中车马喧填，倾动街里，省团中人云："财主来此，恐从此招贼亦来，我们岂不受累？"请省团总向伊写信捐输银钱，而大家未肯，予云："此尚平静耳，若有大乱，岂无抢伊者？"

大劫若此，功名富贵皆不可恃，所可恃者各人祖功宗德，广行善事，庶不至家室流离遇难耳。乃富贵已极而一味吝啬，岂不知南北大家被贼抢掠致成贫饿者多矣，有财无德何益？贼已绕过僧营之后声言："且不与王爷为难。"贼至各团扬言："汝之王爷已为我打败，他何能为？"闻何云舫仁兄解直饷禀见僧王，言及时事云"鞠躬尽瘁，死而后已"。

廿九日　接东昌属下探报云贼势甚急。

二月

初一日　欲传戏班祭土地庙，因乱信甚近，未演戏。

初二日　接到僧王札谕，言获据逃民言，贼众各股皆来，令奸细各处探路，素慕山东济南属下洛口镇盐商及邹平长山界之周村巨镇，镇甲一省，商贾辐辏，细缎行最大。并问潍县、黄县等处。谕各州县实力防堵,贼到平阴,又将至泰安,奸掠更甚。振之兄甚着急,盼刑名邵星初夫子未到,遂又专车去接。连日同振之兄看团。

初三日　马小虞运官到署,匆匆言及东平戚友,现皆逃来,急须安置,有富室某用大车九辆装载细软金银家口,急图外逃,被贼赶到截去数车,有十八九岁闺女正梳洗打扮,甫登车,被贼挟去,女欲投河亦不能矣。类如此者甚多。

传齐河各民团团长到署,劝其急练。

初四日　邵星翁到署,振之兄已求准不日交卸,而贼信日急,虽有民团,无官统率,难期振作得力。予急劝振之兄捐赀雇勇数百,防护城池,即属把总杨副爷攀桂,号小山。统领。振之兄初觉所费实多,予云:"官团固然多费,且不必得力;然民心所系,在此县城一有布置,民团即易团齐,官声正好,不如此防堵,无以对民,且乱信纷纭,城内外贫民思乱者多,官一收为团勇,先免若辈,各处布散谣言以惑众心,如今不准动用官项,只有自捐,事已至急,不能不办。"振兄大以为然,责重六班衙役,令每出人八十名,各取保结,由役认识,再点卯,挑取发给枪炮。帐房分班在城内外操演,查奸细、查夜、守城,每勇目三百文,馀二百五十文,当时传起多半城中人心颇为感激,民团亦时来会,旗械整齐。

初五日　将官勇雇齐,每城门口派廿名查门。予同振之兄武营捕厅不时巡查,夜间查至五鼓,炮声不绝,闻贼到泰安杀抢惨极,节节占据,各股排有二百里之长,随抢随淫以为乐。当派家人二名、马夫二名至泰安以北侦探贼情,一日三报,令有胆力马夫轮流跑信。长清民团甚好,彼处已见贼边马,民间乱逃,上山者、乱走者,所获骑马奸细身穿好衣皮,内穿女红,绿小衣贴身,有皮背心,再内有铁叶护心,皆带硫磺弹,到庄放火。贼不畏死,获到即由团长杀却,一时查奸细加意,知南北文报不能往来。我们所派探马被长清民团再三盘诘,口音相同,始由团长护送前进,抵泰安北之阴灵关不敢再进,据探贼已焚掠平阴、肥城等处,在泰安将南、西两关全毁,泰山上红庙间避难民众若干，尽被贼烧害。官民尚未调到，云为行装不齐，救兵如救火，兵只两千，不敢急急迎剿，任贼肆害。世事如此，可叹！贼所过尚未破城，泰安闭城多日矣。

咸丰四年甲寅冬，予在毛寄云兄、李小湘、小岚兄齐河北店团防营，夜二更画挝符，焚请神仙降乩问事。毛寄翁初请灵鹤山人，未至，其门下玉笛童子到坛示及师赴天曹有事云云。凡焚挝符，遇神、遇鬼、遇魔皆即道者。昔年闻有焚挝符，关圣帝君忽降，风势凛然，大为神呵教，赶焚送符，方幸无事。又有焚符挝到恶魔，急难送去者，故不可不慎也。毛寄翁与小岚兄对面架乩，焚挝符后，忽沙盘大书"吾乃巡夜神也"，字大而硬，笔势如扫，云："适文昌帝君大驾经过，君之符字为扫地将军藏过。似清除世界者，恐符触干谴也。神伺应方忙，无暇与诸君言事，特挝一忠魂前来。吾去也。"当时"也"字末笔将沙扬出，其势可畏。乩少停，乃动字，较小，先写"吓煞煞"，又写"略喘息"，因献清茶，遂书云："适才文昌大驾经过，金光万里，如同白昼。俗眼不识，举头三尺有神明，顾可暗处作恶云，无知之者耶。驾前侍者记是使者。横衡而来，幽魂几为所掩，后遇巡夜神，趣我到此，不知此为何地？诸公何人？有何事见问？"因请其名姓来历，云："姓余，名国馨，字子兰，檇李人也。少年入泮，游食江淮二十年矣。去岁秣陵之变殉身。"节署因问："即陆立夫先生任内否？"云："然。"因问："陆立夫先生存否？"云："死死死必矣，死在夫子庙前。有人传其不死乎？"告以传闻异词，不免生疑。书云"与贼巷战而殁者。"予在旁，同小湘十二表兄、林馥庵四弟私语，欲询其有无子嗣，请留名字，设日后相逢亦可照(佛)[拂]。乩即动云："有子，乳名桂儿，甫三岁，亦难忘其成立。念妻子遭此惨变，天各一方，幽冥路隔，曷胜呜呜。"情见乎词，十分可悯。急问其冥中需用项否？答言："不用。"问："既为忠魂，或有好处？"答云："一籍者多矣。冥路纷纭，不辨谁何，岂能尽有好处？惟一路行来，不识向为小鬼头所欺，可恨之至。"问："此鬼现在何所？"答："(以)[已]走开矣。"问："现将何往？"书云："赴东岳大帝处点名，可超生路。"乃知东方主长生，久闻魂归万里，或言东岳施行。据此所言，非尽虚妄也。因告以此处名齐河，吾辈在此扎团防营，为防堵据高唐之贼李开方一股者，泰山隔此地不远，望东南可见。尚欲问冥事，乃书云："夜已深矣，阴阳相隔，神魂不安，急求送出。"遂即焚送符而去。扶鸾之道，自古有之，似真似假，正士所弗道者。然每见请正神，鬼仙狐仙降鸾，彼此唱和，为近人所不能道其只字者。又有以笔击乩上，濡染重墨求书画，登时挥洒淋漓，迥异时手，知扶鸾之事断无假托也，且两人用平手架乩，即商定欲写某字万不能圆转如意，又何能笔走不停，一气呵成写出？毛寄翁云："一日亦画挝符，挝到一鬼，甫系在高唐战殁，登州兵王永才，问事弗解，仅能书其姓名，且不成字。"益知此道非假也。

关帝、吕祖各大仙屡降坛，劝人急急向善，辛壬籍或可从轻。今年辛酉，而皖逆大股将到济南境上，沿途杀害已惨不忍言矣，何胜战栗之至。

初六、七日 连接探报，贼之大众占据泰安属等处，前股屡欲冲突北来，而长清民团认真抵御，时参将玉山奉扎带兵二千陆续亦到，欲即在长清境扎营，团众不许，云即系官兵，急应率团先出迎敌，乃欲使我辈先试贼锋，官兵在后观动静耶？逼带兵官领兵急前。玉参戎答以军械车辆未齐。团众言此又何难？乃大家代为员械运炮，致不能不前，遂勉强到阴灵关驻扎，此时各村民逃，无卖食物者，民团等亦皆裹粮防堵，贼之边马屡被民团获杀，后队不敢轻来。又有官兵虚张声势，长清团长函致省团，嘱调各团前去在后压阵，以助声威。贼人志在财帛女色，不在得城，看此光景，觉省城究不易犯。前即言到周村，乃由泰安属之新泰、莱芜等县，从山曲窄经转至博山，随处抢烧。博山出琉璃货、粗瓷器、煤炭、红土等物，商贾云集，金银流通，且山明水秀，县城在山坳中，居民缘岭而住，高下如画，且各家皆能引清流绕屋而出，食物皆贱，文风亦好，虽属聚财之地，而僻在山中，不通大路，二百年来未遭兵火，距淄川五十里，距周村八十里。近来南方被兵之家，多在东依官幕而居，因东省亦多乱区，遂大家携家室赀财至博山、淄川城乡居住，以为可以避难，不意大劫所定，无处可逃。南逆素不识此路径，今为团阻，竟驱数十万众遍山谷而来，山村民人如居武陵源，不想忽遭此变，死者多矣。升直督文六爷煜官眷赴任过齐，亲眷本多，仆从眷口又众，去秋夷入内城，逃在山东，相依避难者多，其亲故今约有二百辆车，叫州县官如何伺候？振之兄大急，予云："官太太、少君及正门印等不能不好好预备，且请到城内大公接待，须用大菜酒席。彼馀人车众一时如何过河，皆到亦为预备水席若干桌，恐其真自买不出也。候官太太吃毕启行即速下乡看团，当此汹汹，似不能仍前炎赫凌人矣。"如法布置，恰有探报云，贼信即将离境十馀里矣。满人久为夷人丧胆，闻此匆匆而行，后之到者不向官动势利，自在各庄安住一夜而走。天下事皆坏于此辈，口大眼小，见利摇尾也，竟非贼来教训不可。

眉批：花南村夫子去世。讳寿山，嘉庆丁卯山东举人，大挑二等，授平阴广文，眇一目。所学渊博，品端行方，弗知营求，守此冷官，及门日多，如吴元庆（丙子举人，贵州知府）、吴长庆（丙申举人，知县）、章文津（乙酉举人，山东知府）、金凤藻（壬辰副榜，四川知县）、金寿萱（丁未进士，学正）、金宝符（癸卯举人，河南知县），予同年傅廷琦、朱廷相、李兴普，他如萧肯堂、焦禄林（拔优贡）、周如璧、周如城（昆玉，一举人、一拔贡），其他科甲诸公未能悉记，亦春风化雨之验。夫子年日高，体日强，所居南关近山水，杖履优游，与二三老友，如刘庄年先生、余秋门、单伯平、李少白诸先生杯酒唱和。夫子未至平阴任时，梁石民伯岳在家同先严昕夕快聚，相与谈论古今事。予幼郎蒙夫子青目，每侍立倾听，见其互相问难，有时大笑大怒，弗计语之伤时与否。夫子逾七旬，耳重听，故交亦星散，多归道山，乃自闭户课子，著书自娱，世弟已补博士弟子，纳职训导。今年逾八旬，际此大乱而无疾以终，安窆千佛麓，可云全始终者矣。

初八日 省中未开城,半时许,一切柴米食用买卖皆集门口,几乎激变,幸赶紧开城,而西关回民老弱妇女是晚皆入城内,在各铺门前石台上坐卧殆遍。官人及团众劝令出城,乃云:"均系皇家百姓,汝等闻贼至闭城,是汝等有护芘,弃我等于贼人也。我们贫苦人,心不能甘,只有自寻此生路耳。"首县吴慕渠又动官威,强令出去,回民益不动,后乃商量将回民绅耆传来,托其善劝,必一视同仁,妥为安置,回众方散。予早向当□申此项,回民布满西关,且各州县皆有,皆义气相交,一呼皆动,其中不多贤良,当此世乱,设不预筹抚驭之法,恐先与贼接应。所喜回民虽悍,尚喜高帽奖励,如官善驾驭,可得其死力,如天旱求雨,吾民虽诚不能心齐,而回民每遇旱极,聚至数千,至西郊数之马鞍山上,就乱石而跪,上晒炎日,不饮不食,白昼不动,至夜略息,次日复燃,日晒如火,汗槁肉黑,若将皆死者,上苍好生,三日间必有大雨矣,此即吾民所万不能者。咸丰四年,防堵省团数十,惟金西农仁五兄宝符,癸卯举人,河南知县,补上蔡,官声好。所立效忠团,皆其回教中少壮,每日操练皆按兵法,将地耕深,在松土中练步法,上下山练腿法,练眼力、胆力,合阳明先生五练之法,人皆可用,视乎主帅调度何如耳,此团之好甲乎?东省当时有警可决,其百能胜千。去秋,杜云翁亦令效忠团仍在西南郊扎营,既无饷需,又无团长,无已,只令西农兄胞侄志光世兄领团,照旧规模尚能团齐,其效具在也。西农兄前年为予专寄到银卅金,力劝勿入团,大小是官,且振作去(坐)[做],钦佩之至。任上蔡已六年,万民咸服,不令官走开,前年土匪围城,皆经督团杀退,匪不敢轻犯。河南到处皆匪,州县难(坐)[做],而西农兄名利兼全。五嫂去岁携赀回家,闻所居左右皆贫回民,知伊有钱,故放火惊之。五嫂明白之至,遂约各邻居老弱妇女来,分之以财,令暂养生,劝以好话,大家倾然而去,且言:"有我等四面环护,小寇不足惧也。"今欲安置各贫回民,须择其年高有德绅士耆老,勉以大义,劝其捐赀团练,官再设法筹项补助,令其安生且以护城,一切相机而办。省团总局预备贼到堵城,以远近皆搬入城也,城外四乡民家正多不急筹，从四郊防守，设法迎敌，使贼不敢近城。倘人力不支，亦只有勿分城乡，背城一战。今全不计及，第知且顾眼前，拟此屯城之法。省城向无积蓄，食物菜蔬皆四乡镇天天送到交易，如果闭三日城，不必贼攻，内外先乱，无赖游手好闲久思乘乱抢掠，一或民乱，正可假贼放火焚劫矣。总团局诸先生一无善策，惟思藉杜使保奏，作威势于乡党间，汪滋厚、傅伯韩学问本领全无，而官气久重，予最厌薄之者，时事至此，不可问矣。

初九日 探报云贼已撤入泰山东麓，似从莱芜一带走矣。想山中人尚在梦中，不知死期至也，可怜。探马回云伊至泰山不知几千万万，其中有名可稽之文武官员，亦不知几万矣，即云大劫莫逃，死而已矣，必使贼杀害，若此惨毒，理真难解。在有知识者见此惨劫凛然知惧，相勉为善，而奸恶愚人本无忌惮，又见贼今若此行事，反可得利，如苦苦守命，多致饿殍，则利欲熏心，孰念报应，必且效为贼矣，理真难解。专郭升回郑保屯接梁岳母灵柩。

眉批：许邦美吏目(文杰)自官捐妥，分山东，回过齐河来谢予，致函诸友照应也。接国三兄信，并靴一双。又致谢振之兄一函，为寄来《品花宝鉴》四套。

初十日 探报云南逆全行赴山，长清以南无贼，民人逃在山上者尚多惊怕，而带兵官玉参戎山知贼远去，乃领兵登山远望，愚民不知，以为贼到，相率跳山涧投水死者甚多，论军法即该将参戎正法。

十一日 齐河以及省城人心略松，不甚戒严。临邑、德平团长王章、陈纲等到齐与郭少堂晤谈防堵之策，初以为郭少堂乃大有作为，人及一见面，所问非所答，致王、陈齿冷而回。闻前劫抢临邑吴太太者，乃恶团首陈四所使，自此以后伊党无人可制，烧人房屋，诈富室团费，并抢夺娼女，胆大更甚，乡党切恨已极。一日，临邑捕厅某请陈四等吃饭，甫一二样菜，忽有年少回民某猝至捕署，双手将陈四提出，至大堂刀断三截而走。陈四之弟率团报仇，回民亦聚人欲械斗矣，相持未下，署临邑令林本凤具禀首府，请速擒治。首府汪晓棠太守素为团众看轻，今又不能坐视，因欲亲往办理，而迟至三日后方起身，先委委员赴临查看禀报，即作说客。由省至临邑百十里，在省正北，而汪太守偏由齐河行走出城四十里到齐，即住署内。其仇家郭少堂非不欲行刺，以振之兄在此不敢，亦不肯也。汪太守次日午后起身，住(宴)[晏]城，只卅五里。又次日至禹城，绕道行走，计五日方获到临，而官民已代说合，暂时无事。县官迎出挡驾，因从北道一天半即回省，可笑已极，堂堂首府何以表(帅)[率]？(寮)[僚]属平日练二百名勇，在首府别院操练，为护送眷属而设，已将五月，所费不少，有前选平原县令刘恩棣，号承枫者。天津县书吏，前咸丰三年长毛贼林凤祥等在天津，刘令县尹谢明府子澄在营，经海张五捐赀雇勇，会官兵在哨子口与贼打仗，谢公阵亡，津人士为建专祠，奉旨优恤。后来贼窜至连镇，凡津官吏皆得优保，刘令乃保知县，选平原刀笔吏，不谙政体，惟勇敢有为，尚为捐班中能员。平原向多劫案，以九省大道也，官多被累者，县役与贼伙劫行，商经别处，获盗供出，禀请饬交，此役质讯刘令，觉属小事回护。此役云："无其人致干参革，旋即丁忧卸事，素喜拳勇，现仍迎合太守之意，短衣绾发辫，与用比仗，现身指教，若江湖卖艺者为同寅，窃笑而不以为怪，官常之杂，若此属员皆不应酬，首府恋栈何为？"

十二日　探者两家回署，言及目睹死尸横野，村无烟火之惨，长清城门方开两日，肥城、平阴地沃民富，山水良佳，绅士旧族不少，他处携赀置业于此避难者亦多，今则半伤于贼矣。两县巨族与省城司马府孙外表家及汪滋厚弟有姻亲，今皆来避难矣。远近到省避难者日益众，省中房屋每间可赁十千文。同事征收曹警之兄扬州小康之家，前者长毛连次破扬，流离已甚，今同伊两世兄在东省居住，大世兄习度支当道争迎，家计尚可言，其次世兄扬州茂才，为贼裹去已数年矣，不得其信，去岁有扬州裁缝自安徽贼中逃出，据云曾见曹世兄，职分不小，伺应者甚多，后有娇妻美妾，皆贼，因其学问有用，待之隆重之至，已改姓，即去“曹”字上下为曲某，现官安徽某官，久拟逃出，而左右愈多尊奉之者，愈不能逃，只有且住待时。知此裁缝欲逃来山东，伊闻其父母弟兄在京，托寄口信云云。初，长发头目获官必杀，以其为公也，近知而弗问，只要为伊所用，久亦相安。贼在南京已固结日久，渐欲蚕食他省，安徽一省府县贼已置官，我们官员亦第浮沉苟存，多有暗归长发握双印者，百姓亦半蓄发半剃发，只图苟安而已。苏杭，贼所必争，故现在正肆闹也。

由莱芜上博山，尽走两山夹径，如有兵勇前后夹攻，或半击之，必能灭此小丑，盖真贼不满万人馀，皆强裹良民，今又从泰安、长清并自上路强胁加多。探马云，长清界之山崮山长城驿夫某某皆被贼刺破小腹，流血，逼令跟随拉马，乡间马牛皆为贼得。贼初不善骑马，今则登山亦坦然矣，安行山径，既无阻挡，可恨者。博山等处早有所闻，博山令某亮无探马防备，所管之青石关山口要地只容单骑，两面峭壁，真一夫当关万人难过之区，只令二百勇把住此关，贼即难过，且可由两山下击，由山口向内打，或作火烧葫芦谷之计，皆可大胜。闻亦侦探，恐有伏兵，乃久无一人，致贼大乐而过，害及省东多少生灵，有险不守，亦云大劫难逃耶。此令即应置之极刑。

十三、四日　贼信渐远，人心略定。忽闻邱县教匪起事，夜入县劫狱，杀死署中把门人三小子衙役及平民七八人，当夜即逸，不知何来。署令王准早经携印潜逃，不知从何处用半张火纸写“邱县已反，请速速发兵”等语，盖印专人送临清州，州牧张寿泉茫然无措，赶紧(练)[拣]兵勇会营往剿，已隔五日，未至县境，王令迎阻，乃以胜仗击退，禀报省中，上台亦不解其何以忽有此事，又非民变，大家纳闷。邱县虽西隔临清百馀里，而与夏津境亦只百里，予家在此，颇为心动，然未知底细，亦不便轻动。振之兄相依正切，亦不令予即走也。

十五日　过午，李国泰兄到署，知岳母灵柩已过高唐，伊自伦镇先来自齐，属予照料，明午刻时过河。见其神色不定，略停片刻，乃言在伦镇之西遇骑马贼二三十个,逢人即劫,□客行车皆为劫去,连乞丐要来食物亦夺去。伊虽员被褥两件,而村中人不令伊走,候贼众西去乃敢东行,好不怕慌。村人言,此贼皆自东北来者,分数夥,已横行数月,被劫者多矣,而官弗闻知也。李兄受此一惊,身热头痛,弗思饮食,乃令且安睡,为煎姜汤令汗。

十六日 早,李兄身愈,乃急令到省,速知会西关张逸上姻叔及梁文焕内侄、凤轩四内兄赶,予过午到西关外接灵,伊即回八里窪雇人启六岳丈圹,即择十七日合葬。人心慌慌,初乏暂停寺中开吊出殡,送往八里窪梁宅茔,乃今乏即用来车,径送到茔中停下,次日入土。棺太重,一如再换人,又大费力费钱矣。继知山向不宜,不能合葬,且在旁另开一穴,一到即请下棺。午间,郭升来署,知七内侄守灵,在东门外打尖,当派王喜同郭升护送过大清桥,黄水未涨,第过小渡口安稳而过,到省西关即赴八里窪矣。是时梁宅眷口全移在城内避难。

十七日 过午,郭升同大车到齐,车主乃序东本家,牲口壮实,一路照料稳妥之至,因知前几日贼已近省,车皆不敢来,予亦甚焦灼,恐正逢贼时,可将奈何?幸未遇上,亦曾遇骑马贼,竟看看未动。梁岳母一生不说好半句虚言,行事一切仍是旧家规矩。家闫氏,本武定府沾化县人,与吴宅及惠民海丰李、张、吴诸巨族皆至亲。岳母父开人参店,因移家到省,亦住南关,与梁宅相近,遂与六岳丈缔姻。岳母之兄舅岳丈业儒,终身所学亦博,而食古未化,至老未能入泮。龙山镇历城管。之北王兴庄置有地亩,闫舅岳丈老年携家住此,其子一务农,一在典铺生理。梁岳母早年守节,锡田四内兄性过直,不务正业。岳母蓄有千馀千文,日为四内兄(化)[花]费,恨子啼且泣者卅馀年。最喜内子,性良而孝,人极聪俊。予年十岁,与内子同庚,时花南夫子与石民伯岳同先君交莫逆,咸爱予读书颖悟,器宇尚好也,因议婚,一言而定。予先世即无恒产,六岳丈时将赴鄚州会亲,在街上相予,甚喜,回向岳母称为佳婿,弗计家道贫富,岳母只盼其女得所托终身。予年廿一岁,丁酉腊,住在乡间完姻。先君馆河南商丘,寄银不易,时屈岁逼，一切拮据，犹忆先母为此亲向亲友告贷不妥，焦急万状，予亦无能，不知何处称贷，诸事粗备，而一切鼓乐轿灯酒席之需所短尚百五十千，几乎改期再办，适立斋二先堂叔自惠民来家，慨然代挪，竟将喜事办过。岳母见予亦喜。咸丰四年，省西有长毛之乱，省中纷纷迁徙，岳母带四内兄暨七内侄来潍县就予而居，时四内嫂已逝五年，相依年馀。四内兄左手中指近掌一节缝中生毒疔，痛苦欲死，数月指落，疔口不合，遂长流血脓。予丁先君忧，携眷同回省，四内兄呻吟至次年九月，骨立若鬼而逝，家计久寒。时予携眷在陵县主讲，不能时时顾及，岳母当卖衣物为之医养，年馀以来，艰苦万状。岳母自恨命苦，急躁日久，及内兄之死，痛而一目失明，老年守此孤孙，弥难度日，予亦不能不接到陵县同住，入项不足，亦难计及。至咸丰九年正月，予接眷到京，以图安心当差，并接岳母及七内侄偕来。岳母年逾七旬，犹得见京华之盛，依女欣慰，云无遗憾。予亦见其终日不肯坐食，必为儿女辈收拾衣物，尚能用针线，即粗食布衣亦觉至乐。不意老命终蹇，夏间偶患痢疾，双目皆失明，急性人有苦莫诉，虽有女有孙，昕夕照应，而闷闷无睹，不便行走，日形消瘦，忽在厦沿乘凉，不觉一动跌下，竟折右足，百计调治，百日方勉著地。正自忧伤，而夷人入城，予已支撑不住，饔飧弗给，各同乡又皆纷纷外走，不能再留，设法携眷至黄村谢八表弟巡政寓中暂住，十七日乱作方急，岳母皆内院之室而居，一切不便，形渐成病，急觅车回东。一路上下车皆郭升背负，至武城时，实难起床矣，又至郑保屯，病势日重，幸衣服棺木皆经备妥，内子同七内侄亲视岳母含殓，终于居室，所望者老年如此，今幸如愿而去，亦福分也。灵到省，伊本家亲友见棺木厚重，乃柏木者。漆色亦好，云即四内兄存，亦未必能有此也。内子侍奉翁姑克孝，敬予至顺且和，待下宽而严，子女皆好，四德允合，兹又奉安乃母，亦人生不易事也。

眉批：方去接岳母之灵，而贼信日急，设不东去则岳母之灵且不能入茔矣。今幸事,大福分也。生死咸云一定,今日益信。

十八日 托大车将予衣棉衣服各物皆令带回,虑及贼之大股尚在济宁者不少,不定何日又来也。并为二妹妹家买去各物。谕寿恩一信。

十九日 民团盘查两人送县,看其衣履不齐,手各执械,然面貌愚鲁,不免惊怕,从身上搜出银十两,讯供系东平乡民,其主因大乱,予以川资令往直隶谋生者,语言非诈,振之兄饬将银子、衣服还伊,速令出境,严饬衙役勿得(畏)[为]难他两人,感叩而去。

闻黄水中冲下死尸,男女同系一绳,似贼至全家投河者,甚为悯恻。当与同事商,令保甲何干查看,再遇此等浮尸用船捞起,妥为掩埋,幸日内未再见,吾人不能亲在河干久待,亦不知真有真无也,好事难做,为善不力,怅怅久之。又见《省抄》,知张洛行大股已过单县北来,乃花旗队也。民无遗类矣,可悯!

廿日 同振之兄至大寺会民团,与众团长(坐)[座]谈许久,告以认真演练,及与贼接仗,约法各团长无甚用心者,民团果能有用,尚不敢必。振之兄接僧王饬令,州县速备干粮三万斤、草料十万斤,云现在追贼不定驻扎何处,免致大兵人马一到猝无食物,人心正愁及贼来正多,不知僧王现在何处,胡不闻急谋追贼,一任猖狂若此?今急将札子抄示民间,果皆以手加额,企望速速灭贼也。振之兄遇事敢为,乃捐钱急买锅饼五千斛,以其日久尚可食也,即或用不著,亦可养自己团勇。

廿一日 接省中抄报,知南逆正烧掠(溜)[淄]川一带,山中避难者多半遇害,财物亦被劫去,(溜)[淄]川县闭城多日,西关全毁,不知朱籽三兄及耿世兄在城内若何。

周村正在慌慌,村镇居民万馀户,大街约廿条,货行云集,图雇勇团防,而人心不齐,一无布置。闻分防把总张某,省城人,与团长王某相比作恶,致民不服,团务因之难成,附近总团长刘沄闻贼先避署,抚台清方伯盛带兵到龙山驻扎，团民急请前进。

眉批：运司陈弼夫先生（景亮，闽人），升云南藩司，携眷北上，过齐，车将二百辆，闻携赀二三十万，不知何以能有许多宦囊，大约路上告病，必不敢赴滇矣。伊以举人方司员外放知府，升山西粮道，一路风顺，受恩深厚，极矣，今亦效市井所为耶！

廿二日 闻贼已入周村街，焚杀已甚，张把总与王团长冠军以迎贼为名，实先抄抢富室、商家，民久饮恨，乘此将张把总乱杀，王某亦被民支解，并将其子束缚灌油作灯点之。民正变乱，不顾防贼，遂致大股齐来杀掠一空，即据此镇，分贼至附近各村延烧抢杀，闻将某观察孙女掳去，贼首翟三秃子鼓乐成亲，在镇唱戏贺喜。新城属之张店素称殷富，流水环村，南山作屏，耿知圃同年为此村巨族，功名富贵，至今犹盛。耿七兄曰恭甫由浙江告养，满载而归，其一院存粮有三千石，他院财米尚多。知圃同年本亦富厚，自伊由南康府知府解组回里，两处典铺皆因司事者亏赔歇业。迪斋大兄曰忱由刑部正郎保知府回家，其堂兄曰椿，戊戌进士，户部司员。现任福建知府，亦属丰足者。耿同年上有老亲，下有妻子，幸二嫂夫人月前来省就医未回，耿同年侄携室在（溜）[淄]川城内，年伯母同迪斋兄妻子先到临淄县乡间暂避，家中虽无多存钱，然自年伯讳维祜，进士。从广东臬司回家，藏书百架，此村被抢，今不知家中若何然。闻耿七兄及别院存粮皆为贼匪抢烧矣。去秋大家劝其分润同里，可作团费，且合村公捐练勇，张店亦一大镇，颇可御贼，而善财难舍也。知圃同年因事在省，已住五年，今心著如灼，连专人回家探母，皆为章丘一带团中阻回，幸皆属同府人，被团中捆去讯明放回，不然口音不对，以为奸细，即由团民杀却也。闻临邑探报，马夫行迹匆促，恃官人发横，被团杀死。类此被杀者不少。

长山总团长袁启曜、袁三火蝎子，一名三豁鼻子，家产无多，好事,行五,为北团,刘沄为南团。现集长山、邹平等处民团十三四万人起而围贼,署抚领兵数百亦到章丘,章丘团长马金榜年前聚众抗官者。亦领团敌贼,业见仗数次,贼颇生惧,惟贼众过多,团民素未训练,临阵多怯,故虽有若干团而不能入周村杀贼,只四面攻,距镇尚二十馀里,贼第令边马巡护,一味在镇奸淫,载赀为乐。长邹之南为长白山,各处到山谷避难者皆被贼搜杀殆尽,血流成渠。辛壬籍惨毒若此。

贼欲犯省城,渐过邹平,在浒山泊立脚,知团众无数,未敢西行,乃将财帛女子装载若干大车东行。首县吴(暮)[慕]渠四兄在淄川存有宦赀,以曾任斯邑,有人照料也。其管帐房之李云卿者,扬州人,家计素厚,属为长毛所伤,不能存身,乃移室到东。恐省中有乱,早亦送家口至淄川避难,兹闻贼到,云卿赶至淄川,正在收拾他往而为贼所杀,并及其庶母,如不星夜赶来,尚不致死。从扬州辛苦逃出,仍死于贼,或真在劫难逃也。闻吴四兄宦赀亦损去不少,然不敢言。其他受害者尚不知谁何。前合家殉临清之难者张寄琴刺史之七弟石琴,好讲道书,得乃兄赀财颇多,素装深沈架子,似有大经济识时务者,而利欲薰灼,予不知其学道何为也。前在省之南山小村避难,年来择地,以肥城最吉,携室居彼,去年筹及贼必到肥城,万不可居,遂又择吉地,移至淄川,同移者多扬州人。去秋贼至泰安,波及肥城,尚未似今年之甚,而伊早离开,人皆以其神明莫及。不知肥城等处虽在山隅,而介在东昌、泰安之间,南逆北来,业将兖、曹各处烧抢,无多村落,能不渐及肥城等处耶?如今无处不乱,如云有命,到处皆可难避。石琴向来独善其身,乃兄一家遭劫,彼早获多赀远去,事后尚藉乃兄之事张罗一切,无非为利,骨肉如此,学道何为?闻前范县令秦云樵与张石琴乃儿女亲也。和雍亦在肥城乡间居住,不知近事如何。

廿三、四日　闻贼东行必到潍县等处,过金陵镇,经青州,都统会同民团挡住,如章丘、长山、邹平各团十数万众由西面后追夹攻,必能杀其大半,馀贼不难歼尽,盖胁民多欲逃出也。而民团见贼东去,且保本境暂安,大员亦不顾及全局,都统之兵无多,镇多回民,共计亦有数千户，然只能暂挡贼，不难即过，不难杀贼也。闻此镇团练皆雇四外游民，既不肯出死力，又无家小系恋，初尚勉与贼拒，贼智甚多，缓民使懈，雇勇交仗一败即四散不回镇，民亦即惊逃，贼乃乘隙而入，烧杀惨极，遂即长(躯)[驱]而东矣。至青州府城外，城已早闭，满营亦闭，乃任意搜杀。府城北乡五里某村有富宦宋观察国经，年八十馀，拥赀不舍，驱家人皆入城，伊独将金银若干万藏入后宅井内，遂自下井，立水中护守，上覆土草，计亦良得。贼获其仆妇，刀逼问其主人，因即告知，贼遂启土而下，搜取金银已尽，出而填木，火烧观察于井。潍县素称富厚，显宦至多，近如陈中堂官俊、刘制军鸿翱、郭方伯、熊飞、梦龄。陈中丞玕、陈观察枚、陈太史，介祺、介猷。部员陈介璋、于莨、丁彝龙、王象瑜、陈格、丁彝绶、张兆栋、前员外丁廷举，现候选道。郭襄之，非襄之，乃伊弟某。又如陈太守介眉、郎司马郡环，及他告老在籍及举贡未仕者，冠盖相望，高第宏阔。自国初首富以田氏为盛，现虽贫富不齐，而其族中尚完千金，钱粮人丁最多，书香不绝，其他大族如南丁北陈、韩谭杜李王，新符于南流郎称在人口者。田陈花园在城西数里，山水秀雅，不露堆砌之痕，田氏之园系吾历陈雨人先生造置，故雅如其人。陈氏大园小于河，费京钱十三四万，改造数次，方合主人之意。前咸丰五年夏，予同王芝山明府住园三日，颇为畅怀。城内仓巷半亩园亦陈氏读书别业，后归丁朴庵二弟，虽不仅半亩，而亦无多地基，却最曲折，山石苍秀，荷塘环绕，树木蔚然，鸣禽变音。咸丰壬子，予自京报罢归来，即同丁云藻仁兄昆季朝夕住此园之东室，夏雨秋风，冬雪春鸟，领略至次年夏间，予因奉委署金乡广文，方别园而去。自近年南北扰乱，商贾不通，潍之富绅皆以商为业，图利至轻，而以多为富，近则多被夥计做坏赔累者众矣，歇业各铺下来生意人不下两万人，急无正业，正在人浮于食，而贼慕潍富已久，今乃必至矣。潍令张旭桥督绅团练，民勇亦正不少，陈云谷玕先生、绥卿太守介眉及他绅士急急集团御贼，至业将两大花园占据围攻甚急。民团素未训练，一无调度，陈绥卿太守前在河南任内杀匪最多，有胆有识，身体高壮，因任归德失守革职者，咸望其出山，为国出力。今奋勇率团迎敌，正在交锋，而忽见落马阵亡，贼遂掩杀，死者无数，张明府闭城固守。潍县东门外即白浪河，当日韩淮阴与李左车囊沙得胜之区。河东大街商贾至多，地面较潍县城还大，皆被贼烧掠矣，幸贼所过处皆不要城池，潍城甫修固十馀年，守城共保数日，贼乃折而南去，沿路横尸无收埋者。贼去两日，候补道明月舫观察印新，旗人。带兵五百名，由金陵镇追来，时城尚未开，官与兵至，寻食无所，向城内射书求救，张明府缒城出见，只送出京钱廿馀千，不足五十人之食，且附近皆逃，食物经贼搜空，兵只有受(俄)[饿]而已。

廿五日　闻贼过潍县，抵安丘，补安丘者为陈仙峤瀛，年卅馀岁，前捐运大使，以年少放荡被甄别。其夫子敬向以放官(帐)[账]为生，剥利至多，因又改捐尽先知县，得补此缺，一无经术，任意妄为，民已不服。时李云舫漕帅在籍湘棻，陈全乃趋奉甚殷，且不得罪他姓巨室，因敢剥民脂膏，讼以贿成。安丘城池久坏，四通八达，毫无防备，贼至，官先携眷外逃，绅民亦纷纷乱跑，贼遂据城多日。闻民团将陈仙峤剁为肉泥泄愤，至快！过午，予骑马上省，见省中尚安静。

廿六日　清明节，祭墓者如故。至仓巷访凤轩梁四内兄，知去冬由临淄县脱馆回省，拟仍回安徽投效军营，而无此资斧。其少君现在某军营当差，已续弦矣，月尚有薪水银十两。谈及前在凤阳县典史任内，甫两年即失守，后在袁午翁军营及他大员军营屡受惊恐，后因家眷难存，狼狈回来，随处弃物。至泰安界，伊妻及儿妇弱女步行山路，日炎如火，至万德，距省数十里矣，伊媳实受苦不堪，急病而卒于客店，一切匆促无备，草草收拾，后来方接回入土。如此情形，其受罪大多伊前随石民伯岳在四川州县任内处事精细，及回东开东升银号，亦甚得意，乃因放官(账)[帐]受累。无已，又向亲友称贷捐，未入选凤阳县少尉，复又如此归来，所馀者乃郎甘霖纳得从九，亦投营效力，或能升擢耳。凤轩兄与予同庚，幼同街，甚熟洽，今见其清苦之至，惟望予得意好提携伊也。

省中传抄鸾语云:“火焚金陵塔,闭门杀自家。乾坤二九加八,清明时候开花。西方佛爷西去,胡儿队队还家。人人说瓮中好荣华,去布置死在西江月下。”不知何处传来,有云从僧营抄来者,皆不得底,一时无家,不知揣鸾语似无甚好事。众以二九加八乃廿六日,又有“清明”字样,或此日省中有乱耶?予方在省住谢大表兄家,商量同上京东也。

至首县,恳吴慕翁借银一宗,好作川费,而支吾不肯。乃属伊书启郑云阶兄到来,婉言其东家之窘,予亦姑置不论而已,自叹非庸庸者,乃所求不多,且时想日后答报,以彼宦囊至厚,偏好说穷,念属求人之事,不好过于讨厌,只有且作罢论。

唐煜轩德埒甫捐足知州,指省分发陕西,拟携众眷口及教读周六弟允升,乃予门生。夫妇,并同杜丙初妹倩全家上陕西,计须用大车、轿车四十辆、驼轿十乘,非两千多金川费不可,拟三月初四日起身。素日绰号皆呼为“唐九悬客”,自谋为叶芸士先生朋友,狐假虎威,贿赂公行,遂名利兼得,曰坐二人轿,赫燿省城。世道大变若此也。叶芸士廉访由山东州县荐升臬司,人极忠厚,乃因唐九悬招摇日久,致干(蜜)[密]参,议以降二级调用,(竞)[竟]无缺降调,闲住省垣,家计维艰,而唐某弗之顾矣。韩霭如四兄已蒙保举知县,因在军需局出力,盛小澜表姨丈在僧营支应,支绌甚属焦劳。盛四表姊患白带之疾,已卧床年馀。医治弗效,云是白崩。

眉批:唐煜轩乃父、乃兄皆历城人,胞兄、堂兄又皆历城生员,独伊捐官,忽暗改入顺天籍,不解。

谢大表兄急欲同予到武城上船赴京东,而大表嫂迟迟不决,顾恋伊姊穷苦无依也。胡二爷庆来谈,山西人,幼在毛寄翁家,随其乃翁在钱店伺候,及长,习拳勇,标刀枪剑,遂跟官至河南二次多年,现时贼目龚瞎子,乃二次点卖水烟者,此最贱事,然其党至多。自何工无事,河南捻匪日滋,龚瞎子乃聚党为匪,因投张洛行,惨毒性生,为害至今。胡二爷初与认识。咸丰二三年间,南逆北来,山东李吉人中丞德练勇三千,命胡庆统练,因皆称伊为师,在东豫界上屡欲贼对仗出力,得六品功牌。及贼陷临清等处,胡庆亦带勇追剿,颇有胆略,其所练之勇出色者不少,而为匪者亦不少。伊恐因事受累,早具呈剖白,虽奉李抚台命,伊教练并未收若辈为徒云云。俊勇等多归入匪中者,胡某喜交各处能人,遇贼盗护解省监,系著名好汉,伊必周恤之,故义气之名远播,盖伊不识书,亦欲效秦叔宝之在历城充役时也。其弟名泰,习武,入历城庠,躯大力猛,年少无知,(竞)[竟]以弓刀合式,中某科山东武举,自此人皆称胡庆为二老爷矣。天下大乱,几有英雄争起之势,富贵之家多欲结交义士,以为胡庆交友至广,不乏绿林中人,今如用伊督勇剿贼,必有能处,而当此上下得过且过,知不肯用此微末人也。去冬省中图叛之赵勇,久自称为胡庆之徒,如非伊早呈明有案,必受拖累矣。

廿七日 振之兄将家眷由署送省,予即坐其来车回署,郭少堂及团长孙学然、王某至署见予。陈世兄维藩亦自北乡来。

廿八日 齐仲鳌四兄携眷回京过齐,托欲代找郭少堂,派人护送北行,以穷种团费民在禹城、平原间充盗拦路索钱也。予代卖给振之兄金镯一支,价银五十两,为予留十金。费多唇舌方妥,予因急须送眷,不能不要也。

专郭升上省,再与谢大表兄商量同行。闻探报张洛行大股又到泰安矣,安丘之贼拟由日照青口回江南巢穴,来往自如。接听差来禀,即系廿八日接任者,予忘之矣。知已定李平甫署齐河。均山西举人,前署巨野,因越狱革职,又捐升知州。振之兄正在焦急,以此番代理系属破例,上司不能咨部,时事纷纭,亦且查不到此,然南贼又来,守土之责义不容辞也。予云:“上台又特择一知州山西李姓来署齐河者,计可以蒙混。”李振之也皆以为然,上台之智不过如此,可笑!

眉批:署齐河李均接任,夜子时也。

齐绅民为振之兄立德政大碑于署前督扬书院门口(高八九尺,宽五六尺),碑之正面文:"振之李公,山西闻喜人也,敕由邱县调任斯邑。有义必为,无弊不剔。时南逆陷高唐,距邑百里,公亲身练团,连营十馀里,昼夜勤劳,贼不敢东窜。前次年春,遂平民之受庇已深,到今感颂,兹以漕粮官民不洽,几成大事,上台知公为民素服,强令公来权篆到任,即恐民间仍有被书吏浮取之弊,乃严行禁止,民益感公之德而不能忘也,用泐诸石,以垂永久。"此碑文大略。碑阴又有《感颂德政记》,系文人之笔,颇为缠绵隽永,一歌尤深厚有味。振之兄虽逊谢未遑,而实至名归,亦颇觉兹役不负,然恐忌之者亦正不少。

廿九日 贼信日急,闻边马又到长清南境一带,妇女老弱逃难者纷纷如蚁,神色仓皇。时黄水大(长)[涨],溜急船小,民只顾逃生,争欲渡过河来,再作计较。有本县大户马宅妇女小孩及渡河众人同舟而过,至河西岸争下船翻死者不少,壮者尚能浮出,然亦惨矣。

眉批:闻事皆回省,李平甫只留请征收曹警之兄一人,以警之兄与首台吴四兄家亲力荐者也。

署抚台清方伯太翁回京,偕官眷仆从过河迟迟,幸未遭害,新任李平甫高兴之至。然毫不留心民事,贼已逼近,恃有黄水险阻,不急与民团筹防,又不雇勇防护城,各团长禀见伊,大定地方奸民聚众抗粮,即应拿到正法。前署巨野曾有聚众之事,当正法五人,即安静矣。不知今昔民情,时事不同,知伊在巨野即如此硬来,民乃一杀劫狱,致伊革职撤任矣。各团长看伊昂首而谈,弗与久谈,问及贼至将何以御之,乃云当穿(载)[戴]大帽公服,坐大堂候之,迂妄可恨!时清署抚送其太翁后即驻扎北店上,只急凑民勇二三百名,皆市井无赖,今在北店迤南扎团营,一无纪律,且半系贫苦,决其先溃逃者。李平甫日具燕菜大席供应署抚,不时禀见,即大言贼何能为,以宽署抚之心。祸在目前,大家不悟,署抚尚连称李令有胆有识。予同振之兄、小山扬把戎到东门口,看逃难者面无人色,其中不免奸细混过,而新任李平甫不管,杨小山把戎乃与绅团盘查。长清团中来信云,贼在伊境大肆烧杀,急图过河,而贼多船少,即有一二支小船,皆经团中调在对岸,贼连用木柜、木床,或用树扎筏子,欲(度)[渡]而水湍势险,屡沈其物,贼颇恨恨。贼询土人何处有富室,长清古城乡陈宅多年富绅,现虽分避,恐贼必到其乡也。古城距省甚近,不知省中若何布置,悬系之至。李平甫不发一探马。

眉批:与郭少堂计议,即写传单知会禹城、平原、德平、临邑各处团长,速即调团防守黄河口岸,刻即传去,挨团而传,计是晚必到。

署抚台亲提马鞭到大清桥东首四望,桥西水漫甚宽大。似束手者。

振之兄急欲回省,而齐河绅民苦留再住数多,设有变乱,好为督团,知新任不足恃,留振之兄即须留予帮助一切,予亦情分皆不容辞,然无知我者。自顾留在齐河即须挺身认真干事,为之调度而无权无势,枉自身殉,于大局何益?故再三筹划,知不易为也。齐之绅民欲留予帮振之兄在齐团练,然亦难行者。晚间郭升省回,言省中人心慌慌,拟闭城门,西城外不许。谢大表兄不能同行。

二月

初一日 贼信更近,予一夜不寐,思害在当前,与其向民团商办防御,望难得力,署抚身任军门,权势易为,胡不与之面议急策?予遂于辰刻呼小舟渡河,仅渡桥西一段,仍由桥上行走,而水急之至,十分惴惴，至行辕向巡捕投治晚生刺，告以来历，非谋事者，因贼势紧急，特与大人面商机宜。（请）署抚当即降阶相迎，握手而入中堂，见其炕桌上有牙牌数一本，知因事急求数者，其本领亦可窥透矣。请问有善策，乃言："省中司库只存三万馀金，去冬州县解钱粮者寥寥，江南等省来要协济拨款，星速大迫，现无兵可调，不得已急雇勇四百名，而此费尚不给，昨即发令，由省调兵，相隔四十里，至今不到，无兵无饷，库款万不敢动。奉旨以贼已北来，命在省外加意防堵，不可令贼再扑直隶，亦只有在此处安营，明知不能敌贼，然亦惟有继之以死。"予答以："抚台为一省人心所系，不可轻尝以试急，需练能壮亲军数百保团，身存而后事可徐图。省中素多勇士，皆前在临清与贼接过仗者，计赶即召集，可得五百，令中军官统带，此时民皆知恨贼，附近各县民团已与郭少堂计议，传单知会，赶即调团防守河岸，统计民团十三四万，非尽无用者。当此无兵无饷，有此团民，颇可制贼，第民团究无章程，亦无统帅大员，况各团长多系去年聚众抗粮有案者，尚各怀疑，知抚台在此，不敢露面，知大人出示奖谕，派武官分领各团，藉以御贼，各团知奉大人明谕，立功有奖，无不出死力者。且各备干粮，无需官项。"署抚云："昨在省东州县亦仗团力，然但可彼来禀明效力，我若即调团，设不听调，岂不无益？更或夹杂匪人，趁此害我良民，反为不妥。吾兄如以为可，即烦吾兄留在地，且领众团，我因感激不尽，桑梓得安，吾兄功亦不小。即烦吾兄传谕各团，如有能帮我杀贼立功者，不问从前有无过犯，即人命大案，亦必置之不问，且必优保。我正在束手无策，忽有吾兄到此，或大是转机，吾兄可便衣常来谈谈。"予言："事不宜迟，急回与各团说知，令各团具禀写明某团某人来投辕下可也。"署抚大喜，又将明月舫观察自潍县专函来求，速寄千馀千文至潍救伊，如带银前去，无处可换，备言伊同兵勇五日不食之苦。初得道员，以为富贵兼全，孰想到此地步，后欲披发入山云云。署抚云："观此信可知时事矣。"又嘱予急告知居民客店万勿全搬，设或贼到，总设法寻出食物方可，不然同明观察样子，将奈何。予与署抚抵掌而谈，筹及救急一切，探其见识若何，如直以予为有用，则人生出头立功业，乃男子大事，予即留东，尽其心力与之效忠尽命，倘非予知己，即勉强入局办到好处，不过成一苗沛霖，况能者必死，茫茫大劫，岂区区微末所能强为？若画虎不成，被匪胁去，死亦不值，反不如缩头藏拙，令人笑予室家念重而已。谈至两时许，已交午正，遂告辞归。署抚殷殷远送，再三嘱晚间再谈。回署与振之兄细述，振之兄不察，亦欲予留东，不知予早计之熟矣。

未刻，署抚令伊随员顾公锡康，齐河县丞。来署，奉命与予商请主意，予又告以云云，知非真知予者，只有仍布置回京供职。又与振之兄细商走计，假伊四十金为顾家计也。又与郭少堂及各民团急筹防贼，令于河西南口岸筑土墙支放枪炮，并调各乡团会堵要阨，邻县各团长亦即知会同急防守，前各团长到省，与众商议，所有黄河西北口岸皆筑墙支炮防贼北渡，并在洛口北岸扎营，与历城八阵团、八卦团暨如乡团联络援助。八阵团皆北关种菜壮夫，八卦团中有持劗刀者百馀人，皆猛勇过人，大是劲敌，现虽各处乱扰，而人心知愤，胆气已壮，如有能用之者，比官兵胜百倍。予与清署抚言之剀切，冀其统帅用之，而以二品大员毫无勇略，杜云翁一味深居贡院，以撤伊团练大臣为幸，不思桑梓既重，国计尤重，即无重责，亦应竭其血诚以报累世，荷皇家厚恩于万一也。予以微末，空抱杞忧，闻鸡愤懑，急拟藉人之势致命留名，而其机不动，回京之计已决定矣。予坐立不安，时至齐河西北东门看逃难急状，暗察城内齐绅团练，尚皆淡漠处之，谋同筑室，祸眛处堂。言者急切，听者茫昧，可将奈何？振之兄已交卸数日，定于初二日移住督扬书院，即回省一行，知省中闭城。是晚，先著家人持函前去专致省总局，设法开城，令伊得入。齐河四乡绅民感振之兄德深，即前月贼过长清，人皆欲他逃，尚多负钱来完粮。近州县上台每谓民皆抗玩可杀，据此看来，民不善乎？抑官不善乎？可见天下大乱，初未必民皆匪类也。予尝云，民最易治，顾官何如耳？交初更，即见城外隔河南面一片火光，相隔不过二三十里，是贼烧各处村房也，民苦极矣。河声怒发如孔，登城而望，水中小船有灯光随浪而渡，黑夜人力难施，一或打下，全船被害。河中从上流冲下者不知几，多为贼逼也。男女不顾其害，且图过河再说，生死付之金龙四大王矣，可叹，叹叹！夜静，未闻贼信，但听齐民团在河岸放炮不绝，隔河南乡亦多炮声，时李平甫早已酣睡，一无心事，伊所请朋友皆赋闲多日，甫得此馆，到署均在得意之时，亦不知愁及贼若何，可云贤主嘉宾。三更后从城上望及北店署抚、团营，亦无动静，南面火光仍在，渡河者亦如故。

振之兄与仆从收拾行李，愁急之声时作，亦不成寐者数夜矣。予与同室而居，谈及年逾六旬，只此八岁老生子，虽有宦囊，此后何能安稳隐居不仕。与予结患难交，明日一别，尚不知晤面何日，如何局面，不禁悲从中来，相对而泣也。留王尧封、王仲书住书院照料，一切皆慌慌不定。沈菊芗初为振之兄帮管(帐)[账]房，后谋成代理捕厅缺分，甚苦，代理之员不食廉俸，所靠者振之兄待人诚厚，今大家皆散，贼信已急，伊现有职守，又遇李平甫此等堂翁，家室累身，大是悲苦耳。四鼓，又著人登城，望火如故。交五更，忽闻四外钟声、炮声急切之至，计贼来矣，不免心动，遂即登城而望，但闻四乡钟声，不见动静。李平甫仍安睡无恙，朋友、仆人亦无起来探信者，怪极。民间见伊到任举动，及日来毫不关心民事，第日骑马禀见署抚，大言宽解，回署即大嚼而睡，若以民团多事无益者。民咸言："官与我们防贼大事不一办理，如向我们要钱粮，我们亦不理他可也。"齐河、禹城、平原以及沿河下州县自五年黄河决口北行，连年不治，因之淹死、饿死，或偷新发麦苗生吃，次春身肿而死者无数，其逃者及苟活者，亦多典卖子女，无室家矣。其中，偶或一年黄水不甚漫溢，禾稼获收，官便重刑浮收，勒折加两三倍剥取民财，弗恩，民气未复，往往近河之村被淹，不为报灾，一律征银，致多拆房伐树以偿，追呼积恨已深，乃有聚众抗粮之事。如果官理民事，民究怕官，尚不敢公然抗官，若官有德政，民即拆房伐树亦乐完粮，迨民心大变，又不善办理，遂以民皆可杀为言，能不上干天怒乎？民之苦隐无能上达，愈激愈变，遂至大乱，如此贼匪亦皆良民也。

初二日 黎明，予又登城，见仍多渡河逃难者，弱女童为其老夫母背负提携衣物，力不能胜，数步一憩，并有俊女少妇怀抱小孩，握发披衣，满面啼痕，间有老苦白发扶杖皇皇而来，其情苦矣。李平甫与杨把戎约定且不开城，可恶已极。贼尚未至，即至，不思城外防堵，且署抚近在河东岸，区区小城不开即可共保无事耶？徒令民间乱骂。各民团在河干一夜，其总局在城内不令入城，郭少堂团众到署大嗓，且各乡卖米柴者、水菜者皆在外坐候，时已交辰正，尚不急开，自经团众噪骂方开北门，(少)[稍]迟，又开东西门。南门外无居人，经振之兄令人堵闭，可以不开。予问乡民，知夜来各乡见火光烛天，以次撞钟纠集民团，将与贼对敌也。年来土匪最怕各乡撞钟，呼之为"敲铛铛"，以钟声四达，团民聚集，匪不敢近也。自贼众团寡，且团民多不训练，属为贼破矣。齐河绅民制有万名衣伞匾额，前次去任民已送过。是日鼓吹公送，且祖帐叩送。予令郭升觅车，而无此车辆。昨日，李平甫钱席屠幼云，贞士先生之子，眇一目。坐来二把手车，欲雇伊回家，只二百十里，乃要京钱八吊，少分文不去。乃令门政徐代唤小甲即地方。找来小车一辆，一推一拉，初以为不能多走道路，李振之兄家人乡亲，曲周人，三个因路上团查店甚严，随予同行，巳刻出北门西行，而小车快极，瞬息廿里。郭升步行急从，曲周三人竟不能跟上。过某庄，果被民团盘阻，疑为奸细，且急跟予车，恐系匪人也。复令郭升回去说明，方许过来。予至村店小憩，即与乡民苦口力劝其若何防贼，若何打仗，知郭少堂现有字调团，正在收拾，欲到齐河城内听用。予告以："此次来调不同儿戏，须各人酌量，令勇壮当前，胆怯者来回送饭。如一团五十人中遇贼接仗，一有怯者临阵退却，众即因之溃败；去秋天津之败，闻即若此。如有死伤，议出恤项；送饭供给为行军要务，如今事急，不必周备，即炒米炒面裹送到阵前，大家得以充饥即可，不致败事第一。各乡暗号要记明，随时变换，如号袒右臂，则皆袒右臂，或首裹白布，皆裹白布，免致人乱自杀也。贼之残毒民之父母子弟，奸淫民之妻女，焚劫民之财物，汝等未闻见耳。如不杀他，他照样来害汝等，尚不激愤切齿乎？"民众闻之悚然，即多摩拳气恨者。至伦镇打尖，又与民团详言一切。晚住高唐东之十二里屯，村民已打起围墙，四面留寨门，濠宽数尺，盖数村合筑，恐贼即来，好入围共保。当晚，乡老来，与予谈及贼势，不胜凛凛，言前者李开方陷高唐，民未若此惊慌，以他处不乱也。今无处可避，只有筑围，不知可恃否。予言此即南方筑圩之法(亦)。予劝民筑围子之法，第一，且守战，须急预备，且孤孤一围，设贼来攻，他无援救，难以持久，既此庄筑起，急劝附近皆即筑围，无事各勤尔业，有事入围共保。贼攻此围，他围纠合喊援，贼必不敢久攻，乘其一退，大家追捕，必能杀却若干，即或不敢追杀，小心保围，以逸制劳，贼觉到此费事，即不再来矣。

初三日　辰刻，过高唐，见民心安稳，盖与贼较远，大家咸问贼势若何。未初刻，至夏津南关店打尖，正在演戏赛神，乡间妇女稳坐牛车而来，仍是太平景象。然问乡间不乏匪人，欲起为患。署县尹邵朴斋粉饰太平耳。到郑保屯，天未晚，小车之快不亚轿车，可见人力在善用耳。家中平安，正闻齐河贼近，不得真信为悬念也。付小车京钱四千文，令带回致振之兄函。

初四日　拜谢黄右书二兄，谈及邱县教匪现在(找)[召]集亡命盐匪，聚已数千，向大户强借，其势不小。临清州官束手无策，伊连日与本屯劝团，屯民多不欲为，屯中绅富黄氏为大伊，先于本族倡捐，以次出赀雇勇护屯，且防小贼。云前者长毛陷临清窜后，屯中无赖多至州搜刮财物得利矣。

初五日　闻邱县教匪昔与教师共起作反，扎营搭桥，聚众日多。

初六日　闻临清戒严，绅民久受惊恐，现俱纷纷乱搬，城内本无居民，城外甫整理大半，今又大(警)[惊]，多有雇船同住，欲北往者。州牧张寿泉业将眷口多财雇大船数只运往郑家口矣。前拿禁教匪中人数不问,即欲来劫。予浮寄在屯,大是不安,设或贼至屯,民各逃,即有黄二兄照应,亦难兼顾,只有雇船往天津,再上京东也。去冬来往此屯者,即计及设或乱做,距运河二里,可偕眷坐船再走也。专郭升到临清雇船,予乃骑驴至杨家庄二妹妹家看视,二妹妹久无亲人来往,自去冬予家到此,大是欣慰,今值乱作欲去,好不悲感。至武城拜赵晴岚明府,新天津癸卯举人,大挑。相见甚好,晚回杨家庄,谈至五鼓。

初七日　巳刻,回屯,郭升回去雇定之船被人家强截去,乃又出多钱雇来湖划子一只,是晚可泊在油坊岸边。油坊正在起会,因贼信急,商客渐散,而乞丐聚至百馀,亦公然抢夺团众,闻贼在尖庄。弗敢问。临清团长来信云,官先具帖约各处团众到州城外扎营助威,现拟日内与匪打仗也。黄二兄急即齐团二百人,每人予京钱六百文,令自备干粮前往,而团民迟迟不欲即去。临清城东林家园张宅眷属来黄二兄家暂避,云贼与官为仇,不与民作害,如不惹他,他不来扰我,若去助仗,贼知系某团,恐反招伊即来,莫如不发团众为好。团众正不欲往,闻此皆懈。黄二兄已许州官助团。进退两难,甚为愦愦。予言:“以二百团众助剿,人俱胆怯,见贼必逃,亦属无益有损,不去亦是,且留防护本屯,善言回覆州中可耳。”

初八日　收拾一切,著龚六序东弟,管庄者。用大车送至河干上船,午后方送全家登舟。乡妇多人来送,黄二兄来送予启身,送并土物,依依不忍别。申刻开船,放大鞭,焚香元宝,一路平安。郭升家在临清城内,因乱,令接一妻一子同来。计水程四十馀里抵杨家庄之西,遂令杨彬至序东妹倩家,约次早泊武城。是夜,近岸住船,内子儿女初次坐船,甚觉心安。

初九日　辰正,抵武城西门外大王庙前住船,二妹妹暨甥福昌同二妹丈坐车到来,登舟畅聚,谈及伊家三支同居,房舍至大,高楼三座,数十里可以望见,伊四宅富厚,现在埋藏金银衣物,然久著富名,恐招贼到也。序东为团长,正在雇勇制械,与县官及他团长预备防贼。予晤赵晴岚明府，言及县城久坏，不能即修，虽议团防，恐不足恃，计将奈何？予答以邱县教匪首武举张某，俗名张八万。因练勇防寇，请有教师宋景诗者，素与盐匪中多交好，昨盐匪数百名路过伊庄看望宋某，张匪首念系朋友，留住吃饭，而无赖密报官，王叔平捐班不学，冒昧来拿去二三十人，留禁县城数名，馀解往本州。宋景诗前不下来，遂即起事，入县杀人劫狱而去。所以皆不知贼从何来，又从何往。知事犯已大，因与张八万纠会教党，(招)[召]集亡命，竖旗作反，现已抢劫邵岗集，占据尖庄，从运河上打造浮桥，又占下堡寺，逼近临清，招军买马，日有负包入伙者。贼势虽大，然究属骑虎难下。夏、武、邱同属一州，倘此股来武，可令绅庶与之理论，属在乡谊，似不为杀戮而来，如或缺用，可有绅庶酌予些需，官若弗问，必可无事而过，盖区区小县，无兵无饷，团众又不足恃，设与打仗，必多杀伤，且恐肆其焚掠矣。若南逆渡河而北，或不经此僻道，设或过武，只有率团抵御，矢之以死。乘此无事，就城址修补，第能以城保民，亦大幸事，他无良策也。赵晴岚明府点首称是者久之。假予川费卅千文。

序东妹丈谈及张八万之业师武进士郭某，并其至亲好友，武城人多与相识。予急言："看张八万光景，固因羽毛未满，亦只是欲罢不能，乘此寻其业师与其亲友，婉转向劝，令其转而助僧王剿贼，可即赦其往罪，保以显官，但此事非有好官去办不可。"李振之兄任邱县十五年，深为民服，曾代理临清，此时照齐河办法与上台说明，仍委伊前去解散安抚，必能有成，免致生灵涂炭，倘匪与贼南合伙，更难剿办。予当即将实在情形函致振之兄，劝其急行，告以必无害而有益者。又致省团总袁雪翁诸君子，从旁力劝。又禀知清署抚及杜云翁，本拟由武城专马，恐话有未透，序东欲自上省面达云云。事大可为，惟思如予在省必能办妥，盖振之兄必约予同去，今予不能顾及，恐不谐耳。船停一日，晚间，二妹妹方回，含泪而去，百计宽慰而已。

初十日 船过夹马营，买物而食。此非生香孩儿之夹马营也，有巡检。晚住小庄外。看浮尸,可叹。

眉批:过郑家口见商贾零落,停船最多,大约皆携眷赀欲往北行者。临清州家眷想在此。

十一日 过四女寺买食物,欲住德州,风不顺,遂至贾家坟间小庄住。

十二日 辰刻,在花儿树地方泊船,以风大难行也。花儿树乃德州人前大学士卢南石先生讳荫傅,雅雨先生之后。祖茔,松柏宽茂。予携三女上岸看望,盖古松盘折如龙如盖,松身纽篆成花,松皮剥落,土人不识,呼之谓"花儿树",相传已久。当年风水甚好,今卢伴鹤太史庆纶在家未仕,闻家道渐落,藏书最多,半为人窃去。

未刻,抵德州西关浮桥之北停舟,著郭升至州署请张芸翁夫子安,正在修城,筑城外墙,挖(濠)[壕],练勇,(旁)[傍]午不暇。又至舒祝三明府处,知亦欲坐船北上。问及齐仲鳌四兄,已早赴天津。

十三日 巳刻,予向祝三兄借马,到州署,值芸师赴团局,在帐房与钱公坐谈时许,回至祝三二兄处畅谈一切,约同行。是日大风。

十四日 拟即开船,而大风扬尘,不能行。祝三兄来云,伊不能即行。张芸师著人送来京钱十千文,买凉帽三顶。德州出此物,上中者每顶钱二千文。

十五日 早,开船而行,过桑园。闻多粮船水手,百日藏在河堤内,晚即行劫客船,可虑之至。

小米军船为好帮,然上岁山东、河南州县漕多未能收起,且多被贼之处,今春漕尚未兑,若干军船停泊水次,设或不能兑运,运弁、旗丁固已难支,水手多系无赖,其能安稳穷守乎?设或皆入贼夥,或自结聚起事,又多一大患也。官常尚不介意,亦是得过且过。晚住薛家涡小庄。

十六日 过安凌泊头镇,商民云集。住。

十七日 过连镇，见当年为贼所戕大树皆无头，新发枝梢者。

十八日、九日 船行平安，第岸上人见船有家眷，多言此逃难者，必问临清何如。船家恐夜间有事，谆嘱小心。夜有骆驼载物呼度，人声沸腾，骆驼声急，颇为惊人。

家言随记

卷 一

序

负任逾重，报称逾为不易，所望僚友匡规以图共济。奉督畿疆兼鹾政，窃师古人求贤之意于僚属，进察其言，退迹其行，思广登进以储公辅，奠苍志，其恂谨若呐者，亦思用心励廉，起懦人材，若宝固随地而生，以为世珍也。巡海防，驻津门，藉稽芦纲，思有以调剂之。接见蓟永运判王分司，外笃实而内明敏。询事考，言间颇见经济，知在戎曹有年，春华人物。乃改判海隅，意甚安适，所学可知。一日，呈《随记家言》一帙，于其先人一生心迹，能善继述，语平易而醇粹，洵有用书。本庭训以应世，知无往而不宜，勿卑判司，惟良是勉，为数十言以勖。时同治庚午秋日，曾国藩并书于问津行馆。

家言随记序

昔朱柏庐先生著《治家格言》传诵于世。夫修身者，治家之本，而治国又本诸治家，则言治家，而修身治国道在其中，且家启后承先之道亦在其中矣。余读王雨生太守所刊赠翁麓樵先生《家言随记》，不禁深佩琅琊氏之启后承先为不可及也。麓樵先生德不胜纪，而其大端有四：曰择术、存心、主品、博学。盖先生少孤，弃儒习幕以养母，谓刑名足以活人也。学成，才大心细，其所为，无不奉汪龙庄先生为绳准，是择术之正也。先生重人命，慎名节，作《申韩论》，力斥其非，酌古合今,求生悯死,执笔兢兢,是存心之慈也。历卅馀年,诸牧令倚重佐理。先生不以势力谋,不以委屈处,是以延先生佐治者尊为严师,勉哉!循吏是主品之端也。著《阅历偶谈》《稽古论略》等篇,凡先正言行以及正讹订误,裨益于学问经济者,皆附焉,非空谈心性可比,是博学之精也。先生具此四美,出所蕴蓄,作有用之书,太守谨付剞劂,琅琊氏之启后承先,吾知其将焜耀世世于无既也,讵第曰一家言哉?考宋有《袁氏世范》一书,此虽诏之《世范》也可,时同治十二年岁在癸酉闰六月,天津沈兆沄序并书,时年九十有一。

叙

麓樵先生馆武城,余差至相识,极心折焉。读《申韩论》,见经济略当,附数言以志钦佩。嗣与先生长嗣雨生商榷文字,为通家交,日以密风尘鞅掌,欲延先生襄治,而为当道争迎,弗如愿。咸丰甲寅春,任德州,发远南者陷临清,北者据连镇,德介其中,时闻轰沸声,水陆难民罔知所奔趋,逆谍交驰,变端刻警。余与同城谋防御,应供给,夜则巡城内外以固守而侦寇。时先生运馆海隅,隔千里,欲乞策而弗及,惟忆先生"慎非葸,勤非忙"之语以自定定人,大兵亦即云集,而远近方靖。乙卯春忽奉先生讣,良友长违,生刍遥寄,伤怀久之。丁巳,雨生主讲陵县三泉书院,去德六十里,每过晤,知庭训之深,必能有以展布之,后以副郎供职于戎曹,偕室北上,道经德州,出先生《家言随记》,急捧读之,朴实说理,悉本人情,而于刑名尤兢兢,附节录《佐治药言》,为政忠告于居官居幕居家之道,盖一一阅历焉。末志《梓桑》《戚友》,系念殷殷,《辙环》溪山,入怀不忘,于以见先生立品励行,古君子人也。雨生敬录遗编,将以付梓,质诸余,久置箧中,时披如晤。同治壬戌春,雨生改判鹾司,权长芦运同篆,余时擢牧临清,来函相请。余老矣,治河抚民练勇榷关,不遑安处,知交如先生,拟传先生一生品谊而未暇也。谨书数百言而逐为加墨以还,览是编者知无不以为有用书乎。时在同治二年癸亥夏日，湖北钟祥通家愚弟张应翔云骞甫拜书。

叙

老泉有言："乡有士，邑有大夫，而争讼者赴于其门，此何为哉！德足服人而学足匡时也。"

麓樵先生好读书，具伟略，少以亟亟养亲，屈志依人，幕本其经术，假权以为治，而自懔懔于阴骘，故当道争重之，东都人士亦咸矜式，如老泉所云者。长嗣雨生孝廉与家仲云弟同塾，又同庠，宏材富学而恂恂恒若不足者。余与雨生交之久，窥其巨细有内，心知奉庭训者素也。十馀年来，南北警急，浩劫不忍言，而先生老不乐闲，远馆而无患，若有使之悉避者。咸丰乙卯二月初，闻自招远旋省，至邹平之西郭，无疾终。昔曾自置髆器于邹乡，若特就而用之者，噫，异矣！先生初言惟州县大有为，而后诫雨生言："州县不可为，或以言歧而非歧也。"雨生以济世才，慷慨有大志，乃初挑二等官学，博乐之甚。继由中翰纳副郎，分驾部，又改鹾司，判蓟永海隅寂守，云闲曹，易供职，或以其矫，而非矫也，知奉庭训者素也。余于丙辰分巡荆襄，擢抚楚南，旋督两粤，任日以重，惧日以深，剔悚之覆，悔学之疎也，适雨生寄先生《申韩论》暨《家言随记》至。凡治民佐治，与夫笃亲戚重交游所言，皆其所能行，理不外乎日用寻常，而道则终身由之，不能尽，急书其要言于座右，如晤先生于昔日，而睹人物、湖山于故乡也，是有用书，不可不梓行焉。雨生前来书云："判司官卑不可说，碌碌无所建白。"余答以"何地不可为民造福"。兹来书，云对以"此官犹能教子读书"，用作楹联。吁！世之仆仆奔走以营进者，知必不寂守于海隅，有子亦弗能教，遑问其为民造福乎。于以知雨生之学日进，而奉庭训者素也。敬附言，藉便以达。同治五年丙寅春日，同里后学毛鸿宾寄云氏拜序。

申韩论

王贤仪麓樵氏著

治乱由于州县，州县所重，尤在刑名。余由左佐治将四十年，恤民隐，重人命，慎名节，兢兢然无敢率意焉，又必视主政者之刚柔厚薄而襄之以道。阅历既深，恐惧益甚，爰为此论，以质同人，并告诸从政者。

麓樵氏曰："'刑名'而曰'申韩'，不通之言也。"刑名家言起申韩，申不害也，韩非也。申为郑之贱臣，韩为韩之公子，申事不多见，而韩以子名(杨)[扬]乎。《问道篇》曰："申韩之学，不仁之至矣。"当战国时，仁义之道不行，人乃习为纵横排闼、刑名法术以遨游诸侯，言巧而利，色庄而谲，口舌之功胜干戈也。国君前席跽请，以为增重民生，斯时朝南而暮北，罔知所从。刑则赏罚乱，名则纲常紊，国自为法，家自为说。若斯之杂也，今何如者？刑，刑典也；名，名分也，天理也，人情也。伊古以来，几经审慎，著而为律，大儒又从而损益之。言刑而兵农在其中，言名而礼乐在其中，大则经天纬地之学，细则牛毛茧丝之理，若斯之精也，申韩云乎哉。我国家仁义治世，援古证今，定为《大清律例》，设大法例顺人情，刑寓仁心而名缘义起，至矣，尽矣，蔑以加矣。学者服古人官簿书未谙，惧或枉法而诬民也，乃延刑名专家相助为理，一状之来必质其隐；一狱之折，必循其指决大疑。临大事，定大计，筹之于帷幄而著之为章程，分以重禄，尊为宾师，若此者何哉？然则不通诗书，乏经济也，不谙典则，寡闻见也，不识方域言，而受其欺也，不知天时病，而误为伤也。而且轻重异时，刚柔异俗也，贵贱异等，难易异势也。上而廊庙制度之繁，下而闾阎琐屑之猥，酌古以合今人，求生而悯死者，治乱所由，性命所关，可不慎哉？可不重哉？即或吏议恐干，似有周内，亦惟顺情合理而免议，不得强情就例而避议。

食人之禄，忠人之事。执笔兢业，心血为耗，若斯之难也，申韩云乎哉？而不然者，读书未通，急欲读律，夤缘致聘，非傲则鄙，刑罚失措而固执显通，名节攸关而阴鹭顾，误人功名，害及苍生，月夜风凄，血鬼索命，殃及子孙，致灭其后，可不惧哉？或幕而求富，更不知其心如何矣。尝撰句为箴书悬馆壁："眼前常思立鬼，身后莫忘有儿。"其或王宾未洽，致词即去。

凡事从身心体悉而行，自合乎道，王道本人情也。邹平邑小而俗醇，麓樵兄佐治讼牍渐稀，时约赴黉山而归，途课问桑麻。滇南复斋李文耕。

古之刑名家，言杂而不纯，故韩非不善其终。复斋又识。

汉武承秦火，表六经，斥申韩苏张之学，宋儒于诸子亦多闻而废之。今之刑名，大经大法，千古为昭目以申韩，诚鹑凤焉。司刑名者，非学有根柢，讵易上位，秉承乎麓樵吾友而师之，欲知其学视其论可。同学弟长白云亭钟祥识。

云亭制军与先严为道义交，守济南，升东抚，以儒术为治。抚东时，锺霖随课泺源书院，每月初二日晨莅讲《尚书》，肄业三百馀，制军端坐如师，案无书高，宣经义、引证注疏无纤错失。四月及《禹贡》，若按图以示，诸生守经静听，无不欣服。至十月停讲，期于次年讲毕再及他经，旋督闽浙，移节而南，齐鲁士到今景思焉。锺霖谨志。

一行作吏，以延好友为切务，刑名得人事无不治，慎勿以此延迎长官意，应同寮情。朴庵恩特亨额。

余自吏部郎守青州，请诸钟云亭同年延王麓樵先生理刑名，品学兼优，交契日深，尝劝之仕，曰："观剧易，演剧难，一经登场，手足罔措。藉人之权以抒己抱，不损人，不失己，可矣。"暇出《申韩论》相示，傲服久之。莲峰弟杨镇。

道光己亥分山左，差次武城，见厉实甫同寅公事多而甚闲。

适云有良友,可不下堂而治也,亟识麓樵先生于幕,作三日谈。读其《申韩论》,名实洵相符,适长嗣雨生茂才寄呈课艺至,以余不谬,属为点窜,高华名贵,词苑品也,遂引为弟,非好为人之患,将附贱字于硃卷耳。濒行,请言为佩,曰"清慎勤",旋曰:"清非矫也,慎非葸也,勤非忙也。"云骞弟张应翔拜书。

官武城将八年,治民治水几多大事,无累心者,忝膺卓荐,将调首邑,以告养请归。去武之日,士民及邻境送者夹道,至泣下。噫,余何能,是麓樵先生所匡教也。旧雨难忘,读此附志。仪征惕斋弟厉秀芳拜手。

解组后,人询居官之道,答以"延好钱谷友,可以不至亏累;延好刑名友,可以安稳眠食"。乙巳秋日厉实甫又识。

所见者大,所本者真,化身千亿,相助为理,何患世之不治?安州通家愚弟陈宽拜读。

筮仕比部荐秉东皋,兢兢以民命为重,武城谳牍数年无出入案。遇疑难檄之,无不了当者,询知有良友也。嗣阅其《申韩论》,非有经济弗能道,是可与《佐治药言》并传。慈圃陈庆偕。

麓樵内弟后余学刑名,而先余应聘,才大而志高,颇形余钝,佐治既久,时察其所为,才大而心小,无刻不懔懔于阴骘,惟圭角未尽泯耳。《申韩论》乃余所欲言而未能达者,是可以存。愚姊丈董上恩舒亭氏附言。

舒亭姑丈,幕中儒者,一生谨慎,未见一事有怒容。年界九旬,丰颐修髯,和蔼若春。近司历城,发审事有年,老辈典型,卓卓一人,固宜乡祠公宴,推为祭酒。锺霖。

麓樵,余至交也。幼英敏读书,不忘童试,未售。年十八失怙,痛母苦,诸弟弱,入都,谋致身,勷旗员某,出居庸关,历沙漠,慨然有豪杰之想。因母念切,归从沈藕堂先生学刑名,攻苦两年,即应聘知保阳宴局,足资历练,又依其表兄金文波太守于保定署者一年,东省当道争迎之,如琦侯恩朴庵钟云亭、杨莲峰,诸巨公咸倚重焉，尤见知于李复斋、陈慈图两先生，迨老不乐闲，又惮繁巨，乃择事简之区以处。咸丰癸丑冬，将之招远，别余曰："南北告警，聊作东海之滨居耳。劫籍纷如，偶梦所司行将理冥牍乎？"果于乙卯春返至邹平之西郭，驻车拟食，忽逝于车。先馆博兴制脐器，置邹之北乡，取而用之，只十馀里，异哉。平生于线装书及名家集靡不览，且志邸报、奏疏，择录成卷，修注《大清律例》凡三增帙，自云："心血所在，纂修者可采也。"长嗣雨生孝廉，从余游数年，丁巳，自外翰入中翰纳职，由主政晋副郎分兵部，入都供职，特奉所藏《申韩论》，请余一言。吁！故友名交，是余所深佩者，可为幕箴，宜刊于世。南村花寿山拜书。

先严好读书，经史子集有裨身心者，必训志之。司刑名数十年，尝言佐治所关者，大不可见功，然不可有过，遇事能断，每有先见。锺霖幸登一第，望官学博，日近事，多意外乱机也，乱则刑名置，地方官难为矣。广文官小而任轻，且诗书味长，最宜子孙。浩劫方盛，栽培心地者，庶可免乎？晚年择馆择地，自备后事，若预知者，并云"将理冥籍"，识者谓明而直，固宜也。与花南村师、梁石民伯岳交厚，不喜诗词，而谢问山舅父、周二南、何岱麓诸先生时集于佛山明湖间，所论断条举者极多，皆未订集，惟《申韩论》可质诸人，用敬付梓，并附评语。平日训锺霖等者多至言，恨未随时悉记，谨录数十则，聊见先严之律己处事焉。锺霖未登甲科，辜先严之望，挑教职，由中书纳职副郎，嗣改运判，分务蓟永间曹易供职。宝霖以未入，分河南署沈项县丞，将补息县典史之缺，懔然以狱捕为重。痛念永感以来，每遇急难事，默若有警，又若亲之时。监临者慎哉！锺霖、宝霖谨志。

《佐治药言》摘要

王贤仪录

萧山汪焕曾先生辉祖读书士司,刑名廿余年,自言不敢负心造孽,达先人之训,由幕成进士,官至道州刺史,于佐治居官,历练深切,著《学治臆说》,为居官之良箴,余未能临民,窃尝师其说焉。著《佐治药言》,实幕道之宝训,而于刑名尤兢兢,循是而奉行之,庶不至负心造孽矣。特摘要其目,撮其要言,录以自警,并望同学者法焉。

立品

士不得以身出治,而佐人为治,势非得已。主人用吾言,必先不疑吾,行稍不自检,毁谤从之,故贵立品。

尽心尽言

岁修亦官之禄,视主人休戚漠不相关,天岂福之?故当尽心。官之至亲,或未尽明事理,而仆吏又微利害所关,不敢尽言,惟幕友居宾师之位,可以剀切陈词,自有导源回澜之力。

不合则去

凡可以理事者,言尚易尽,彼欲私而吾持以公,鲜有不龃龉者,委蛇者从而利导之,颠而不持,焉用彼相抉利害?以强诤未有不悚悟者。合则留,不合则去,争之以去就,彼终不悟,是不可与为善矣,又何爱焉?

得失有数

士以视为田,朝暮轻去,难乎为之主人矣,不知幕友以主人贤否为贤否。主人不贤,吾恋一馆,而坐视其虐民,不忍也。恋栈者,每穷途偃蹇;守正者,自到处逢迎。

虚心

行其言而即自是，则又不可，官为利害所拘，不免摇于当局，幕则论理不论势，可以不惑，然隔壁听声，或不如当场辨色，故心不可不虚。谚云："官断十条路。"幕友臆断官事，得失半焉，所事公私之别而已。公则无心之过，终为舆论所宽；私则循理之狱，亦为天谴所及，故心尤不可不正。

自洁

幕友自视不可过高，亦不可过卑。正心之学，先在守洁，守之不慎，心乃以偏。有言某操守可信者，余曰："为淑女作伐，而称其不淫，可乎？"客大笑而去。

曩馆武定，前守初由守令卓荐入觐，圣询："州县官何术方不亏累？"对以"要漕收的好耳"。上极温嘉，谓能识操守也，遂擢守武定，咸惊为异，此固有命定，亦当时心无欺也。麓樵

俭用、范家

家果素封，必不忍远离骨肉，寄人篱下，乃强效豪华，嬖童狎妓，家中嗷嗷罔顾，识者鄙之。一旦失馆，负累称贷，受恩渐多，不能洁守，以致身败名裂。故吾人丧检，非尽本怀，欲葆吾真，先宜崇俭，身之不俭，必不能范家，家之不俭，必至于累身。月修寄家较多，家人不知爱惜，或至浪费。失馆必至亏累。谚所谓"搁笔穷"也，必使家中知来处不易，相率于俭，庶不致累身。若不自爱者，其来甚易，其耗甚速，有天道焉。

读书、读律

学古入官，非可责之幕友，然与主人有议论参互之任。疑难大事有必须引经以断者，非读书不可。每见饮酒围棋，闲书小说，公暇消遣，无关世务，何如读有用书哉？幕友用律，犹秀才用书，书解误，止于考下等，律解误，乃至害生灵。律例各有精蕴，仁至义尽，非就其同

异之处,融会贯通,鲜不失之毫厘,去之千里。故神明律意者,在能避律,而不仅在引律,若能引律,则悬律一条以比附人罪(一)刑,胥足矣,何藉友为?

检点书吏

官有六房书吏,非无谙习公事者,而惟幕友是倚用,以佐官而察吏也。清官难逃滑吏手,吏乘官隙,各逞精力,官事甚烦,不能遍察,唯幕友可以察吏之弊,其相循资以为生者,不必过搜。若舞弊累人之事,断不可不杜其源。总之,吏乐民扰,得藉以为利,幕乐民和,乃安于无事、无端。吏献一策,其说往往甚正,不为彻底熟筹,轻听率行,民必受累,故约束书吏是佐治要事。

省事、息讼

累人造孽,多在词讼,事非急切,宜批示开导,不宜传讯差提;人非紧急,宜随时省择,不宜信手牵连。被告人多,何妨摘唤;干证分列,自可摘删。少唤一人,少累一人,堂上一点硃,民间千滴血。官费一刻之心,民受无穷之惠。词讼之应审者,十无三四;一时竞气冒讼,不肖者或从中播弄,果审里明切,人多悔悟,皆可随释。有批准理后经人调处请息,两造既归辑睦。当予矜全,不可执成见以饱差房之欲。

词讼速结

听讼是主人之事,非友所能专主。然权事理之轻重,计道路之远近,催差集审,则幕友之责也。示审之期最须斟酌,量主人之才具,使之宽然有余,则不致畏难。因循而造已具切,不宜临时更改。万一届期别有他事,一了即完此事,荡财旷事,民必怨腾。

求生

"求生"二字,崇公仁心,曲传于文忠之笔,实千古法家要诀。法在必死,自有常刑,原非幕友所敢曲纵。如介可轻可重之间,所争止在片语,而出入甚关重大,此处非设身处地诚求不可,诚求反覆,必有一线生机。

慎初报

狱贵初情，县中初报，最关紧要。驳诘之烦，累官累民，皆初报不慎也。情节之无与罪名者，人证之无关出入者，皆宜详审节删。多一情节，多一疑窦，多一人证，多一拖累，不惟入罪，宜慎出罪，亦甚不易。人应抵而故为出之，死者含冤。尝闻有关中号舍索命者，余时想，死者相质，有词以对，始下笔详办，否则不敢草草动笔。二十馀年可质鬼神者，此心如一日也。

命案察情形

命案出入全在情形。情者，起衅之由；形者，争殴之状。出入最要关键。秋审时或缓或免或决，系之当审办时。必令仵作与凶手照供，比试叙详，宛然在目，方无游移干驳之患。

盗案慎株累

脏真则益确，窃贼亦然。正盗正贼，罪无可宽，所当慎者，在指扳之人与买寄贼物之家，往往择殷而噬，藉端贻累，不知情而买寄脏物，律本无罪，但须拒供吊查，向常不差捕役，只令地保传谕，檄内注明，有则交出，不必投案，无则呈诉，不许带审。亦从无匿脏不缴，自干差提者，亦保全善类之法也。

严治地棍

里有地棍，比户为之不安。讹借不遂，造端讦告，即审诬而民破家矣。惟专处原告，不提被呈，庶善良有赖焉。若辈倚胥吏为爪牙，胥吏倚之为心腹，非主人相信有素，上水之船，未易以百丈牵矣。

妇女不可轻唤

传人不可不慎，固已。妇人非万不得已，不宜轻唤。幽娴之女，全其颜面，即以保其贞(提)[操]。妒悍之妇，存其廉耻，亦可杜其发横。

俗云："女人见过官，其胆大如天。"可深思之。麓樵

差禀拒捕宜察

差如狼虎,或自毁官票以(扳)[拒]捕。禀究,半由索诈而起;传质,而虚民不堪命矣。余遇此等事,直将毁票存销,改差就原案办理,果否拒捕,属主人确访。而改差票内不及拒捕之事,以免串诈。

民情渐劣,每有毁票伤差者,然待民好讼德者,多鲜有此事。若挖差目,折差腿,埋差死,是将为逆,尚成世界乎?吁,果何道以治此。麓樵

为犯人着想

官民当一体,每见幕友齿少衣鲜,自高位置,而渐不知民间事,作孽恐不少矣。余无论事之大小,必为犯事者着想,并为其父母骨肉筹画,与主人商量,细心推鞠,从不轻言刑求,而真情自出,佐治所忌,心躁气浮,拘泥成见。

勿轻引成案

成案如程墨,存其体裁而已。人情万变,总无合辙之事,小有参差即大费推敲,求生之道在此,失人之故亦在此。小则翻供,大则误拟,不可不慎。

访案宜慎

访察公事,或摇于利,或蔽于识,未必皆可听信,全在幕友守正,不为所夺。若官以私人为先,入幕以浮言为确,据鲜不败事,故访案慎勿轻办。

示民以信

幕务最要在勤,多延一刻即多累一刻。凡批发呈状,示审日期,俱有定准,则人可依期伺候,无废时失业之虑,亦不可生怨言。盖官不失信,必先幕不失信,官或失信,幕可力争,幕自失信,官或乐从,厥咎半在乎幕也。

勿轻出示

事有关系，指出利弊，非托空言方可出示。若抄旧文，袭故套，尽可不必，况示纸日久，堕弃污秽中，所损正非细也。

示多常谈，读者每轻忽之，示有谬语，黠者且挟制之，勿轻出最善。麓樵

慎交、勿攀援

广交游，通声气，亦谋馆之一法，然大不可。品学素优，即不相识，亦相推荐，所交太滥，转致受累，吾人声名所系，不能不藉当道奖借，然有相赏之实，彼自逢人说项，如攀援依附，事终无补，怀刺妄谒，司阍轻薄，甚无谓也。

公事勿分畛域

事非切己，坐视其失，不置一词，或以己所专司，不容旁人更参一解，皆非敬公之义。

大幕习气，妄自尊崇，或误坐其位，或偶动其牍，便怒形于色，或同行而处乎其前，或同席而居乎其上，更以为占其身分，几欲辞馆而去，亦何可笑。麓樵

宾主而曰宾东，由西席言之也。幕风日下，有三东焉：尊主东，美内东，谀少东也。晓岚先生谓幕友有"四救"之名，慎勿再有"三东"之好。麓樵

勿轻令人习幕

图名未就惟习幕，与读书为近，然一经入幕，便无他途可谋，或得馆较难，或才不胜任，终生坐困，始基误之。从余习幕者，必察其才识，如不可造就，即令归习他务。

须体俗情

各处风俗不同,必须虚心体问,就其俗向所宜,随时调剂,然后传以律令,则上下相协。古云:“利不百不与,弊不甚不除。”真阅历语也。

(事)戒已甚

公事可结便结,其无大关系者,不必过求,往往恃其明察,一毫不放,是谓已甚,圣贤所戒。

不宜迁就

持论本是以主人意见不同,稍微迁就,便是私心用事,诸费斡旋,不得其平矣,违心恋馆,所害实多。

勿过受主人情

合则留,不合则去,是处馆要义。然有不能即去者,非尽恋馆也,平日过受主人之情,不得不办非分之事,欲去不得,每因受累,故主宾虽甚相得,与受必须分明。

去馆勿使指摘

官之得民与否,去官日见真。幕友之自爱与否,去馆时全露。佐治者,须算到去官日,不可有恶声,去馆时不可有败名。

居官三字“清慎勤”,佐治亦此三字,而“慎”犹在先。麓樵

摘唤须慎

省事亦大不易,凡传案摘释之人,必有确然可删之故。遇有刁愬无难明白批示,使讼师不致肆其诪张,否则讦控多人,方图泄忿,乃幕友摘释,启官之疑,堕人之术矣。

批驳勿率易

一词到官,具状人盛气望准,讼师房差,亦无不乐于有事,一经批驳,群起而谋抵其隙,批语稍未中肯,非增原告之冤,即壮被告之胆,省事反酿事矣。是在择其词中要害,剀切谕导,使弱者心平,强者

气沮。

能使弱者心平，强者气沮，非有学问识见未易批出也，幕学岂易言哉。麓樵

核词须认本意

俗云“无谋不成状”，每有控近事而先述旧事，引他事以曲证此事者，意有专属，而讼师率以牵摭为技，如宾主不分，且纠缠不已。又有初控一事，而续呈渐生枝节者，省事之法，第一在批示明白。

讼师惊天雷等本头早经例禁，乃有只图批准且得告状人谢礼，故张大其词，使不能不准，一经传审，又永不到案。讼师伎俩所谓管准不管审也，是在留心体察，严办讼师，庶顽民知法而良民不致受害。愚民又有占原告之说，不论曲直，若原告即占上风者，差役传唤，被告亦若先馁者，吁，所以谓之愚也，是宜加察焉。齐明府栋令安□三八放告处，代书于宅门外，有状告者，令代书先呈状稿，阅过再写，若状系自来稿，即刻传其人，就其来稿指讯之谎，状日少，遐迩称颂焉。麓樵

人命防牵连

尝见命案列证，便举家惶骇，每有凶犯赤贫而累词证者，须切属主人，非紧要人证，即当场省释，不令入城，应保者讯后立保，然犹有官保私押之事。民人一日不归其家，一日不安，可不深念之乎？至路毙之案，差保无可生事，则牵连地主，尤须禁绝。核稿时务字字检点，以防株累。

东省近年有毒死本夫之案，差令奸妇扳富者，共鱼肉之，妇乃扳。昔年有奸之同里富民少子入案，抵死不释，此子瘐死而冤

莫白,家亦败,父兄相继亡,可哀哉!孽在差,而官幕能无罪乎?捕役教贼扳富拉仇,每诬良家子而辱其尊长,书其子孙,地方官慎之哉,督捕者尤易造孽,所当切惧也。麓樵

侵占勿轻查勘

豪强侵占,律所不容。若世业相承,重加修治,或本官产,原听民便,乃地棍藉端挟制,需索不遂,饰词讦控,差察官勘,棍役朋比,民不堪矣。能于控到时,严切批斥,使小人畏法,固为上策,否则官为速勘严办,必有受其福者,事关田房坟墓类,须勘结,疆界不清,往往酿成他故。是须勘断明确,为之速结,使造房葬亲无稽,岁月所全不少。至示勘有期,必多人守候,更不可临期更改。

押犯宜勤查

羁管之弊,甚于监禁。监犯有狱官时时亲查,或囹圄松动,若羁管者本非重罪,而差役百般陵虐,有至死者,至贼犯押久,役则纵窃分肥,害人损德甚矣。全在幕友立簿检察,随时结案,官时派亲信人稽查,庶几无失。

监犯、押犯不随时稽查,最易损德。押犯早令结案,否则按簿日查,监犯夏则时为扫虫除秽,施以汤药,冬则检点困穷,勿使冻折手足,染成疮疖,并不费财费事,而阴德大矣。麓樵

闻大兴县押犯多在大殿,盖署后旧庙也。困积秽处,冻馁病苦,直同地狱,保定府本属暨通省,人犯至多,押犯亦众,人言犯人、虱虮,并土鳖、臭虫沿壁满地生,踏之有声,夏犯既饥且渴,于污水中抢烂瓜皮而食。官斯地者,切宜触目动心,克昌厥后;为之友者,亦当思公门中好修行也。锺霖

勿轻易佥差

必讯之案,方佥差传,其余细事,多批亲族查理,或久而不覆,必

其气已平，即或置之，亦有益无损，吏请差催，从未允行。

宜随机杜弊

地方风气以官为转移，地棍揣摩即视官为逢迎，有一利必有一弊，曲折甚多，在随机详察。

草供未可全信

据供定罪，多恐未真，余于主人训供时，必从旁凝神细听，供稍勉强，必属主人覆讯，更戒勿性急用刑，罪名至重，不忍以子孙易一馆，主人亦不可有后累。

入幕之宝固不可随主人办公，然亦有必须亲历者。博兴有父子仇杀，非一家九命并伤重二口之案。时当盛夏，尸横臭溢，邻里皆避。刑席董信斋表兄于犯人自首时即从旁听供，次日同王芝山明府到尸场周勘，情形毕悉，故定谳详明，抵罪允当。有心人无处不精，心通品固，随机应变也。锺霖

驳案宜细释

上台驳案有意在轻宥而驳故从重者，有意在正犯而驳及馀证者，非细心体会，易致歧误。至案已可完而琐碎推敲，万勿稍生厌烦。若主人所持甚正，与上台意见不合，必当委曲措词以伸主人之意，不可游移迁就，亦不可矜才使气，致上下触忤。

有上台幕友与属幕有隙，或与官素嫌，借案挑驳以泄怒者，此最作孽，上下皆须细察。麓樵

不受关防

关防之名必不可受而可以不受之，故全在谨防，佐治不能尽疏亲友，然因主人不我关防，遂律己不严，将身名有玷，为人轻薄，转有不得不受关防之势。故亲友往来必令主人知之，有事出入，令主人确知

何人何事。磊落光明,何至关防?

此非得人修金,即令束缚之也,一或不慎,猜疑即生,声名大坏,乌可不自走明路。麓樵

须成主人之美

不合则去,非悻悻也,必公事实有不便,不可全以意气矜张。主人事有未善分,当范之于善,不能则退,是谓不合则去。若主人别有善念,必须筹尽,以成其美,方于事有益又不可坚持不合之意,不细思量,岔然而去。

处久变更难

宾主初交,未甚浃洽,尽我本分,可告无愧。若交契多年,任劳分谤,亦义所当得,引嫌避怨。转失交契之道,特不可恃以济私耳。交久尤不可忘形,幕友得以尽言行志,全在敬信,一言一动有不敢简慢之意。若忘形则易狎,狎则玩心生,言有不听者矣。且宾主虽甚浃洽,更不宜经手银钱,致成嫌隙而为怨府,况一经手亦不能去往自如。

勿求全小节

主人礼貌盛衰,即敬肆之别,何不可讲?然诚意无渝,则小节亦可从略。至主人仆从,大率不知大体,不可稍假词色,或启干求之渐,若些小过失,量为包容,亦远怨之一端也。

勿忘本计

佐治不可有寒乞相,使人菲薄。然本来面目,却须时时自认,家有应赡之妻孥,有待济之戚友,自不暇向优伶饮博中经营,且节一钱之费,可馀一钱之资,家食聊足,行装可卸,又何必衰年仆仆,长为人肩优患哉?

囚关绝祀尤宜详审

是在审查与主人商办,宁宽勿严。

此节人鲜虑到，虽宽或失轻，然方寸却安。麓樵

定罪时有鬼物凭依

切须懔慎。

先生切言之，余亦时惕之，每当夜静烛荧，案前、窗前飕飕，往来却有形影，刑名顾易办耶？麓樵

事关人罪者口宜谨

谚云："好动扶人手，莫开杀人口。"凡佐治者皆当三复此语。言即非虚，出于私意，尚罹阴祸，况传闻未实，必为鬼仇。吾人佐治，身当其任，自不得曲法，故宽如，不在其位，又忍下石耶？

仁恕获福

笔孽多端，尽削禄籍，治狱仁恕，偿科及子，历有明征。

忌辣手

"苦心未必天终负，辣手须防人不堪"，此余撰联也，随处悬之以自警焉。

余尝撰联，到处悬诸馆壁："眼前常思立鬼，身后莫忘有儿。"惟较先生愧直率耳！麓樵

择主人获益

前言就馆宜慎，为处馆者言之，实则人品成败所关甚巨也。寻常朋友未必能经年相聚，惟宾主朝夕相处，性情气质最易染移，所主非人，往往违离其本。一署公事，各有专席，五方亲聚，人或不齐，相处大不易，是惟待人恕而律己严，庶能善变交而久。

刑名钱谷，岁修较厚，人亦多由读书中来，即佐治终身尚不

失已,书启虽岁修较少,然今年记室,来岁词臣,时时有之,即或功名不遂,亦尚不失书生本色。若征收挂号等席,岁修无多,以引荐,每滥得馆,非易一人,人幕衣服,仆从亦欲效人,家累又多有馆,尚多拮据,失馆旋至落拓,一生坐困,他途难谋,更或沾染衙门习气,恶少劣朋引为败类,转不若为贾、为工之可以自立也。刑钱两席,责任太巨,关系甚多,非读书明通未易成就,学之非易,若小席可以不学而能,然往往误人终身。焕曾先生所以勿轻令人习幕也。麓樵

陈慈圃先生秉东臬时,檄发徐致初先生所刊《学治臆说》《佐治药言》于各属,令官幕知所则焉,板在保阳,未能购刷。余幕中人也,因摘《佐治》之言,撮要书出,异日能重为刊布,裨益后学,知不仅为名幕已也。麓樵又识。

先严尝训曰:“读书人,贫勿习刑名,达勿作州县。”盖老年阅历既深,慄慄畏惧也。节录《佐治药言》,间附已言论,令时时警佩,且云官幕一体,切当服膺,即不习刑名而理则须知。锺霖谨志。

《张文忠公为政忠告》节钞

元历城张文忠公,讳养浩,字希孟,别号云庄,其园名也。幼好义苦读,母忧其过勤,乃昼读夜思。山东廉访焦公遂荐为东平学正,为丞相掾,选堂邑,令入为御史,后为御史中丞,以道德政事名于天下。论者谓其学则卓有所见而不杂于权术,行则确有所守而不夺于势利,皆本忠孝之心也,其居心行事备见于所进《牧民(忠告)》《风宪(忠告)》《庙堂忠告》三卷。天历间,关中大饥,特拜行台中丞,散资与其乡里贫乏者,至陕权变,赈济活民,无算以瘁,终年六十,封滨国公,谥文忠。《元史》有传。公与清

河元复初、宣城贡师泰善，尝相谓曰："孰后死则铭先死者，使子孙不忘焉。"居济南城，而郭外园名云庄，景物最佳，试官每以《云庄十友》命题，皆园中胜迹。"万古齐州烟九点，五更沧海日三竿"尤为世所常诵。《忠告》三卷有官守言责者，循而行之，为民造福匪浅，凡读书人固当家宝之也，世多刊本。尹竹农表舅父抚楚日，属郭兰石先生书刻者为尤善，前乞得一帙，时时玩味，摘其要者记出，并附己言，用示后人。异日得与汪焕曾先生《学治（臆说）》《佐治（药言）》二卷并刻焉则幸甚！王贤仪麓樵氏书。

张文忠公曰："古人纵囚省亲，如期还狱者甚多，是弄天子之法以市恩，不可为。法出于朝廷尚可，出于一己之私，则不可。"余谓今非其时矣，粤逆窜北，多有请释凶盗犯为敢死军以攻贼者，许以得功减罪，亦有死敌者，然还者不多矣。

今用兵每设敢死军，准其克贼先得财物，枪炮如雨，悍呼直前，死伤罔顾，故易制胜。惟此军多放恣，而上多宽之，以其得乐且乐，命在旦夕耳。锺霖

古人有禁人于狱而不家寝者，皆良心所发，非过也。

凡居官者，必先敢于负荷，而后可以有为；凡在官者，当知荣与辱相倚伏，得与失相胜负，成与败相循环。

尊卑之分定，则家无逆子，国无叛臣。

能下人者其心必高，其所志必远。余默思而熟察之，言非虚也。然有真有伪，真则为谦而尊，伪则为卑而诈。

同官有过，不至害政，宜为包容，大抵律己当严，待人当恕，必欲人人同己，必无是理。

为政者，初焉则锐，中焉则缓，末焉则废，慎终如始，君子称焉。

君子之从政也，宁公而贫，不私而富，宁让而损己，不竞而损人。

风民立石以颂德，结绮门以祖行，鸠钱帛以佐路费，建生祠以图不朽之名，君子不为也。

民被德泽,讼清盗息,豪强消沮,同僚悦服,则去官之日虽弊车羸马,行橐萧然,其乐有不啻万金获而千驷受者。

前辈由外官而至执政,论济人之功,自以为不及,为州县远甚。呜呼!有志及物者,其勿薄州县而不屑为也。

余言天下治乱起于州县,盖官惟州县最大最重,天下事皆由其办起也,后知州县最难为,切谕。锺霖

达无作州县,亦即时事言耳,州县有权,有时权不由己。

世以穷达进退,皆本天命,谓命之穷者,虽躁竞而亦穷;命之达者,虽远逝深藏,而亦不能退。此星家术士之言,非君子所尚也,君子则以义处命,而不倚命以害义。

爵禄易得,名节难保。爵禄或失,有时再来,名节一亏,终身不复矣。

前辈有言:"为宰相不难,一心正两眼明,足矣。"

中外之官莫难于风宪,莫危于风宪。曷谓难?人所趋者不敢趋,人所乐者不敢乐,人所私者不敢私,曷谓危?入与天子争是非,出与大臣辨可否,发人之奸,贬人之爵,夺人之官,甚则罪人于死地。一或不察,反以为辜,则终身无所诉,非危而何?

刑宪本以待小人,君子之过苟不至甚,不宜轻易加之,使数十年作养之功扫于一旦,盖人才难得,全才尤难得也。赵清献公在言路,不道权贵,号"铁面御史",尝曰:"小人虽小过,当力排绝之,后乃无患。君子不幸而有诖误,则当为国家保持爱护,以全其德。"此可谓知大体之论。

古人攀槛断鞅,曳裾轫轮者,皆势危事迫不得已而为之,不可执以为法。

樽俎之下,猝然而报兵,遽然而闻寇,则当详其虚实,度其逆顺,不可一闻其言辄仓皇上变,征发百出。未见寇而先自挠也。

宰相所以调燮阴阳者，非能旱而使雨，雨而使阳也，要不越尽人事，以迓天地之和而已。天与人若判然，而实相表里，大抵天道灾祥，视民心之苦乐；民心之苦乐，视政事之得失；政事之得失，视宰相之贤与不贤。

余谓一方有好官，民多安舒象，一方无好官，民多郁闷气，有不可明言者，况宰相关天下乎？

古人权以济才，随宜应变，如丸转盘而不出于盘，如水委曲赴海而不悖于海。

天下事知其已然而不知其将然者，众人也；因其已然而将然未然，逆而知之，非深识远虑者不能也。室焚而徙薪，舟溺而市壶，疾成而求文，殚力为之无及矣。

窗苟蠹孔，当之而头风；堤有蚁穴，穿之而水决，顾可不慎其小者乎？锺霖

谢太傅雍容谈笑以折桓温，郭子仪单骑以喻回纥，皆能镇定大事也。

《元史》“省臣奏用台臣”，文忠叹曰：“尉专捕盗，纵不称职，使盗自选，可乎？”遂疏时政十事万馀言，皆切直，当国者不能容，惧祸乃遁去。

元英宗时，文忠参议中书省事，谏元夕内廷为鳌山灯，上之丞相拜住，拜住入谏，上大怒，继而喜曰：“非张希孟不敢言。”遂罢之，赐金织币帛，旌其直。

文忠在谏台，尽言匡时风宪，忠告可见焉。窃思言官为喉舌，可以知无不言，即或因言得罪，非甚妄谬，犹蒙轻宥，广言路

也。乃或恃权济私,言是行非,一朝外任,贪鄙不堪,忘其劾人者,若何矣?是应请言官外用,令将在台垣谏章于跪训时,汇书呈以备核查,如或言行相背,加倍治罪,庶不致有卖折稿之说。

文忠初选堂邑令,人言官舍不利,居无免者,弗听。首毁淫祠三十馀,所罢旧盗之朔望参见者。

文忠别墅曰云庄,尝筑七聘堂,有句云:"东坡冈故在,辞聘未全非。"

堂邑,今属东昌府,古名"发干",一曰"雀城",即汉陈午封侯地。道光癸卯,馆张问竹明府,堂邑幕大堂忠爱堂旧(扁)[匾]为文忠书。锺霖附志。

阅历偶谈

济南王贤仪麓樵氏书　男锺霖宝霖敬录　孙寿恩校刊

王麓樵曰:"名不正则言不顺,刑罚不中至无所措手足,大哉。"圣言细心体会,为治天下之大法,即刑名之大经。

贤仪年十八失怙,四弟一姊一妹,姊为先嫡母毛太君生。母赵太君守节抚育,尸饔供师馔,夜篝灯劳针纫,视诸子读所诵书,虑忘而受师责也。贤仪时暗泣,思有作为而无术。初应童试,师长清王孝廉,严而躁,母望子成立者切,冀师严,而夏楚痛心,隐泣而已。一日,责之甚,乃于戚家假资入都,时尹竹农表舅父济源、金文波表兄洙皆供京职,虑其知,为人佣书以自给,旗员某多伦司马延为书记,出古北口,崎岖荒凉,南望白云,泪弗能止,偶得句云:"风狂人寂飞沙白,山险狼奔乱草黄。"其况可知。母痛失子,辗转得耗,专足促归,持修金跪而泣,母子无言者久之,徐训曰:"将若何对?"曰:"愿养母。"因拜从山阴沈藕堂师师萱于臬幕,学刑名,攻苦两年,应临王明府元辅之聘,家计始渐有起色,伤哉!

闻长清王业师躁急日甚，后毙其侄，春闱号舍，不善其死，人情后来日薄。幼失怙时，家贫甚，每见父执来询，曰："窘急乎？助以金勿嫌少也。"余兄弟侍侧，必婉训而去，越时，父执某计及曰："王氏母子得勿断炊乎？"送钱米至，初不俟到门乞求也。噫！将何以报之哉？儿辈志之。

日记录，吾人皆须立一本，日之所为，夜则记之，久之，可以勉为善人写不出之事，即不能记也。凡交接财物及紧要事，随手即记，勤笔免思，并不费事，有无限好处，惟事有关碍及闻见不真，慎勿率记。

处馆者，刑名束修较多，家用之外，但可帮助亲友，是极好事。处馆万不可有馀钱，使子孙不知艰难，转眼化为(无)[乌]有，反成败类，所见多矣。谚称："搁笔穷，倒是处馆人好名；最可恨，是幕公子。"

吾无力多助人，而此愿则奢，倘后人得缘，遇当为者即为，切不可刻意求富。常见人言："此某人子孙，其先人甚好，可不顾其后乎？"到处有人顾及，无钱何碍？或言："此某人子孙耶，其先人应有此恶报。"更或唾詈之，有钱何益？

遇亲友子弟衣冠率谬，或行走嬉戏，即加训导，若大过失，并当告其父兄，使责处之，最可以成就。子弟近则训之，生仇其父兄，转护其短，更有尊卑狎游，师弟饮荡者，世道焉得不坏？

子弟似无甚紧要，不知转移世道人心，全在培植子弟为人孝弟，贤言与圣言并列为一部，《论语》之冠《弟子入则孝章》，更为斯人斯世之正道。

父兄时加训饬，乃人生大福分，否则师友箴规，亦不致流为匪。人痛幼失怙，孤立艰难，亦时念能自得师之言，然日鲜警惕，终多过失。

吕祖位列上班，到处著灵，悯世警人，尤时见乩训。少随师友于济南西门外趵突泉，吕祖殿旁放鹤事，敬瞻请乩，因乞示训，蒙赐书《诰诫》一篇，令修身寡过，切中病处，悚然拜领。每元旦子刻，净室茗香，敬伸感叩，时佩训言以自警勉，复蒙赐"觉慎"二字为佩，谨志终身。

至友自远来书询要事,急答之,恐递寄稽失,致误人事,必作两函先后寄之,庶稽失者鲜矣。

寒士大好,凡事人多原谅,若富,则一处不到便招人议。第士不可有寒乞相耳,若贫而装富,则为人笑。

穷易招邪,须时时懔之,庶几,不致误入陷阱。

吾人一生,难免人之毁誉,然要问我之是非,不可,因人生喜怒,更不可。被毁誉变了心性,往往毁我者后又誉我,誉我者旋又毁我,听其自然而省其在我者,可也。古人云:“毁我者,德我者也;誉我者,损我者也。”可为座箴。

客之美我,欲有求于我。试思人之誉人,不知作何打算,方才开口,且每有许多作态,可不慎思而明辨乎?

人以邪事商我,必我邪而邪入之,古人所以自省也,观所交,知其人,此最易观人之法。

富者可以任命,寒士则不可任命,富任命庶不妄为,贫而任命则不能前进矣。

馆将陵,长洲韩云溪明府三泰出其先文懿公《戒子书》,语语真实,特手录数纸,时以自法而戒我后人。书另载。

余无读书福而最爱看书,依人作嫁,无暇多看,又无多书,惟乘空即看,随手即记,每觉为日不足。

借人书看不便久假,更须随手即记,积久益智,遇事却有见解。

少年岁月正长,精神日强,读书看书大有工力,胜如余之忙里偷闲也。看书能行,更为难得,程伊川先生云:“读书一尺,不如行得一寸。”

凡事万不可强求,当见机而为,量力而进,如运大石,启而动,起而移,是可以运行矣,若强之不动,且努力不已,势必有绝膑之患,能明此理,省许多妄想妄为。元许鲁斋先生云:“事由得自,已有义在,由不得自,已有命在。”时记此言并可以免患。

寒士涉世最难，要一“忍”字，求名最难，要一“强”字，尤在阳示弱而阴用强。

余属何岱麓隶书“退斋”二字颜室，自号“退斋”，跋云：“以退名斋，盖取退让之意。”南村戏之曰：“慎勿用老氏法。”石民笑而不言。岱麓为之书“以退为进”，亦阳弱阴强意也，二三良友颇知余，明乎此。

世丈翟文泉先生允升，掖县名宿，成进士，不仕，以诗书自娱，隶书为世所宝，书“摩兜坚”三字赠余，特示箴也。考襄州谷城县门外道旁，石人缺剥，腹有字：“摩兜坚(一作鞬)，慎勿言。”亦曲阜周公庙金人之意。金华宋濂为著箴曰：“摩兜坚，慎勿言，口为祸门，昔人之云。磨兜坚，人各有心，山高海深。磨兜坚，高不知极，深不可测。磨兜坚，言出诸口，祸随其后。磨兜坚，钟鼓之声，因叩而鸣。磨兜坚，不叩而鸣，必骇众听。磨兜坚，惟口之则，守之以默，是曰玄德。磨兜坚，磨兜坚，慎勿言。”

又距谷城四五十里，有石人二，偶而立，颜上刻字，一曰“已及”，一曰“未币”，不可而详。

各处巷口立石，刻“泰山石敢当”，相沿已久，人多未解，或言能御凶邪。考颜师古《急就篇》：“石敢当，人名，石碏之后，最有力。”而“泰山”字无所考，或泰山人耶？或误谓泰山之石耶？俟质识者。锺霖附志。

只一“倖”字生出许多妄念妄为来，何以止倖，曰理。

知己颇难，事关着痛痒处，话道着痛痒处，便是知己。

自己夸许多好处、能处，说许多苦处、冤处，不如好友背后代我一言，令人信也，交友可不敬乎？语云：“好友百个不多，冤家一个即多。”

五伦中独朋友加“之交”二字，既称朋友，非我往交不可，四伦中一处少朋友不得，于处变尤见。

有交接而后成世道,朋友为世道中大关键。

士人有孤僻相,有乡村话,文必俗,命必薄。

有容者多恕人,能忍者办大事,无涵养者福薄,好刻薄者命孤,爱诉苦穷者运蹇。

门庭清荫者有旺气,山水明秀处有达人。

自恨者可取,自爱者可用,自谦者可亲,自立者可敬,自修者可交。

自卑者可耻,自弃者可恨,自是者可让,自顾者可疏,自大者可远。

室内论事与门外异,一人图事与众人异,任一时与千秋异,容一人与万象异。知其所以异,则心通而量大,吾愿肩天下事者知之。

袁简斋云:“自谦与自贱异,自重与自大异。”吾尝执以辨人,知惜字纸者识书,知施乞丐者识苦,知劝争者息讼,知轻财者多义。

凡事说得出去,办得下去,无论大小,皆可行之而后无碍。

有志气的人,口不必言,面貌上自有一种英气,行事必有一段骨气,惟有心人能察之。

天能贫人,必不能穷人,若走到穷路,其人可知矣。乞丐虽贫,柳编、笊篱、竹削、耳挖,或掇蝉取蝈,亦可售以糊口,志士所当自奋也。人不自走穷路,万不能穷而无路。

语云:“卖鼠贩蛙,难以成家。”然亦又不然者,京都人秋杪觅促织蝈蝈,于盆养麦苗土中,下子置暖炕上,煦初出哺以饭,继食以菘,冬皮脱鸣。京室富媛购老葫芦养,于近裹衣间,声如琴筝,至次年初夏,犹听声得意,每头可值银数钱,而活久者益贵。

又有乡人,冬初山阳草际,取冻蝈无数,竹筐糊纸铺棉盛,向陕蜀间随处售之,其价亦昂,积资则贩货回售,岁亦未常。又有贩北地河蟹,赴蜀中卖之者,每对可值银四五两,并有贩直东菘梨往者,官当争先重价购以奉上,谊重珍错人,能勤,天下必不能

厄之，况学者乎！锺霖

人人皆知求利不知行一好事，上天即以三倍好事报之。利息最大，体验久矣，亦何乐而不行好事哉？

积善比积钱好，钱积多是人家的，善积多是自家的，且是儿孙的。

存忠厚心，行忠厚事，既享忠厚之福，且留忠厚之馀，亦何乐而不忠厚哉？

成家者视粪土皆黄金，败家者视黄金如粪土。每见富宦之子孙挥金如土，为人愚弄，荡产不惜，咸相笑之，亦知其金固皆从愚弄中来乎？父宦而子丐，冥冥中固有大幸者在。

语云："信步行将去，随天分付来。"陈世室笔畴改为："顺理行将去。"以"信步"或有不检耳。《聊斋》云："合眼放步，以听造物之低昂，究是激语也。"

生古人后，偶有所言，往往为古人所已道者，心每不快。继思人同此心，心同此理，只要是理即同，何害执中用中，何尝非同？

古今文词，理无不同者。不同者，词之变化耳。如必求异，其人偏僻矣。譬如人面不同，而五官则一，生或倒置，见者骇然，切不可求异人也。

世未有偏僻可以成大事者，圣人所以贵中庸也。

三代下，惟恐不好名。凡好名者多可交。惟名不易得。小名小患，大名大患。天固不轻予人以名也，古今皆然，能养其名须大学力。

古人云："事以不解解之，最有滋味。"遇无情无理之事，解不明白，直须以不解解之。

凡难以理论之事，付之一笑，却有无限好处。

吕新吾先生云："区区与人较是非，其量与所较之人几何？"世间惟有家庭之事甚不易处，又万不能不处，惟身修者可处，惟最大者可处。

家庭之间难以论理，只有论情；乡党之间不能论势，可以论理。

或言:“多疑之人最难相处。”余曰:“不明则疑见,理明的人,即或过信致悔,然亦可以欺以方。”

胡文定云:“岂有见理明而不能处事者?”余曰:“岂有见理而犹多疑者?”

好辩便知文过失,多疑自是欠聪明。锺霖句。

蜂螫火烙痛不可忍,然亦须忍,一时即过去矣。人遇至苦至难之事,痛定回思曰:“当时如何过来?”不知万分难遇,总须过去,只在一忍而已。一忍不住,错了一时,害了终身,忍之须臾则千古矣。

忆一联云:“时到万难须放胆,事当两可要平心。”未知何人所作,可为铭佩。

司空图云:“忍事敌灾星。”古人云:“忍字心中有刀,不忍即刻祸招。”《聊斋》云:“忍事最乐,皆当切思之也。”

独行一事,旁若有指之者,偶发一言,旁若有笑之者,能时时自省,庶言行知谨慎焉。

有学问经济的人,开口便有分寸,行事具有斟酌,不在仕不仕也;有学问经济的人,文章必然名贵,行动必然和雅,不在发不发也。

万物静观皆自得,一语具全易之理。四时成世界,无非阴阳消长。识得阴阳消长,则吉凶祸福皆可预测,静生明,明无不识,自然之理,神奇也。

识得阴阳消长,自看透世事,诸有把握,必可以为名医。

空山无人静也,通都大邑亦静僻;室独处静也,戎马扰攘亦静。静如定针,要平稳耳。

何以能诚?在不欺。何以能静?在不忙。天下甚事不于忙中错了?静字有大学问、大工夫在内。

余性素急,公事未办急,办不好更急;不见《邸报》急,见不当为者更急;要信未覆急,恐达不到更急;要事未办急,办而难成更急;要件未记急，久而或忘更急；欠债未遣急，欲还无力，来讨甚力更急。花南村曾示治急之法："随遇而安，不可乱想。"

古人云："学问要看胜过我者，境遇要(者)[看]不如我者。"终身佩此两言，无不安命而上达者，可以律己，可以教子，两言足敌千万语。"嫁女必求胜吾家者，娶妇必求不若吾家者"。亦名言也。

危险路须慢步行，危险事要耐心处，一急即错且受伤。

天下事不怕一万，只怕万一。走顺风者，不可太高兴也。

我走顺风，看逆风船如何费力，船上人看我，如何羡慕嫉妒。一转风，我亦然也，顾可高兴乎？

少食可以无大病，小心可免大祸。

乘十年好运，医病手段，一遇逆风，辄欲弃舟投水，亦何可笑。

语云："不怕千人看，只怕一人见。"每有绝好文字，众口称赞，而中有疵纇却被一人道着。

东坡云："眼前未尝见有不好人。"固是历练到语。然试看极坏之人，各有妻子亦有朋友。初又何尝坏来？吾人相处切勿逼出人之坏心来，以好相待，即坏亦坏不到哪里去。

尝思君子之待小人，不恶而严，可以为法；继思待之过严，转或激事，党锢之祸所以成也。张南轩先生云："严者，严其在我者而已。"

律己严则寡过，待人严则窥我之过，而造我之祸。

新吴先生云："圣人处小人，不露形迹，中间自有得已处，高崖陡堑直气壮頄，皆褊也。"即不论取祸近小丈夫矣。孟子见乐正子从王欢，何等深恶？及处王欢，乃不与比，虽然犹形迹矣。孔子处阳货，只是个绐法，处向魋，只是个躲法。

随便一句话，有心者听去可以息大事，亦可以起大祸，言顾可轻出口乎？

好运只交一回，好花只开一次，必冬看春花，早为烘开，不但到春无花，且更伤其根本。好钻谋者当猛省也。

少年得意，其后多衰，间有始终顺通者，必其人有学力且有根基。

少年得意时自知警惕,亦可不致终败。

逆耳之言触心,拂心之事动气,深知是病而不能自医,拟以“逆来顺受”四字书诸座右,时以自警,久之,定有无限受用处也。

两悔无不释之怨,两求无不合之交,两怒无不成之祸。以患难时心居安乐,以贫贱时心居富贵,以屈局时心居广大,则无往而不泰然,皆见到之言,余书作座右,以期或有合也

大话阔手的人,无钱亦可为人干事,然虽能成事,终恐坏事;爱小占巧的人,有钱即可为人干事,然未必成事,亦不甚坏事。

人当危难时,必呼神与祖宗,望其来救之疾,是知神之非远,先人之常在矣。及作奸恶,则谓神何知,祖宗去远矣,是不大可异乎?夫危难时有神,奸恶时亦必有神矣。人不奸恶,是必有救,否则,大呼亦难望矣。勉为好人,不遇危难,岂不乐乎?

有言神在目前者、在心中者、在冥间者、在世外者,心不同而人亦异。

或言上庙拜神为愚,不知能常存上庙拜神之心,便是可与为善之人。

吕新吾先生云:“进香叫佛,某不禁,同寮或非之。”余曰:“彼之所为诚,非善事而心,且福利之为,何可弗禁所赖者?缘是以自戒,而不敢为恶也。故岁饥不禁食,草木之实,年丰自不食矣。”

乡村有庙,年丰则到处赛神还愿,固属既富方谷,然民知敬神,岁稔不致生淫,岁歉不致作恶,未始非敬神之效,况议事饮老多在庙中,庙固整齐斯民之地也。

北方村皆有庙,或言无庙之村多有邪教,不可不察而善导之。

回教亦西方近佛教者,或言其起礼拜寺,可以随处敛资,即可以留匪藏垢,皆其寺多忌讳,故启人疑,而汉回隔阂耳。余谓乡庙任人出入,回寺亦任人出入,且庆吊相通,自无疑忌矣。是可与回教之显达者言之,亦为政者所不可忽也。朝拜寺而暮宰牛,礼欤!

知上庙敬神,便有善心,不可以有心求福苛责之也。《迁善驿劫

篇》序云："学士文人侈言道德，辄谓迁善改过，岂宜有为而为，究之，志愈高而品愈下，礼义廉耻徒事口谈，刻薄阴私居心险恶，转不若有心求福者之犹知向善也。"

住城恐子弟渐坏，住乡恐子弟渐陋，几无可住之区矣！余谓当择人而交，贻子弟之庇；择地而处，端子弟之习。

凡有内心者，皆可敬可爱可畏，余于时人默而识之，无不成就者，惟不可有内心阴险。

人生能有多大福分？每见于银钱，若恐用不完者，于色欲若甚贪不足者，及至穷而无可用，惫而不能贪，悔之晚矣！谚云："早用晚不得。"乃一定之理，譬如华衣而珍著之，则长新也；壮体而撙养之，则老健也。能处处留有余，必长长多享用。

半生自用"譬如"二字，虽不能无弊，然颇宽心，银钱用去，譬如未来，作如是观，省诸烦恼。

凡物得不到手，如何羡慕？及至到手，亦不过如此。百计图之不顾身名，即或幸获，又有何益？

公门中好修行，以能害人亦能救人也。刻刻顾"修行"二字，定不敢害人。

刑名所关者，重官之功名、民之性命、己之品行，不可以浅陋为，不可以势力谋，不可以应酬聘，不可以委屈处。束修乃心血换来，若以子孙换，则大不值矣。汪焕曾先生所以不劝人习幕，余则先不劝人学刑名。

余习刑名，深惧疏浅，误人害己。于保定郡得安肃徐致初先生栋所刊萧山汪焕曾先生《学治臆说》《佐治药言》二书，如名师，如良友，受益实多。先生佐治二十馀年，成进士，为良牧，于居官佐治之道，悉本诸身而见诸事，而又平易近人，兢兢焉，不敢造孽，以无负先人之训为念。特摘要录出，异日倘能刊赠，同人俾知所则，可为斯民造福，亦可为子孙造福。

焕曾先生撰联云："苦心未必天终负，辣手须防人不堪。"志士之言、仁人之言。

汪焕曾先生辉祖,浙江萧山人,乾隆三十三年戊子科举人,四十年乙未科进士,官至湖南道州知州,称龙庄先生。锺霖志。

佐治之暇,博览群书,粗知今古,非敢云以经术断狱也,或令子辈随录分订,日积月累,益人多矣。

桂林陈文恭公,为当代名臣巨儒,处事体悉人情,所言平易至理,宜莲史三元之继起也。手札有云:"历一番烦难,增一番识力,受一番艰苦,见一番劳绩。"居官佐幕皆当知之。谚云:"庄稼钱,辈辈安;买卖钱,用十年;衙门钱,当年完。"若钱完而孽不完,则大可惧矣。

仕优则学,非优长之谓,而优游之谓,非读书作文之学,学通古今经术以济用也。吾谓幕优亦当学,非第律例案牍之学,亦学通古今经术以济用也,然求之时人,读书未通,乃即读律,读律未通,遑问读书。

读书人知医谓之儒医,读书人佐幕亦可谓之儒幕,然未闻称之者,习幕者当勉之,延友者当访之。

仕有正异两途,皆必试而后官,即或试有代倩,究竟读书者多。余谓刑名钱谷两席,亦当试而后聘,不必特设主司督抚,分时集署,以古今经济事理面试策论,或考以案牍,考以度支,予以等第,加以奖励聘友者,即于此中延之,庶各知勉学而幕品不杂,亦人心世道所关也。

一经品题,声价十倍,亦可激励人材由幕而官。

幕友无论何席,今皆呼"老夫子",若幕友之别名,然无知者亦遂以老夫子自居,做出许多幕态,殊为识者所笑,试思此三字,谁可以当之?古者夫子乃泛称,自尊称孔子,无敢僭之者矣。

依人作嫁,只求无过而已,切不可求见功,所言所为皆有关系,无道以处,鲜不损人而害己。

看史鉴可以知古,看《邸报》可以知今。今日之《邸报》,异日之史鉴也。天下风土人情、政治利病,与夫官常贤否,皆可以周知,又有增删条例，更当多见、多记。《邸报》有同此政事，或能奉准，或致驳饬，于此可悟奏事之体制，措词之当否，明良之契合焉。余于《邸报》奏疏，分类抄集，甚有用处。

士人时看《邸报》文章，必然官样说话，自有斟酌。商贾知看《邸报》，则少许多有天无日头的话。

陈文恭公云："城乡学馆皆须令看《邸报》，或力有未能，则数人同看。凡用人行政及内外条奏，皆得见闻。此中增许多识见，见之文策自更亲切。"

乍入学堂多拘闷，日饫诗书气华矣；乍近富厚起歆羡，日习华庑眼大矣；乍遇官长每退缩，日处台阁体移矣；乍睹刑杖生恐惶，日听扑敲心恬矣；乍见正法多懔慄，日履兵戈胆放矣。近朱近墨，习惯自然，是以子弟当端其所趋而久以化成。

与上台处轻视属员，与州县处轻视百姓，与富贵处轻视寒微，一旦失所处，不知己为谁矣，且有因此受祸者，可不慎之乎。

俗云："一品官，二品客。"因尊而尊也，若假威，遂自以为虎，鄙甚愚甚！

"凡事如我意，须防其骄。一味如人意，或疑其谄。"二语最有味，官幕尤当交警也。

移风易俗，必自上始，即衣冠而论京都换样，天下人皆效之曰"京样"，即皆以为好，谓上行下效，捷于影响。

长官有奸气，州县有厉气，幕友有媚气，绅衿有大气，士人有休气，商贾有油气，乡民有衙气，子弟有伶气，妇女有娼气，最为可厌可恶。此气上干云霄，上天焉得不怒！

乡民见官不起避，其心可知。民不知法，固不可；民多知例，亦不可。乡民买《大清例》，便出讼师。

余习幕，初学驳案，以人命至重，层层挑剔，畅所欲言，自谓好笔，呈藕堂师抹而训饬之，为易作数十言便不可增减，乃知一字之严，关系重大，非若抽秘骋妍，以文争胜也。

上司刑名或与属下刑名有隙,藉案挑驳,甚且弄笔,呵饬必使属友辞馆,而后已不独怒宾忘主,且致案犯受累,此大罪也。上司当知之,属下亦当知。

尝有刑友与某县尹素嫌,忽就院幕,遇案批饬太甚,致此尹忧愤以死,其实宪属无嫌隙。

佐治长支修金,诸便掣肘,处馆携眷,骨肉相聚,有便当处,有不得已处,亦有不便处。有眷在外,时时出入衙门,略不谨慎,便生出疑似来。

佐幕接眷,必须宾主合式,更必自有馀资,行止方能自如,此虽小节,有不可忽者。

刑名于州县学起,民情方见得真切;官于州县做起,世事方见得深透。

同考试官,自命作家,荐士卷力要元魁,主司许以稍次,则负气不荐,以矜其高,此士因之不中,或致废弃,此大罪也。

佐幕者,自命老手,详定罪名,上台驳饬,乃负气力争以逞其能,致此犯久苦,或且罹法,此大罪也。

居官只一个快性,自己讨了多少便宜,左右省了多少负累,百姓省了多少费用。佐治者,亦当然。

州县官随处用心,即可以随处造福。佐治者,更当然也。

张子云:“精思多在夜中。”办刑名觉夜中方精思。

人言夜深办案常有鬼物,余亦时觉有之,然亦未尝确有所见,大约案情未的,或有冤枉者耳,若为之细心平情,恐未必即来。

即不必有鬼,刻刻作有鬼论,可也。屋漏衾影即有鬼之谓,奚必办案哉。

多事之秋,用无材之君子不如用有材之小人,亦见到之言,然既为君子,未必果无材也,既是小人,有材亦当驾驭之也。

冤鬼索命往往于科场号舍者,播其恶于众也。

留言隐帖,听之惑人,寻之无根。造此者大抵污吏被褫,劣幕招尤，蠹胥逐籍，长随负罪，更或文人落魄，讼棍败露。

每有无端浮言而轻听播传，致辗转误事，慎言者于此尤当加慎也。济南省城五方杂处，每有谣言俗称“鞭报”，以鞭子巷多旅店闲住着。闻染店缸败坏色，乃布一新奇谣言，染色即佳。一笑。

人必各有所顾而后成世道，乃至不顾名不顾法不顾命，世道殆不可问矣。

陈文恭公云：“理讼正所以息讼，民刁皆由于官疲。”次句切中时病，官一因循，生出许多事来，良民受累，刁民得意，最为可恨。幕友万勿因循，且望从旁提醒。

官一到任，惟我独尊，往往任性使气，上司不及知，同寅不能劝，百姓不敢言，吏胥转得，乘其喜怒以施其伎俩，受害最深。惟良幕友昕夕相处，可以善导，使去其不善而渐为善焉。州县为亲民之官，不可有小人之行，然不可不知小人之心，不必皆循良之选，然不可不知循良之道。

童生即负大魁之具，必文章诗赋，杂作字学，全办得了然，后成功名。州县要负一世之略，必古今朝野、乡曲猥亵，全识得透，然后为好官。

天下治乱起于州县。州县贤否，在乎待民如何，其转移在乎上之去取。余尝言，古今皆良民，州县酿大劫，顾可轻此州县乎？

何以言古今皆良民？试看，一刑知惧，一教知劝，其不良者有不良者迫之耳。民之为匪，必自渐起，如火初(然)[燃]，一扑可灭，一或因循，延烧莫及，乃更从而煽之，害及四方，伊谁之咎？民至揭竿而起定非一日，既为州县而曰不知，可乎？

天下事皆自州县办起，好坏系之。然皆自督抚办出，治乱系之。天下至大，内有二三贤宰相，外有二三贤督抚，一切在其运用中，天下无不治矣。

治天下以例，例者，理也。有执此理以作弊者，有隐此理以作弊者，非理之能弊而烦之弊也。

治世以德，其次莫如刑。以德化者不数睹，有德行者不易觏，惟刑可以整饬一世，而人不敢放，道之以德不难矣。

梨园教戏者，视其人以作脚色，曰生旦净末丑，装而演之，美恶邪正恰肖其人，用能动人情、生人慕，使人敬畏而发人怒骂。今试即世人，以戏衣冠脚色装演设想，则人之美恶邪正如在目前，此亦观人之一法。官大有大花面样，官小有小花面样，子弟有帽轻贱样，妇女有青衫寒苦样，或艳妆淫荡样，皆大不可，世人皆可以戏观也。

一宦场老友云："州县遇三样难看：夜拷病贼难看，夏验女尸难看，上司脸难看。"又云："伺候上司无微不至，移之父母可称孝子。"此虽有激而言，然上司亦当知之。

群役若狼，仆从若狐，出则逢人呵斥，入则迎者媚谀，脾性日变，随处带州县大样子来，殊为可笑可叹，乃一见上司却又一种卑鄙样子，何也？

吕居人先生曰："当官者先以暴怒为戒。事有不可，当详处之，若先暴怒，只能自害，岂能害人？"官之装态作势者，当书此为座铭。

州县遇三样大尸亲事，主后任也，为后任者思之。

自捐例广保举，滥民不服官，皆言官多，其实不多。试看凡官好之区，民恐其去。于此择官多乎？不多。怕到省的官多，上司须看其是官与否，随时甄别，为缺择官，不为官择缺，自然不多。

张云骞曰："为缺择官，不为官择缺。"至理名言。

所任之人不可信，所信之人不可任，州县如何能做？

前任有贤名，后任虽贤，而民且奢望焉；前任有恶名，后任第不恶，而民已知足焉。

捐输原不得已，亦广例以收才耳，多假例以求财焉，财重而才轻焉矣。官者，贵也。例广则贱纳之，先自贱矣，又奚言贵？

捐输以助饷，拯民厄也，乃捐而之四方，看激民变焉，饷之费十倍于输之费。

捐输譬之招佃而先取租焉，用其租(面)[而]偿其息，可矣。乃佃者尽纳禾且坏其畎亩焉，区区之租何益哉！

自捐输广，保举易，而流品杂，民乃各有可以自官之心，而敢轻肆焉，世将何以治乎？是非有可以服民者不可？

乐输民渐分官势，恋饷兵偏虑寇平。锺霖句。

库藏之充盈，升斗之积供也，民不暇治升斗而望库藏之充盈也，难矣！是贵乎民之暇矣，所望戢其干戈，而安其田里也。

乡人轻其耕织而炫金绣焉，抑知金绣固出于耕织乎？不自宝其宝，而宝在人之宝，往往而然。

大帅初更而壁垒一新，简强汰弱而已。然贵能公，否则弱仍隐而强且不鼓。大吏初莅，而地方一振，陟良黜疲而已，然贵能恒，否则疲复习而良亦不励。

群雀饮啄自得，握鹞者放攫之，活劈哺鹞以为乐已，初无所用也，吾不知其何心。群黎耕凿自如，握篆者拘而拷之，搜刮赂上以为媚己，初无所蓄也。吾不知其何心，若而人者厥罪应同。

蓄作孽钱，害身以害子孙，已大不值，乃以身与子孙换钱，以奉长官乎？

济南巷壁帖二句："劝君莫打三春鸟，子在巢中望母归。"不知何时人之言，洵仁心也。试思春鸟之母被打，唧唧黄口奚毙于巢，何等罪孽！一日，檐间两雀声急，见人益切，呼人梯视，则蛇衔小雀也，救之得不全伤。吁！骨肉情虽小亦切，人可伤生乎？锺霖

官初接印人盈焉，视交印者寂然矣。若印交而吏役犹来，必惠及

绅矜,(民)犹来,必情洽至乡民,来且多,德可知,况留者、送者泣下者乎？若侮而詈焉,其不夜走者,几何哉？官于接印思及交印时,便不至为恶,且能处前后任。

官交印而幕友久处人署,即有公事亦觉无味。

居官佐幕最易,丧德是办教匪案,最易无后是办科场案,定例虽严。是在恺悌君子,尤在辨之,宜早辨也。

治乱系乎州县,既曰"知州知县",教匪为逆,定非一日,如早知而处之,大化小,小化无,何致酿成大案？

盗为贫与盗为富,同罪而诛心,贫守节与富守节,同旌而论境,是固难以明判,吾恐别有冥律。

州县官一个"庸"字,一个"鄙"字,固坏事,一个"红"字,一个"阔"字,亦坏事。

好官亲相帮,固较亲信,然往往少见多怪,不识重轻,坏事大矣,莫如厚赠以归之,接济以阻之。

科场号筒中有上古之风,科场看榜时见人心之善。

科场看榜,骨肉得中乃极乐事,否则无骨肉有至亲亦乐,无至亲有至友亦乐,无至友,同里者或府县者亦乐。乐者何？心发于不自禁也。一朝富贵,乃薄骨肉疏亲友弃乡里,甚至千里相投。摈而不见,胡不念观榜情乎？

严训勿薄待亲友,幸得微禄,时为分寄,偶成一律:

薄俸随分讵自私,难忘辛苦寄人篱。关河道远来书日,风雪天寒举火时。指囷交情欣子问,典叙滋味恰妻知。试思亲里同观榜,会见题名喜上眉。锺霖

馆博兴检旧卷。有乡民死,家小康无近亲,只妾生子,哺以守,民族利其产劝嫁不从,乃诳赴所亲,预鬻于人,中途妾觉,号且詈,投湖死,或鸣诸官,以妾无家第,杖民族,择其族善良抚育其子而结。噫!

是当旌而罪民族者，死灰难(然)[燃]，余心耿耿焉，司是席者能勿疚心乎？刑名不易为也。

主人去官有美声，佐治者无与也，若有荣焉；主人去官有恶名，佐治者无与也，而与有辱焉。宾主固相关，不可以势利交视也。

车笠之盟，呼天地父母，异姓兄弟，若斯之重。今则士商无不联谱，而仕途尤甚，饮食相逐，攀援相藉，境地不齐，忽而冰炭，以三代祖父之名，作一时交友之戏，后人当切戒换帖。

州县获邻境要犯三名以上，例得优保，多事之秋，且可保得花翎，赏以其功，固自无愧。乃有谎报得功者，买犯得功者，更有并未身历其境，虚捏附叙以得功者。以人命换功名，已甚不安，以众人之首，而加衔戴翎，吾恐头重神昏，招恶梦矣。功名自有一定，慎勿图一时之荣，造一身之罪。

蒸骨检验，《洗冤录》载之详矣，然有未敢深信者。夫伤而致命总可当场验出，即伤介疑似尸身已烂，但系重伤，亦必有可验者，设宽难验，当以众证为凭，研诘得实，大可定案，乃至无一处可辨，无一毫可察，已觉伤之不的，而令死者惨遭蒸刷，剔筋酥骨，而伤仍隐约，于此而定人罪，安乎？否乎？况又有贿仵易骨之说，余尝曰："恃蒸检以定案，未敢深信也。"

乡间子鸣父冤，必求开检，亦有不能禁止者，惟自睹其父水刷火蒸，加以杂味，烘以炭池，如烧猪羊，臭气腾天，此而能忍，人心何在？是在官于命案慎之于始，即或有呈请开检者，亦当熟思办法，俾冤得白，而免蒸检之惨。余尝劝人勿轻办蒸检之案。

黄蜡烛鸡，食之闷死，无伤可验，亦无救法，第闻之已久，未遇此案，亦未详如何检验法。相传刘诚意为胡惟庸暗害，即食此物故，其子对太祖云："鼓鼓的，鳖鳖的，即死了。"考《诚意集》太祖言中"那厮蛊了，隔数日方死"，却未有考明食何物者。熟鸡过夜，食之多死，吾邑贺四兄夫人曾遇此毒而死，或云蚰蜒下子于内也，不可不慎。

同治丁卯，在宁河之芦台，掣放秋关，本镇绅士王济川病魔，自做黄蜡燉鸡，食后方言，家人无以救，视其坐闷，半日而死。东安吴述副车一挽之云："论君貌，论君才，论君志趣，都非寿短，征乎二竖为魔，却怪怪奇奇促君命去；爱我诗，爱我棋，爱我弹琴，是为心交，友倘九原有识，愿明明白白入我梦来。"锺霖

其殴毙命，凶器不一，手不齐，或轻而致命，或重而不致命，官未目睹，仅据纷供，务当多坐几时，就场研对，方好定罪，尸场耐烦一时，百姓省许多苦累，尸场早到一刻，讼棍省许多串供。

乡间恶俗，往往妇死无故，妇家无赖，讹索不已，至妇尸腐烂难和始报，远近掩鼻，官则不能办。或已入棺，一棺臭水，惟有饬无赖者理尸为验，且令先具虚坐之状，不应则痛责之，讯无他故，只办无赖，而就释无干，并重处地保，庶此风可息。

命盗重案，初供切要耐烦听讯，人情未定，易吐其真言，日久则教唆串供，费多事，累多人矣。前人所以重落膝供也。

讼棍皆施暗箭，必须暗访，无不获者，获即惩办，虽年老不准援免，有案可稽，去一讼棍，少多少上控之案。

案至上控，似有冤莫白矣，其实泄忿累人者多，必须严察究办，以儆后来。

教匪案最掩累人，故易丧德。余佐钟云亭先生济南郡幕，时临清教匪马进中案，男女老弱，系省各狱至弗能容，复骈囚于各仓厫，可怜可悯。余商诸居停，可生则生，颇有原活者，非敢市恩，恻隐人所同也。

道光甲午正月，潍县教匪马刚案(株)[诛]戮多矣。匪室搜得一簿，多绅富家姓名，盖素以烧香许愿愚弄乡人仆妇，引诳妇女财物，匪遂逐家登记。若按簿以索，无完室矣，潍令林明府焚之，阴德大矣。

二百馀年临清三大劫，皆陷城。初则王伦叛逆，继则马进中

案，然莫惨于咸丰四年春发贼之劫，死者将二十万，到今城内阴气逼人，鲜修室居者，以堆埋于城内者多也。前馆临清，闻昔年河抱城而北，后于南城外引河而南，至漳王庙入卫河，势为反弓，于城不利。刺史陈栗室师曾与绅士议及，以河不易改，未能复旧。噫！遭此大劫未必尽在此河，然趋吉避凶亦贤司牧所当念，此邦之人而急筹之也。锺霖

官待读书人厚者，其后必发，苛者，其后不昌，且本身必败，理固然也。某县尹孝廉有文名，甲午乙未间，以访办山东科场舞弊案邀奖，旋因案褫职，潦倒若痴。

科场有弊，去其太甚，不可苛求，可结即结，不必严办。

道光己酉，山左学使某自办枪替，不交提调，缧绁若囚，出则(跟)[踉]跄随轿，按试则群带他郡，困极方释，炎暑，有虐毙者。当场查获代倩，令皂用满杖，呼号溅血，合场寒心。未数年，学使以失封疆，正法于菜市口，富有巨资，后人流落焉。

郑王端华与弟肃顺，素以苛待士人为能，搜检被罪者多矣。戊午科场案，闻肃顺监视中堂(等)[菜]市口受刑，甫逾年，端华帛缢，肃顺自宗人府绑出，坐无围马车，绕禁城，出宣武门，观者、从行者、喝呼者语不辨，正法于菜市口。芦棚两座，一如科场案时，案纂入律，咸欢报应之速。

时贤言科场舞弊立法至重，恤寒畯也，惟究与他案有间，当道者似应陈及，以冀法外之仁。锺霖

天未尝家设一神，人立一簿，随时注恒河沙，数众生之善恶也。善恶在各人头上，善者红光，恶者黑气。善而为恶，则红退而黑生，恶而为善，则黑退而红生。上天一见便知，全是黑气上冲，上天焉得不怒。

咸丰三年，粤逆方炽，余应山西胡星垣明府联奎之聘，馆于招远，距省千里，城如斗大，少巨第市廛，近县一小肆，贩杂货以供署需。地处海隅，饱长虾大鳌蛏蚬之品。人朴实，稀讼，春秋完赋，遣吏解清以为常。余年老，乐此简静，携宝霖侍侧，锺霖馆潍县，家眷偕寓。距招远匪遥，当南北警急，若使余父子举室避难者，额叩曷极，大劫难逃，惟心地素好者，或不至遭际太厄耳。

四年甲寅，逆窜山东，逆首林(灃)[凤]祥等自临洺关折而北，欲扑天津，为兵勇击退，遂据连镇，逆众于运河间甚熟，盖多失业水手也。逆股李开方分占高唐，河南魏纶阁刺史鉴临清恃城悉陷也，先令民避，自殉焉，故州民鲜及于难。次年春，逆窜至茌平冯官屯，僧邸聚歼之，大兴牛仲远刺史权高唐，寻魏刺史尸葬之如礼，面若生。

逆扑天津，兼行进，谓可据津而朝食。津西年前集深水，四川谢云舫明府子澄时令津，云可为津之汤池也，凫极多，民掉鱼船，惯以双枪取，初惊凫起，旋击落，无空者。逆阻水呼船欲渡，不知有枪也，渔船讶其状，知为贼，双枪互发，毙贼无算。有黠贼秃而捷，纵城若猱，初随枪跃，复仰中之，若取凫然，逆胆落，奔至连镇，饿且困，不再窥津矣，近畿得以不扰，惜无一旅即其困连镇时歼之耳。是役也，谢明府率勇抄贼，贼众勇寡，贼包不得出，投水以殉。津人为建谢公祠，得优恤，岁时以祭，每三月三，邑人请其木像出巡，与城隍神同。锺霖

临清姜子英孝廉毓杰，癸卯举人，拣选知县，与锺霖素好，当逆陷州城，火轰人沸，惨声数十里。闻友某居近乡，独坐欲寐，见孝廉公服至，怒云："逆屠戮可恨，行诉上帝，使不生迁，我奉老母已举室焚，特相别。"惊而继询之，果如所云。大兵遂集，逆自相杀，复狂窜，日夜不得止，兵追团截，尸横数百里，直至黄河间，馀逆落水悉灭，难民逸出者，言大兵无数，有红面伟人指挥相杀，贼骇而争逃，罔知所向，是诚

有神怒其太(惨)[残]也。

前馆临清，同事友孙竹樵、史仝甫暨候补府经历汀西文怡园增夫妇与子皆死难，知交中更多御贼死者，及门王淑琳官刑部司狱，在家团练，亦及难。学正高密单为宪，耆宿也，衣冠坐明伦堂，曰："年九旬，无能捍大患，得死所矣。"一孙侍侧，同为贼害。张寄琴刺史积功，仪征孝廉，山左名吏，贼初作，官兵呼城，时守备正密，继贼蜂至，刺史先投井，民救之。贼围城急，武星一都阃殿魁，历城武生，伟躯面丹，横刀驰马，日启城出战，血胶衣结，夜巡陴临城，为陈栗堂师甫修完年馀，远近恃其固可守也。悉居以避至屋上，坐卧皆满，贼百计攻未破，乘防稍倦，于西南穴道，以棺实药，夜轰陷焉。城内数湾宽且深，投者填与地平，后投者堆，不得及水死，跃城者如雨，幸不死者半折肢，匍匐而逃。武都阃(然)[燃]火药库，身随焰销。张刺史全署遍害，只幼子为仆负之先出城去，闻查城内外殉难者，男女十三万有奇，无名氏及婴孩尚无算。

莱阳令姚涤山明府宪之，记粤逆起事，自南窜北贼众姓名，屠陷惨毒甚详。锺霖

粤逆倡乱，毒遍海内，捻逆继之，杀劫之大，古今罕闻。东人士请乩，书云："人心酿劫，上天怒极，特遣魔王下界收拾之。"噫！发捻恶状，非魔而何？况又有呼为鬼者，扰害之耶。芸芸何辜，遭此惨毒。

安禄山为磨灭王，见《五色线》。一作"魔"。

《钱氏私志》："泰州徐神翁有道术，蔡京当国，向问国运，神翁曰：'天方遣许多魔君作坏世界，太师亦是一个。'"于以知坏法乱纪害及天下，有自来矣。

《史记》有《日者传》，后世有《禄命》等书。宋有徐子平，名居

易,精星命之学,术士宗之。近有江面瞽者,陆心鉴占卜谈命,奇验。寓京琉璃厂,门若市,获厚资,为子纳职。咸丰初年,议停捐例,陆云:"非惟不停例,且益广,今日推命,十有六七皆官造,非捐何能若此?"果验。锺霖

毛奇云给谏、彭雪嵋太守、李小湘小岚同奉办乡团,以助军势,保桑梓。于齐河东西郊,夹大清河为团防三营,演练极为整肃,故发逆未敢窥伺省城。次年,逆灭,撤防,有人请关帝、吕祖先后鸾书,大略以人心日坏,酿成大劫。急训人改过迁善,以回天怒。山左为圣贤之邦,人心风俗,尚较纯实,幸缓入辛壬籍中矣,可喜。若言如急为善,庶从末灭也。遂敬刊乩谕,布告四方,读者森然。

甲寅冬,锺霖同在齐河防营,有人请鸾,大书:"吾巡夜神也,符字为扫地将军所阻过,伺应文昌帝君大驾,无暇言,携一忠魂来可问焉。"遂去。少间,乩书小字"吓煞",又书:"文昌大驾经过,金光万里,如同白昼,驾前使者横街而来,小魂几掩过,巡夜神趣我到此,未知有何见教,亦未知此何地。"因告而问之,书:"余姓,名国馨,字兰,槜李人。少年入泮,游食江淮二十年矣。去岁秣陵之变,殉身节署。言念妻子,天各一方,不胜呜呜。"问其子,"名贵,儿甫三岁亦难望其成立。"问:"陆立夫制军若何?"书:"死于夫子庙前。"问:"巡夜神称忠魂,有好处乎?"书:"一籍者多矣,焉能尽有好处?此行赴东狱点名,可望超生路耳。游行阴凄,众魂络绎,为小鬼头所欺。今始避去,夜已深,幽冥相隔,不安,求送。"问:"需纸钱乎?"书:"不用。"为指东南,泰山不远,祝之而去。阴阳之道,固昭然也。异日晤陆东渔同年当问之。

友人言,见广信张真人为发逆追急,初以掌心雷击之,弗惧,遇大兵,全家得无恙。

咸丰五年五月,发逆陷江西义宁州,沧州叶梅生刺史济英合

家殉于署，其门人张任贤居乡，素奉乩仙，悬木笔自书示休咎。州陷之夕，忽飞鸡入室，木笔飐飐然，书云："吾叶某也，全家已死。"张惊泣，急集同人复叩，书云："此定劫也，勿悲，吾奉上帝旨，已授为此州城隍神，惟枉死者七十七人，内十七人已升仙班，有节孝，二人分位更尊。"

叶芸士廉舫圭书，壬辰孝廉，为梅生先生从子，向言及此。余长女字于金氏表侄，为慈华表兄三子，未成婚而死，继娶芸士廉舫之女。

甲寅十月，在齐河防营友请云鹤山人乩书，言："自南岳来，杀气盛，惟过原数矣。"因请问固有枉死者乎。书云："杀劫正浓，未能适如定数，惟于他籍中除抵之，其枉死者予超焉。"于此见叶刺史所云足信，旧有句"劫运盛时伤或误，人情厚处祸应轻"。

咸丰间，直隶大名道刘小白观察煦、山西人古又希明府韵、湖北进士皆著循声，大名绅士请鸾，书云："只为近来阴鬼盛，阳平奉敕两城隍，一刘一古也。"载保定陈氏所刻《济世宝文》。大名，古阳平。

僧邸殚精忠正，前统兵驻天津，防海口，筑天津城外壕墙暨芦台壕墙，保障数十万生灵。于大沽筑炮台，制防具，坏洋船多支。乐提督善，旗人中健将，人呼"乐阎王"，为洋炮轰死，貌久若生。津人云："已授乐为天津府城隍神。"

咸丰辛酉、同治壬戌间，逆捻十数万，两次窜扰山东，扑省城，缘南山下东行，如蚁之密，防御甚力，逆未敢攻，乡团迎敌有被害者。省东则杀掠较重，大兵(尾)[围]剿，歼逆后劲，逆之前队多裹胁者，遂奔，遂剿灭之，殆逆有窜回皖省者，亦为民团截歼焉。据难民与获逆言："初见省城炽灯列满，遂惊走。"济南人情素好，自粤逆纠捻北来，惕然日惧，后见乩谕："益勉为善。"辛、壬两次被扰，皆未遭害，冥冥中有护佑也。"缓入辛壬籍中"，可喜之论，盖示人如知从缓降劫，及早悔过向善，犹可免耳，何尝不许人自新哉？辛壬间山东被贼之区有轻重，足见乩谕非虚。

僧邸为蒙古诸盟之长，安富尊荣，乃统兵督战有年，精诚贯日，辛苦备尝。同治四年乙丑四月下旬，为捻逆戕害，薨日正蒙古崇殿撰绮胪唱第一之日，二百多年旗人第一状元。锺霖

道光末年，临清东北二十里间，夜每有火光可照远，官知而差探，则近村无被火者，昼令人寻，亦无火迹，惊传数次，莫解其理。不数年，乃有陷城大劫，火殆预示人耳。古云兵火，亦云兵燹，或有火黏人衣者，乃兵灾之后，死者磷火耳，火在兵前者何也?

临清吏目洪雨侯一日闻老役言:"此草又生耶。"询之，云:"前马进中、王伦之难，曾生此草。若艾而叶上白色，恐大难又作矣。"洪遂告病去，隔年而劫至，异哉。

甲寅秋，在齐河防营闻喜李振之兄金声，令齐河四乡联团，昼夜练丁壮，固守于城上，见北十里外火烛天，专马驰查，远见马自火间过，光照历历，而骑者若无所睹。至二十里间方回，云:"无失火家。"皆莫测其理，后屡经贼过邑，未被扰，惟黄水毙民无数，或言劫亦相似也。锺霖

粤逆掳人妇女，备极凶淫，厌则杀之，年幼子弟，遭其强污，比壮，用御前敌，幸能逃出，发长面鲸，即不为兵戮，亦难归故里。逆聚绅民妇女，分置深院，令大脚婆管辖，各任苦役，至负草刈稻。有力者作丐探而设法取回，亦或重资令赎。其不得出者，弱体纤指，颠连忍泣，一朝逆灭，亦多随戮。呜呼！是作何孽而受厄若此，可惧哉！

昔闯贼到处杀掠，谓之"打亮子"，近时发逆随地作寨，称"新旧兄弟"。悍贼处外，内环新裹胁者，再内则旧贼，老贼中处。各拥掳妇，半吸鸦片，狼藉噪谑，亦谓之"亮子"。老贼亦有贼令旗，分五色，或攻或抢，黑旗队最毒也。闯贼悬小儿于高竿，为枪箭之的。视儿啼舞以为乐，或掷儿于空，以刀迎戳之。发捻亦每枪槊婴儿，沃油作高照，自

古无此(惨)[残]忍者,作孽被劫固已,婴儿何辜。

闻罗殿作十八层地狱以警王法所不及者,炮烙地牢,断面剔骨,以及驴橛鹦架。阳世真地狱矣,然第见之史书耳。自发逆、捻匪为乱,刑用重典,剜目者、碎指者、剁脚者,以布裹手沃油(然)[燃]双灯者、炙身钉肢使迟死者,惨呼臭蒸不忍言状。至鞭背敲骨,吊指架体,若寻常矣。捕役拷贼,亦多酷毒,而捻匪中有剥皮大王,闻割人背皮,拭入水银,缚而立埋之,露肩以上,使土松自动,则水银无缝不入。皮脱而人犹不死。噫!拭目肃清,人心皆善,悉禁此毒刑,而于变时雍,以迓天和焉。

至诚之道,可以前知,余谓阅历既深,亦或有预知者。幼当乾隆年间,觉世事人情,差为朴实。今近七旬,读书未多,经事不少,见不应为者竟为,不当言者竟言,不能成者竟成,不该活者竟活。默默思之,难解其故。偶向人言,不以为迂即以为陋。噫!乱机也,上天怒,匪伊朝夕,正不知如何挽回耳。或言上元甲子不远矣,然转至上元,亦正须人人知戒惧焉。

劫由人造,亦人满所致耳。上天好生,乃生生不已。(面)[而]又杀之,且毒杀之,固云春生秋杀,究未免太惨,水火灾疫皆杀也,惟兵劫最甚。

人有不善,(面)[而]一为忠烈,冥中即宽其不善而加敬焉,人亦何乐而不为忠烈哉。

泰山鸿毛,人孰不死,能死得安然,便见平日所学。

生死之理,余未能达,然就一生所作,细自体会,似亦可知大概。余无善可述,惟为己为人,时以不敢亏心,自省公事必期妥协,处世不敢妄谬,生理案牍,死亦当理案牍耳。

生而制棺曰脐器,俗云一人一木,若亦有定数者,余固未敢深信也。道光庚戌,馆博兴,邹平李向宸弟来候余,言及长山焦家桥有售老柏者,大者坚而好,因予价属代制脐器,重加髹漆,置其乡寺。向宸依言,且笑曰:“有是哉,子之迂也!以馆为家,年寿无期,能及时而远道用此笨物乎?”余曰:“是固难定,然老矣,省之东,余所乐处,选近此地而馆焉,固可适用也。”

先严一生凡事虑得到,畴器其一端也,乃竟及期若就用之者,人咸讶焉。锺霖

世俗丧事,多用僧道,用以饰仪,不过多费,乃每用以超度亡者。大抵生难自问,怖入地狱受种种苦,惟僧道能解免之,而为之子孙者,亦以其亲死受种种苦,惟僧道能消除之。噫!是以待罪人待其亲矣。夫天堂地狱本在人心,为善登天堂,为恶入地狱,乃一定之理。唐李舟有云“天堂君子登,地狱小人入”也。如僧道可以减罪资福,则有财势者,生可任意作孽,死则有术免罪,是富不受苦而贫者尽苦矣。余虽鲜善,然自问未尝造种种孽,庶不致受种种苦,切戒后人,勿用僧道。

阎罗十王之号,乃释家劝善说法。僧道嗪经施食,行之已久,亦有验者。偶有死而复活者,言设场嗪经,如世演戏,洒水施食,如世舍粥,群鬼集观互抢以为乐。或生有小怨,亦可藉释;若大冤仇,则仍讼诸神。语虽无稽,亦颇近理,则僧道一端,亦用者自用而已。

道光戊申十月,余送内子谢宜人窆于济南省城东十里姚家庄新茔,见儿辈为其母治圹甚坚,俗所称金井也。已为余虚其左圹,临穴慨然。忽忽七十年,行将就此,人生如寄,已往者何?现在者何?未来者何?电闪云飘,不觉悲从中来,欲自达观而不能也。所望后人,及早努力前修,不与草木同腐也可。

古今异制,贫富不齐,亡者入土为安。同穴分圹,合葬相安,今人皆然,最为相宜。北方多无力用椁。古之合葬,一椁两棺;若葬不同时,相隔日久,启椁动棺,有不安者,不若同穴异圹之为佳也。

每想人至入土,不知作何状。果如记载所言,庭舍随意幻成,出入地中无阻,亦是快事。

幽明只隔一层，却是闷人。余性不喜寂寞，愿异日葬于近郊冲区，时有至戚好友经由，情虽难通，亦颇欣然，必不责以斗酒，只难相遗，否则令腹痛耳。

或闻余言而笑，或闻而悲，人各有思耳。

余性不豁达，而情多深致。旧日所处之地，所交之友，一旦相别，不知能否再见；便不去怀，或重过其地，又遇其友，依恋难言。

东坡将终，训诸子曰："吾生未作恶，死必不坠。"林退斋先生临终训子曰："若等只要吃亏。从古英雄，只为不能吃亏害了多少事。"坡公学深性澈，自信定有见第，然亦由怖生；悟林公之言，自是会受害来，余无半点可及古人，然此心兢兢。年七十矣，往者不能无过，然尚无大恶，来日苦少，似不至再有恶处，愧无以训子，惟记杜少陵有云："聪明宜学厚。"锺霖常志之，即以"觉慎"二字，宝霖敬佩焉，可矣。

王氏说

王贤仪

古者生而赐姓，初无姓氏之分，如周，姬姓，齐，姜姓，其姓其氏也。自胙土命氏，氏于国，如齐、鲁、秦、吴；氏于官，如司徒、司马；氏于谥，如文、武、宣、成；氏于爵，如王孙、公孙；氏于地，如东门、北郭；氏于事，如巫弓、陶皮。人物愈繁，姓氏滋多，氏显而姓泯，人遂混而一之曰姓氏，然孰非三皇五帝子孙哉？姓氏有谱，古无可考。周小史掌世系，辨昭穆，此宗谱所由昉。王氏称太原郡，郡即国也。相传周灵王子晋裔因王为姓，而系之太原，太原者而周也，王实为氏，初非姓也。春秋以来，王姓极多，《姓氏谱》言："秦将王翦子贲生离，离子元，居琅琊，元弟威，居太原，遂有琅琊、太原两郡之分。"晋世江左王氏为著，或谓右将军避敦之难，迁琅琊，即今沂州，亦称琅琊郡，其实皆太原也。六朝最重氏族，梁武帝谓侯景云："王谢门高，可于朱张以下求之。"唐时亦以王、崔、卢、李、郑为太姓，选官必重阀阅。单门寒太，不敢与世家颉颃，于是历代皆有谱系，然枝派远，难稽矣。又有前朝帝王之后易代隐姓，亦称王氏，更有赐姓递传，昧其本姓，如前明之裔，今多姓王，是其征也。若三槐三株，又以人重，人贵自立，宗系难稽，亦惟各述。乃祖世期，无黍所生，正不必忘本攀附以为荣。

姓氏多混而不分。太史公曰："秦之先嬴姓，其后以国为氏，有徐氏、郯氏、钟离氏、菟裘氏、蜚廉氏、赵氏、秦氏。盖嬴为姓，馀分为氏也。周姬姓，其后鲁、卫、毛、郇等皆以国为氏也。"王本姬姓，其后以王为氏，世氏亦出于姬姓者，为多封国，众也。众则难考，亦各守其氏而已。唐之李、宋之赵，多赐姓，代远并本姓昧矣。若郭出于虢，余分于由，又刘易为金，徐、杨合姓，揆厥所始，各有其姓，所当知也。

家有堂名，以族望分第，人题其堂而名之也，乃近则无堂不名矣。吾家堂名"素风"，取《三国志·名臣赞》"素风愈鲜"，《文选》"素风道业，作范后昆"词意。先世居武清甄(音尖)家营，明末宦浙，家绍兴，占籍会稽，代有科目，惟明季家谱失考。锺霖谨志。

卷　二

济南王贤仪麓樵氏书　男锺霖、宝霖敬录　孙寿恩校刊

稽古论略

古人看书立程，或志分寸。余橐笔砚食，家贫，未卖之书不能携之以游，复不能借瓻还瓻。牍旁烛下，有书且看，性又善忘，且看且抄，间附愚见，置诸行笥，亦知看得一尺未能行得一寸，惟时觉古今人物常在心目间耳。

人君治天下计长久，窃惟封建为最善。周末虽弱，而唇齿相辅，绵绵八百馀载，古今罕比。其次则汉，光武中兴，谊在宗牒，先主虽疏，亦属天汉，故享年得周之半。唐变藩镇，非相亲属，至跋扈不能制，后唐虽不忘唐，然朱邪何人？宋太祖鉴唐之弊，杯酒释权，若此之易，乃祸起外方，浮家海角，无赵氏一块土。有明建藩，虽云未能永固，然其在彼不在此。况逢圣朝作宾守官，亲亲之流泽其不远哉？

周以同异姓作屏翰固己，而《周礼》《周官》，周公全副精神，直贯注上下千古，享年长久，亦其宜也。后世治天下，能世守祖宗成法而权不下移，即不封建，亦能长久。或言《周礼》乃汉代书，汉去古未远，汉儒亦必有依据。

《孔丛子》："子思谓孟某曰：‘自大而不修，其所以大不大矣。自异而不修，其所以异不异矣。’又曰：‘礼接于人，人不敢慢，辞交于人，人不敢侮，其唯高远乎？’"圣贤相谓，虽不必当面，然所言不似隔世，似孟子受业于子思者。

《史记》不书孟子生卒。《孟谱》云:“生于周定王三十七年四月初二日。”当即今二月二日。“卒于赧王二十六年正月十五日。”即今十月十五,寿八十四。孟仲子名罴,乃子也,四十五代孙名宁。尝见一书于峄山道,人曰《公孙子》,内有《仲子问》一篇,乃知仲子实孟子之子,从学于公孙丑,惜忘其书名,见《七修类稿》。孟子父孟孙激公宜,盖名宜,字激公也。或云名激,字公宜,孟子母仉氏,齐之后。同掌。

宋仁宗至和二年春三月,改封孔子后世愿为衍圣公,“衍圣公”之号始此,初袭文宣公。太常博士祖无择言:“祖谥不可加。”后嗣乃改封世袭,论者谓无择有功圣门。

郑耕老《劝学篇》云:“今取《六经》及《论》《孟》《孝经》之字计之,《毛诗》三万九千一百二十四字,《尚书》二万五千七百字,《周礼》四万五千八百六字,《礼记》九万九千二十字,《周易》二万四千二百七字,《春秋左氏传》一十九万六千八百四十五字,《论语》一万二千七百字,《孟子》三万四千六百八十五子,《孝经》一千九百三字,《九经》合四十八万四千九十五字,以中才为率,若日诵三百字不过四年半尚毕,即资质稍钝,日诵百五十字亦九年可毕,熟而温之永不忘矣,后生勉之。”

有力之家子弟读书不过十年,十年之中又学诗文杂业,一朝成名,便置书高阁,日营外务。若急求食者,不过数年学堂,便分心时事,迨知学疏,仍不自励,可惜可叹。才无论高下,若刻意读书,随处是学,不成大名,必为饱学。吾深恨二十岁后至今,悠悠忽忽弃了光阴,后人当痛省也。

朱子教人分年纪经,东坡教人分事读史,东莱教人分月纪典,皆可奉为要诀。顾亭林先生《十三经》皆背诵,每年用三个月温理,馀月用以知新。锺霖

北斗有魁星,祀梓潼神,以魁附者,以文昌六星,斗极所戴命禄将

相具备于中，司是柄者日取士，于之行以为阴骘。文昌，星名，以孝友之张仲应之，固宜。《阴骘文》“十七世为士大夫身”，必有其实。后人乃以张亚子当之，未之敢信。《陔馀丛考》言之甚详。梓潼，县名。人云今梓潼也。

李榕村云：“读书不专务博，须是凑成一堆。天上星万一千五百二十，若凑起来，比月还大。因月是一团，故光比星大。”

星何名？后人乃一一名之，星可见者可数，然多众星为一名，分而名之，能乎？就可见者大星旁难辨之星不知有几千万备，恐圣人亦有不知者焉。锺霖

彭祖姓籛名铿，殷人，周末尚存，寿八百岁，娶妇至七十多次，相传夏姬服杏金丹，寿年七百，仙去，可与彭祖作对。

《庄子注》：“西施，夏姬也。勾践奉吴。”非夏，南也。秦太子异人之母，亦曰夏姬。

人皆知赵高指鹿为马，且以蒲为肉，人不敢言。当日之可畏如此，后世所未尝闻也。

世人多重汉玉，汉之为言“含”也，古人死必用玉，而以美者含之。庄子所谓“死何含珠？畏也。”或曰：“汉也。”玉入土久，则汗出而多斑，今讹以为“汉”，岂非汉则无玉乎？凡出土之玉，多得自葬处，人乃以为古而宝之，抑思皆秽物乎？夫何如古书之可宝乎？

孟子、庄子，其字不传，所称孟子字子舆，庄子字子休，传后人以意取之耳。东汉无两字之名，或云王莽之禁，相沿所致。皆见《续博物志》。

“运期耀”即梁鸿。《汉书》：“梁鸿因东出关，过京师，作《五噫之歌》。上闻而恶之，求鸿不得，乃易姓运期，名耀，字俟光，与妻子隐齐鲁之间。”《列女传》作“俟光”。

《左传》称圣父叔梁纥。叔梁，字也，纥乃名耳。称百里奚之子孟

明视,孟明,字也;视,乃名耳。今人署款,每先字后名,或本于此。

张子房有勇有智,仇复名成,善退以保其身,千古达人哉。刘诚意大似子房,智非不足,功非不大,而立乎元之本朝,诋元太甚,算而多中,乃不能容人,以丧其身,吾不知其所学如何矣。张良之祖名去疾,良子名辟疆。

伍子胥遭际艰苦,因吴复仇,虽云不能无过处,然亦人子大快心事。论者谓其入楚之日,未执费无极及其党磔肉戮尸,以祭其父兄为憾。考楚平王杀伍奢伍尚父子,在昭公二十年,初未言无极之党若何。至二十七年,楚郤宛之难,令尹子常以沈尹戌之言,杀费无极与鄢将,尽灭其族,以说于国。定公四年,吴师入郢,无极之党早绝矣,不然子胥岂甘心哉?

古言夷齐同饿死于首阳山,孟子只言伯夷避纣。《吕氏春秋》:"伯夷就餐于文王,未至岐周道卒。"必有所本。王荆公《伯夷论》云:"岂其初因年高不及至周而殁耶?抑或未及待武王而死也?含混颇妙。"见《简斋尺牍》。

《论语音注》引《春秋少阳篇》:"伯夷姓墨(音眉),名允,一名元,字公信。叔齐名智,字公达。夷齐谥也。"《吾衍闲居录》云:"孤竹君姓墨名台(音怡),中子名伯辽。"见《孔丛子注》。锺霖。

或言苏秦、张仪同好学,迭鬻剪发以相养,假食于路。见《典》《坟》书掌股间,夜写之,遇鬼谷子,授书二卷,言辅时之事。

或言赵高为赵国后,思报秦仇,宫以入秦,以灭秦,则高为子房一流人物。理或有之。

唐元和末,蜀有市人赵高。李夷简仕蜀,赵高好斗,入狱。背满镂"毗沙天王",吏欲杖背,见"天王"辄止。高乃恃此每为市患,李知之大怒,以新造筋棒头就厅叱杖,"天王"尽,则已数三十

馀不绝。经旬日,高祖而历门,笑呼"修理功德钱"。锺霖

汉光武有布衣交牛牢,字君直,征取不至,下诏州郡,就家存问,不答。不独有严子陵也。

子陵姓庄,避显帝讳,改曰严,君平亦然。京房姓李,推律应姓京。西华李㿝和耻与逆闯同姓,改姓理。孙徵君与西华左令,书称为"鲁连后一人",渔洋先生有《理寒石诗》。安抱玉耻与禄山同姓,赐姓李。锺霖

《三国劝进表》:"汉寿亭侯关某,新亭侯张飞,桓其谥也。先主初假左将军,宜城亭侯印绶,后拜章因驿上还,乃治成都。"按汉寿、新皆地名,古十里一亭,魏封高柔为延寿亭侯,刘禹锡诗"汉寿亭边野草春"。

《名胜志》:"荆州有汉寿城。"又云:"古荆州刺史治有汉寿亭,即关封侯地。"又湖广武陵有汉寿。晋潘京,字世长,武陵汉寿人。又,四川葭萌县,先主改为汉寿,又县名,在犍为。锺霖

是真名士自风流,亦不致招祸,未有名士学业,乃有名士习气。一种名士样子,已讨厌惹忌,又好为僻行大言,以傲世骄人,后汉党锢之祸,皆相激而成也。惟郭林宗虽亦好名,然不为危言刻论,故能超然而不伤。

吕氏中曰:"寇丁之党,小人攻君子也;吕范之党,君子攻小人也。元祐所谓党,则以君子攻君子也。元祐所以转为绍圣始于朋党,成于调停。"

人知杨震称关西夫子,五代杨凝式,字虚白,称关西老人。杨震四知桓帝,时杨秉为太尉,自谓有三不惑。

董仲舒三年不窥园，何休十七年不窥门，作《春秋解诂》，董作《春秋繁露》。宋程文简大昌作《演繁露》，高文虎之子似孙，尚少作《繁露诂》，多程所未及，程盛称之，而心实不能堪。

“宁我负人，勿人负我”，曹操语。“宁人负我，勿我负人”，陆贽语。曹操初拜议郎，告归乡里，筑室城外，春夏读书，秋冬弋猎，以自娱乐。操年三十举孝廉，为郎，除洛阳北部尉，缮治四门，悬五色棒于门左右，各十馀枚，犯者不避豪强，棒杀之，迁顿邱令。操年少自是不凡，治世之能臣固非虚评。

曹操字孟德，隋梁士彦之子亦名操，字孟德。甘与奸慝相同，殊可怪也。

科名起于汉，孝弟力田，贤良方正，不拘一格。至唐最重科名，名目尤多，韦处厚登才识兼优科。吴通玄，海州人，举神童，又擢文辞清丽科。张九龄，字子寿，曲江人，公谨玄孙，七岁属文，十三献书，刺史王方庆大嗟赏之，张说一见，与通谱系，擢进士，又中道侔伊吕科。唐有八十一科名目。

吴通玄举神童，作秘书正字。刘晏举神童，亦为秘书正字。非遽宠之，殆幼令识字，以造就之耳。

性嗜不同，有愈出愈奇者。暇阅随记，聊广识见。文王嗜菖蒲，武王嗜鲍鱼，曾晳嗜羊枣，屈到嗜芰，《国语》有《嗜芰篇》。王莽嗜鲍鱼，曹操亦嗜鲍鱼，王右军嗜牛心炙，陈后主嗜驴肉，魏徵嗜醋芹，嗜尚皆近情。《南史》刘邕乃嗜疮痂，孟灵休疮痂落者，邕取食之。孟大惊，悉褫未落者饴邕。邕嗣南康郡公，郡吏二百许人，不问有罪无罪，互鞭结痂，常以给膳。唐褚长孺，令福建，嗜人爪甲，将诣都，狂士蒋传剪步健及佣保，杂爪甲数两饯送之，权如千金之惠，连嘬噉之，合坐皆惊。唐剑南东川节度鲜于叔明嗜臭虫，时谓之“蟠虫”，每得三五升，浮温水以抽其气，益以酥及五味煎之，卷饼而啖，云：“味大佳。”宋明帝嗜蜜蚁，每啖数升。

生性难移，即能变化而有时仍露其本来。汉高祖，诈者也，为亭长，大言欺人，戮长吏，窃其官，其胆日粗，虽量能包楚，所图者大，而分我杯羹，心牿亡矣。比得天下于凶暴之馀师，未暇丕变，以仁而伪游云梦，谋及妇人，圣王固如是乎？是以诛戮功臣，诈心毕露，身死而乱亦作焉。

汉之初兴，即议鼎足，其后终以鼎足结局。

世谓明太祖与汉高颇相类，皆本性之不纯者。

汉得天下，事半功倍之时也，故文帝之世称治。

英杰生而异人，况帝王乎？吕公善相，奇高祖状貌，妻以女，得为后，可谓知矣。然明于知婿而昧于知女，第知生女而得富贵，不知其危刘氏而吕氏歼焉，是择婿以灭族也，吾不知其家教如何矣。

汉文帝欲作露台，召匠计之，直百金，曰："中人十家之产也。"遂止，亦云俭矣。及信新垣平，赐累千金，宠邓通，赏累巨万，又赐铜山，俾自鼓铸，不靳小而忘大乎？而后世颂文帝为有道主，谓能与民休息，减田租，求贤安边，德洽乎民，虽偶有失德无伤于治。余谓文帝知节用而爱人也，知与其有聚敛之臣，宁有盗臣也！

席礼履厚则侈，侈则祸继之。汉武帝，英王也，承祖宗绵造，而猜忌骄饰，好大喜功，侈也，少欲金屋藏娇，馆陶就饮，召主人翁，不以为怪。侈则淫，淫则乱，巫蛊作乃筑富思子，何益焉？党锢旋兴，而盛戚移祚，皆侈心酿之也，持盈保泰，人君所当朝夕警焉。

以疏逖之臣，事英忌之主，乃以诙谐为诤谏，而避世金马门，东方曼倩明哲哉！十洲三岛，使君超然兴慕，正如传妪为虚炫言悦童主，不禁鼓手跃足，殷殷然听而根究之也。然辟戟直斥卖珠儿，终不得宣室饮，帝亦涵之，东方盖谲而正者。

化家为国，秦王启之，及得天下，又经百战裼裘而来，固早望气得之。高祖为天下大计而主器以贤，何致坐视同气喋血宫庭哉？吾尝反覆思之而莫解焉。

纳元吉妃杨氏，纳寿王妃亦杨氏，宫中而披翠裘，军中旋点双陆，女祸称戎，延而至芒砀，贩徒始墟，唐社幸也。

明皇锄韦乱，复宗社，亦何英伟。开元之中，端拱太平，无何月夕花晨，逞淫竞侈，以中外乂安之，天下付之腹剑肉刀之手而罔顾。郁老内宫，并一力士且逐之，固敬肆之机所系，而前后判若两人，若此之甚，亦有莫解者焉。

明皇幸蜀，代宗幸陕，德宗幸奉天，僖宗幸成都，昭宗幸成都、幸凤翔。明皇酿禄山之乱，止谋诸杨氏，仓皇远出，后嗣遂沿为故事。独不思人君举动，天下环而伺者，先事不防，临事又不与老成熟计，其何以对臣庶？又何以责诸臣之自全者？锺霖

国当强盛，辄好大喜功，开疆拓地，以张声教，积久势驰，元气日耗，边隙日生。弃之则损，威之则难继。终且疲于縻费，而莫可如何，务名而害实，吾于唐平西突厥，而叹人主之未熟筹也。徐惠之曰："地广非久安之术，人劳乃易乱之源。"诚见之言。

王莽诈人也？忍人也？忍于再杀其子，以行其诈，是孰不可忍乎？其女非之，其姑痛詈之，贤于莽远矣。

莽女为汉平帝后，刘氏废即称疾，莽欲嫁之，不肯。莽败，投火死。曹操女为献帝后，及丕篡，遣使求堕，后怒，抵之轩下，涕泣横流，叹皇天不祚。莽、操逆臣，乃皆有贤女。明姚广孝乃亦有贤姊与莽姑同。锺霖

苏武在匈奴十九年，世皆知之，同武在匈奴者，有中郎将张胜、假吏常惠等，胜为匈奴所害，后随武还者九人：常惠、徐圣、赵终根。惠以功封长罗侯，其馀六人姓名不传，世知苏武少言。常惠者，徐赵吏，无闻焉，良可慨也。

在匈奴有十年不失汉节者，张骞使月支，道为匈奴所得，十

年后，乃得逃。赵破奴与匈奴战，为所获，在匈奴十年后与子定国逃归。锺霖

汉大将军由女宠进身者三人。武帝时，卫青父郑季给事平阳侯家，与卫媪通，生青，故昌姓卫氏，为平阳主骑奴。卫媪先有女子夫，为主家讴者，得幸于帝，立为后，青以后同母弟见用为大将军，封长平侯。平阳主寡，青尚焉。霍去病父仲儒，先与卫子夫之姊少见通，生去病，以皇后姊见用，为骠骑将军，封冠军侯。李广利女弟本倡家子，得幸于帝，为李夫人，广利为贰师将军，伐大宛，得其王毋寡头以归，封海西侯。卫媪一失节，仆妇生男为大将军，生女长君孺，嫁公孙贺，官至丞相。次少儿生去病，子夫且为皇后，去病异母弟光又因去病官显封侯。

人敬我而倨，受之尊长师弟间则可，施之平等，非其人则怒深焉。孔明拜庞德公于床下，德公直受，而孔明安之。梁松拜马伏波于床下，伏波直受，而松衔之，招身后之祸。贤不肖相去若此，君子之处小人，愈敬我，愈不可忽也。

孔明以天下才，乃僻佐一隅，不遑启处，中年鞠瘁以死，仅争正统于强弩之末，尝不掩卷而叹息也。

陈寿撰《三国志》凡六十五篇，时称“有良史才”，惟以魏为正统，谓诸葛才本逮管、萧，将略非所长，议者少之。或谓寿父为马谡参军，谡为诸葛所诛，其父亦坐被髡，故于亮有憾焉。不知帝魏正所以尊晋，司马出师，魏命之也，使将略擅长，则巾帼不遗，而司马为不能军矣。史臣回护本朝，观其通焉可矣。寿上《诸葛文集》，表进而拟诸《周》《召》之列，其推服诸葛，固在言外。

寿师同郡谯周尝谓之曰：“承祚必以才学成，名当被损折，非不幸也。”后不附黄皓，屡被谴黜，遭父丧，有疾，使婢丸药，客讶之，咸生贬议，沉滞有年，果如周言，终以文章名世。为夏侯湛、

张华推重焉。

或云魏丁仪、丁廙皆有盛名，寿谓其子："可觅千斛米见与，当为尊公作佳传。"丁不与，竟不为立传。锺霖

每见世称葛亮、马迁、方朔、马相如，复姓去首字，未如何本，窃觉未安。若葛亮其先葛氏，本琅邪诸县人，后徙阳都，其地现有葛姓，乃以诸葛别之，遂以为姓，称以"葛亮"尚可，若司马、东方何以截开？余恐为识者所笑，故临文不敢从。

袁绍得一玉印，于曹坐中举向其肘，曹笑而恶之。余每想当时绍之浅态，以戒后人。

三国吴潘璋，字文珪，东郡发干人，即今堂邑县。博荡嗜酒，贫，好赊酤，债家至，辄言后豪富相还，后拜右将军。人当贫时，为债所迫，答以富必相还，多不相信，可叹而亦可笑也。

用兵立军市，亦善法也。潘文珪与魏将夏侯尚战，尚分兵三万作浮桥，潘刺苇作大筏若千万，顺流烧断之，尚败。所领兵马数千，止顿常如万人，驻必立军市，他军亦皆仰取，咸称其便，然非治军有律不能也。

曹操小字阿瞒，唐明皇在宫中亦自称阿瞒，尝谓秦国夫人曰："阿瞒乐，籍幸得供奉夫人，请一缠头。"秦国曰："岂有大唐天子阿姨无钱耶?"乃出三百万为一局。

汉高欲易太子，张良为吕后画策，致四皓于床前，模模糊糊，令人不可信，亦如宋太祖之烛影斧声，模模糊糊，千古疑。

《陈情表》李密称祖母"刘阅"，《三国志注》："密之祖名光，密之子名兴，一名安。见王隐《晋书》。"

《蜀记》："晋镇南将军刘宏至隆中观孔明故宅，立碣表闾，命太傅掾犍为李兴为文。"即李密子也。锺霖

孔明妻,黄承彦女也,黄头、黑色而才堪相配,乡里为之语曰:"莫作孔明择妇,只得阿承丑女。"以风流名士而得丑妇,初不闻孔明有厌妻事,固在德不在貌也。

许允妻阮氏贤明而丑,允交礼愕然,欲远之,桓范劝入室,旋欲出,妻捉裾留允。允曰:"妇有四德,卿有其几?"阮曰:"新妇所乏唯容,士有百行,君有其几?"允曰:"皆备。"阮曰:"士以德为首,君好色不好德,何谓备?"允惭,知其非凡,遂相亲重,生二子曰奇、猛。锺霖

世有幼童亡,而其亲为娶人之幼亡之女以合葬者,谓之冥婚。每备聘匳葬如礼,两家往来极亲,亦从俗之礼也。然古有行之者,魏哀王冲,年十三死,太祖为聘甄氏亡女合葬焉。《周礼》有妇殇之禁,是冥婚自古有之。

世有出继,无祖母族氏者,其祖幼亡未娶也,而应试出仕,三代有缺,每以为憾,则冥婚亦不可少者。锺霖

幼年有才,年每不永。否则后运多蹇,所谓早显而末踬也。邓哀王冲,字苍舒。五六岁若成人之智。孙权曾致大象,王对魏太祖言:"以船载象,去象,易如象之物,视船迹,可知其斤重。"太祖大悦,惜年十三即夭。

度绳量水,刻舟称象,类推可悟众理。锺霖

世无龟卜,而蓍筮者亦少,有所谓善相者,亦多中,然未有如相印之奇者。魏许允善相印,允出镇北,将拜印,以不善,使更刻之者三,允曰:"印虽始成,然已被辱。"问送印者,长坠于厕。相传相印法出于

陈长文，长文以语韦仲将，印工杨利从韦受法，以语许士宗，利以术占吉凶，奇中。韦尝问长文曰："本出汉世，有相印、相笏，又有鹰经、马经、矢经，印工宗养以法，语程申伯，故有二十二家相法，今无闻焉。"

宋有相手版者，即相笏也，庾遵敏善此法。王休佑以己手版云他人者，庾曰："此版乃贵，然使人多忤。"王乃密换褚渊手版。一日，褚于帝前误称"下官"，帝不悦。

> 开成中，龙复本无目，善聪声揣骨，知休咎，亦善相笏，知官寿。宋祈褚阙有盛名，永乐萧相居谏署，龙相之，谓萧宰相笏、宋长官笏，宋忤李朱崖，出为令，萧果为相，传龙待诏。以钱占代龟筮，自汉京房始。锺霖

平居慷慨谈节义，临事乃全忘却，皆一时误于身家重耳。及至名裂身败，家亦不保，徒为人鄙笑，晚矣。此非有定见定力不可。宋臧质守盱眙，复魏主书曰："若天地无灵，力屈于尔，齑之，粉之，屠之，裂之，犹未足以谢本朝。"词意激烈，生气凛然。劭濬之变，与诸臣同除凶顽，何等作为。乃佐义宣判，逆奔败身，丧王思政。为魏守颍川，誓与城存亡，而卒降齐。吕文焕为宋守襄阳，困支五年，而卒降敌。隋屈突通守阿中，每自摩其顶曰："要当为国家受一刀。"后亦降唐。有志之士所当权其死之重轻而自奋也。

君子处小人，要少共事，少接谈，不能不刻刻存小人心以防之，万勿密之受祸，激之受祸焉。宋王称之言曰："君子不幸，为小人所问，不能深思远虑，以消小人之势，而痛心疾首，务以口舌争之，事激势变，遂成朋党之祸。"

谢太傅东山丝竹，声望日隆；潘孟阳娼酒游山，名誉日损，时不同境不同也。

齐田单火牛致胜，宋王德火牛致败，一在穴城而自障，一在旷野而易返也，法同地不同也。

人臣险阻艰难，委曲保君，当以宁武子为法；婉转谏诤，悟主保身，当以李泌为法；勋隆望崇，戒慎全终，当以郭子仪为法。

人知汉高入关，约三章之法，每以为简，不知民苦秦苛虐已久，故急除苛归简以畅民心。及定天下，又采前代法度，命萧何定为九章律令，用以整齐斯民，岂第三章哉！

邴原与郑康成同里，而邴不肯师郑，或尤之，曰："有登山采玉者，入海求珠者，各宝其宝，不必同也。"吁！此邴所以为邴，而郑自若也。

唐娄师德"唾面自干"之语，有激而发，几以为矫情矣。尝考其奋自边鄙，戴红抹额，与虏战，八遇八克，何等英勇。及积功至台辅，人谓其逊以受诃，断以容忮，忍以待济，巽以远间，不诡不随，以功名终，盖道德中人也。

隋末，钱滥薄，至裁皮糊纸为之。唐高祖武德四年初，行"开元通宝"钱，十钱为两，后世法之。唐代皆用此四字。或谓明皇时钱背有半月痕，为杨贵妃指印，而"开元"又与"钱"字相同，每多未解，不知字仍其旧，模或随时更造耳。高祖非以开元为国号，或谓读"开通元宝"亦通。

后世钱文用"宝"字始此，"元"与"圆"通，与"圜"同，今以五十两一锭者为元宝。锺霖

汉景帝时，郅都为中尉，行法不避权贵，号为"苍鹰"，然非酷吏。唐昭宗时，朱全忠杀昭宗子九人。李振屡不第，深忌搢绅之士，言于全忠。一夕，杀裴枢等三十馀人于白马驿，投尸于河，曰："此辈自谓清流，宜投浊流。"时谓之鸱枭，则不若窦喜鹊矣。幕友无流品，或戏谓："刑名可用乌鸦补服，钱谷可用喜鹊补服，征收可用鱼鹰补服，官之父则用子规补服，官之婿则用鸽子补服。"谑而趣。

妇人有须，世或有之，然未闻著称。唐李光弼母有须数十茎，长五寸，封韩国夫人。二子光弼封临淮王，光进封武威郡王。宋徽宗

时，都城朱氏女生髭长六七寸，未闻贵否。

智将不如福将，盖借彼福力成我功名也。宋枢密使狄青次子咏，字子雅，美丰仪。哲宗称为“人样子”，其体段可想。

国朝杨侯遇春，伟躯端貌。每临阵，绾长髯作结，则策马克敌，军中皆称“福将”，出师有年，未受一伤。吾历武星一，都间伟躯，丹面如满月，英勇鲜匹，咸以福将目之，乃陷身临清，(然)[燃]火药库死。人言当时显神异，亦非凡相也。

今人讳老，每用乌须药，仕宦尤甚，乃有少年饰老者。后五代南唐烈祖为尚书左仆射，年甫三十，自谓非老无以临众。因服白发药，一夕皓然。

刘禹锡：“近来年少轻前辈，好染髭须作后生。”锺霖

世人求子多供张仙，或谓花蕊夫人，假托祀其故主，不知实有其人，名远霄，五代时游青城山成道，苏老泉曾梦之，挟二弹射天狗，以为生子之兆，奉之，果得苏辙，有《张仙赞》。

东坡居次兄景卒，一作景先。见《欧阳志》。锺霖

世言关公刮骨疗毒以为难。周世宗出师至淝桥，马上持石以供炮，人争持石。宋太祖时为先锋，乘皮船，入寿春壕巾，城上连弩，矢如椽，牙将张琼以身蔽太祖，矢中骸，死复苏，镞著骨不可出，琼大卮饮酒，破骨出之，血注，自若。

谎报邀功自昔已然。安禄山反，张垍荐王巨有谋略，杨国忠忌之曰：“人多以口打贼，君不尔乎?”巨曰：“谁为公手打贼者?”后唐李嗣源独不表功，或问之，曰：“人好以口击贼，我但以手击贼耳。”

许远、张巡守睢阳，同死难者有姚訚，崇之从孙。《唐书》本纪：尹子奇陷睢阳，张巡、姚訚、许远“同被执见杀”，初诏拜巡御史中丞，远

侍御史，阊吏部郎中，后赠巡扬州大都督，远荆州大都督，阊滁州大都督，恤典相同。不知世何以有双忠庙，而不立三忠祠。

世谓宋太祖欺人寡妇孤儿。《宋稗类钞》："太祖宫中立铁碑，戒后王无得伤柴氏子孙。"或谓太祖欲除世宗二小儿，似未确。

唐崔郾观察陕川，经月不笞一人，改鄂岳，则严法不少贷。一土瘠民劳，一地险民悍也。柳仲郢为京兆尹，政令严明，为河南尹，为政宽惠，曰："辇毂之下，先弹压。郡邑之治，本惠养宽猛，随地而异也。"

逢丑父诳晋，纪信诳楚，君皆得保。明太祖与陈友谅鄱阳战急，韩成服太祖龙袍投水死，贼以为真而退。

徐世勣言："初为无赖贼，继为难当贼，后为佳贼。"贼而称"佳"，颇新。其子敬业十馀岁，好弹射，每言此子相不善，必赤吾族。常随猎，命入林趁兽，乘风纵火，欲烧杀之。敬业知无所避，遂屠马，伏腹中，火过，浴血而立，无所伤。有其父有其子，后果赤族，亦父作之耳。

五代汉吏部侍郎张允，家富而性吝，虽妻亦不信，自系众钥于带，行如环珮，守财虏乃见之天官侍郎。一笑。

吝与俭不同，省所当者曰俭，俭为美德，不当省而省曰吝。吝未有不鄙者，且未有不贪者。吝与啬亦有别，啬者欲出不肯，欲用不舍也。非俭不能惜福。

《史记》人君贤否从实，故不令人君见焉。宋李昉、宋洪建议复《时政记》，自送史馆，先进御而后付所司，史乃不能直笔矣。

《诗》咏彤管，彤管，朱也，女史记事之管也。古者外朝有国史，内有女史，燕私秽亵，不能掩藏，防微者至矣。汉武帝有《禁中起居注》，马皇后撰《明帝起居注》。魏晋以来尚有其职，皆近侍之臣掌之，后废。隋王劭请复置女史之班，具录内事，付于外省，文帝不许，遂止。未闻有议复者。

国朝宫中则例：治内严者，独隆千古。用宦官无重任，官不过四品。铁牌铸例，立法谨严。三代以来，所未有也。

惟口兴戎，人皆知戒，而能慎言者有几？五代贺若敦以负气，为宇文护逼死。临殁,语其子弼曰:“欲平江南而不遂,汝当成吾志,勿以舌死。”乃引椎刺弼舌以志戒。

唐中宗时,宦官用事,窦从一曲意下之,见无须者亦曲意承接。可谓无所不至矣。杨存中,人呼为“髯阉”,又其多须而善逢迎也。

语云:“吃亏占便宜。”便宜不可知,却未见吃亏死者。唐朱德容先生仁轨训子弟曰:“终身让路,不枉一步;终身让畔,不失一段。”

范华阳曰:“天生斯人,苟有聪明、正直之资,必将有用于时,不使之汩没而终。”余深信之。惟聪明人皆有之,只不能正直,便汩没一生,大可惜也。

世言“对驴弹琴”,未知出自何人。晋郭象《翼庄》有云:“非所明而明之,对牛鼓簧耳。”恰对。

世咸言“纲鉴”,习而不察,殊觉未安。纲者,朱子《纲目》;鉴者,温公《通鉴》也。谓之“鉴纲”,则人笑之矣,谓之“史鉴”,可乎?

卢仝自号玉川子,作《客谢井》诗云:“我纵有神力,争敢将公归。扬州恶百姓,疑我卷地皮。”今言“州县官刮地皮”,殆本此。今言人粗俗曰“市井气”,《平淮书》注:“古人若朝聚井汲水,便将货物于井边货卖,故言‘市井’。”

《周礼》:“奔者不禁,非淫奔也。不能及时成礼也。”近因逆警,多有闻乱而急婚嫁者,不及择期,或不及备礼,古称“惊婚”类此。伪蜀孟昶,选民间女子,民间惧其搜扰,皆立媒伐而嫁之,谓之“惊婚”。

神鬼奉纸钱楮币自唐始。汉以后,丧葬皆有瘗钱,后乃铲纸为钱。唐王屿用之祠庙,谓之“寓钱”。沙漠北地多用楮币,即纸钱之类。辽金时并用楮钞,直以纸代钱矣。

相传楚蜀间无鱼鸭,宴客用木鱼漆鸭,今则不然。而陕甘间尚有木鱼食品者,宴毕则洗而悬之。有未见荷花者,亦如南人不知有千人毡帐,北人不知有二万斛船也。

唐路德延为朱友谦记室,朱行多不谨,路作《孩儿诗》五十韵刺之,极尽儿态,朱大怒,沉之黄河。朱张侍郎师锡追次其韵作《老儿诗》，不及路诗之工。李义山有《骄儿诗》。

南朝有《驴九锡文》《鸡九锡文》，讥当时官爵之滥也。

孔明寄寓南阳，乃襄阳之南阳墟，非今之南阳府。裴松之谓在南阳邓县者，误。襄阳有诸葛宅，西有山曰“乐山”，以诸葛曾登山鼓琴，故名。

世谓书信曰“竹报平安”，又谓家书曰“竹报”。《酉阳杂俎》：“童子寺竹，卫公言北都惟此寺有竹，才长数尺，今寺纲纪，每日报竹平安。”后人取“平安”字，遂称“竹报”。

幼读《桃花源记》时，思一至其处而不得，所云渔人太守，不知为谁。偶阅陶潜《续搜神记》注：“南阳刘驎之，字子骥，好游山水，尝采药至衡山，深入忘返，见一涧水，有石囷二，一闭一开，水深不得渡。太守盖刘歆，渔人姓黄名道真。”按，《评定神仙通鉴》：“晋太元丁丑，渔人黄道真入桃花源，见老翁，言关中孙邱明与骆法通等来避，秦地名绿萝山太守义陵守王义。”

东坡游赤壁，“客有吹洞箫者，绵竹道士杨世昌也。”明吴宽诗：“西飞孤鹤记何详细，有客吹箫杨世昌。”

蔡邕子名袭。羊祜乃邕外孙，景献皇后同母弟祜有功，将世进爵，乞以赐舅子蔡袭，封袭关内侯。

世知袁安卧雪，《野客丛谈》：“胡定字元安。雪满其室，县令遣掾排雪，问之，已绝谷，妻子皆卧。可与袁邵公媲美。”

汉董仲舒，《南史》亦有董仲舒。鱼复侯子响以董蛮为僚属，武帝问之曰：“人以蛮名，何得蕴藉？”乃改名仲舒。谓：“今日仲舒何如昔日仲舒？”对曰：“昔仲舒出自私庭，今仲舒出自天帝，固当胜之。”

宋张公艺书百“忍”字，后凡张氏皆以“百忍”名堂，不知王氏先有书“忍”字者。唐光禄卿王守和于几案大书“忍”字，帏幌亦绣“忍”字。一生不与人争竞。明皇非时引对，问曰：“卿名字和，已知不争，好书‘忍’字，尤见用心。”对曰：“臣闻坚则必断，刚则必折。万事之中‘忍’字为上。”明皇称善，旌以金帛。

王羲之为右将军,世称“王右军”。六朝王道隆亦为右将军,称“王右军”。

古称千里驹者,有三千馀人,梁王规、王茂、北齐冯翊王润皆称“千里驹”。

有三世同“之”字者:王宴之、峮之、陋之。四世同“之”字者:王羲之、献之、靖之、悦之。五世同“之”字者:王胡之、茂之、裕之、瓒之、秀之。六世同“之”字者:王彪之、临之、纳之、准之、与之、进之。

宋太祖使王佑领大名,曰:“此卿故乡,所谓画锦者也。”画锦名堂,魏公殆取于此。佑字景叔,莘县人。

晋王祥卧冰获鲤,世称大孝。同时西河王延,字延先,母病思鱼,延于汾水哭冰得鱼以奉,人多忽之。祥字休征,琅琊人。

王谢居乌衣巷。《丹阳记》云:“乌衣之名起吴时,即乌衣营也。时以王谢子弟好著乌衣,以白缘领,谓之乌衣子弟。”

“覆水难收”非朱买臣事,《类林》:“太公望初为妻家逐出,及封齐,妻求还,太公取水覆地,令收不得,妻愧死。”

世知向子平婚嫁毕,遍游五岳,多误为向禽。考汉向长字子平,河内人,尝读损益卦,叹曰:“吾已知富不如贫,贵不如贱,但未知死何如耳。”嫁娶毕,敕断家事,勿相关白,曰:“当如我死。”遂与同好禽庆俱游五岳名山。禽庆字子夏,北海人,王莽时隐居不仕,与子平同游五岳,不知所终。

周尺今八寸,《周礼》:“国中自七尺以及六十,野自六尺以至六十有五,皆征之。”古以二岁半为一尺,七尺二十,六尺之孤,十五。五尺之童,十岁。若五尺以二岁半计之,又当是十三岁,十五岁则称六尺。晏子身不满三尺,当是二尺四五寸,岂成形体。殆极言其短耳。曹交九尺四寸,以长,则今七尺五寸馀。一云晏子身不满七尺。

“举案齐眉”,世知非“几案”,乃“椀”字。考《周礼》:“玉人案十有二寸。”案,盘也。《史记》:“高祖过赵,赵王自将案进食。”又“万石君对案不食”,皆盘也,盘固可举也。

四月八日为浴佛日,《两般秋雨庵(随笔)》言:“春秋庄公七年夏四月辛卯夜,恒星不见,星陨如雨。”相传是日为佛诞辰。考辛卯为四月初五日,初入浴佛,殆世俗三朝洗儿之说。

杜甫客耒阳,过江大醉,落水死。玄宗诏求不得,乃言为白酒牛炙死。见《剧谈》。

世谓姜太公能治神。《封神演义》颇为怪妄,然亦有所本。《史记·封禅书》:“八神将太公以来作之。”《旧唐书·礼乐志》引《六韬》:“武王伐纣,雪深丈馀,五车二马,行无辙迹,诣营求谒。武王怪而问焉,太公对曰:‘此五方之神,来受事耳。’遂以其名召人,各命职事。”故今人家门户多贴“太公在此,诸神回避”。

《孟子》:“禹稷当平世,三过其门而不入。”禹八年于外则然,稷不闻有此。信手处,大贤不免。

《淮南子》:“荆轲西刺秦王,高渐离、宋意为之击筑,歌于易水之上。”宋玉《笛赋》亦以荆卿、宋意并称,人多不知宋意。

《国策》:“东孟之会,聂政阳坚,刺相兼君。”注:“坚,政之副,犹秦武阳也。”人多不知阳坚。

关帝之祀,凡有血气,莫不尊亲矣,然五月六月皆称为圣诞。考《关侯祖墓碑》,侯生于汉桓帝延熹三年庚子六月二十四日,五月十三日乃侯子平生,为汉灵帝光和元年戊子也,侯夫人胡氏。

或谓五月十三日乃公单刀赴会日,是日每雨,为磨刀雨。考《三国志》:“先主自还公安,命关某争三都。鲁肃在益阳相拒,肃邀相见,各驻兵百步上,但诸将军单刀俱会。后蜀割湘水为界,罢军。”并未言何日也。

俗以初五、十四、二十三为月忌,作事不宜。《群碎录》云:“三日乃河图数之中宫五数,五为君象,故庶民不敢用。”

舞雩,舞号以祭,以求雨也,见《尔雅·释训》。《月令》:“仲夏大雩,祭求雨也,龙见而雩。”龙,星名。风乎舞雩,祭之地也。

古书皆卷,以黄檗染纸为之,故名黄卷。至唐始为叶子,即今之书册。古书皆卷,故名轴。

人君服黄自隋始。

西方称佛,尊之之词也。佛家以孔子为缠头佛。

后汉贾逵,头长,博学,时人语曰:“问事不休贾长头。”秦桧长脚,人呼“秦长脚”。

唐李绅,字公垂,短小精悍,时呼“短李”。杜牧之亦短小精悍,时呼“小杜”。

李师中谓:“鄞县王安石眼多白,甚似王敦,乱天下者,必斯人也。”吴奎谓:“安石护非自用,所为迂阔,万一用之,必紊纪纲。”人服其先识。

欧阳修为王安石延举文彦博,孝其恬退,曾公亮谓真辅相才,伪君子可以欺君子也。人谓安石直无忌惮之小人。温公对上曰:“人目安石为奸邪,诋之太过。惟不晓事,又执(拘)[拗]耳。”亦尚不足以蔽辜,安石何常不奸邪?

人贵自奋,乃能自立。季布为朱家钳奴,卫青为侯家执役,到彦之为人担粪,皆致身显贵。郗方回苍头能文,为王右军所爱,每称之于刘真长。鲍亨、段胄作杨素家奴,未尝非名士。若唐伯虎役以赚婢,才气所使,不足为训矣。

到溉子名镜,其母梦镜而生。

贫为人轻而亲戚为甚,余谓正可激励成人。刘穆之少贫,不拘检,好往妻家乞食。江氏庆会,食毕,乞槟榔。江兄弟曰:“槟榔消食,君常饥,何忽需此?”及穆之为丹阳尹,召妻兄弟曰:“本不匿怨。”及醉,乃令人以金盘盛槟榔以进之,自快可想。然贫当自爱,勿为人轻,多此一报也。

左思作《三都赋》,人多訾议之。思亦不能自信,请教于张华,华曰:“此赋可与《西京》媲美。然君名未重于世,宜求称扬于高明之士。”思因求序于皇甫谧,谧大赞赏,遂序之,于是訾者转毁为誉。长安庆虬之善赋,尝为《清思赋》,世人不之贵也,乃托为司马相如所作,遂大见重于世。张霸《百二尚书》，自藏其名，托之古人以传。所传《地里指学图》，极精博，自足以传，乃托之东坡。吁！附骥始显，古人往往而然。士无功业表立于世，立言又不足以垂训，区区文字，有用以覆瓿，盖瓿者亦大幸也。

择人不慎，有因文字连累而得祸者，人之祸亦文人祸也。得意时当戒之，失意时，尤当戒之。

人寿几何，其可存者名耳，而即群起而争焉。身后冥冥，存者有几，而当时固百计图之。《南史·徐广传》："高平郗绍作《晋中兴书》，以示何法盛，法盛有意图之，曰：'卿名位贵达，不复俟此延誉，我寒士，无闻于世，宜以为惠。'绍不与。"后法盛诣绍窃之。他无善本，遂行于世，皆谓何作也。

宋胡忠简公澹庵谓王伦、秦侩、孙近札子并出范公瑨笔，范亲老上疏必有奇祸，因取而自上之，遂连贬窜。朱子谓其疏"可与日月争光"，谢叠山称"中兴奏疏第一"。借人成名而名俱传，计亦良得。

只顾成己之名而忘人，国家大事往往然也。邱琼山曰："宋世所谓贤人君子者，一有议论异同，即便求去。国家无事犹可存之，所系所主不同。洁身求去，譬如行舟，一主帆，一主橹，一主篙。主人从主帆之言，则主橹篙者即弃而不顾，且幸其覆舟以快。吾言之不用，不知舟覆而俱不能免。"

登科曰"龙虎榜"。唐欧阳詹于韩愈、李观等同举进士，时称"龙虎榜"。今山东于榜之两端画龙虎。文人乡榜后赴"鹿鸣宴"，歌《鹿鸣》之什。武者曰"鹰扬宴"，武举榜之两端画一鹰一虎，或曰熊，取英雄意。

唐进士雁塔题名以泥金帖报捷，即今之《题名录》，前朝为《登科录》，宋有《题名碑》。袁简斋云："得《绍兴十八年题名碑》，朱子为五甲进士，小名沋郎。"按，朱子生于延平之泷溪，故名，或误作沈郎。

《题名录》初出极可贵，日久亦可贵，盖一科必有名人在内也。宋理宗宝祐四年，《登科录》所以传者，以文文山、谢叠山、陆秀夫三人足重也。余买《乾隆四十三年缙绅》，时和坤当权，汉相为于敏中，刘石庵先生为阁读学士，纪晓岚、吴毂人两先生为编修。晓岚先生有《顺治十八年缙绅》。

昔为人书联，“高达夫”误书“达天”，其人裱而悬之，李伯敭刺史见之，劝其收联而专函相告，到今感愧。会见时人书联“李延平”作“延年”，因亦劝悬联者收之。锺霖

《离骚》无梅花，杜诗无海棠。刘渊林五恨：一鲥多骨，二橘酸，三莼性冷，四海棠无香，五曾子固不能诗。海棠，岭南者香，前人言之。曾守济南诗极多，其他尚夥，所云不能诗，殆如王荆公言：“好个欧九，可惜不读书也。”或云刘原父语。

李邺侯插架三万轴，古今称藏书多者。泌父承休，聚书二万馀卷，戒子孙不许书出门，有求读者，别院供馔，固藏自先世矣。

唐李磎，字景望，自在台省，聚书至万卷，号“李书楼”。李繁藏书最多且善记，守括州，士皆知学。唐代藏书李氏为著。

藏书多者，张华载三十车，隋嘉则殿书三十七万卷，梁元帝蓄图书十四万卷，《金楼子》“言聚书八万卷”，为侯景焚。

明历城边华泉尚书藏书数万卷，有万卷书楼。一夕尽火，发逆为乱，到处以大板书垫路，或与室俱焚。阮芸台相国藏书最富，付之一炬，天下惜之。锺霖

《金楼子·戒子篇》云：“欲求子孝，必先为慈，将责弟悌，务念为友。”《立言篇》云：“行须臾之怒，而开终身之祸，是忘其身也。”言善矣，乃台城之围，坐视君、父困饿以死，复以中国帝王殒乌幔之下，言行之不符若此。

藏书、保书甚难，家贫书未卖便是佳子弟，然非积德不能积书，若

诲谆而听藐，则非先人所能料其身后矣。唐杜暹藏书，每卷题云：“清俸买来手自校，子孙读之知圣道，鬻及借人为不孝。”人谓所见不达。若向若水尽纳宝器书画于圹内，米南宫悉焚法书名画于生前，则更不达矣。

卫公子居室，圣人称善，以贵能知足也。每见富室，居必益四邻以自广，田必购近村以自便，极盛难继，有盈必亏。积增一物一快，后去一物一憾，祖父殚力营之，子孙随手鬻之。阀阅之门，二过而三易主。徒来路人之叹，古今同憾也。

李文饶《平泉花木记》云：“以吾平泉一草一木与人者，非吾子孙。”欧阳文忠诮其愚，有以也。

名人钓游之所，后世且为志美，固不必荷锸之达观，亦不必铸鼎之永宝也。锺霖

李文靖公沆所居甚隘，家人劝治第，弟维亦屡以言，公曰：“此为宰相第诚隘，为绅士第则已宽矣。以宽大之第传之子孙，子孙未必为宰相，居之不相宜。”

宋丞相陈秀公治第于润州，极壮阔，亭塘数百步。第成，公疾甚，肩舆一登西楼而已，人谓之“三不得”：居不得太大，修不得太费，卖不得太贵。

献县纪文达公居东乡崔儿庄，公读书既多，藏书亦富，闻渐散失矣。同治元年壬戌九月望，奉檄赴献，假馆崔儿庄公旧居，古香书屋，满室书籍，遂止宿快观。比回天津，复宿此，因留诗赠纪司马焕遨，公近支裔孙。有句：“不辞终夜力，翻阅满床书。”锺霖

寒士读书而兼赡家，最不易也。箪食瓢饮，尚有负郭之田，断齑

画粥,亦有供食之人。若(然)[燃]糠照读,甚至吞纸实腹,无家计撄心,亦可艰苦自励。乃上有待养之母,下多啼乳之弟,谓能专心攻读乎？所望有力亲友,助以成就之,异日厚报焉,此中成全不少也。

晋刘殷幼孤贫,事曾祖母以孝闻。人遗谷帛,受而不谢,直云:“待后贵相酬耳。”后为齐王冏军咨祭酒,皆厚报之。

唐王珪少孤贫,人或馈遗。初无让,及贵厚报之,虽已故,必赡其家。与房杜善,其母李喜曰:“二客公辅才,汝必贵。余无富贵相,然刘王二君固景行行止焉。”

唐李泌对德宗曰:“命者,已然之言。君相造命,不当言命,言命则不复赏善罚恶矣。”萧时文瑀著论,非刘孝标《辩命论》,谓:“人禀天地而生,孰云非命？至吉凶祸福,亦因人而致,若一归于命,非善知命者也。”

命之说可信而不可信,惟不得志者每以命自希,而不能安命,强争致患。圣贤不言命,未常不可以命劝勉,中才而用其命焉,故禄命之书不废。

唐吕才《禄命论》曰:“文王忧勤损寿,非初值空亡;长平坑降卒,非俱犯三刑;南阳多近亲,非俱当六合;历阳成湖不共河魁,蜀郡炎火不尽灭。阨世固有同建与禄,而贵贱殊域,共命若胎,而王寿异科。”立言极圆通。余谓居以俟命,为持身涉世至善之道。

语云:“命由我作,福自己求。”一意向善,命有因之转移者,袁了凡先生《立命篇》非虚言也。

何曾日食万钱,无下箸处,后人谓之曰“缪”。其子劭日食二万钱,弟等尤甚。永嘉之末,何氏无遗种。李德裕每食一杯羹,约费三万钱,杂珠玉宝贝雄黄朱砂煎汁为之,三煎即弃其滓。吾不知其如何滋味,直谥之曰“怪”可也。

王广津作相,庭穿一井,将天下宝玉珍珠投其中,汲水以饮,吾不知其何意。

韦涉厨中所弃者,犹值万钱。宴公侯家,虽极水陆,不下著。李德裕好饮惠泉，自京至常州置水递。虞孝仁伐辽，以骆驼负函盛水，养鱼自给。于頔刺襄州，日点山钱油二千石，吾不知其祸延几世矣。

因果之说，即先天后天之理，报应之说，即降祥降殃之理，释氏非尽虚妄也。惟伊古以来，何以辗转相报不已，始作之者因何而成，既报之后应已结案。乃有若未结，且又多一重公案者，古今历历可考也。

张良佐汉灭秦，报仇心足，赤松从游，似结一案。或言赵高为赵后，自宫覆秦，于秦为奸，于赵为忠。然六国皆灭，只楚人一炬，未见他国如何报复。

王莽篡汉，有言为当道之蛇，报一剑之仇。并言莽死，神化为蟒，若黄(能)[熊]然。

齐公子大豕为害，戚夫人人彘作祟，皆及身报复，最足快而警世。

曹操牵后逼帝，无不骂为汉贼者，相传为淮阴侯转世。司马师入宫缢后，篡逆同曹，而或恕之者，谓报曹应尔也。第未闻何人转世，有谓司马氏早蓄异志，乃报太史公腐刑之辱。未知何据，以牛代马，或亦有说。

赵王伦自加九锡，自称皇帝，迁惠帝于金墉城，史言与曹操相同。后宋公刘裕自加九锡，自进为王，又伪辞不受，旋灭晋，直司马文宣王矣。锺霖

杨秦谋害太子勇，广乃夺位。素旋见勇为厉，惊悸致死。

赵普为宋重臣，附会杜太后，致太宗得位，斧声可疑，两皇太子相继而卒。使太祖百战以得天下，子孙莫得世飨，而一误岂容再误？又致涪陵公忧卒，普之罪大矣！迨其死也，见诸冤家相逼，固应然也。

世言宋得天下于寡妇孤儿，亦失天下于寡妇孤儿。幼君投海，尚不若郑王宗训之终于藩服。此犹从后日言之。当兄终弟继，疑案不明，无何武功，王德昭以太宗不悦自杀，兴元尹德芳亦郁郁以死。寡

妇孤儿亦正可怜，虽曰天命，报亦速矣。后封宗室，赘举耳。

陈后主后庭歌舞，亦自旖旎风流，隋文加兵，井中同系，恨恨以死。乃阿麽淫侈加甚，固应运衰，而后主白昼见形。

相传隋炀帝与妃朱贵儿设誓乞世为夫妇，故朱转生为唐明皇，炀帝转生为玉环。七夕私盟，犹是当年夙愿，此亦理所应然，而杨氏倾国，诚似杨广再来。

《开河记》云：地宫大鼠为隋炀帝本命，一击鼠首，阿麽即患头痛。迹其荒淫，固应是怪，五代以来，甫归一统，而炀帝旋撞坏之鼠，为隋来耶？抑与李唐有前因耶？

唐太史令李淳风言："武氏当代唐，杀庸子孙殆尽。"太宗欲穷治之，李言："其人已在宫中，计其得政，年老气衰，或不至甚。若杀之，再生一人，其祸更烈。"是已明言其人而近在宫中，竟未悟及。疑杀无辜，殆有定数，不能逃者。或言武后乃李密转世，密桀骜不可并世至概，诚与李唐有憾，然何至杀其子孙之若是耶？单雄信终不降唐，又将转为何人？似必与唐不能释然。

世言李淳风、袁天罡占验若神。淳风，岐山人，贞观中官太史令，制浑天仪，正前代得失，著《法象书》七卷。又号黄冠子，或言即昭徽也。天罡，成都人，善风鉴，奇中。与武后父善，见武后大惊，初不言相。李峤龟息，清而贵寿。或云李、袁同母异父。《推背图》二人背坐，一书一画，作成，相视而笑。每代各作隐语，后世方验。或言明时已颠倒其次，使人莫辨百世，可知圣人言理，沙丘而亡，图谶渐出。东汉益信谶学，魏高祖太和九年诏："自今图谶、秘纬及名《孔子闭房记》，焚之，留者以大辟论。"按，《闭房记》乃王世充将谋篡位，道士桓法嗣言解图谶上此。记作人持竿驱羊，谓"一千王"也。羊，杨也。世充后败死。读书质疑，谓《推背图》乃虚无妖伪之书，不足信也。当时莫解，后则皆知，虽验何益？徒乱人意，不如焚之。锺霖有唐多英明之君，而女祸叠兴，几覆宗社，皆晋阳宫人启之于开国之始耳，淫之为害若此。太宗又纳炀帝萧后。

《五色线》云："安禄山为磨灭王。"余谓五家当是五鬼，群起而闹唐之天下。

蔡京为魔君下界，见《钱氏私志》。相传京能视日，目久不瞬。京祖某、父准皆七月二十日死。洪《容斋随笔》："京死十二年还葬，皮肉俱消，独心胸上隐起一'卍'字，高二分许，如镌。"

禄山陷长安，用谋臣严庄、高尚计，先以干炬焚元宗史阁，初实录三百卷，后救，百不及三四矣。高尚与李猪儿刺杀禄山，所谓"即以其人之道，还治其人之身"。杨国忠为张易之子，昌姓杨，呼易之为舅，与虢国夫人通势，倾朝野，隐乱激变致毁唐室，似为张氏报复者。

马嵬之行，陈仓令薛景仙诛国忠妻及虢国夫人。陈元礼军士杀国忠并杀韩国夫人、秦国夫人。

世知杨氏三姨，多忽其婿。按，大姨封韩国夫人，婿崔珣，官秘书少监，生女为代宗妃。三姨封虢国夫人，婿裴，名爵再考，生子微，尚代宗女延光公主，(太)[女]为让帝男妻。八姨封秦国夫人，婿柳澄，生子钧，尚长清县王，澄弟潭，尚肃宗太和政公主。锺霖

世言黄巢为魔王下界，杀人八百万，血流三千里，至杀劫完而李存孝者出而收之，巢灭，存孝亦亡。

黄巢，曹州人。进士不第，聚监徒为乱。五岁能诗，父咏菊未就，巢信口云："堪与百花为总首，自然天赐赭黄衣。"父怪之，令再赋，又云："飒飒西风满院栽，蕊寒香冷蝶难来。他年我若为青帝，移共桃花一处开。"

安禄山亦好作诗，咏樱桃云："樱桃一篮子，半青一半黄。一

半寄怀王，一半寄周赟。”人言以“周赟”移上则协韵，安怒曰：“岂肯使侬压我儿。”

黄巢不第，作乱。侬智高发三解不得志，乃起兵。张元因殿试被黜，径往西夏，或言殿试至此无黜落之士。姚广孝以通儒僧试礼部，题所谓《诚其意者》一节，文甚不平。黄巢从子浩亦聚众为盗，号“浪荡军”。锺霖

韩信为吕后所害，韩侂胄为杨后所害，韩通为杜后所害，韩震为谢后所害。韩氏著名者乃皆死于妇人。

《王氏闻见录》：黄巢犯阙，一道人请安康守崔请发黄巢祖骸于金统水泉源中，得一窟，有黄腰人举身自扑而死，道人曰：“吾为天下破贼矣。”巢果灭。任丘边大绶令米脂，发李自成祖父墓，尸生有金色蛇，向日欲起，皆毁之，闯为乡人锄击，脑破死。二事相同，天固不容逆贼之成事也。

相传蜀有人庙宿，忽闻音乐，窃见众神肃迎一童子，舞跳而至，狰狞怖人，不辨何为，第见众神再三为世人乞命，童子云：“不敢违上旨。”乞之久，始允择宥，而蜀地则否，风驰以去。宿者默骇，暗寻之，则张献忠适生，果应童子言，蜀遂血碧矣。追浩劫完而吹箫不用竹，张亦贯胸而死之甚易。古碑可信，天道固可惧也。

唐末董昌反，以卯年卯月卯日卯时僭号，见《吴越备史》。元末周子旺反，以寅年寅月寅日寅时僭号，见《庚申外纪》。

报应有及时而见，前施之于人者，后乃应之于己，而祸且甚焉。宋衰金盛，二帝北狩，青衣天子，五国含羞，迨金汴京，元帅崔立降元，以金王后、妃嫔，宫车三十七辆，宗室男女五百馀人，尽送青城。元杀梁荆二王及族属，送后妃等于和林，在道艰楚万状，尤甚徽、钦之时。史言金太后、皇后间关和林，青衣五国之羞，弗辱于此。呜呼！天道好还，惟人自召，行善，天必报之，以善且倍焉！胡不鉴此而勉为善乎？青城属开封府。

五代石晋为契丹迁于黄龙府，虽至称孙，然宫女、旧臣及控鹤官、茶人、酒司仍令从行。金破汴京，太宗废徽、钦二帝为庶人。宗翰以二帝及后妃太子四百七十馀人，并宋宗室三千馀人北去，至上京，令二帝以素服见太庙，封徽宗昏德公，钦宗重昏侯，迁之韩州，给田十五顷俾耕。以“食雪窖冰，天魂游北，地木灯檠”之说亦不可信。古人所以痛龙髯之莫攀也。黄龙府在辽东开原县。锺霖

传有“神降于莘，已请于上帝”等语，或云左氏好奇耳。唐僖宗幸成都，高骈杀突将，极惨毒。一妇人临刑，戟手大骂曰：“我必诉上帝，使汝他日举家屠灭如我今日。”后骈在道院无食。秦彦屡败，疑骈厌胜，外围急，恐骈党内应，乃杀骈及其子弟甥侄，同坎瘗之。人固云：“前妇人之报也。”

甲寅春，逆屠临清，姜子英孝廉毓杰朝服，与母子家人同焚死。其友居乡，适假寐，见姜朝服，云：“逆贼可恨！行诉上帝，使不得还旋，为大兵民团剿截悉灭。”锺霖

天之待人，即其所作令其自受，人多弗知警耳。宋丁谓衔寇准拂须之嫌，发朱能天书妖妄事陷准。真宗初不知，乃贬道州。太后听政，谓：“又以朋党诬贬诸臣。”准贬雷州司户。王曾前假准舍，谓熟视曾曰：“居停主人，恐亦不免，曾几何时？”丁谓令女道士刘德妙穿地，得龟蛇，引入禁中，假言老君弟，云“谓非凡人”，设像夜醮，招纳赂遗。太后按治，贬谓崖州司户。道出雷州，准恐家僮报仇，杜门纵博，使人以蒸羊迎谓境上旅社，老妪亦唾骂之，论者称快。至比谓为秦桧，亦当以顽铁铸形，天理昭报，如是之速。虽然，亦寇启此一段公案耳，幸报谓以恕，冤从此解，虽贬死所而谥忠愍，赠莱国公，到今无不知者，谓亦枉自为小人耳。君子待小人，幸勿过甚，无怨无德，岂不甚善？

有罪重而未闻重报，显快人者，或冥律使永受苦耶？项籍坑秦降卒二十万，白起坑赵降卒四十八万，即云数定，亦极惨毒矣。曹操奸逆之雄，其罪难数，有言屡为猪身以受脔割，与白起同者，亦理所应有耳。梁冀藉先荫为皇亲，乃进饼弑帝，擅杀大臣，如李固、杜乔、田明、陈龟、郝絜及陈授、吴树、袁著、侯猛、崔琦、邴尊若尔人，又杀洛阳令吕放戚友，坐死者百馀人，杀胡武一家，坐死者六十馀人，诛耿贵人家十馀人，甚至贾胡误伤其兔，坐死者十馀人，诛戮之多不可胜记。当时竟莫敢谁何，其后仅以一家偿此数百人命。吾不知此数百人含冤地下，若何寻复焉，噫！

争天下者杀人盈世，固已，乃大业已定，而诛杀之甚，未有惨于明太祖者。胡、蓝之狱，一则株连，被诛者万五千人，一则株连，被诛者几二万人。以李善长之功、傅友德之勋、宋景濂之尊崇，皆不得其死，他如汪广洋、魏观、高启、朱同、苏伯衡、张孟兼、王彝、杨基、张羽、徐贲、王行、孙贲、黄哲、郭奎诸文士，咸死于非命，翊命之刘诚意且不能保全之。虽云穷治胡党，实亦幸刘之死而藉锄群雄。当其初起，以好杀为戒，行军屠害者，辄色惨沮，一旦功成，刻忍悉露，人谓杀戮功臣似汉高，实过之矣。阍于传贤，所留老成顾命，旋以迂学误国，蔓草除大变，伊古开国未有若斯之凶残者。

太祖忌开济，济即效郭璞以死。且言"胡""蓝"二字，阴示天上，殆有数在。太祖以僧恶僧，聚天下之僧，埋身削头，曰："坎头会一僧，旋坎旋生。"因止，其理莫解。锺霖

袁盎人面疮，咸谓有因。古今大将多发背疽，固由操劳所致，然兵凶战危，所损多矣，一将功成万骨枯，可惧哉。吾友患落头疽，即对口也。医者令静养诵经，省过行善。半年医痊，依医言享上寿。

世言人受阴刑皮肉青色。济南督城隍神久著灵应，有乡民自奔神前号呼受责，臀青肿，及神气自定，云适忤其父也。幽明一理，城隍

为正神，王法所不及者，固应有阴刑。司马宣王诛王凌，后寝疾，日见凌来。宣王呼曰："彦云缓，我身上便有挞处。"贾逵亦为祟，少日遂薨。初凌被执至项城，夜呼掾属与诀曰："行年八十，身名俱灭，命耶。"遂见害。凌过贾逵庙大言曰："贾梁道！"王凌，魏之忠臣，惟尔有神知之。

魏王芳受制于司马懿，王凌为扬州都督，贰于懿，谋立楚王彪，故懿执之。凌固忠于魏，然亦汉之董承耳。初未闻阿瞒见承受挞否。锺霖

语云："要知前世因，今生受者是；要知后世因，今生作者是。"明白透快，毫无翳障。王安石一生何等行为，史称其再相，屡谢病求去，帝亦厌之。其子雱性恶，安石殊爱之。凡所为不近人情，雱实使之。雱死，安石悼恸，久而不忘，尝恍惚见雱荷铁枷，若重囚。遂请以所居为僧寺，为雱求救于佛也，旨依所乞，以"报本禅寺"为名，额一云"报宁禅寺"，半山寺是其故宅。安石父子几祸宋室，雱得早死，无不为宋幸者，而安石老悖昏愦，若此铁枷之荷，尚从轻处也，区区一宅，欲抱佛脚，即救之乎？安石奸而愚者耳。

《廿一史感应录》："近时长洲彭氏《希涑集》刻，历为征实报应不爽，最足警世。"

抱佛脚。滇南之南一番国，有犯罪应诛者，国主捕之，急奔往寺中抱佛脚，知悔过，愿为僧，王许贳之。遂髡发环耳，衣禅衣，故其国为僧者多。见《滇南纪闻》。谚云："闲时不烧香，急来抱佛脚。"本此。锺霖

史言秦桧有贤后，金兵至淮南，桧曾孙巨为蕲州通判，死节，巨子浚、濬皆从死。当桧柄政，祖父孙三世同领史职，赫耀莫比。不知桧

早绝嗣，熺乃妻兄王暎之子，埙、堪等则暎之孙也。丁南湖云："作史者当于桧直书绝嗣，以著大奸之报。于熺、埙改书王熺、王埙，别自立传，以著冒姓邀荣之恶，斯实录矣。"

秦桧当国，方滋德帅广东，献众香烛，而待方最厚。郑仲为蜀宣抚，时格天下阁士毕，郑送锦地衣一铺，桧命铺阁，不差尺寸，乃竟不乐，郑且得罪。桧子熺状元及第，全是人力，李文肃贺启云："一经教子，素钦丞相之贤；累月笞儿，敢起邻翁之羡。"桧大喜。汪彦章贺启云："三年而奉诏策，固南宫进士之所同；一举而首儒科，盖东阁郎君之未有。"桧父子大怒，汪遂得罪。权奸当国，处之不慎，动辄招祸，附而媚之，即幸获益，亦为人唾骂，固不如守分安命也。

世谓秦桧陷岳鄂王"莫须有"三字定狱，当时韩蕲王问桧，桧言："岳云与张宪书，其事莫须有。"韩不平曰："'莫须有'三字何以服天下?"尝思三字若"无有"口吻，《宰辅编年录》作"必须有"，定人大狱，亦似模棱。窃思桧无锡人，当韩相诘，其词必厉，桧南音若曰"莫须"作一顿，言"莫须如此，其事有而已"，似为得解。史笔记此少作转折，便总不明白。

秦无锡之害岳忠武，严分宜之害杨忠愍，无不痛骂之者。然岳、杨馨香俎豆，为千古传人，秦、严绝灭，遗臭万年，为万世罪人。岳、杨虽厄于当时，固当咸其成全于没世也。似此善恶昭昭，自不必再有果报。

> 秦桧年后固已示报。严世蕃既诛，其后编为乐户，不齿民数。有兄世蓝，家居不仕，睦邻重友，未罹于祸，今之子孙皆其裔也。锺霖

施全为小校，见秦桧所为，忿恨不已，刺之不得而死。朱子曰："天地正气，忽于施发之。"袁简斋有《施将军诗馀》，谓施全"可附金射，堂无双谱"。

权奸之肆也，渐使早烛而逐之，诛之亦何致大坏？乃一误再误，而终不悟。若秦桧，若蔡京，若贾似道，不至负君投海，以完不已，宋室可哀，甚矣。

宋徽宗五月五日生，以俗忌，移作十月十日，乃终不详。

贾似道八月八日生，每值生辰，四方贺启以数千计，悉令人誊考，以第甲乙，一时传诵，为之纸贵，皆谄词呓语，所谓文士可想而知，幸未著作者姓名。

冯瀛王历相五朝，为世所鄙，然天下谓之长者，云："数十年来无争夺杀劫，为大阴骘。且接人和厚。"观其诗云："但存方寸地，留与子孙耕。"又云："但知行好事，莫要问前程。"其心可见矣。五代郑韬历相十一君，《传》谓其"自少迄老，事十一君，越七十载，无官谤，无私过，无贤不肖皆颂之"，盖能有济物救民之功，与冯相类而过之。人多知冯而忽郑，冯不得称无双焉。二公虽云相同，然不足为训。

世知冯道为长乐老，不知冯涓为长乐公。

徐英公子敬业马腹避火；冯瀛王子祐声色豪侈，父不能禁于上前，以皮弦弹琵琶，号"绕殿雷"；王安石子雱忽谓父疾；蔡京子攸遽诊父脉。皆败类也。锺霖

邵康节在天津桥闻杜鹃，知天下将乱，元顺帝至正十一年十一月大都有杜鹃，天下将治，地气自北而南，北地无杜鹃，史所以书："鸟之来，孰使之耶？"

天津桥在洛阳，名洛阳桥，元大都即今京城，上都即多伦诺尔。锺霖

时乱则奸者富，官贪则暴者强，势盛则邻冀其火，藏多则奴利其灾。石崇劫海客，暴富致贵，骄纵至于杀身。当其初得重资为所欲

为,何尝不大快心志? 乃天欲败之,故极纵之,知奴辈利其财而不早悟,纷华靡丽转瞬一空,远客若在,当如何大快心志?

石崇字季伦,渤海清河人,苞子,生于青州,故小字齐奴。苞六子,崇最小,苞临终分财独不及崇,谓其母曰:“此儿大,能自得。”崇有爱婢名翾风,买于胡市,凡崇得奇宝,惟翾风能别之,尤以文词擅,宠不止绿珠也。绿珠有弟子朱纬,国色,善吹箫,崇败,入秦明帝宫。后赵石季龙即石虎,小字棘奴。佛图澄曰:“殿乎殿乎,棘子成林,将坏人衣。”后石氏为冉闵所灭之。前应科试,殷述斋宗师考古题《伏日赐冰赋》,即后赵石氏事。季龙、季伦,人每忽之,一云棘奴,乃冉闵小字。锺霖

人能多大福分,或承先业,或获厚资,不知持盈之道,恣意淫侈,一旦归阴,万物将不去,只有孽随身作,种种恶受种种恶报,可不猛醒乎? 明江南富民沈万三,资财无数,为太祖所忌,或言沈死后遇故友,以其富向假冥钱。沈曰:“我何曾带得分文来。”此虽戏谈,实至理也。

沈万三名富,字仲荣,行三,吴兴人。元末富甲江南,洪武初,每县分为哥、畸、郎、官、秀五等家,给户由一纸,哥最下,秀最上。每等中又各有等,人以“万三秀”呼之,其弟名贵,以诗讽之云:“锦衣玉食非为福,檀板金尊可罢休。何事子孙长久计,瓦盆盛酒木棉裘。”万三不悟,后流江南,死贵隐终南山。《水东日记》:“南京洪武门外中和桥六七里长街,乃沈万三家络丝石所砌。”锺霖

权奸柄政,恶奴焰张,主败而奴亦随之。严分宜仆永年,号鹤坡,为世(番)[藩]纳贿,仕宦有称义兄弟者。张江陵奴游七,名守礼,号楚滨,仕宦每赠诗文,有联婚者,江陵败,子戮,籍没,奴亦随之。主贵

奴骄，古今皆然。或素好见访，或亲友偶至，仆不为礼，且假令逐客，致启嫌隙，主尚不知，是当痛戒而时察也。

近见《邸报》：王小山侍郎劾某宦仆朦混捐职，在其宦家丧次执客，倨放异常，当请革逐褫籍，严加管束。折内有“蓝顶貂裘，居然与公卿抗礼”语。吁！是在出结之内，外官详查之。锺霖

天之生人先具五官，后有八字，乃五官八字可以定人穷通富贵。往往五官与八字相合而验，有不验者，则相随心转。人生无数，造物若各为定之者。偶见《画墁录》：“郭忠武使浑瑊洗足，瑊见足下有黑子，捧玩久之。郭问之曰：‘瑊亦有之？’令跣视，笑曰：‘不及我明耳。’后瑊亦贵，谥忠武。”《明皇杂录》：“安禄山初事张韩公仁愿，韩公令洗足，安见足下有黑子曰：‘禄山，贱人也，两足皆有黑子，比公色黑而加大。’韩公异之，因加宠荐。”人之不同有不在乎相者。

郭汾阳以失机见囚，青莲特识而救之；禄山以盗羊当刑，主将张守珪壮其言貌，疏请入朝覆鞠，明皇亦受其欺。天生禄山以扰唐室，生汾阳以安唐室，固应有异相，第识安相者独郭耳。锺霖

哥舒翰，一名将，惜与杨无敌势同而节异，人多不知其死若何。《旧唐书》：“火拔归仁执翰送禄山，幽于苑中，杀之。”《新唐书》：“广平王收东京，安庆绪挟翰渡河而北，及败，乃杀之。”

牛女星自古在天，后人以人实之。张骞见织女得支机石，郭子仪七夕至银州见空中赤光，辎车绣帷，疑是织女，遂拜视，云：“愿富贵寿考。”后封汾阳王，年九十馀，八子七婿，孙数十人，至不能辨。又，晋郭翰资神秀美，月夜庭中，忽见少女，曰：“吾织女也，帝命游人间择佳偶。”郭氏有两见织女者，真耶？伪耶？

郎官上应列宿,况大者子。唐杜鹏举父梦大碑,守者曰:“宰相碑,已作者金填其字,未作者列名。”因问其子,令自看之,记名鸟旁曳脚,乃名鹏举,与鸿渐父子皆入相。唐李藩字叔翰,卜者胡卢生谓之曰:“君纱笼中人物。”后新罗僧言宰相姓名,冥司以纱笼护之,恐为异物所扰,果拜相。

唐王播,字明敭。贫,客扬州木兰院,随僧食,厌之,食后始钟。播题诗于壁,有“惭愧阇黎饭后钟”句,及出镇广陵,访之,则旧题已碧纱隆矣。寇莱公典陕日,与处士魏野游僧寺,见旧题,公诗用碧纱笼之,野诗则尘满,从行官有慧妓拂以红袖。公笑题诗云:“世情冷暖由分别,何必区区较异同。但得常将红袖拂,也应胜似碧纱笼。”天成一代伟人,必挫折之而后光明于世。蒋颖叔诬欧阳公多丑,鄙中使王昭明覆勘,始白,犹坐以张氏奁具买田,出知滁州。范文正如青天白日,犹有诬其结中吏范仲尹为族弟者。王渔洋云:“堂上簸钱堂下走。”小人以蔑欧阳有情争似无情,忌者以诬司马,良由文忠修史,触忌者多,文正司马疾恶太甚也。吾人立身不可不严,待人则不可太严。或曰:“若虑诬蔑,将为乡愿乎?”曰:“无私心,怨自少,公正而行,不能预计诬蔑,况诬人者久自明,愈可为贤者生色,所以秦无锡、严分宜为岳少保、杨忠愍功臣。”

文忠不知滁州,无《醉翁亭记》;昌黎不谪潮州,无潮州俎豆之祀。贤者行止,皆有关系,特假小人播弄之耳。文忠作《醉翁亭记》,后王诏守滁,请东坡大书记,亭遂大著。政和中,少宰唐恪守滁,亦山间作“同醉亭”,自作记书之。文忠为韩魏公作《昼锦堂记》。魏公,安阳人,镇大名,即相州。殁后,子忠彦以墓在相,乞以弟粹彦监相州酒税,神宗许之。公之孙治守相,治子肖胄乞侍父疾,诏治代父守相。徽宗曰:“韩氏世官于相,父子相代,荣事也。”治又作荣归堂,肖胄又作荣事堂,不止昼锦堂也。

《齐东野语》云:“赵师睾于韩侂胄山庄作犬吠,乃郑斗所造,以报挞武学生之愤，如许及之屈膝，费士寅之狗窦，大抵皆怀私仇，撰造丑诋也。”

韩文公驱鳄鱼。至宋时，潮州鳄溪仍有鳄患，咸平中，通判陈尧佐率众捕烹之。有《戮鳄鱼文》，见《岭南杂记》。今粤人有图，说鳄似穿山甲，尾长，有利钩，掉食人畜，生卵甚多，则此鱼到今为患。锺霖

古人每行文于神，乞雨辑犯，今亦有仿之而验者。蔡忠惠修万安桥，檄海神而得成奇矣。欧阳文忠刻《泷冈阡表碑》，舟载，于熙宁五年五月十三日抵鄱阳湖，泊庐山下，夜一叟同五人，青衣大带，入舟，揖请借观，自言龙也，碑入水不见。黄山谷时令泰和，以乡谊为文檄水神，忽空中语曰：“天丁押骊龙送永丰沙溪，敕赐文儒读书堂之南龙泉坑而交也。”文忠归家，果见大龟负碑而出，龟忽不见。山谷檄文载宋牧仲《筠廊偶笔》，事更奇，然文忠非作诳语者。

上天感应不爽，而人君为最捷。五季变乱相仍，惟后唐明宗在位八年，称贤主，登极，年愈六十，每夕宫中焚香祝天，愿早生圣人为生民主。故宋太祖赤光异香之奇，天使应之。宋高宗、孝宗每三年大比，下诏前夕，露天默祷云：“朝廷用人止此科举，愿天生几个好人辅助国家。”及进殿试策题，临轩唱名，必三日前诚祷于天，所以绍兴、淳熙文人儒士，彬彬在朝，祈天之效固如此也。

懒残僧识李邺侯，知金瓯卜相，皆有天命也。人知懒残而忽其名，按，僧名明攒。天宝初，衡岳寺执役者收众所馀而食，性懒而食残，故呼曰“懒残”。昼专一日功，夜止群牛以下，二十年矣。李读书寺中，异而潜谒之，僧大诟曰：“是将贼我。”李益谨，已而拔火出芋啖之，以半食李，曰：“慎勿言，领取十年宰相。”后为虎嗛去，不知所终。

自古名人生必有自。唐房琯为永乐禅师，白乐天海中山主，欧阳文忠神清洞主，韩魏公紫府真人，富郑公昆仑真人，王曾青草堂和尚，东坡陕右成禅师，莫蒙梦东坡为紫府押衙。他若荀顗为泰山君，刘聪

为须遮国王,韩擒虎、蔡襄皆为阎罗王。诸书所载定非虚语,惟韩昌黎为吏部土地神似轻。严嵩为杭州养济院土地神,以其寄食此院,死而祀之,则太便宜。欧阳修名其子曰“僧哥”。王安石与其子雱评论世人,屈指谓雱曰:“大哥自是一个。”可以喷饭。

唐崔垂休得自异僧,乳名缁郎,六次拜相,终为朱温杀之。童贯自托于韩魏公所出,梁师成自谓苏东坡所出,孙觌亦云为苏东坡遗子,乃弃婢所生,阳羡孙老得之者。皆不知人间羞耻事也。

> 轮回之说,儒者弗言,然古今记载往往有之。周穆王为丹朱后身,韦皋为诸葛后身,王曾为曾子后身,苏轼为邹阳后身,王十朋为严伯威后身,张方平为琅琊寺僧后身,张睢阳、岳武穆为张桓侯两世身,宋高宗为钱武肃王后身,赵鼎为李德裕后身,南唐后主为钱俶后身,真西山为草庵和尚后身,史弥远为觉阇黎后身,胡濙为天池僧后身,常遇春为关壮缪后身,王阳明为天台僧后身,史阁部为文信国后身。则再来之说或亦有之,未可云尽渺茫也。白乐天愿为李义山子,后生子名“白老”。锺霖

晏元宪凡书简及文牒,不弃一纸,皆积以传书,虽封皮亦十百为沓,手自持斗熨之,以铁界尺镇案上,每读得一故事,则书一封皮,后批门类录出,后人当以为法。

官廨多书“清”、“慎”、“勤”三字,此晋司马昭训长吏之语,人多忽之。良以典午一代,多不满人意耳。又《世说注》(引)李秉《家诫》曰:“时有长吏临辞出,上曰:‘为官当清、慎、谨,修此三者,何患不治?’对曰:‘慎尤为重。’上以为然。”

官衙牌楼,书“尔俸尔禄”四句,咸知为宋黄庭坚书《戒石铭》,颁之州县刻石者。尝考之,乃宋太宗书,颁之天下者也。《宋史》太平兴国八年四月,颁外官《诫谕辞》即此。太宗盖本蜀主孟昶“朕念赤子”云云,二十四句之中择此四句,然较原文简括矣。欧阳《集古录》谓

“戒石起于明皇”，非也，唐明皇有《赐诸州刺史(以)题座右》诗。

世多以“淡泊明志，宁静致远”二句为诸葛武侯语。尝读《淮南子》云：“非淡泊无以明志，非宁静无以致远，非宽大无以兼爱，非慈厚无以怀众，非平正无以制断。”武侯节其二句以自见，且以戒子耳。

道光乙巳春，公车北上，见涿州城楼联：“日边冲要无双地，天下烦难第一州。”多谓前代纶音阁。《济南府志》：“明济阳县人王道定任涿州，撰书此联，悬城楼，星使络绎，见者皆知牧民之劳，永免迎送焉。”锺霖

世谓申韩之书，出于理官之明罚敕法，而刻者为之，伤思薄厚，或谓战国时不振于法，申韩以名实之说胜之。按名求实，严刑必诛，详于法律，而笃于耕战，惟可以从命，而不可以为命。使遇三代盛世，则为股肱之良，遇后世中主，亦足治兵农而营富强，若遇始皇、二世，直丧亡之雄耳。申，大梁人，为郑臣，治黄老刑名法家，多与韩非同，皆著书称子。韩子尝称引申子。唐宋以来，皆黜韩子而不讲，吴郡门无子特表章之，而后韩子与诸子并传。宋儒以孔明手写申韩书进，后主为病。唐子西云：“申核名实，韩攻事情，后主襟量有馀，而智谋不足，进以申韩，正中其病。”《古文苑》载：“先主临终，敕后主曰：‘申韩书益人意志，可观诵之。’”孟孝欲问郗正，欲后主知权略，故杨诚斋谓后主之观申韩，乃先主之遗命。大抵世以人主贵，以权略济仁恕，智略不足，徒以仁厚，终归削弱，则申韩亦若末世所当法者。噫！治世以仁不以刻，刻以为治，如以毒物攻沉疾，亦或得愈，元气大伤，奚若颐养术之保年寿乎？申韩皆不见纳于人主，至不能保身其说，能保世乎？吾见家诵经传矣，未见家诵申韩也，故论今之刑名称申韩，不通之言也。

汉武帝时，鲁人申公培明治乱，年八十，帝以束帛加璧，安车

蒲轮迎之。问治道,对曰:“为治不在多言,愿力行,何如耳?”尝议明堂等事。燕人韩婴,文帝时为博士,官至常山太傅,推诗人之意作《外传》,语颇与《齐》《鲁》间殊,其归则一,此亦申韩也,然所学者正大。锺霖

陈孚《勿轩集》:“周东迁而圣人出,宋南渡而文公生。”余谓汉唐以来修明圣贤之道者,文中子一人而已。河汾之曲俨然,洙泗同堂济济,王佐之才,贞观之治政可睹焉。文中子曰:“董常时有虑焉,其馀则动静虑矣。”“孝哉,薛收!行无负于神明,不几颜、闵乎?”又曰:“魏征,颜、冉之器也。”固亦以四科目之,遭时不偶,其教郁而不行,论者责房、魏不能扬师之道,亦知道非当时所能显乎。落落天壤,作者其谁?贤人君子固皆有文中子在心目也。或谓其书模范《论语》,夫《论语》记圣人言如天衣无缝,字字称量稳洽,若贤者言则间有转折矣,然上下千古能仿《论语》,亦天壤间不多见之书。

贾琼问:“何以息谤?”文中子曰:“无辨。”“何以止怨?”曰:“不争。”固持躬涉世之要道。余思止谤莫如自修,视无辨更进焉,不念旧恶,视不争更善焉。

文中子言:“闻谤而怒,谗之讹也。”余谓祸且至。“见誉而喜,佞之媒也。”余谓毁且至。

唐古之奇作《县令箴》曰:“政不欲猛,刑不欲宽。”又曰:“不怒而明不如不明,不通而清不如不清。”是为练达论。

唐崔仁辅曰:“治狱当以仁恕为本。”余谓当以智勇为用,不智则失之愚昧,不勇则失之因循。仁恕存,心智勇,行事无往不宜,不独治狱也。

宋周濂溪先生为南安司理,有犯当不死,转运使欲深治之,力争不听,乃委手版弃官去,曰:“如此尚可仕乎!杀人以媚人,吾不为也。”使悟犯,得活。吁!杀人媚人,或畏人而杀人,皆当弃官去,或弃馆去。手版即今之手本,书职名,秉公事,笏之类也。笏以牙为贵,木

次之。古人书思对命于笏，用以见君。牙笏一曰象简。《通志》云："今录仆射尚书手版，以紫皮裹之，名曰笏。"《梁职仪》曰："八座尚书以紫纱裹手版，垂白丝于首。公卿但执手版。"《士林传》曰："陈希烈不便脱笏，骑马以帛裹，令左右执之。"

圣贤为治并不神奇，为所当为而已。历代循良，指不胜屈，后人若以良吏不易为者，今就易为者言之。宋程明道先生灏调晋城令，随事以孝弟忠信劝民，度乡村之远近为伍保，使力役相助，急难相恤，穷民无告者，必无失所，行旅疾病，皆有所养。设乡校时亲至，召父老与语儿童所读书，亲为正句读，民为社会，为立条约，旌善惩恶。三年，民爱之如父母，去之日，哭声震野。观先生所为，皆人所能行者，为政者胡弗书此为榜样乎？

司马温公为名臣大儒，殁后送葬赴陕，京师为之罢市，鬻衣致奠，四方画像以祀，并刻其像印鬻之，复崇祀贤庑。公之为人，似非人所及矣。考史载公自言："平生无过人者，但所为未尝有不可对人言者。"陕洛间皆化其德，有不善，曰："其君实得勿知之乎？"刘安世问一言可以终身行之者？曰："其诚乎。"问所从人曰："自不妄语人。"公之所言如此，似亦人所易能者，然如温公者几人哉？

宋程灏，字伯淳，洛阳人，世称明道先生，盖当时私谥也。考"明道"，宋仁宗年号，不知何以不避。汉法真，字高卿，扶风郿人，法正之祖，世服其知人，郭正美之曰"玄德先生"，玄德为先主字，法正为之臣，似亦当避者。

宋李冠，字元伯，历城人。举进士不第，得同三礼出身。师事临淄贾同，同殁，冠私谥之曰"明道先生"。锺霖

吕不韦招致时贤，作《吕氏春秋》，悬诸国门，曰有能增减一字者予千金，大言欺世莫敢可否耳。公孙宏著《公孙子》言刑名，云字值千金，亦夸诞耳。

朱子云:“南北《史》除《通鉴》所取,其馀只是一部好笑的小说。”余谓前五代如淫冶小说,后五代如劫夺鼓词。

韩文公之孙衮,中状元,后人但知布衣方干,不知状元韩衮。王文成公守仁之父华,状元,官至太宰,后人惟知阳明不知其父。唐人诗云:“孟简虽持节,襄阳属浩然。”人贵自立,不在功名也。

张骞遇织女教问严君平,方知是支机石,人知之,第未考。君平是王莽时人,张骞汉武帝时人,习而不察,往往如此。郑蕴武为相,自闻之,乃曰:“歇后郑五为相,时事可知矣。”似其人诙慢不称,及相三月虞不协,望急引退,以让贤者。当其为州牧,去任,盗不敢犯郑,使君库钱,亦大有心人也。

士人得位,乘时当以培植人材为要务,而乡里人材尤当提拔,各视其材,以为造就,即或非材,亦当始劝勉之,而终周恤之,既可为世用,亦可为一乡增色,自己子弟亦大有益处。宋徐择之为相,素与乡人最厚,各随乡人之材,俾见用于时,为世称之。每见人身居要地,必示人曰:“乡亲一概不见,以表无私。”或遇同乡获咎,为之筹策,并非(狗)[苟]情,乃反挤之,以示大公,其实私心更甚。

古刺史镇臣,得自辟其参军记室,择其贤者,荐之于朝,然后大用之。此法最善行之,军务需材之时尤宜。

尝用“秦关百二”之言,究未识“百二”作何解,偶阅顾亭林《日知录》,云:“古人谓倍为二,《孟子》‘卿、禄二大夫’是也。秦得百二,言百倍也。齐得十二,言十倍也。”

韩昌黎谥文公,朱晦翁亦谥文公,窃以为轻。刘后村有言:“谥,古也,复谥,非古也。”《封演》云:“谥二字者,一字为文,一字为质。”初,晦翁议谥文忠,后村年十七,代其父尚左作驳议,略云:“正(文)[主]庇民之学,郁(南朱)[而未]伸,著书立言之功,大畅于后,(合)文(与)忠作谥,似矣而实非,有功斯文谓之文,简矣,而实合。请以韩子之谥谥之。”因止谥文。考古来谥文正、文贞、文忠者多矣,如王安石者亦谥曰文,其视韩朱二公为何如耶?唐独孤及云:“二字不必为褒,一字不必为贬，作如是论可耳。”

世多以“考亭”称朱文公。周栎园《闽小记》：“过建阳，见晦翁家谱，知考亭乃黄氏之亭。五季乱，黄端、子稜随父入闽，见建阳山水秀丽，遂家焉。子稜有诗‘全家都在画图间’，父殁葬于三桂里，子稜筑亭山半，以望其考，故名考亭。文公居近其地，世乃以此称之，是以他人之考称之也，悖甚矣。”

《朱子行状》出其婿黄幹手，自称门人。锺霖

宋太祖生于洛阳夹马营，称“香孩儿营”，按南京应天寺，即夹马营。大中祥符二年，以太祖诞生地建寺，赐名应天。太祖幼时，埋石马于营之巷，登极后，还乡发而得之。余馆临清武城县，本清河郡属，城北二十里有夹马营，武城人谓宋太祖诞生处，非也。

史言宋太祖涿州人，祖敬为涿州刺史。宋南京即归德府，明洪武时，以开封府为北京。锺霖

《志》言关公面若重枣，《史》言宋太祖赤面，世乃以硃面演之。世知(识)太原公子者有虬髯公，不知太原公子亦虬髯也。药店榜曰“雷公炮制”，咸言黄帝时之雷公，非也。陈修园《神农本草经》读云：“雷公名敩，刘宋时人，著有《雷公炮炙论》。”

《纲目集览》：“突厥世居金山，工于铁作。金山状似兜鍪，其俗呼兜鍪为突厥。因为国号。”按，夏曰獯鬻，殷曰鬼方，周曰猃狁，秦汉曰匈奴，唐曰突厥，宋曰契丹，即鞑靼也别，部小者曰蒙古，代宋，称国号曰元。“蒙古”，国言“银”也，女真号“金”，故以“银”号别国。

元有蒙古、色目之名，乃别部降元者，谓之色目。如汉人投旗别隶一军，谓之汉军也。

脚色即“履历”之意。隋虞世基掌选曹,纳受贿赂,多者超越等伦,无者注色而已。注色者,注其入仕所历之色也。宋末参选者,具脚色状令,谓之根脚。

《元山东乡试题名碑》记至正十年九月二日揭晓得士,蒙古四人、色目五人、汉人七人、备选者十五人。锺霖

豪侠强盗,每称绿林好汉。盖王莽时王匡等起兵绿林山中,号绿林兵,后世之称由此。

谎报获贼,他处又见,殉节邀恤,其人尚存,不独今日矣。李义山诗:“军令未闻诛马谡,捷书惟是报孙歆。”王隐《晋书》:“杜预伐吴,王濬先列孙歆头面,预生送歆,洛中大笑。”

鸣骹跃马,即响马也,周已有之。庄子焉知不为桀跖嚆矢?嚆音哮,即响箭,盗贼先声也,或谓盗马系铃曰响马,非也。剃度本佛家事,然古人幼亦剃发。《韩子》:“婴儿剔首,一人抱之,慈母治之,啼呼不止。”宛然今之幼儿剃发情景。惟“剃”作“剔”。《颜氏家训》“戒剃面轻浮”,即今之修容,可见古人年少亦每用剃也,第总角不剃,或当留须以前时剃面耳。

龙阳君,魏王幸臣。《战国(策)》言:“与王共船而钓,得鱼,泣,说魏王,令敢有言美人者族,遂专宠。”或言乃妇人,非也。虞信嬖萧韶,资其衣食。韶入梁,镇郢州,信过之,接信甚薄,坐青油幕引信,入宴,令信对榻,有自矜色,信怒,上床直视曰:“官今日形容大异。”韶甚惭。李义府貌美,少为刘洎、马周所嬖,御史王义发之。刘义宗坐门生杜德灵放横打人,免官,杜以姿色为刘所宠也。子才以玉貌,张雕武称门生,非异事矣。

世称姻亲曰“潘杨”,盖杨肇女适潘岳,岳《怀旧赋》为肇及其子潭作也。

陶渊明以妹程丧,托辞去官,作《归去来兮词》。

《禹贡》:“冀州。今山西八州皆有贡物,冀州独无。”

杨柳,一木也,或曰隋炀帝赐柳姓杨,非也,诗早咏之矣。或曰扬起者为杨柳,亦非。《续博物志》:“江东人通名杨柳。”杨叶短,柳叶长,大叶为白杨,有风声大,叶小而圆曰青杨。

梁何妥居白杨巷,萧慎居杨巷。

莫愁,宋曾三异云:“乃古男子,神仙隐逸者,非女子也。”楚石城有莫愁石像,男子衣冠,见刘向《列仙传》。

颜师古:“《急就篇》有痛无忌,本盛国之后,姬姓,姓亦奇矣。”

汉初宦官银珰左貂,明帝以后,则益重,改为金珰右貂。

明宫中养猫犬者,皆有官名食俸,有中贵称“猫老爷”。

“巴图鲁元呼拔都”,汉言勇也。武将有功,乃加此勇号。元时,汉人赐号拔都者,惟史天泽、张洪范。近年用兵,有文职加此号者,然皆加数满字,若“某勇巴图鲁”,则较次。

人字柳即三春柳,俗呼“三串柳”,即三眠柳也,一名仙人柳。《尔雅》:“天之将再柽,先知之,起气以应。”即此柳也,又名观音柳,所云以枝洒甘露也。

钱有年号,始于宋武帝,杜佑《通典》历叙古今钱币之制,载宋武帝孝建初铸四铢钱,文曰“孝建”,一边文曰“四铢”。

鸿雁传书,乃常惠教汉使者,诈言天子射上林雁,得苏武系帛书于雁足,云在大泽牧羊,匈奴因不敢匿武,非真有其事也。元时郝经使宋,久拘于真州,买一雁,题帛系足放去,汴民射雁金明池,得之以进世祖。有诗云:“霜落风高恣所如,归期回首是春初。上林天子援弓缴,穷海累臣有帛书。”后题“至元五年九月初一日放,获者勿杀,国新大使郝经书于真州忠勇营新馆。”后经得还,是雁真可传书矣。

双鲤尺素,古人托咏,仙家以鹤传书。唐长安女郭绍兰,凭梁间双燕寄书于夫任宗,见《开元遗事》。锺霖

有读太行音杭山为大行山,相争者传为戏谈。《列子》:“五行山,

一曰大形山。"即大行,则读行如字亦可。

陶元亮爱菊。《琅嬛记》:"曹昊,字太虚,武林人,慕渊明,亦字元亮。爱种菊,无色不备。一日,大黄菊心生红子,如杨桃。邻女周年十六,偕女伴来,摘食之,乘风去。"始悟盖菊实也。

《戏牡丹》剑斩黄龙,乃宋散仙、颜洞宾事。宋又有李洞宾,号李八百。韩湘能开顷刻花。马湘于刺史马植座上,以杯覆土种瓜,顷刻结实,或以为韩事。

阿耨达,山名,即昆仑也。《西北域记》:"乌斯藏西南二千里,有阿耨达山,今名冈底斯山,悬崖峭壁,积雪凝冰,山巅清泉百道,名山五千二百七十,奉此山为鼻祖。"

耆阇崛对阿耨达,见《圣教序》,本梵语,即灵鹫也。阇黎亦梵语,谓僧也,世乃戏僧为秃驴。其实阇音蛇,舍利子,即阇黎之谐声也。宋世人自称沙家,沙同佘,亦音蛇,佘转而为佘,盖人自称余也。昔时僧每自称沙家,又讹作衰家,亦有自称咱家者,亦沙家之讹也。

佘太君或云乃折太君,折扆之女,见毕秋帆尚书《关中金石记》。

世戏呼僧为秃驴,遂戏呼道士为牛,以老子曾骑青牛,过函谷关也。锺霖

书启每用"薪劳"。晋荀勖,武帝赐食,道饭曰:"此劳薪灼也。"帝询之,果用故车脚。

白莲教或云自白莲社,相沿为邪而起。元武宗禁白莲社,以其邪说惑人,毁祠宇,令其人还民籍。因白道又有红莲之称,未知所自。

虎而冠,猴而冠,又有狗而冠之称。《续汉书》:"昌邑王之左右,皆狗而冠也。"

卢杞蓝面,宋右司谏丁大全亦蓝面,与正言陈大方、侍御史胡大昌同除,人目之为"三不吠犬"。

杜荀鹤字彦之，杜牧镇秋浦，妾有孕，被逐，嫁石棣杜筠而生。五代杜四郎自比荀鹤，因名杜荀鸭，无谓甚矣！

尝思官曰“上任”，曰“任事”，固是责任之任，亦是信任之任，然必使之者视其胜任与否？且信之者，视其任性与否？方不负此任。官果各能任其任，世有不治者乎？

蚁负一粒，马负千斤，任之者，易之不必不可矣。强可扛鼎，弱只胜衣，不择而任。强者甘于弱，弱者谬为强，则信任之过也。吕新吾先生云：“官之所居曰任，不惟责任之义，听其便宜，信任而责成焉，若牵制束缚，非任矣。”与鄙意相合。

乱离之后，非有经济学问，不能胜地方官之任。唐僖宗时，东都经乱，居民不满百户。张全义为河南尹，选麾下十八人，可在任使者，人给一旗一榜，谓之屯将，使诣十八县。故墟落中，植旗张榜，招怀流散，劝之树艺，蠲其租税，惟杀人者死，馀则笞杖而已，民归如市。数年，率皆归复，桑麻蔚然，野无旷土，全义明察，人不能欺。为政宽简，出见田畴，美者下马与僚佐观之，召田主劳以酒食。有蚕麦善收者，或亲至其家，悉呼老幼，赐以茶彩衣物。田荒(汙)[芜]者，集众杖之，或诉乏牛，召其邻里责使助之，自是比户丰实，凶年不饥。自粤逆为患二十馀年，民受其害，莫安田里，瞬转上元，正须集亡复业，俾臻康乐。愿司民牧者，即以此为善政善数。

赌娼藏盗，固应严治。余谓博场藏盗且增盗，更或鬻妻孥，坏良幼，是当急治者。若盗每宿娼，正可以娼为捕盗之区，且地当冲繁，更可藉款差从，不致生事。建中靖国间，宗汝霖令文登，同年黄策因上书忤贬，道经文登，病稍稽，牙校督行甚厉，赂缓不许，宗使邑之胥魁，约饮牙校于营妓，日更主席，牙校嗜酒贪色，久不出妓户，促之乃行，此亦非法之法，第不宜明示耳。

李振之明府金声令齐河，为冲途，所治晏城驿旅店甚多，向多抱琵琶者，与茌平等暗谕乡保，弗令妓徙，云可藉以缉盗并易

伺办差使，不为无见。锺霖

用兵之道，视乎其人，蒙马虎皮，曳柴伪遁，不必有师承也。五代梁刘鄩袭晋阳，潜引兵去，城上缚刍为人乘驴执旗，往来不绝，晋主知之，已远去矣。曰："刘鄩一步千计。"宋毕再遇与金战，金以水柜取胜。出兵攻之，金大败。又战，日晚，以香料煮豆，布地佯败，金人马饥，就食香豆，鞭之不前。又因金兵日多，难与争锋，一夕拔营去，留旗帜于空营，缚羊使立前足击鼓，比金觉，已去数日。

宋任福至好水川与夏军战，道得银泥，合封甚固，发之，乃悬哨家鸽，百馀飞起，福军未成列，夏铁骑突之，且树鲍老旗，左右伏起，福大败。徙韩琦知秦州，以未能节制福也。

荒无善策，亿兆民命，嗷嗷待毙。擅赈，恐干议追赔；请赈，每延期莫救；即能办赈，而行之者不善，受之者不均，甚或假手沾润，罔顾造孽。吁！安得如富郑公之活人五十馀万，造福无穷也。宋庆历八年，河北、京东大水，流民就食青州。郑公守青，劝所部出粟，益以官廪，得公私卢舍十馀万区，散处流民，以便薪水。官吏自前资待缺寄居者，皆给其禄，使即民所聚，还老弱病瘠者廪之。书其劳约，他日奏请受赏，率五日辄遣人持酒肉饭糗慰藉，出于至诚，人人尽力。山林陂泽之利，可资以生者，听民擅取。病死者大冢葬之，曰丛冢。及麦熟，民各以远近予粮使归，凡活五十馀万人，募为兵者万计。前此救灾者，皆聚民城郭中，为粥食之，蒸为疫疾，及相蹈藉，或待哺数日，不得粥而仆者，不可胜计，名为救之，而实杀之。郑公立法简书，天下传以为式，仁宗闻知，遣使褒劳，加拜礼部侍郎，弼曰："救灾，守臣职也，固辞不受。"史书称之，后之救荒者当取法焉。

万民嗷嗷待救，如婴儿失乳，啼而将死者，此时诚不易措手，然救得一方是一方，救得一时是一时。官固当急赈，绅士尤当助官以赈。道光乙未，潍县大饥，丁杞轩先生廷模官工部正郎，时家居，集绅劝资已并鬻产以助，分敞而赈，择地以处，病者医药，死者殓埋，昼夜不懈，致染疫以卒，众哭失声，绅庶公请坊表入祀乡贤。同治壬戌，其长嗣云藻署正彝龙，亦因兵燹之后大饥，助赈而殁。平日敦宗睦族，好善乐施，邑人士为请入孝第忠义祠。仙家成道以济世活人，为第一大功德。偶得一联：“读书当百八声佛号，活人胜廿四考令公。”锺霖

末僚谒长官，久伺不得通，或屡谒不见，颇为难堪，然自古已然。晋王坦之与谢安、贺郗超迁中书侍郎，日旰未通，坦之便欲去。安曰：“不能为性命忍须臾耶？”于此见安之度量，宜至太傅也。听鼓执版，当以为训。

东坡《客位假寐诗》：“谒入不得去，兀坐如枯株，岂惟主忘客？今我亦忘吾。同僚不解事，愠色见眉须。虽无性命忧，且复忍须臾。”想见久伺欲睡情状。按，东坡擢判官谒凤翔守陈公弼，吏白东坡贤，公弼怒，因杖吏，谒不得入。后公弼属东坡，为文极为奖重。盖当时以东坡年少气盛，故抑之，后亦悔。使坡公无涵养，将拂衣成隙矣。公弼放废死，或谓东坡修怨，非也。东坡与其子季常最善，屡见于诗，并见《方山子传》。锺霖

莺粟花一名米囊花，入《本草》，《群芳谱》载之，海内到处有之。自外洋制为土，呼“鸦片烟”，流毒中国，禁之愈严，吸者愈众，海疆不靖，仍半禁半弛。窃谓禁之而居奇害深，莫如弛之而利少患消，况内地多于农隙馀地，试种获利，颇敌洋产花，不妨嫁，结子为油，老壳入药，以中土人食中土物，既鲜受病，且楚弓楚得，不致日耗中土之资于外也，利之所在，冒死以图，是宜定价收税，使利日微而物日伪，若淡巴菰之相习无事焉，不禁而化，大患永无，所望言责者采焉。

东坡《竹西寺诗》:“道人劝饮鸡苏水,童子能煎莺粟汤。”注:“秋种冬生,嫩苗作蔬甚佳。子如米,可煮粥,又名赛牡丹、锦欲花、丽春花。”《清异录》:“昭宗在藩,各赐幕属法乳汤。”即此花子所煎。苏子由《药苗诗》:“罂小如罂,粟细如粟,研作牛乳,烹为佛粥。柳槌石钵,煎以蜜水,便口利喉,调肺养胃。”是可食可药,宋时如此,唐时可知,惟皆言食。子未闻取汁作膏耳,称作牛乳,又似成膏者,然未闻害人也。

淡巴菰,烟草也。出吕宋国,即今菸叶,初贵重至一马易一斤。明末严禁私种,亦如今之鸦片而昌禁,货之者益多。虽罹重典弗顾,后则无人不吸水旱菸,亦未见其害人。或言食菸几如食盐,荒材僻地皆有之,如收专税,亦颇有裨,然近聚敛矣。

又考,淡巴近吕宋,小国也,淡巴菰一曰相思草,又曰淡肉果,曰担不归,姚旅《露书》称为金丝薰。生捣,汁可毒头虱。明初始入贡,崇祯时立禁严。厉吕宋人卷菸草如管,燃而吸之,名几世留。

今因鸦片为害多,服粤东戒烟丸,云内有紫背金牛草为药,价甚昂。后知北省到处有之,生秋田秫豆间及荒陂闲地,似藿香,乡人呼“老牛草”。每芜田荒年,煮,去汁可食,有煎汁作膏者,入鸦片烟,则烟败。盖烟积肠胃,可涤去之,尅伐物也,多服伤人。锺霖

葵有数种,惟长茎大叶黄花,结子如盘者,名向日葵,随日而转,子可食,秋仲始实,所云“更无柳絮(因风起),惟有葵花(向日倾)”者,失考。葵向日,人知之,菱向月,则多不察也。《本草》云:“菱花随月而转。”故镜式象之,或云三角为芰。

芰荷并称,多不识芰为何物。有赠芰米者,左莲须略短,烘之作胡麻香,作茶可提气,亦宜作食。蓟州玉田间水田偶种之,

茎似稻，岁穗无多，每珍焉。锺霖

芋为蹲鸱，多未知所由。《史记》："蜀卓氏云：岷山之下，野有蹲鸱，至死不饥。"注云："芋也，芋魁之状，若鸱之蹲坐也。"蓣亦类芋，亦出自蜀，故又曰薯。蓣，济南呼红薯、白薯。

合葬或言非古，皆因《檀弓》季武子云云也，然云"鲁人之祔也，合之"。孔子独善鲁，则合葬亦古矣。古之合葬一椁，后世不便，乃同穴分圹。朱子谓："古之椁大可容两倍，今不能为大椁。"司马温公作《程夫人墓志》云："蜀人之祔也，同垄而异圹。"即今合葬之式最为相宜。

今人多用碑表志铭，因考碑表立志墓上，志铭理于圹中，碑纪其人以扬之，志载其事以名之，皆为后日计，乃孝子慈孙之用心也。碑立于庙，用以丽牲，葬而用碑，乃圹前立石，以绋绕之，辘轳下棺，故古碑上首有孔。既葬，就石纪功德，书姓名爵里，刻而留于圹中。后则树碑圹外，纳志圹中。或云志即葬毕堵墓门之石，无圹外之志，有葬后之碑，如贾魏公碑立于即葬之明年。温公铭其兄周卿及昭远，皆云以"葬日近，不暇请志于他人，而自为铭"，是志不可存在圹外也。然亦有不及为志，后乃列于羡道者，如南史裴子野卒，邵陵王作墓志，列于羡道是也。近见某少府先人葬后为墓志，引昌黎为李元宾作志，不列墓。呜呼！人子无不欲志其亲者，乃往往力有未能，时有未逮，幽圹既葬，不可复开，则志而纳诸隧道，亦其宜也。

朱竹垞云："古葬，令五品以上立碑，以下立碣。"

《大清通礼》载吉凶诸礼最详，士大夫家皆当知而遵行也。古人合葬，题不书妇。唐宋书法，无"合葬"二字，但言某君墓志，其妻之祔，则于志中见之。《王弇州集》中书合葬墓志曰"某君暨配某氏合葬"云云，识者非之，不可不知。

近世私碑颂德，为例所禁，以沽名要誉者多也。然循吏耆儒，为世钦重，志其德行以垂世则，后人拨藓拭读，景仰前徽，用昭激劝，亦有不容已者，固有不能全禁者焉。

刘宋时裴松之以私碑，有乖事实。上言立碑者，宜先上言为朝议所许，然后得立，庶可防遏无徽，显彰茂实，甚为有理。请而后立，则伪行难以幸传，潜德庶可广播。

古人言非史官不为人立传。夫史官正多，广文亦外史也，若闻望素隆，手笔称大，有藉其文以传其人者，亦不必拘也。

古人碑志之文不轻作，近世则几于无人不用碑志矣。唐荆川(云)："屠沽细人，有一碗饭吃，死后便有一篇墓志，亦流俗之最可笑者。馀无片长足录，一事可称，然念幸生人世，与草木同腐，感慨系之。倘博一命之赠，用表阡间，后日尚有知为某代某人者，即至流为砧石，亦非不幸也。"

宋安定胡翼之先生云："嫁女须胜吾家者，胜吾家，则女之事人，必敬必戒；娶妇须不若吾家者，不若吾家，则妇之事亲，必执妇道。"此虽未可概论，理则诚是。余谓娶妇乃人第一要事，后嗣之绵延在妇，家道之主持在妇，得其人则一家可兴，非其人则一家可败，大有关系，所当礼以聘之，敬以迎之，亲以待之，容貌装奁末也。

近世乡俗，女家有论财者，是应戒而禁之。《文中子》有言："婚娶而论财，夷虏之道也，君子不入其乡。"

少年功在读书，老年功在记书，记且有胜于读者，学者不可忽也。元脱脱一代名臣，幼时请于其师吴直方曰："使脱脱终日读书，不若日记嘉言善行，服之终身。"

吕居仁《童蒙训》云："今日记一事，明日记一事，久则自然贯穿；今日一辨理，明日一辨理，久则自然浃洽；今日行一难事，明日行一难事，久则自然坚固，涣然冰释，怡然理顺，久自得之，非偶然也。"此实切近之学，而圣贤可几。

先严以锺霖记性不好，谕用日记之功，谓积少成多，由浅见深，久之，自能博学，视聪明自怠者远矣。因遵记之，获益实多，教人子弟每日功课完时，为讲六七典故，订本书其原委，数年之间，记本日多，居然撑肠拄腹，大略典故皆知，且时阅不忘。若子弟自能日记所学，益博，此第读书馀事而终身有用也。锺霖。

夹袋储材，古称贤相。欧阳文忠为翰林，常带一册，见士大夫必问其知交贤才，书册作见，果如所言，便为延誉。真宰相作用也，吾望今之执政者。

董仲舒坟在长安，人思其德，过者下马，谓之下马陵。羊叔子葬岘山，南州以其死罢市，百姓望碑流涕，谓之堕泪碑。或言虾蟆岭，即下马陵之讹。

士至九儒十丐，品极下矣，然未有若宋之科禁，且习诗赋者得杖刑，为新闻者。致和中，大臣有不能诗者，建言诗为元祐学术，请禁之。李彦章为中丞，望风承旨，遂上章论渊明、李杜以下皆贬之，因诋黄、张、晁、秦等，请为科禁，诸士庶习诗赋者杖一百，著为律，实千古奇谈。

名公巨卿，或不由科第出身，则嫉科第，甚且致祸，此太褊鄙，亦往往科第者有以激之，皆当切戒也。

余前言刑名钱谷亦当试而后延以入幕。按，宋时有试刑律之法，王安石变法立新科，明法试律令刑统大义断案，所以待诸科之不能业进士者。此法颇善，可以专精律学，不至滥幕害人，亦可造就吏材。又，元丰六年，国子司业朱服言在学(公)[宫]试律义断案俱优，准吏部试法授官，此固学古人入官之一法。然士子兼肄律学，或不能专攻正业，且劣生读书不成，反工刀笔，不若试幕为善。

文人才士，方未达时，每为人掌书记，今之书启故多翰苑人物。祢正平为江夏书记，轻重疏密皆得主人所欲言。陆倕掌宫书记，奏《石阙铭》，奉敕赐绢。尹师鲁西都书记，钱文僖目为台阁禁从之选。相业如魏徵，当为孝廉，特以文檄笺启驰誉军府，得入秦邸，遂大知遇。五代时，各国争延名士掌书记以光幕府。李袭吉为李克用书记，作表请入觐昭宗，大喜，朱温羡之日："李公斗绝一隅，乃有此名士。"

魏博有李山甫,华州有李巨川,荆南有郑准,凤翔有王超,钱塘有罗隐,此皆卓卓著闻者,若鹿门家信之稿,识者奉为片羽吉光,况燕许大手笔乎。

词章有不贵文而贵质者,亦当视其人以为文也。五代彭城王义康问袁淑之年,答曰:“邓仲华拜衮之岁,陆机入洛之年。”义康曰:“身不读书,勿作才语。”

尝闻有掘得银钱致富者,或非其应得,亦即变为他物,云有命定焉。李景让母郑氏,于宅后得钱盈船,封而不取,曰:“愿诸孤学问有成,不愿得此。”范文正公少贫,读书山东长山之簧山寺,俱见山后集银无数,初不言,比贵,寺僧乞修殿宇,乃告其银处,用以成工,此皆何等识力。

萧山汪焕曾先生刻有《双节堂庸训》六卷,更有益世道之作。有云“佳子弟多由母贤”,实为名言。古今人受母教成就者多矣,如苏氏兄弟幼时,父洵宦学四方,太夫人程亲授读书,读《范滂传》,慨然太息。轼十岁,侍侧曰:“若为滂,母许之乎?”太夫人曰:“汝能为滂,吾不能为滂母耶?”轼遂奋厉,兄弟得大成,此见轼本传。闻老苏每责轼文,母教读《孟子》,而文日进,故有《苏批孟子》,诚可作古文读也。

二程夫子父珦教子,母更训子有方,尝曰:“子之不肖,皆母蔽其过,使父不知耳。劝多买书,择名师,严教训,不使优游度日。”二程父子皆大成。“母蔽子过”二语,千古快论。余少失怙,又重违母教,每念此二事,而刺心顿足,特志之,以切示后人。父称曰严,严非朝夕挞骂也,要使子辈受绳尺不放肆耳。母称曰慈,慈非衣食从容也,要使子辈得成就不废弃耳。

吕新吾先生云:“继母之虐,嫡妻之妒,古今以为恨者也。”而前子不孝,丈夫不端,则舍而不问焉?世情之偏也久矣。惟子孝夫端,然后继母嫡妻无辞于姻族矣。此持平之论。

年三十乏嗣而妻妒,此妻之大罪。若偕好无他,而贪色置妾则妒,乃妻之当然。试思妻若置男妾,夫恐不止于妒矣,夫多宠无重罪,妻私人则不齿，此则非偏。盖多宠无害妻意，一私则有害夫心矣。

律言为人后即承继也，应称嗣父母，不可称继父。继父者，从母改嫁之夫之称也。

承继之母即母，不能别之曰继母。或有称生母以别嫡母者，亦不可。生母者，庶母之称也。

间绎律例，窃欲有言，而未能上达者，如再醮不受封，重名节也。若妾因子封，以子贵也，如孀而贫苦，不得已而为妾，生子贵矣。为妾则封，为再醮则不封矣。如买妓为妾，较再醮者甚矣，子贵亦封。初未闻议其妓也，或婚而为妓，妓而为妾，其子贵当何以处？

宛平王崇简《冬夜笺记》："封典有在醮不受封之制，为妻非为妾也。"《明会典》"洪武二十六年定，凡曾祖父母、父母曾犯奸盗除名等罪，及例所封妻，非以礼娶，或正室系再醮优婢妾，并不许申请，乃有以母系再醮不请封者，殊失考"等语，夫再醮或非得已，而子贵不能请封，情可以堪，案牍中曾见及，似可以请广例焉。

程子云："再醮终是忍饥寒不起，亦责备贤者之意，然有当原者，不可与无羞恶心者比。"

古有出母已嫁而受封者。宋郎中朱寿昌，字康叔，天长人。父巽，真宗朝为工部侍郎。生数岁，父守长安，生母刘见忌于嫡，被出，嫁民党氏。比长，以荫官郡守。嫡母丧始知，乃弃官寻母，刺血写经，散于所经由道上，冀达母知，求之五十年。至同州，避雨逆旅，见老妪抱薪自悲，呼"寿昌"，不置，惊问，果母也，年七十馀矣，生有子女，悉迎归。雍州守钱明逸闻于朝，破例复其职，乃辞就通判河中，以便养母。母殁，痛几丧明，及葬，白乌巢墓上。初奉母入都，上极嘉奖，封其母长安太君，东坡赠以诗。时李定不持庶母丧，深忌东坡之诗。

《大清会典》载：命妇因子孙封者，并加"太"字，若曾祖、祖父在者不加。

父在，其子为母请封，不加"太"字。偶见晋天福八年，尚书司门郎中伊偘父在，母封县君，不加“太”字。

明嫁母归受封者有二：泰和杨文贞公，父早逝，母陈改适德安同知罗子理，生大司成璟之祖京，子理谪，死辽东，文贞年十二，即养母及京。永乐初，文贞官内阁，陈氏累赠一品夫人，复乞恩，除京戍籍。

赠礼部尚书张公鉴卒，妻杨氏遗腹子文质，字允中，随改嫁。正统壬戌，文质成进士，其继父卒，乃迎母归，并养其异父之弟妹。成化间，杨氏封太夫人。

有出妇还葬者。《晋(书)·卞壶传》：“王式继母前夫终，更适式父，父将死，母言去，父许之，遂终丧，仍还前夫家。前夫子奉养至终，合葬于前夫。”

范文正公随母适长山朱氏，后请归宗，封母谢氏吴国太夫人。文正登第时，名朱悦，节度集庆军，始请更名归本宗，传其复姓，《表》云：“志在投秦，入境遂称张禄；名非霸越，乘舟偶效陶朱。”

前寓临清时，闻邻妇逆其姑，乃呼“戒其夫”，内室梁唤论其妇，数年不闻忤声，其姑感谢焉。仆从有孝行或亲老，遇之加厚。郭升，山西长治人，数岁孤，随叔负贩于河南郏县，忽相失，乞食归德道上，遇文怡园参军，从后至王临清，诚实自立，有妻子，后随余京寓。甘清苦事，可重托。余判蓟永令，司阍时，痛母及叔，不知耗。同治八年春，给资赴郏，寻叔不得，冒暑涉水，越太行，步行数千里，至长治。忆家所在，询无知者，遇八十岁妪，引至今乡，认其母，悲喜甚，盖访卜三十馀年矣。叔早故，同族知有后，举相庆，为其母制衣衾，留资，冬间回署。锺霖

明革除间，窃有不能已于言者，遗牒从亡，虽云定数，亦处之有未善乎。当诸王不服，弗早善图，乃兴削平之议，徙囚自焚，骨肉心寒，勿留杀叔父名，矫言耳。方正学卓哉！伟人！知遇独隆，乃不闻吁咈

相答诗词，以顾命重寄，不知行在，激烈创十族之惨，何哉？论者谓其误国，有以也。

缁衣黄冠，间关万里，险阻有年，后人或言其事多虚。夫惟老佛有难信耳，致身禄，未可谓虚构也。锺霖

古今书籍，无不可看，余最不忍看不欲看者，明之《碧血录》《蜀碧录》。

殿廷乃出治对飏之地，乃令腐寺杖杀忠良，惨号血污；午门朝天下衣冠出入之处，乃令众臣罚跪喊冤，此千古未有之奇。君臣可以十年十数年不相见，乃令腐寺传旨，且数世如此，亦千古未有之奇。

南北朝魏节闵皇帝闭口八年乃言，皆欣然以为明主，亦未有之奇。锺霖

世称刺虎者为宫人费氏。考明崇祯间，费氏为昭仁宫宫婢，为贼得，自称昭仁主。崇祯生长平、昭仁二公主。贼献自成，验之非是，以赐贼帅罗让，张宴欲成婚，费氏刃刺罗，毙，遂自刎。时诸宫人多死者，姓氏不传。《明史》谓宫人魏氏投河死，殉者二百馀，而不及费氏。《绥寇略》谓宫人费氏刺杀贼将，亦不及魏氏。《通鉴集览》则俱载之，所刺非"一枝虎"也。

"一枝虎"乃李自成兄子，名过，骁勇善斗。自成妻韩氏，故娼女，与县皂淫。自成为银州驿夫，被裁，无赖为小偷，又为县官笞枷于市，乃愤杀淫者，与过亡命，投贼闯王高迎祥。自成母吕氏，梦破军星入怀，生自成，及僭位，封过为亳侯。后自成焚宫殿，奔至定州，被射中左目。往辰州，将与张献忠合，不得，令过守营，自骑掠食，民争击之，陷泥淖中，村民挥锄碎其脑而毙，剥甲裳，见龙衣金印，始知为闯贼，截其首，献总帅何腾蛟，俎祭烈帝。过逃至黄州，知州许文岐射杀之。

文岐字我西，仁和人，崇祯甲戌进士。

高迎祥闯将八队，六为老张飞，自成居末，后有张献忠、曹操等十三家。陕抚孙传庭擒闯王高迎祥，献俘，贼众推自成为闯王。曹操与献忠等合，自成跣足，败走商洛，至谷城依献忠，欲杀自成，为曹操解释。自成奔，欲自裁，其子李双喜止之。后献忠为左良玉大败，投自成，亦欲杀之，修前怨，曹操在坐，力止之，以良马五百匹资献忠，遂日猖炽。使二贼早灭，何致烈帝殉国，噫！天也。曹操后为自成杀之。

孙传庭，人多谓“傅庭”，非也。闯贼中又有曹贼，即罗汝才。

崇祯十四年，贼陷河南，脔割福王，杂鹿脯犒师，名福禄酒。世子裸而逃，即弘光帝，称号南京者也。

河南举人李严，故尚书李精白子，原名信。尝出粟千石活饥民，德之，称“李公子”。绳技红娘子贼重信，强虏去，委身事之。信归，诣官自囚，饥民杀官劫信，乃投自成，改名严。牛金星，卢氏举人，以磨勘被斥，介医生尚炯，为自成军师。

张三丰，辽东人，名君宝，字全一，又字元元，别号保和容忍、三丰子，不饰边幅，号“张儠㒜”，日行千里，能辟谷，往来无定。成祖遣胡濙求三丰，实访建文，或云其仙去。

周有八士，四胎所生，千古所无。明嘉靖戊午科举人顾合璧、联璧兄弟八人，其父四胎所生，与周同，见《弇山堂别集》。周文王百子，因则“百斯男盛”称之也，见诸经传者，殊不能悉征实之。汉张仓子百人，明庆成王亦子百人。他如赵王彭祖子七十二人，唐棣王琰子五十五人，荣王琬子五十八人，延王宾三十六人，皆玄宗孙。玄宗亦子三十人，宋徽宗子三十八人，皆罕有者。杜子征子百四十人，更罕闻矣。

《朱子治家格言》五百一十字，近时昆山朱柏庐先生用纯撰，世误为紫阳朱子。《四时读书乐》，南宋翁森号一瓢者所作，亦多误为紫阳朱子。

《三字经》，宋区适子著。

《千字文》，梁员外散骑常侍周兴嗣编次，而有王右军书者。盖梁武帝而教诸王书,令殷铁石于右军书中,拓千字不重者,召兴嗣叶韵四字为句,一夜编进,须发皆白,赏赐甚厚。右军孙智永禅师,临八百本,散在人间,笔秃十瓮,瘗之,号退笔冢。求书者众,户限穿,里以铁,号“铁门限”。

《淳化帖》有汉章帝书,“辰宿列张”至“既集坟典”,与兴嗣文颇相同。梁武帝自制《千字文》,南史萧子范亦有《千字文》,《唐书》有《演千字文》五卷。周逖改《千字文》,首句“天宝应道”云云,惟“枇杷”字依旧。明崇祯时,卓珂作《千字颂》,拆“枇杷”字,作“膳枇素木,夫君秉杷”。《隋书》潘徽为《千字文》。锺霖

《百家姓》不知何人作,以赵为首,或谓宋时钱塘人作,孙李诸姓,皆当时大姓,殊无文理,亦多遗漏。明洪武初,命编修吴沈撰《千家姓》,得一千九百六十八姓,而术姓仢姓,尚未录。山东章丘多术姓,他县亦有仢姓。仢,齐大夫,见《广韵》,殆以字为氏也。明时周九烟有《姓氏编》,“朱王万寿”云云。

国朝有《孔师阙党》之编。雍正初年,江西新建熊之才峻运著《增补姓氏族谱》八卷,附散姓、复姓,联缀成文,搜括赡备,各加笺释,引据典华。首句“雍王家国,万古隆昌,尊扬得体,松柏冷盛,蒲柳秋焦”,人谓可媲“枇杷晚翠,梧桐早凋”。

古万八千岁,荒渺难稽,是以孔子断自唐虞,司马迁不作三皇纪也。大挠作甲子,然上元肇自黄帝,考三代合一千九百六十九年,自帝舜三十九载中元甲子至国朝康熙二十三年上元甲子,凡三千九百一年,共五千八百七十年,或云夏禹八年中原甲子来的。

家严看书随记,间附己意,时以为训,并令考证,久之成卷。因敬录付梓,弗敢忘焉,有名言摘录,散书各纸,容综而录之。锺霖谨志。

卷 三

济南王贤仪麓樵氏书　男锺霖、宝霖敬录　孙寿恩校刊

辙环杂录

《颜氏家训》云:"北方风俗,率能躬俭节用,以赡衣食,江南奢侈,多不逮焉。"余所历之不多,风土人情当以济南为美。土沃泉甘,五谷皆宜,俗朴而文士务功名,以入官府为非。民畏法,不好讼,赋惧催呼,无抗挠者。无甚富贫,婚丧称家有无,不虚以相耀。祭神祀先惟谨,四时寒暖适中。湖山明秀,饶莲芡、鱼蟹,腊韭、霜菘、茭白、蒲笋尤美,市不虚价欺人,食物数十钱得饫饱。虽五方杂处,而家各守规,不相染习,遇事必相助,好义举,事不平,路人皆可评折之。宦幕多占籍,无倾轧之者。

贡院至公堂联:"场列东西两道文光直射斗,帘分内外一毫关节不通风。"乃明杨士奇撰。

山东"至公堂"(扁)[匾]三大字,相传严嵩书。道光戊申秋,耆介春中堂英查办东省事,馆于贡院,恶严嵩为人,乃亲易书,比悬,则逊原书。京都前门外粮市店"六必居"乃嵩书,居屡更主,三字若宝。

贡院聚奎堂联:"自生民以来,车同轨,书同文,行同伦,及是时,举尔所知,公则说;近圣人之居,兴于诗,立于礼,成于乐,斯为美,取士必得,视思明。"未知何人所集。

济南读书少年,多斐然英俊,有以造就之,成名至易,故科第最盛。固湖山之钟毓,亦泺源、景贤、济南三书院之足资观摩也。丁中

丞宝桢于郡城外金线泉上立尚志书院，厚其膏火，令州县举绩学之士送院肄业。

泺源书院为海岱文士蔚萃之地，肄业者多成学，故科第得人极盛，海内论者亦称“山左文章，真实名贵”。乡试恒至入九千人，而限于中额，计百中取一。额满见遗，试官太息，近增号舍数千，又增两同考试官为十四房。然中额未加多，士切望于执政者。锺霖

陆桴亭云：“师道坏，则无贤子弟。无贤子弟，则后来师道愈坏。敝敝相承，吾不知其何所流极。”今之试途亦然，天下之大，到处有实学高文，视乎主司之去取，而风气随之转移，亦慎勿敝敝相承也。吕祖殿在趵突泉上，久著灵迹。殿联：“胜地自从开府辟，仙人原为对泉来。”考前李中丞戴廪延，人号“对泉”，曾遇道者，约异日见于济南。及抚东，忆而寻至泉上，瞻像始悟，遂乞乩书。此联或以为明毛直指撰书。

旧《志》历城八景：曰趵突腾空，曰锦屏春晓，曰鹊华烟雨，曰明湖泛舟，曰佛山赏菊，曰白云雪霁，曰汇波晚照，曰历下秋风，一云南山倒影。冬际，南山倒影于北极台前湖中。

济南郡城内外随地出泉，古称七十二泉。今可数者五十馀泉，其实不止七十二也，而趵突三泉为最奇，前人记之详矣。锺霖有《历下七十二泉考》，另刻。

同治八年春，立碑趵突泉上，名“第一泉”，并泐石以记。

第一泉记

济水源自王屋，伏流至济南，随地涌泉，不止七十二也，而趵突为最。天下名泉，扬子第一，惠山第二。长白麟见亭先生谓趵突可与二泉伯仲，吾郡唐际武先生云：“行几遍天下，所谓第一、第二泉者皆不及吾济诸泉，惜陆羽未品之耳。”夫泉之著名，在甘

与清,趵突甘而醇,清而洌,且重而有力,故潜行远而矗腾高,若水晶三峰欲冲霄汉,而四时若雷吼也。噫,异矣。毛海客云:“济南名泉七十二,趵突称神功。”又云:“呜呼!此泉洵第一。碑记尝读曾(而)[南]丰,则趵突实为第一。”因名为“第一泉”。锺霖

旧《志》:“万历戊午岁大旱,李中丞长庚招郭羽士筑坛祷雨,三应。时趵突泉涸,羽士为铁牌镇之,已复如初。”

直隶邯郸县二十里间龙神庙前,井内多铁牌,取以祈雨,立应,则增一铁牌并原牌还井,有年矣。同治六年丁卯,直东大旱,遣顺天府尹请铁牌至京祷雨,普沾,奉牌还井,封神增号,封井为“圣井”。锺霖

李沧溟先生白雪楼在城东鲍山西王舍人庄者,仅馀瓦碟,在城中碧霞宫西百花洲上者,亦颓废已久,惟邻趵突泉东者,邑人士屡相助修,岁每觞集,以祀先生。楼下设义学,藉为守望,并令先生后人岁时致祭。先生文集板昔存藩库,明末毁于兵火。施愚山先生寻其后人,为之修楼复业,祀位于楼。

明边华泉尚书藏书最富,建万卷书楼,一夕尽火,公泣曰:“甚于丧我。”今楼址无存矣。

尚书墓在东门外,松楸凋零,有诗吊之。锺霖

吾宗秋史先生苹筑草堂二十四泉,上盖金源人《七十二泉碑》,所列次第之。望水泉在趵突泉西,初为明殷文庄公士儋通乐园,即元于钦《齐乘》所载之万竹园也,自作《二十四泉草堂图记》,一时渔洋山人诸公皆有题咏,装成巨轴。今草堂地属他人后嗣,今雨上舍尚宝藏此轴。

济南随地皆泉，南关黑虎泉旁数泉喷涌，西关五龙潭之潭西精舍泉喷尤高，虽皆不及趵突之溯湃矗激，然砌而治之，皆可作趵突观也。李格非，易安之父，尝著《济南水记》，今不传。别有《名泉碑》，不知何人作，总记七十二泉，远叙中宫、灵严诸泉，而华不注之华泉见《左氏传》者竟遗之，又名多不雅，后人因七十二泉之名难以悉考其数，第诿之于日久湮塞，殆为碑所误耳。李易安故居在柳絮泉上。历城古称历下，以在历山下也，春秋为谭子国，《诗》所云"谭公维私"也，亦称稷下。初治为平陵，今尚存平陵城址，在省东八十里，后移治，附济南为历城，详《志》末卷。

战国谈天炙毂聚于稷下，即济南也。稷门，鲁南城门也。"荦接屋桷，反覆门上"，即此门。锺霖

历山在济南城内东南隅，山在地下，仅露石骨，街名历山顶。南接城墙，外露石根，细泉出焉。城外以石敲地作小鸡鸣，俗传有金鸡贯山根，中空耳。

古言"舜耕历山"，因《孟子》言，舜陶渔之地皆东境，则耕于此处，亦可信也。南门内有舜井，水极清甘，日资万汲。井西邻舜皇庙，庙内一池深不知底，相传与井通。舜浚井得出，即从此池出也。池砌为方，覆以亭，旁一碣，刻似"佛"字。人言乾隆初年省城水满街巷，官使寻源，自舜皇庙内溢出，官遂涉至池间，见道者仗剑立，握诀作咒，水中有物似龟，已露首，忽惊潜。道者曰："是不当死，然不可令为患。"因书符镌石镇之。今石断，以砖石镶固焉。

《香祖笔记》亦载此事，云："康熙癸未，舜井忽溢数尺，咸言井中有天书。明探花王云芝先生入祠诵咒，石龟露顶，水随之出，县令排门入，龟复没，盖天书藏龟腹。先生仅得上部，因下部在此，作法取之为人所冲。先生临终并上部焚之矣。"语无征，观

石碣符字,则池中有怪可信。

雷泽在濮州东南七十里,亦有历山,又蒲坂县西有历观,舜所耕处,山有舜井,沩、汭二水上有舜庙。周处《风土记》:"舜葬上虞,耕处即始宁、剡二县,山下多花木。吴越间名柞曰枥,故曰历山。"淄川王雪峤先生云:"事隔三千馀年,究难臆断。"锺霖

相传省城内多海眼,王府池、铁牛山、历下亭后皆是。王府池深莫测,草若芹藻铺水中,甚厚。明湖汇半城之水,每大雨全注于湖,仅北门可泄。历下亭后水若旋涡者,人云乃地漏,故湖不溢。

海眼之说各处有之,《息壤》记禹堙洪水至荆州,见有海眼泛溢无垠,乃镌石造龙之宫室,置于穴中,以塞其水脉。锺霖

陆梁庙在济南北门内,俗称藕神庙,甚隘,匾曰"陆梁",郡志未详,土人亦鲜能道其称名之实。阅《盐铁论》注:"秦始皇三十三年发诸亡人、赘婿、贾人略取陆梁地,为桂林。"司马贞曰:"南方之人,其性陆梁,故曰陆梁。"晋灼曰:"走者陆梁而跳也。"杨雄《甘泉赋》:"飞蒙茸而走陆梁。"注:"陆梁,乱走貌。"

华不注、大明湖、趵突泉,济南之三誉也。见王思任《游历下诸胜记》。"三誉"二字颇新。

驴山在济南城东十五里,山不甚高,齐烟九点之一,上有大石画驴,故名。相传为纯阳仙笔,奇妙若生,淡白色似石灰画之者,而年久风雨不损,亦无刻痕。山顶有纯阳祠,华不注山中间亦有纯阳祠,相传仙迹所历也。

卧牛山与驴山相接,一名金舆山,以"三周华不注,齐顷公驻金舆于此"也。俗言山有金牛,为南人买山,所种之瓜,仅折牛角去,无考。

形家言济南城内三山不显,多出贵官。三山者,历山在地中,铁牛山在水内,惟灰山无考,或言济东道署内七山也。

李沧溟先生白雪楼今在趵突泉旁，又有白云楼，为平安故宅。考平安以二十万众数困燕王，后乃降，徙北平，其宅久墟，基入抚院署。

元历城张文忠公亦号白云先生。济南抚院署规模宏深，林泉擅胜，为天下院署第一，盖明之德王府。康熙、乾隆间为巡幸行宫，前列朝房，后有宫门后宰门，署内正门常闭，东有阅武厅，可操三营，武乡试于此较射技。西为珍珠泉，万珠累涌，后有海子，云海眼也，有巨龟入，盖称龟将军，朔望拜之，时闻压蒲荷有声。人言前中丞国泰被劾，诸城刘文清公按治之，国悉倾金宝于海子，皆畏龟不敢取。红黑大鱼七八尺，丈馀者数十尾，泳游岁久，投以饼饵，争吞可观，金红色者耀采若龙。水从后墙穿插，入明湖，出北门，绕北园，归小清河，过华不注山阳，汇大清河，由利津入海。昔年，龙舟巡游，称胜境。今北园尽菜圃稻田，为沃壤。

北园田园饶利，村落如画，春日菜花满地，可观。昔人有句“黄菜花中见鹊山”，为人所诵。锺霖

历下明湖诸胜地，皆后世踵修。谓之明湖者，取水木明瑟之意，湖侧初有大明寺，故谓之大明湖。运使阿雨窗先生于湖之北修亭榭，谓之小沧浪，湖南岸有鹊华桥，旁有石碣，刻“大明湖”三字，登州孝廉于书佃书。

历下亭在湖心，相传以木炭填筑其基。杜少陵、李北海觞咏于此，杜诗“海右此亭古”，则亭建已久。李沧溟先生曾修葺之，或言为艾氏故产，无考。一名古历亭。西为蔚蓝轩。

曾南丰先生熙宁间守齐州，作北渚亭，取杜少陵《陪李北海宴历下亭诗》“东藩驻皂盖，北渚临清河”句意。元祐间，巨野晁补之继守此州，亭久圮，重修，为之记，作成疑类子固《岘台记》，乃易为赋，叙三周华不注事，人谓仍未脱东坡《赤壁赋》孟德周郎故套，可见作文之难。

济南城北有鹊山。按,招摇山一名鹊山,产迷谷,其树如谷,又如楮,其花四照,佩之令人不迷。

历城以历山名,古称历下。《列女传》:“姜叙,字伯奕……为抚夷将军……屯历城。”建安中,马超攻冀,害凉州刺史韦康,叙姑子杨阜为凉州从事,诣叙,请为康报仇。此历城当在西夏。

龙山在历城东七十里,东坡《阳关三绝》其二云:“济南春好雪初晴,行到龙山马足轻。修君莫忘雪溪女,时作阳关肠断声。”即指此地。桓温九日所登之龙山,在今江南太平府平陵,唐之全节县自移治历城平陵,废遗城址。

后赵石虎时,平陵城北石(成)[虎]一夕移于城东南,有狼狐千馀随之,迹城蹊,赵王喜曰:“石(成)[虎],考朕也。今自西北徙东南,天欲朕平江南也。”见《通志》。

铁公祠,祀明中丞铁公铉,河南人。乾隆间又建中丞佛公祠相邻,为明湖胜境。嘉庆间,中丞冶亭先生铁保撰联云:“四面荷花三面柳,一城山色半城湖。”脍炙人口。

北极庙在北门迤西,亦称北极台,高三十馀级,祀真武,后为梵王宫,前对南山,似不隔城市,下临明湖,《志》所云“北渚”也。庙门悬联:“宫中下见南山尽,城上平临北斗悬。”不著姓名,咸称切合。

拟用“树接南山近,烟含北渚遥”句为联,悬之似更切。道士号“醉琴”,江南人,能诗,住北极庙时与明公词客唱酬,以琴棋为乐,麟见亭先生称赏之。周二南先生赠诗云:“一琴对山水,终日在楼台。”锺霖

济南西门外五龙潭庙为唐翼国公秦叔宝故宅,昔年一夕化为涧,即此潭,《齐乘》载之。庙内塑五龙如活,潭深黑,或云“五龙潜处”。潭西精舍极幽雅。曲阜桂未谷与历下诗人盘桓于此,作记,泐石,舍前泉涌,若趵突之一。

翼国公后人尚多。西门外三旅店每腊八日，京都售绒草花者于三店列肆，曲折为幄，五色鳞丽，倾城游女市花三日，如穿百花洞，几迷路焉。三店皆名花店，秦氏收其花税已久。锺霖

西门外杜康泉水造酒，味冠济南，泉旁酒肆因此致富。南门外珍珠、玛瑙两泉相近，皆砌方池，水深八九尺，争喷珠玑，至水面作脆玉声，翠芹碧藻生水底，色鲜可爱。游童濯水作筋斗为嬉，观者抛池一二钱，旋摇若舞蝶，童随之，倒捉口衔以上。夏日来观，极快心目。泉东为冯氏小园，初为郭氏读书处，竹木泉石，四时可玩，墙外即城河，线柳垂荫，钓者每来其下，启窗下纶，取鱼即烹之，为课馀乐趣。冯氏，番禺人，宦山左，购此地为别业，子良司马其后人也，近转售于人，值颇廉。余欲买之而无力，然未尝一日忘也。

小园之东为黑虎泉，水自石根出，云与南山渴马崖通，有撒糠崖水自此泉流出者。面三角楼，隔城河，人以石敲城址，作小鸡鸣。泉侧黑石若卧犊，相传为落星。迤东为白石泉，石庙短桥可坐四五人，汲泉煮茗月上，每留人不能即去。

藩署头门内东西壁嵌石刻龙凤龟麟，字劲伟，相传邑人元张文忠公书，皆文忠云庄十友石名，第不知如何分置耳。《志》言："济城有四灵石，在频池上者曰蛟龙，在藩署大堂前者曰凤翥，在抚院署者曰龟石，在通乐园者曰麟石。"今三石岿然故处，独麟石仆于菜畦。旧《志》称殷相国以千金购之，云趵突泉前墀有大石，未知何名。

张文忠公养浩，号白云先生，所居云庄在郡城西，园林称胜，大石若树屏，称十友，试官以《十友》命题。今石散置各处，凤翥在紫薇堂前，高与檐齐，若照壁，学使署四照楼前一石相等。后宰门凤石店后院大石，与四石可伍，殆亦十友中品也，石皆玲珑雄峻，具见造物之奇。尝游南山，过两涧沟，见玲珑大石露坡间，似藏土中，尚大，无干牛出之，不显于世耳。南山坡一平石，亩

许,纵横若圻,界方似锥画者,山人呼"基盘",石缝生细草,望去毕真,亦巧甚矣。

大涧沟在玉函山南,产花石,猪肝色,似石子凑合而成者,制为石床、石栏、石鼓、几础,紫青杂错,坚润可鉴,山居砌墙,著雨尤可观,有大石桥全用此石,山人视之弗贵也。

玉函山俗称兴隆山,南山之最高者,山阳若长城,中横若带,而色白似玉瑕。相传秦得玉函于此,顾亭林先生《山东考古录》言:"昔之守济南者以涧为固。"元董搏霄与李坛战,夹涧而阵,伏兵涧中,大破之,即此。今尚有遗垒迹。

自大涧沟南行越数岭,约二十馀里,过中宫镇,逾沙河而东,为锦绣川,层岚对峙,流水绕村,似武陵源,花木成行,鸣禽颇罕见。枫、槲、楂、梨、银杏、胡桃,山之高下皆是,入涧以至此川,柿为最多。九秋树艳,春花满枝若橘柚,盖碗大者曰盒柿,青摘而火炕之者口脆,柿烘熟皮薄作蜜吸者曰烘柿,或曰鸡心,曰牛乳。山人足柿,富敌多田,翁凡山树岁产利厚,呼为上苗,十月酬神演剧,树多一柿之资,一村可演三日。

柿八分熟,削皮累压之为柿饼,出白霜曰柿霜。柿性温而清肺,霜尤利喉舌,山人以柿皮及不堪售者,合谷屑碾作糇曰柿脯,甘美饱人。若加裹栗食,可三日不饥,亦救荒佳品也。柿饼出曹州者更佳,一曰耿饼。南山三川锦阳、锦云,而锦绣为胜,由锦绣川东行数十里曰王家场,稻粮蚕桑果木,有南方风景,再东则章丘之南山界矣。川中人有老未入城市者,止小车可通,仙境也。川之西南接泰山之北。

王雪峤先生《郡园忆旧录》云:"张文忠云庄有奇石十,名为十友。"殷棠川相国筑通乐园,移石园中,又为王秋史先生所居,名二十四泉草堂,秋史有句:"百年竟落书生手,满郡犹呼阁老亭。"淄川唐际武先生题其草堂云:"园内麟石无恙否?"则云庄之石犹在也,后不知如何散落矣。锺霖济南南门外六里为千佛山，一名佛慧山，又名靡笄山。松柏层翠，殿宇参差，对城若屏。登山北望，云树万家，湖山一览，秋日赏菊尤佳。山壁及洞就石镌大小佛无数，唐开元时作也。有黔娄洞，道光末年山间再冲，露一冢，若覆瓮，无志可考，刻“古圹”二字记之。

叶芸士邑侯于山半立坊，刻“齐烟九点”四字。

或言乡场东西号口皆挂红灯笼，龙门挂大灯笼，自千佛山望之，如两龙擎珠，有宿山特观者，第见烟树迷朦，火光一道耳。锺霖

千佛山东一山最高，建塔为文笔锋，一云大佛峰。就山间刻石作佛头，耳容牧童，又称大佛头。下为开元寺，有泉极甘，交夏始出，喷若趵突，冬每竭。《志》言寺石龛旁刻宋大观、政和间守令僚佐“春日勤耕”，至此，以甘露泉试北苑茶，题咏极多，今字尚可译。

同治八年己巳秋日，于开元寺旁石上刻“逍遥游”三大字，与泰山对松山间所刻者同。

千佛山南峭壁间有六朝石刻，历城杨征甫广文书法入神，晚近鲜匹，曾驾木拓数纸藏之。锺霖

《新城志》：王大司马东园大石，为张文忠公云庄故物，有文忠元泰定元年暮春七日题诗。

千佛山下有王秋娘墓，邑人王大儒有诗咏之。

一览亭，旧《志》云在千佛山石岩下，额曰“飞尘不到”，有石刻《李戴记》：“一览亭初建佛寺前，为积雨倾坏，因山腰隙地，移旧亭而新之。公馀登此，坐翠微中可以涤洗尘襟，而凭槛一览，则民瘼更历历目前也。己丑仲春对泉子书。”

按此记即仙人，原为“对泉来之”，中丞李对泉也。锺霖

德藩故宫，明成化三年，德王开府于济南会城中前坊，曰：“钦承上帝，世受齐邦。”宫殿楼阁，环水面山，有偃盖松，数百年物也，胜青州衡藩。周中丞有德，建为抚署，并移衡藩木石，极壮丽，城内有泰安王府在西门内，临朐王府亦在西门内，宁海王府在南门内，舜庙东邻宁阳王府，即旧安陵府。临清王府在尹家巷，纪城王府在县庠西，嘉祥王府在府馆，街西为清平王府，《通志》所载，今皆不可考矣。

通乐园在趵突泉西，明殷文庄公别业，又名川上精舍，后归王氏，又归邢上舍。王秋史先生有记。《志》言：“园内大石移置趵突泉，即张文忠十友之一。”

《房家园池志》云：“在府城东北隅，当即渔洋山人秋柳园地。”《酉阳杂俎》：“历城房家园，北齐博陵君豹之山池，泉石为祓禊之胜，人折一枝，公曰：‘何伤吾风条？’”语参军尹孝逸曰：“金谷山泉，何必逾此？”孝逸有句曰：“风沦历城水，月倚华山树。”时人以比灵运池塘十字焉。豹为玄龄叔祖。

明燕王攻济南，巡抚铁公诱王入西门瓮城，以铁板压之略急，仅截王马首，遂攻之益力，西城墙陷，公悬太祖像于陷处，王始退。当时有韦僧助战，甚勇，王使人迹之，皆入佛山，见石刻诸佛汗被体。后魏京城平等寺金佛屡汗湿身，唐汴州相国寺佛汗，刘元佐神之，争纳金帛。

咸丰乙卯四月初，济南演武厅东北小石庙塑，关帝忽与两立像皆如汗湿者，两日观者不绝。锺霖

《志》言淄川开元寺有晋人小楷《乐毅论》石刻，今失去。乐毅有庙，在淄川东。

王阮亭先生秋柳园在学院东，顺治丁酉秋日，先生偶见明吴王宫

人流落济南，因赋《秋柳》四首，一时和者遍大江南北，几为文字之祸。

铁牛山在济南府学池中，水浅露脊，或云铸器弃汁。顾亭林先生云："济南产铁，此与灵岩寺铁袈沙，皆铁之精英。"发见者明长山徐远公之邈，诗云："一瓢一衲野云间，绕屋流泉睡正鼾。欲向此中寻意趣，梦魂不到铁牛山。"

(乐)[泺]源书院，明都司署也，大门内西墙下堆铁若狮，碣刻"铁狮峰"，亦铸炮所弃者。省城东乡山间铁弹大小甚多，皆生绣，殆产铁也。锺霖

闵子墓在历城东乡五里，前有祠，宋熙宁七年济南守李肃中建。相传昔黄太守治小清河，于华不注山下得石棺，棺上有题，因葬于此，颍滨苏子有记，道光壬辰太守王霞九赠芳复置地修祠，书碑志之。闵子，大贤，尚未请置博士，阙典也。

闵子二弟：曰蒙，曰革，所云"母去二子寒"也。徐州有闵子乡。锺霖

华不注山下有华阳宫，内有忠孝祠，祀闵子、逄丑父。山上锐而下大，与鹊山东西列，合卧牛、金舆、标山、药山等为九山。石黑色而坚，若浮置者，皆生石花，与泰山同。所谓"齐烟九点"也。

周密字公谨，本齐人，著《齐东野语》，故宅在华不注之阳，随祖南迁居吴，与之弁山，所谓弁阳老人也。赵松雪作《鹊华秋色图》相寄，慰其乡思，张雨诗云："吴侬头白不归去，不如掩卷听春(西)[雨]。"图归商丘宋中丞牧仲，高江村云："真本在真定梁相国清标家，后入内府。"

鹊山似列屏，以扁鹊于此炼丹得名。下有鹊山湖，今废。华不注山间近有取石制为器者，似绿玉，或言山上有穴，下石若坠井，久之微

有声,似中空者。

《语》云:“兄弟世疏,朋友世亲。”亦有激(西)言。然手足为仇,同族若路人,乃攀附富邻者,比比也。鹊、华二山,东昂西俯,咸言若兄弟,大清河从中间之,犹兄弟而人离之,故济南兄弟每不和,然诗礼之家究少此坏俗。

标山产阳起石,似明矾,性燥纯火,多服伤人。

药山以扁鹊制药得名,每年三月三日,倾城士女游者如市,恒有狂风阻兴。扁鹊墓在任丘鄚州。

标山下旧有田文庙,以五日生,欲弃之,后贵显。齐俗初以五日生子为庆,妇女至庙祈嗣者众,今此风息矣。

济南城西匡山不甚高大,元遗山云为李太白读书处。五代刘昫修《唐书》,以太白为山东人。考《年谱》,太白生蜀绵州彰明青莲乡,读书大匡山,在江油县西三十里南,有小匡山。尝游匡庐山,杜少陵“头白早归来”句,太白时在匡庐也。太白诗云“学剑来东鲁”,又云“我家寄东鲁”,则寄寓时读书于此匡山,亦或有之,必执以相争,浅矣。济宁,古任城也,有太白酒楼。

考太白父为任城尉,因家焉,《山东通志》作“筐山”。太白子伯禽为乍浦下场盐官,戏侮蔡侍郎神祠玉女,病卒,见《(缀)通幽录》。《青莲集》载太白于蓟州独乐寺书“观音之阁”四大字。同治七年九月,至蓟州瞻此四字,方额,悬阁上,字似颜柳,末书“太白”二小字。阁中立大佛首及阁顶,人云高九丈馀,就古树雕塑者。阁两旁为行宫。

俗云“钢梁磨绣针,功到自然成”,乃太白事。尝读书眉州象耳山,未成,弃去。过溪遇老媪磨铁杵,问之,曰:“欲作针。”太白感其意,还山卒业。媪言姓武,今溪旁有武氏岩,溪名磨针溪。锺霖辛弃疾字幼安，历城人，宋殿撰。稼轩故居在历城四风闸，南渡后居上饶，徙铅山，为闽宪，尝曰："临民以宽，待士以礼，驭吏以严。"

幼安少与党怀英同学，师蔡伯坚，怀英仕金，幼安仕宋，卒，赠少师。谢枋得过其墓旁，有大声自朝至夜，谢为文祭之方止。

曲阜大成殿前东墀"杏坛"二字碑，为党怀英篆书。党本姓尝，自书作党，遂因之。

大成殿八十一间，规模宏深，天下所无。殿四围石柱刻盘龙如生，人云古宫殿无其精工也。殿内天板中悬避火珠，御赐宝物。殿前大圆石香炉刻盘龙，康熙年间忽大水，寻之，自殿前涌流，有悟或炉龙为怪。涉至，去龙一爪，水即落。盖龙戏炉内雨水也，异甚。相传殿宇林庙数百年一损伤，如劫数，然殿曾被火，殿前古桧枝焚而干存如铁，香满殿院，称铁树，旁生一枝。道光庚子四月瞻望，时已逾拱把矣。

金昌明二年，孔子庙前置下马石牌。

《谈荟》载，孔庙桧自周至晋永嘉三年枯，隋废帝时复生，至唐高宗乾封二年再枯，至宋仁宗康定元年复荣，至金宣宗贞祐二年毁于兵火，无存，元世祖三十一年故根复发，遂茂。明洪武二年高三丈，至弘治己未为火所焚，今所见枯干似铁是也。锺霖

城西梁家庄为檀道济唱筹量沙处，有高阜，云粮冢也。

龙洞在省东四十馀里，山环壁峭，庙处其中，东西两洞，西洞深曲，自小口蛇行执火以入，有若窑而顶若螺旋者。约百馀步，从山凹出东洞，在万仞壁上绕陟其颠，身危足摇不敢停，洞莫测其深浅，久无人者。洞口外若石缶，鸟巢其中，立春则积毛吹出，历城八景所谓"锦屏春晓"也。石壁刻"敕龙洞圣寿院"，六字雄伟，相传为东坡书。庙有大银杏，唐宋物也。济南人士每假庙读书。

银杏一名白果树,分雌雄,雌树皮垂若乳,不相见不结果,果熟,以猪毛绳缚树敲之,悉落。锦绣川柳泉观一株亦大合抱矣。江南有橄榄树,极高,以盐涂树则落,名红盐橄榄。

蓟永分司驻丰润县南之宋家营,有银杏二株,荫蔽十亩,唐物也。或登树则病,相戒有神。锺霖

佛峪在龙洞南二里许,山秀瀑吼,昔人云:"龙洞以奇胜,佛峪以幽胜,岱狱灵脉所结也。"

灵严近岱下,为山左名刹,名人石刻极多。

鲍山在济南东三十里,为叔牙故里,有鲍叔牙城址。相传管鲍分金于此。近山有王舍人庄,有东坡,为邑人御史张掞书"读书堂"三大字碑,今移县学明伦堂。

淄石砚易墨而润,不减歙石,人以易得而忽之。《志》言:"石坑在颜神城北庵上村倒流河,坚润映日,有金星者最良,大星者为下。"米元章云:"淄石理滑易乏,在建石之次。"东坡云:"淄石号韫玉[砚],发墨而损笔,端石非下岩者,宜笔而褪墨。二者当安所去取?用褪墨砚如骑钝马,数步一鞭,数字一磨,不如骑羸,用瓦砚也。"孙文定廷铨云:"淄石有发墨而不损笔者,惜二公未见也。"

宋熙宁中尚淄石砚,上以赐司马光;《资治通鉴》成,又赐带。益都新城界村曰红庙,赏淄砚者最多,大小不一,有特佳者,过客无不购之。颜神即博山,昔属益都。青州云门山下产红丝石,制砚,古称上品,红丝若螺纹。道光庚寅,在青曾得一砚,坚而滑。又产梅花石,黄质似冰,梅纹,每制屏几。沂州产燕子石,大小形状突出,若生文。登河有文石,现人物鸟兽,价颇昂。锺霖

泰山顶摩崖碑,唐隶,字大,高不易拓,约需西毛纸二百馀张。人言碑字为"忠孝廉节"四大字,掩损未的。

咸丰戊午秋，登岱顶，曾仰瞻之，碑字未损。锺霖

泰山顶碧霞元君，相传为帝女。殿极宏阔，封锁，留槅隙，四时登山男女皆于隙掷银钱，每十月东抚奏令藩司诣岱致祭，封禅意也。启殿收银钱解京，以供内府，所谓香火钱也。泰山王母池有辽碑，载香火钱给道士每收者。

王母池道士室有胶州匡雀泉太史源书联："潜虬深护吕仙洞，驭蝶遥来王母池。"盖池旁吕仙洞，相传有古虬。太史与太常仙蝶有缘，应念即至来游时请仙蝶至也。人言蝶色不一，四足，喜吸绍酒苹果。锺霖

岱顶东岳庙有绿玉御碑，高约二丈，宽八九尺，厚三尺许。乾隆初自和田运岱，十年方至。顶非神助不能，登山者皆碑上磨钱为小儿佩，云避邪。碑字磨损成凹旁，有铜碑与玉碑等。

王凤洲云："宿岱顶下望若练似萤，登山者鱼贯奉神灯也。"岱下店供四远香客，各有曾约，客枕盈三四屋，盛可知。道士言："元旦至除夕，岱间炉不断火，四月盛会，多饰为病残，缘盘磴丐、钱丐，一灯如火龙。"锺霖

东岳主生，相传死者皆至而转世。岱麓有酆都城十殿阎罗，人言阴雨多鬼声。泰山近无虎而多狼狈，性乖而狠，山居者墙画白圈，曰套狼圈，云狼畏此。狼最畏火，畏响器。或言狼有山神制之，狼害人，禀官，募泰山猎户捕之。省城南门外东岳庙，一云天齐庙，正月朔至元宵节游人极盛，戏法杂剧以及要货毕集，庙大门内两旁伟像六，有鹰虎，神貌可畏，《聊斋》曾言之，其始不得详。盖驱邪除狐之神，如猫虎之去田害也。

泰山神鹰白色,岁有二鹰巢绝壁间,冬则不见,土人百计取之不能得,有坠崖死者,又多红嘴老鸦,嘴爪红若珊瑚,百十为群,声与乌鸦异,易得甚驯。

岱庙道士言,泰顶有二鹤,飞鸣自得,人不能近,殆仙物也。泰安印板画有《神鹰镇宅图》。锺霖

《章丘志》言胡山神鹰约六十年一见,以驱除妖狐。乾隆丁丑八月一见,嘉庆丁丑八月再见,千百为群,大如羊,黑质白章。

泰山玉皇顶有方石碑,所云秦皇无字碑也。相传外为石罩,内有金检玉函之文,顾亭林先生考为汉碑。

无字碑旁一碣,刻诗云:"莽荡天风万里吹,玉函金检到今疑。袖携五色如椽笔,来补秦皇无字碑。"末"大名张铨题"。明末山东学使张铨殉节,或即其人。

咸丰戊午九月二次登岱,用前韵咏无字碑:"万丈光腾烈火吹,焚书肯使字留碑。欲寻沧海千斤士,椎破人间万古疑。"对松山间刻"逍遥游"三大字。

五大夫松甚小,盖补种,存名耳。人言五大夫乃官制之称,非五数也。新甫山在泰安新泰县西北,九峰如莲,异境层出,有汉五大夫松。嵩山天封观有古柏三株,则天后封五品大夫。

徂徕山在泰山东南数十里,六逸隐迹尚存。

傲来山在泰山之西,近蔽岱麓,若高于泰山者,及登,泰山则在下矣。谚云:"远望傲来高,不及泰山腰。"

泰山上流泉中石鳞鱼,粗若栗,长尺许,最肥美。锺霖

仙人洞在岱麓玉皇阁,(面)[里]有肉身坐化者老衲,岁久坐具朽,躯略蜇,手扶盘膝,皮骨完好,惟睛枯,嵌以玻璃黑珠,面饰金,四

方登岱者必瞻拜，呼仙人。

咸丰戊午九月，阁中道士玉涵邀饮白鹤泉上，因觇。所谓干瘪道士者，洞旁碑载真人孙姓，河间人，慕炼术，云游天下，晚年止此阁中，辟谷修养，有所得，九十馀岁若壮貌。康熙初年趺坐而逝，嘱其弟子埋，三年启视，不变即道深矣。依言，果然，因奉祀于洞。

玉涵言真人其祖也，化已二百馀年，香火甚盛，体无损蛀，近乃有臭气，因告以唐时僧伽大师景龙四年三月二日坐化，中宗命供于荐福寺，忽大风，臭满长安，近臣奏言，大师恐欲归临淮耳。中宗许之，臭止，面香四达。今逆捻肆扰，恐将及岱，损其化躯，故示臭欲归藏耳，宜合瓮埋之，塑像于洞，以受香火。玉涵依言而行，后逆捻焚戮泰安，闻真人未及于劫。

干瘪和尚在丰润县南百馀里富家庄药王庙西室，自宋家营赴芦台关制商运必经是庄。和尚坐化有龛，皮骨完好，面饰金，目尚露光，首东南望，口微张。邑生董昆碑文云："相传和尚为云贵人，或言蓟州人，李姓，明末进士。康熙初坐化，自火烧身，其徒急息之。妻子初寻至，预戒堵门，妻子环墙泣三日，掷衣发使去。尝自制大鼓唪经，击破，忽自合无痕，今尚在。遗箧有注经数十篇。"人言南方肉身坐化者颇多。锺霖

干瘪道士岱麓

修短终归尽，真人乃在兹，金丹难换骨，石洞尚留皮。香火缘还结，尘灰劫可危。僧伽曾示臭，返朴莫迟迟

干瘪和尚丰润

秋风黄叶寺，干瘪老僧身。根漏胎难脱，丹烧骨不尘。逃名留本面，举首望何人。莫忘遗芳臭，前修可转轮。

晏公台在济南北门内，湖上有晏公祠，与曾南丰祠邻，江右人建。

相传晏公为水神,或云大江棕怪,许真人治之成神,非也。考晏公江西临江人,生于元,讳戌仔,殁,封平浪侯。

《国宪家猷》载有猪婆龙事,老渔问其姓,曰晏。明太祖云:“昔救我于覆舟山,云是晏公。”封神霄玉府晏公、都督大元帅,命有司祀之。

曾南丰先生前守济南,建北渚亭,晁补之有《北渚亭赋》。南丰祠联:“北宋一灯传作者,南丰两字属先生。”武定太守汤公世培撰。祠中有刘眉生方伯长生位,世称水神,曰晏公,曰萧公。天津、芦台、通州皆有萧公庙,多称小圣庙,碑志无考。阅《施愚山先生文集》有《萧公庙碑文》,因节记之,书板悬芦台庙中。

英佑侯萧神记

同治元年壬戌春,余由驾部改运判,次年实授蓟永分司,每春秋诣芦台,暨张庄监关制商盐,必祭萧神,而未知典祀。蓟六商人言,前者盐船漏,祷神,起芦岸水,一鱼塞漏若补,余悚然曰:“异哉!”陆稼书先生《三鱼堂》所言非虚矣,考神功迹而未得也,阅《施愚山先生集》,有《大洋洲英佑侯萧公庙碑文》,知神祖籍河南。宋咸淳间,兰芳公刺吉州,卒,葬于吉,子伯轩徙家淦之大洋洲,从谢真人游,能前知,卒为水神。子祥叔增修其道,益著神迹。元封伯轩显应真人、祥叔显德真人。神为祥叔公仲子,讳天任,广颡修髯,早通神术,视水如平地。尝瞑坐久,醒曰:“吾救某处覆舟。”迹之,果有舟坏获生者。又屡有他异,咸惊为神。年八十一,绝粒多日,啖白石而化,遗令不棺不葬,覆以巨桶,藏于庙,明永乐三年也。十四年,朝使往西洋航海几溺,神救得免,后武冈苗为逆,神示梦,里人云苗即败,果验,诏封英佑侯,敕新大洋洲庙官以时祭,水旱炎疫祷,皆立应。万历间,郭尚书子章始为《庙志》。江西水神晏公、萧公皆临江人,官临江者始至谒晏。去则拜萧。河干江浒祀之尤谨,舟人依以为命云。

呜呼！神累世有道德。拯危济众，殆同天后，固宜崇封食报于无穷也。然皆知敬神而未知神之家世功德，因谨书板以志，亟当泐石于各庙焉。锺霖

芦台萧神庙木主曰平浪侯，当增设英佑侯木主。

济南西门瓮城关帝庙旁塑两像，一持小牌，写“举意先知”。西立蚩尤，长喙，一足似爪状，颇恶，未知何取，按彭宗古《关圣实录》略云：“宋大中祥符七年，解州盐池减少，上令吕夷简往祭，梦蚩尤戎衣，怒言：‘天命主此盐池，(牛)[今]立轩辕祠，乃仇也，心不平故绝池水。’王钦若奏令张天师往治，因祷关帝，会岳渎阴兵荡之。解州盐池有庙，为伏蚩尤也，今塑于此，或晋人所修耳。”

蚩尤冢在山东寿张县阚乡城中，高七尺，十月祀之，常有赤气如绛，名蚩尤旗，见《续博物志》。《汉书》：“祀黄帝，祭蚩尤，谓祭蚩尤旗之星，因蚩尤作兵以星实之。”又《述异记》“蚩尤人身牛蹄，四目六手，髑髅如铜钱，涿鹿间往往掘得其骨”云。锺霖

周将军从关公成神，到处附祀，其名未见于史。元鲁贞《汉寿亭侯碑》有“乘赤兔兮从周仓”语，宋兆隆《集杜编年》云：“周将军仓，周平王裔，望出沛国陈留。”明神宗封忠勇伯。《山西通志》：“周仓，平陆人，初为张宝将，从关公樊城之役，擒庞德，因守麦城，死之。”世传将军乩笔，自云字履丰。京都正阳门内关庙碑作“沧，字海若”，进士轩辕诰梦将军向言，山东东阿县有周将军庙。

彭宗古云：“周仓，平陆人，板肋，虬髯，自恨为张宝将，非其主，遇关公于卧牛山，曰：‘遇将军如拨云雾而见青天。’从战，屡有大功，死于麦城。明神宗封武烈侯。”

明宁武都督周遇吉，字华宇，锦州衙人，死于贼，矢集如猬。

夫人刘率家人杀贼,举室自焚,皆葬宁武城东山下,谥忠武,亦称周将军。锺霖

相传平陵城有盗跖墓,高唐州南有鲜卑城址,旁有盗跖墓,未知孰是。河南有盗跖庙。

按,跖乃黄帝时大盗,名柳下惠,弟为天下大盗,故名之为盗跖。见《史[记]正义》。锺霖

大清河即春秋之泺水,发源鱼山,一曰吾山,"吾"音"鱼",陈思王闻梵音处也。经齐河县东门外,汇泰山下橛山一带,山水绕济南城北十二里泺口镇,达利津入海,俗呼盐河,以运盐水道也。

大清桥在齐河东门外,跨大桥,河宽八丈,长百馀丈,高十馀丈,十三(空)[孔]。明嘉靖间,道人张(延)[演]昇募金若千万,八年造成,为九省冲途。桥下龟穴甚多,初筑石基颇不易,道人葬桥之东,俗呼"神仙坟",崇台植柏,相传道人言:"坟在桥在。"

明嘉靖三十二年,陶仲文言:"齐河县道士张演昇建大清桥,治河得龙骨一,重千斤,又突出石沙一脉,长数丈,类有神肋,帝发帑银助之。"见《明史》。

咸丰乙卯夏,黄河溢,自张秋镇上游决口,入大清河,直东间人民受害,田庐尽坏,迄今无治河之策。水漫大清桥仅露桥脊,桥上大碑、两端神兽皆随洪流去。张道人坟为水啮将没,冬春水小,第架木接桥以过行人车马。庚申仲冬,齐河伪团抗粮滋事,上台以李振之明府金声,闻喜人。前令齐河,得民破格,强檄庖代,以绥民办团。余适请假过齐,留为相助。邑人丐余为文,拟募修桥暨仙人坟,惟工费太巨耳。

代疏募修大清桥暨张道人坟

济南省西四十里有大清桥，在齐河东门外，桥东为长清境，九省冲要。明嘉靖二十七年张道人(延)[演]募建者，长百馀丈，宽八尺，十三(空)[孔]。相传桥下石穴通岱，巨鼋族处。道人斋诚艰苦，募金若千万，八年始成。道人葬桥之东岸，封树崇尨，人以时祭。道人有言"坟在桥在"，故护之惟谨，称"神仙坟"。天启七年，山水损桥，齐河庠生刘一琳修之。顺治八年，河决金龙口，水跨桥行五年而桥未动，惟两端有损，章丘绅穆遇春捐资修补，迄今二百馀年矣。咸丰五年乙卯夏，黄河自寿张县之张秋镇决口，入大清河，洪涛怒浪，伤民庐田畜无算，东直间苦甚，桥亦冲坏倍前。每夏秋汛发，桥脊露水上仅如略彴，道人坟亦岌岌将逐流去，官民惧之甚，而无术可治。冬春之交，积冰山立，渡舟栖冰中，南北节使羽檄如火，莫能往来，官乃第就桥之危石架木以供过者，而汛至即毁。十年冬，伪团抗粮几变，前邑侯李振之抚齐民有恩，时服将阕到东公务，上台权令摄邑事，劝团戢民，事如雪融，遂急捐资治桥，以利行人，然暂而弗能久也。土民公请于李邑侯，同长清钟少梅邑侯捐廉倡始，广劝过客解囊集存，更乞四方贵官善人相助为理，于以且捐且修，以期坟在桥在，不致水毁日甚。俟黄河南徙而桥永存也，岂一方一时之利哉！

闻募资未多，且乏人倡率，又逾十年尚未能办。锺霖

齐河县东二十里间若海市，人物楼台不一状，午时不见，《志》云"隐城八景"，有隐城蜃气。

齐河城大寺湛云和尚有勇伎，以练团得六品军功。有姚广孝像，强年伟貌，云曾住此寺，奉之为祖。按，广孝为僧，名道衍，字斯道，吴人。以通儒僧试礼部，文题所谓《诚其意者》一节。尝得道士席，应真秘授兵法，吴人王行异之。初为高启"北郭十友"

之一,著《桥庵集》,后合刻其诗文,名《逃虚子集》,与严介溪《钤山堂集》皆为人羞称。又有《道馀录》,益无忌惮。以僧宗泐荐侍燕邸,成祖复其姓,赐名道衍,封荣国公,呼为“少师”而不名,卒于萧寺,年八十五。吴人张洪曰:“少师与我厚,今无以报,但见《道馀录》,为焚弃之。”锺霖

见道衍像

眉宇具英气,凝馨不似僧,依积皇觉派,竟尔帝师称。慧黠胸消卍,魔深目起棱。唪经龙虎去,度牒俨《传灯》。

《新城志》言:“清沙湖每子年涌现,城郭人物楼阁如画,谓之水市。阳气发生,远望地气如水,谓之地钟。”

长清灵岩寺五花殿玲珑奇巧,似神运鬼助,公输子造。按《世本》:“公输子编竹木附泥以破谷,谓之硙,制石上下相合以研麦,谓之磨。”灵岩鲁班洞,乃其墓也。

《酉阳杂俎》云:“公输子名班,鲁之巧人。”《朝野佥载》:“鲁般,肃州敦煌人。尝为木鸢,乘之乃两人也。”锺霖

长清县城内塔高五丈,上嵌方石,有东坡小楷,端正无损,其文为母修佛事,资冥福,人迹罕到,故石刻完好。

六朝高湛志在德州儒学,堂壁“凭春洒翰,席月抽琴”,为志名句,书法在欧褚间,似率更河南字,学所自也。

潍县东门内孔相祠堂碑似高湛志字。锺霖

闻韶台在济阳北城,上云“子在齐闻韶处”。

长城岭在长清南,缘山为城,盖齐鲁界也,今址犹存,岭下为长城驿,有孟姜女庙,以姜齐姓,所哭之长城即此。

山海关间有孟姜女庙，并有姜女坟。永平府城外有土台，曰望夫台，世多以为相梁妻杞，或作范。考明光禄马理撰《孟姜女传》，言秦始皇时有孟姜女者，楚澧人范喜妻，姓姜氏。于归三日，范赴长城之役，女制寒衣往寻范，不见，乃绕城而哭，声震人，城一隅为之堕，范乃见像于云雾中，旋得其尸，(丈)啮指出血，滴骸渗入，知为夫骸，负之归，至宜君山同官界，渴甚，痛哭，地涌甘泉，今名哭泉，南至同官水湾，负骸置西岩石龛下，坐其旁而逝。同官人重其节义，即其遗骸塑双像祀之，每著灵异。哭泉为宜君市镇，据此则姜女实有其人，非杞梁妻矣，惟长城未知何地。锺霖

齐长城。《史记》："齐有长城巨防，足以为塞。"《泰山记》："泰山下有长城千馀里，东至琅琊台入海。"

魏长城。《后汉志》："河南有长城，经阳武至密。"

秦长城。《史记》："秦宣太后伐残，义渠筑长城以拒胡。"

赵长城。《括地志》："赵武灵王长城在朔方，自代至阴山下，置高阙为塞。"

燕长城。燕将秦开破东胡，却千馀里，筑长城，置上谷、渔阳、右北平、辽东、西郡。

秦始皇长城。始皇并天下，起辽东至临洮万馀里，修筑长城。

汉武帝长城。武帝元朔二年，遣将军卫青等击匈奴，缮治秦之长城。

北齐长城。北齐前后修筑长城，东西凡三千馀里。

周长城。周静帝大象元年筑长城，西至雁门。东至碣石，立亭门。

隋长城。文帝开皇五年，使司农少卿崔仲方于朔方灵武筑长城，东距河，西至绥州。

龙贾筑长城。周显王十年龙贾筑长城，城于西边，见《竹书纪年》。

东魏筑长城。南北朝东魏武定元年冬十一月，筑长城于肆州，西自马陵，东至土墱。

春秋时各国皆有关隘,即皆有城,惟齐鲁之坡最长。始皇因古长城增筑之,后世亦修治长城,而人皆知秦始皇之长城,因历考以志。锺霖

济南南山接泰岳,巍峨联络,直入东海,白云常护,统称长白山,古称副岳。长山,邹平间,正对长白山;沂山,古称岱岳副。

长山县南黉山有黉堂,郑康成曾居此,有晒书堂。山生细草似薤,郑公以之束书,遂名"书带草"。范文正公亦在此山醴泉寺读书,有画粥堂。滇南李复斋先生于长山道旁立碑,书刻"范文正公读书处"七字。

郑公高密人,即古密州,高念东先生云郑公不应居此。《广舆图考》谓:"公在长白山。"黉山与长白山接,亦不必执论也。黉山有《志公碑》,开元间立。锺霖

陈仲子墓在长山城内道北,人云长山即於陵,考旧於陵在长山县西南二十里。

《蚕尾集》云:"《於陵子》,海盐姚士粦叔祥作也。"锺霖

礼参店在新城西十五里,俗讹"李三店",范文正公常往来之地,后守青州,长山父老迎候于此,因名。今有三贤祠,祀陈仲子、伏生、范公。

林放,鲁人,仕于於陵,宋封长山侯。

伏生故里在邹平,有伏生祠,邹平北有伏生墓。

东方朔墓在陵县东二十五里神头镇西数十步,镇有东方先生祠,二细君侍焉,颜鲁公书《画像赞》,初在此祠,后移县署,因前弃置为马枥石,故碑下行字多损。

咸丰丙辰，主讲陵县三泉书院，次年冬，及门康鹏程茂才神头镇人邀往谒东方先生墓祠有作

未见人自天上来，指我某星谪落为仙才；又未见人天上去，示我某星归故处。一自开天有岁星，何人知为东方先生之本形。先生之学何博邀，先生之道何深祟；于天地人无不通，以理包数靡终穷。然而前知之理本至诚，随机而应无不明。世人不察骇然惊，乃谓祥奇光怪之先生。汉家天子多英主，况为法制忌戆之。汉武侈然欲觅长生术，爰致迂诞之方士，奔走燕赵与齐鲁，奚计才人蓄巫蛊，谀之则喜逆则嗔。吾邱枚马亦第俳优亲，讵知东方为何如人？四十四万言讨论，乃仅待诏金马门。有官空思子，复与珠儿戏，辟戟而前亦可畏，忽尔七诫同屈子，忽尔小遗不惧死，敖弄之中非无理。卒使天子纳言而知悔。我读《非有论》，又读《戒子书》，悉力尽忠乃素志，时命不合明哲以保其初。致意子推与子胥，岂真好为伊优狂吽老柏涂。先生墓在厌次数武，先生祠犹侍细君二。金环云珮翘双翠，若向先生生妩媚，先生于《易》耄不倦，一龙一蛇妙于变，神仙正史不多见，何来少孙为列《滑稽传》？我与先生相隔二千年，同为郡人愧未姓字传，犹幸谒祠拜墓亦前缘。东方老，东方举，北齐与隋不多数，欲访先生后，近今无一户。咸丰丁巳十月十有五，惟见纷纷来狂瞽，言祭先生为算之祖。瞽于十月十五祭先生墓，云为算命之祖。锺霖

颜鲁公书《东方先生画像赞碑》，在陵县署内，以亭护之。长白恩竹溪明府福任陵时，赠余数部，较现拓者尚佳。陵县即古平原。鲁公守平原，在唐天宝十二载，年三十馀岁。陵县有颜鲁公祠，有石刻老像，盖陷李希烈时画像也。

鲁公祠在三泉书院西邻，主讲之暇，时往瞻谒。城西里许有公看花台，今为寺。公守平原，知安禄山为逆，同僚多逆党，因雨

完城浚濠,料丁壮,实仓库,时于此台阳会文士,饮酒赋诗,以示闲逸。禄山亦使监侦,以书生易之,东方像赞即此时书刻,欲垂不朽。及河北大警,不知乘舆所在。公倡举义兵,诸郡始转而相应,使参军李平蜡丸藏疏,达于行在,(元)[玄]宗喜,有"不识颜真卿作何状,乃能如此"语。兄杲卿守常山,为贼磔死,一门死节者三十七人。子颇十岁,为质借兵,文信国云:"收复两京李郭之力,而首起义兵制贼者公也。"《画赞碑》初在神头镇,祠圮碑堙,明万历中里人康福庆更书立之。乾隆间赵明府王槐得公书,碑移署,汪明府本庄为亭护之碑,字下多损,因为土蚀,并在驿支枥也。

公祠有公画像碑,盖陷李希烈时,知不免,特寄其家人者。公遇害,年七十有八,世言仙去,妄矣!窃拟为公撰《画像赞》,书碑立祠,有志尚未逮也。戊午秋日,将入都供职,濒行,拜公,依依不能去,诗以志之。锺霖

年十有五初学字,追摹独爱法公书。骨肉停匀体展舒,俨然端坐伟人如。裴将军诗纯而肆,勃然大书笔坐位。一腔忠愤一笔书,请公再书恐不类,学公书久如见公,精神时若与公通。三泉讲院邻公祠,朝夕瞻拜欣融融。公守平原年正壮,天子不识公何状。可怜惶惶河北人,孤城公独与贼抗。一门死节三十七,颇儿十岁亦为质。天下从此知有君,李郭方来造唐室。论功追始谁居首,青莲先生相识否?读公三表赏非薄,胡为蓝面出公走?身陷贼穴知不还,八十老臣忠节全。自写古貌寄人看,陶八八事太虚悬。凛然大节日月争,世多以书掩公名。深墨重笔以为是,小蜩笑鹄榆上鸣。自愧半生书不就,为郎窃幸为公后。公官兵部员外。将行拜公与公别,三载依依倍恋旧。东方像赞拓千纸,焚香浴砚求其似。窃欲赞公书泐石,不知公怒抑公喜。——《公画像赞拟就容书刻碑》

平原有二:汉之平原郡,即今陵县,属济南府。赵之平原,今

邯郸县，属广平府。

摩天塔在陵县北郊，塔久圮，石碣高二尺许，字尚多可辨，有“摩天塔”字。五代齐时，僧摩天葬处，俗讹为“塔高可摩天”也。道光己酉，桐乡沈台簪年伯淮任陵，修邑志，多所考证，好古工诗，有《三千藏印斋诗集》。

陵县文庙大城门下西，有宋《辟雍诏碑》，薛昂书，上额蔡京书，“皇帝赐辟雍诏”六字，大如掌，极苍秀，昂书与京字相似，亦一时所尚也。史言薛昂“谄事蔡京得志，与家人言偶犯‘京’字，遂自惶恐批颊”，其鄙可想。世称苏黄米蔡四大书家，鄙京为人，因异蔡襄。锺霖

《伏生授经图》，晋人魏汝清临吴道子笔，明邹平尚书张延登倩人摹之入石，今未知存何所。

东坡枯木石刻，《禹城志》苏子瞻与李公择会济南刘绍家，写枯木一枝，题名“鉴泉”，亭壁刻石于安遇堂。金大定二十九年邑人李彦文移置儒学。鉴泉即趵突泉。

岳武穆王、宋张紫岩浚字先生诗石刻，在济南府署内，明太守樊时英掘土得之。

苏萝国王墓在德州，明永乐十五年来朝，归至德州，卒，葬以王礼，谥恭定王，阮亭先生有诗。

《左传》：“聊摄以东，姑尤以西。齐西界，平原聊县东北有摄城。”即今聊城齐东界，姑水、尤水皆在城阳郡东，东入海。今博兴县一称博姑，近姑河也，又曰乌河。又考，姑尤，今胶州大小姑河，大姑出黄县蹲狗山，小姑即尤水出掖县马鞍山。

聊城有鲁连台，为射书处，高七丈，即今城内鼓楼也。博兴锦秋湖上有鲁连陂，高苑有鲁连墓。

博兴城北有李左车墓，《志》言为雹神，岁时祭之。按李将军

行,唐人,仕赵,韩信募得之,用其计,下燕齐诸城。不知何以墓在此,有诗志之。锺霖

军败难言勇,身亡墓尚存。乃公今帝子,知己谢王孙。急雹犹谁怒,荒烟获此魂。鸟飞碧空尽,地下想重论。

济阳业神祠,《志》言:"业神,学宫土地神,随二八月丁祭。"相传神为韩文公,未知何据。

刘猛将军自雍正二年始列祀典,因直隶督臣李维钧奏也。神讳传说不一,庙貌皆少壮容,有言南宋刘文清公讳宰者,《居易录》已辨其非。有言元末指挥讳承忠,吴川人,尝挥剑逐蝗,后殉国难者。《怡庵杂录》载:"宋景定四年三月八日敕略云:'飞蝗食禾,民不能捕,徕神扫荡无馀,故提举江州,太平兴国官淮南、江东、浙西制置使刘锜,敕封为扬威侯,天曹猛将之神。'"似为可据。或云彰德属有将军故里。济南有金姑娘娘庙,德平有金姑庙,亦驱蝗之神,乾隆二十九年知县彭宗古建。

蝗背有孔,相传有神穿之,不使妄害禾稼,有蝗之年或灾或否,诚有神司之也。锺霖

黑虎庙到处有之。《盩厔县志》言:"赵元帅祠在县治。元帅名公明,周时人,居赵大村瓦子冈。黑虎为害,赵入黑水谷採薪,遇而擒之,土人建祠,有生员《赵魏碑记》。"赵氏系云公明,生公孟及夙,夙为晋献公《大夫传志》所载,盖能为民除害则祀也。《封神演义》云:"赵不降周太公,以草束人,射杀之,后封黑虎立坛神。"殆亦有所本。

济南南门外迤东黑虎庙阴黑虎泉,山根喷泉,相传通渴马崖。《志》言:"曾子固《齐州二堂记》云:'自渴马崖至历城五十里,潜流地中,复出为趵突泉。'昔人有弃糠之验。"其实中隔铁角

诸岭，不但水道不通，山脉亦不相属，未可信也。然济水伏行地中，焉知不相通乎？惟弃糠之说未征验耳。锺霖

迟贤亭仙刻，《长清志》："宋靳八公遇吕纯阳，留仙笔十字，辨之乃号(跳)[咷]归别处，结彩便飞云。"靳名熙庆。

吕祖于济南仙迹最多，总以劝善悔过为训。俗传飞剑斩黄龙，乃宋散仙颜洞宾事。又传戏妓白牡丹，亦颜洞宾事。宋太平兴国五年，诏大九井山虎耳先生吕洞宾，赍香于锦州萝璝洞，为民祈福。按，虎耳先生大名有道之士，世称李八百，盖八百岁也。《陈抟传》："关西人吕洞宾，唐吕渭孙，进士不第，与陈抟友，度卢生。"

吕祖家岳阳，今有吕氏村，姓吕甚多，《东坡集》有咏《回先生过湖州沈氏，饮醉，(以)石榴皮书(其家东老庵之)壁》三首，亦尝称回道人，世称八仙。《居易录》云："蜀主孟昶生日，道士张素卿进《八仙图》，乃李耳、容成董、仲舒、张道陵、严君平、李八百、范长寿、葛永琼，详见黄休复《茅亭客话》。"又《图画见闻志》作李阿长寿仙，今世所称之八仙。

钟离汉，字云房，晋周处神将，终南山遇东华真人，因得道。《逸史》载钟离仙以十事试吕纯阳，乃授以道。吕祖名岩，字洞宾，唐宗室，举进士不第，武后时隐姓名，夫妇学道，遂以吕为姓，遇正阳真人，得道。妻死，乃号纯阳子。

张果亦称张阁老，隐恒州中条山，唐召授银青光禄大夫，与叶法善时在玄宗前，有近月宫事，后尸解。人常见其倒骑驴，每折叠之，收巾箱中，盖纸驴也。

曹国舅，宋丞相彬子，皇后弟，遇纯阳得道。

李元，中唐大历间人，官孔目，学道终南山，一日阳神出，徒化其躯，神归无依附，拐丐而起，称铁拐李。

何仙姑，零陵市人女，纯阳度之，食以桃，食半不饥，老而尸

解。或云纯阳所度,乃赵仙姑,名何。

蓝采和衣破蓝衫,黑木腰带,足一跣一靴,醉则拍三尸板,唱《踏踏歌》"蓝采和,人生有几何"云云,仙去。

韩湘,世称韩湘子,退之有诗,为其从孙。少学道,能开顷刻花,瓣间有"云横秦岭家何在"二句。退之贬潮州,湘来候,故有"知汝远来应有意"句。

马湘于客座间覆土,顷刻得瓜,俗多传为韩湘事。殷七七于鹤林寺,九日令开杜鹃花。

趵突泉后殿供钟离仙,世多称汉钟离。按,钟离云房,自称天下都散汉,非汉代人也,见《冬夜笺记》。

淮南王刘安好道,有八公求见,老忽变为少者。唐李泌为肃宗相,有隐者八人,容服异常,欲授泌仙法,泌因辞官,不许,作《八公诗》。

世言刘海戏蟾,按,刘操,字宗成,号海蟾子,燕山人,为辽相,纯阳引之成道,见《道书》。又,海蟾刘嘉,渤海人,年十六,登甲科,仕金至相,有二异人以鸡卵置钱上,惊之,遂悟,入终南山成道。又《续博物志》:"海蟾子刘昭远时与种放往来,陈希夷先生引之入道。"

世俗画和、合二仙似刘海状,无所考,闻喜乔朗斋于济南服贾,每年九月十五祭和、合二仙像,竟获厚利,不知何处得来。

张仙名远霄,五代时于青城山成道,苏老泉梦仙挟弹张弓射天狗,因祀之,生贤子,有《张仙赞》。

世人求子用黄纸朱写"五更风结桃花实,二月春生燕子巢"二句,朝夕令室人焚香拜之,必生子。未知所本,然闻多验。锺霖

龙洞神殿前有《雪蓑碑记》,作狂草,署名曰"五湖散人兼三十六洞天牧鹤使者"。考"雪蓑"为苏洲,河南杞县人,嘉隆间游历下,往来

青齐间，诗文奇妙，能普一弦琴，人呼为仙，自书联云："雪里披蓑，寒动一天星斗；云间补衲，暖回大地阳春。"山左人家多藏其墨迹。青州衡庄王生日赠大"寿"字，刻于云门山石壁，一画间可隐，樵子俗多讹为陈希夷书。黉山有鬼谷洞，甚浅。按，鬼谷子姓王名诩，一云名詡，音安，晋平公时人，居于鬼谷。天下鬼谷洞有五，山东蒙山亦有鬼谷洞，未知孰是。

邹平东七里道北有长白先生祠，考先生元张慎与，名临，淹贯经史，学者千里从游，隐居长白山，屡征不起。

邹平北河沟有先生为其父阡表，中言"为司业仅半载"。杨廉夫撰《孝子志》云："先生至元间，由邱园官至祭酒。"元明善《完颜令去思记》云"与齐处士张临善"，称"处士"，未解。

长白山五龙池上有三贤祠，祀伏生、范文正公及长白先生。嘉靖中邹平丞朱仲恩梦一丈夫冠服朴异，言有名无爵。世称长白先生者，乃太学生张松远祖也，松尝记其事。任邱边公大绶亦称长白先生。

《志》言长山长白李先生祠在西关外，万历中祠孙李邦演建。又，司寇李公祠在城南周村。锺霖

崔府君庙相传为泰山之神，曾以泥马渡康王。考，史载宋高宗初至杭州，命立崔府君庙，以著灵异。宗泽传康王再使金，至瓷州，泽劝留，不从，乃假神以止之，言此间崔府君甚灵，可以卜珓，庙有马，是夜果衔车辇等物填塞去路，泽曰："可以见神之意矣。"乃止，殊未及渡江事。

蓟永分司署西有崔府君庙，朔望虔拜，读碑记，略云："府君，崔姓，讳珏，字子玉，祁州古城人，巨富。父公让、母刘皆好善，五旬乏嗣，祷于岱庙，梦神赐玉，隋开皇五年六月六日子时，府君

生,及长,聪敏过人,娶卢氏,夫妇以孝称。举孝廉,魁天下,拜太子傅,辞唐,召隋臣授官,府君不应诏,太宗再征之,始起。自兵部员外郎,授长子县,擢蒲州刺史,兼河北采访使。贞观二十年十月日呼子敬嗣曰:'上帝有命,吾逝矣。'遂卒,年六十有四,葬瓷州之鼓山侧。府君生而有异,治行第一,至伏虎制狐,斩妖除鼠,又其正气所格,无足异者。殁屡显灵,历代加封为广佑王。"载《瓷州志》。锺霖

孔子娶宋亓官氏,汉韩敕礼器碑"幷官圣妃",在安乐里。宋祥符中,封郓国夫人,亦作"幷官"。钱辛楣先生云:"宋板《东家杂记》、元板《宋广庭》记皆作'幷官'。自明人刻《家语》误作'开',刊《宋史》者承误,亦作'开',贻误后学,不可不知。"福山王氏所刻《家语》作'亓官氏',《阙里文献考》亦书'宋亓官氏'。亓音祈,济南有亓姓甚多,或其后耶?特记之。

考,幷音坚,州名,《万姓统谱》:"幷韶有文藻,吏部以先贤无幷姓,下其选格。"《前汉(书)·赵充国传》:"先零旱开。"开乃羌名,孔子先人当是亓官氏。

曲阜圣庙寝殿木主书"至圣先师孔子夫人之位",最为简当。

孟母仉氏,宋光禄卿有掌禹锡,"掌"同"仉"。济南有仉姓,又有玉姓,音胥,玉带河,读胥,"必使玉人雕琢之",音须。《新城志》:"邑有仉姓、俳姓,又有信姓、网姓、格姓,济南乜姓,云也先之后。"乡会榜有奇姓曰"榜花"。锺霖

齐称渤海,渤者,海别支也。海在东,又伸而西,承天津众河,若舒一臂,故称为海袖。天津称渤海,武定亦称渤海,界海袖间,皆可称渤海也。天津与利津相对,只隔海袖,捕鱼者往来一帆耳,然经大洋亦每遇险。登州与奉天相对亦只隔一海,约八百馀里。

古言齐俗功利夸诈，以今考之，山东东府风土最厚，初不见有并躯从狼之习，或今昔不同耳。天津五方杂处，好盛俙富，霸政馀习，或指此地齐饶鱼盐之利，今渤海间此利仍溥，齐桓公伐山戎即今永平府北山间也，山民居近边墙，仍有犷悍之习。

永平府古孤竹国，城西十里有夷齐庙，楹联“兄让弟，弟让兄，父命天伦千古重；圣称贤，贤称圣，顽廉懦立百世师”。昌乐、潍县界有孤山，下有石碣，刻“伯夷待清处”，亦刻此联。永平即卢龙塞，亦称古北平。蓟州，古渔阳郡，范阳即顺天之顺义县，“曳落河兵”犹是山戎气习也。永平南境滨海，斥卤草荡间有似硕鼠者，能人立而行，戴物于首作人语，人许以像人则可变形，故遇则骂之，或即桓公所见之俞儿耶。

蓟永分司驻丰润南百里宋家营，再南九十里即海明，为青州分司，足证古亦齐地。

天津东百四十里芦台镇，临河近海，人烟日密，属宁河县，距北塘海口八十里，自海氛不靖，道光年间移正定镇兵驻芦台。

《唐书·常挺传》：“挺令燕州司马王安德行渠作艘运粮，自桑乾水抵卢思台，以时苦寒，下米台下，窖之，冰泮，乃运。”今芦台大河曰沟河，源自蓟州，合玉田三河之水入海，明时运蓟粮水道。芦台西有小河，接天津之塌河淀，桑乾水溢入淀归海，是芦台与桑乾河相通，或即唐之卢思台，后人以地多芦苇作芦耳。

《史》言：“朱全忠取蓟州及芦台郡。”《注》：“芦台在河间青县西三十馀里。”《注》似误，俟再考。

芦台有盐姆庙，商人、灶户皆祀之，姆无姓氏，年代[不]可考。古煮海为盐，忽一老妪于海滩蓄潮晒盐，人效之，工省利多，咸惊为神，遂庙祀焉。友属余撰联云：“利用具婆心功逾管子，徽称同斗宿祀遍芦商。”近山海关海滨皆沙土，多甜水，不能筑滩晒盐，仍用铁锅煎成。锅大如碾盘，底略凹，厚寸许，古牢盆遗制也。山海关外又皆晒海矣。

张庄盐关在宋家营南七十馀里,庄南一望无际,距海近矣,每年两次至关掣盐,近处无甜水,亦无多村庄、树木。自天津至山海关近海千馀里间,皆斥卤,草荡居皆灶户,每夏挖地坑蓄雨水以活,久则水碧而咸,四五月间往往此水亦无,民相邀用牛车置木柜,数十里外取水,珍重用之,所食惟粗粮海物,居每无垣,亦不知医药,而民甘瘠苦,不肯他徙者,以旱则草子可食,涝则(主)[煮]虾为米,或厚利,且永不见兵戈之患。古人所以避乱于海滨也。锺霖

临淄县城内有丘,周三百步,高九尺,为营丘。昌乐东南五十里有营丘故城,太公始封处。献公方迁临淄,古称不下十万户。今治甚小,城外古冢若土山者,数十地为冢,占民沿冢种田,若山坡然,牛山间若土山者,皆齐公王墓。淄河东岸两大碑,书"齐桓公墓"、"晏婴墓",未知其他系何人墓。

淄河在青州西五十里,夏秋山水暴发,不辨牛马,每阻驿递,迟牛山僧大雨撞钟,则人不敢过河矣。

牛山近无美木,土人言山内多槲树,养槲蚕,秋霜槲叶如丹霞,满山可爱。淄河鳗鱼身有㐅字纹,洁美无比。

青州郡城旧制阔大,今擠至三次,旧城门上有庙,可远眺。城北有满洲营城,城外有岳忠武庙,塀跪四铁像,皆背缚,人恒就溺,且多摩桧妻乳,桧首击落在地,不失。

京都永定门内小市北精忠庙有四铁像列跪,历城周二南先生有句:"此日囚形同铸铁,当年相业但和金。"锺霖

昌乐县南有窦建德旧城,山间有泉林之趣。

明衡庄王府在青州南门外,石坊卧地矣。临淄城内有衡庄王花

坞，久废。临朐有园林，朱氏守之。

青州南门内冯相国花园有佳山堂，山洞曲折，木石尚存，闻皆衡府物也。冯氏后人尚住园之北院，高楼间奉文毅公像，纱帽红袍。

《通志》："冯相国，名溥年七十四，乞休，园名偶园。"锺霖

穆陵关在临朐县东南一百五里，踞高岭之上，古所称大岘山也。无棣今武定府。

琅琊为沂州府古称，临沂琅琊山在诸城县东南一百五十里，山三面皆海，始皇二十六年灭齐，登琅琊山作台，其上三层，每层高三丈，立石颂德。

日本国人到天津，言秦始皇遣徐市，率童男女五百入海求仙，不返，其处其国今其后人甚多。日本年代接秦世，至今二千几百年永未改元。偶见《日本竹枝词》："日出天皇号至尊，五畿七道附庸臣，空传历代吾妻镜，大阁终归木下人。""吾妻"，岛名，《吾妻镜》纪本国君臣事迹，"木下人"为平秀吉，明万历中，夺倭国，自号大阁王。隋时自称"日出处天子"，彼国称天皇。锺霖

锦秋湖界，新城长山、邹平博兴境上，可二百馀里，村沿堤住，以船往来，荷菱、芦蒲、莼鲈之属，颇为民利，而稻尤为上上田，村妇编蒲为扇，细软宜人，秋凫蔽天而来，弋之甚易。北人呼鲈为豸，初不为珍，渔洋山人咏湖诗极多。

渔洋山，太湖七十二峰之最小者，阮亭先生以为号鲈四腮。潍县东之淮河鲤，鼻四孔，不减黄河鲤。芦台沟河鲈鱼甚多，俗呼"芦乍"，即豸之讹也。

道光庚戌,馆博兴,每呼村间小舟畅游锦秋湖,口占四绝以志

人家环绕绿杨汀,凫鸟双双各刷翎。欲过小桥还自住,水蒹花上立蜻蜓。

鸣鸠飞上野棠花,随意呼船荡水涯。十里湖田新放溜,家家争插稻孙芽。

满湖秋水碧无情,客与问鸥雨不惊。独立高吟遥色暮,云山远处望新城。

织苇编蒲子妇忙,水乡今作郑公乡。锦秋湖上移家好,不是荷香是稻香。

锦秋湖纳诸邑之水,近湖皆受水患。博兴少尉郑公,浙绍人,招绍农八姓来博教兴水利,污莱变为膏腴,藕制粉,蒲制扇,制鞋,制绳,制团,四方以金易之,稻畦纵横,一切分割,砻硙之治皆依绍法。交秋,万凫蔽天,与鲈同贱。郑公殁,民立祠祀之,八姓附焉,八姓之后为博民,皆足衣食,兴利惠民,固不在位高卑也。锺霖

焦家桥袁姓为长山巨族,清悫公墓守倜在村外,古柏上巢白鸟,似鹭而小,有色灰者,食鱼以活,飞鸣可爱。

武城县属临清,昔属东昌,西汉属清河郡,今距直隶清河县四十里,乃战国赵地,有弦歌台,然非《论》《孟》所记之武城也。山东沂州府费县西北七十里锦州乡弦歌里,乃子游为宰之武城,东有灭明墓,关阳川有子游、灭明二祠。《史记·甘茂传》谓曾子居费之武城,即此。《弟子列传》:"曾子居南武城,在费县之北,泰山之南。"春秋(城)武城亦南武城。《地理志》:"定襄亦有武城,谓之南武城者别清河耳。"又嘉祥县有南武山,有阿城,亦名南武城,非言曾所处之武城也。余馆武城八年,特考而志之。

《明史》:"江西建魏忠贤祠,毁周程三贤祠,并其地且毁。"澹

台灭明祠像,怀宗登极,始禁之。嘉庆丁卯科山东乡试中澹台继来。锺霖

炒米店在长清南,往泰安道上,南北冲途,乏水,夏收雨水馀时炒米而食,东抚佛公伦过南,悯焉。为寻脉掘井,若干仞,未成,擢闽督,去。桑中丞格成之,得甘泉,名佛公井,店易名佛公店,四方汲者挨次取水。仁者固无处不爱民也。

临清产临桃,甜而香,食之津滴,又产水枣,圆而脆,嫩而凉,入口似冰,胄品也,树不多,故罕而益珍。又有莺剥落枣,似冰枣,著口即碎,然凉嫩不逮也。

山东肥城县产肥桃,皮薄香甜胜临桃,桃花山尤多。山多狐仙,恒作美女引人,有为引去者于洞间祷之,旋自回。山多蝎,人以铁筋掀石即得,满器即回,不可归途再寻,寻则巨蝎害人。肥俗供客必有蝎,腌而炸之如蚂蚱,然初至者多不敢食。

花果之盛以曹州为最,魏紫姚黄到今与洛阳并著,木瓜如枕佛手,玲珑一枚,可数斤,架木庋之,青黄色屡易,十年不落。石榴如碗,子如莲,实似红宝石,脆若冰,呼"罡榴",以每膜隔间三十六子,天罡数也,古称安石榴,殆不能过此。昔人有以宝石碧霞洗琢为石榴子给客者,以为罕珍耳,奚如罡榴之可贵乎。

京都堂花以牡丹为贵,秋时买自曹州,尚枯枝也。烘过牡丹,入地养之,次年仍开花。惜富室于堂花,过时便弃之,曲阜养佛手者甚多,佛手贡于章丘淄川,然所产不敷,于曲阜足之。

济南西郊匡山下泉甘土肥,民以养花为业,花类至繁,凤仙五色有龙爪者,尤可爱,有五色鸡冠,红绒鸡冠,菊百种,随插可活,如聊斋之黄英烈。锺霖

阳谷县古谷城也,有黄石公庙。

寿张县张秋镇有张相公，颇著灵示人，云老狐也。有属为撰祠联者，锺霖集句云："有德于民则祀，能于感物而通。"(扁)[匾]"有仙则名"。

鹿车即今二把手，北地最多，若独推小车，殆所谓薄笨车也，用以运粗物。近则济南省城皆用之，初见乡妇或老年左右坐，曰可行七八十里。后乃施以布垫，少妇对坐笑言过市，殊不雅观。余年近七旬，恒令长孙女作伴，坐游佛山，甚便。壮者可推四人，辘辘汗流以赡家口，有能推一人者，单肩用力，亦巧矣。

《风俗通》："鹿车窄小，仅容一鹿，似用鹿驾者。"考之，殆象鹿角形，即车把也，范丹送妻子推鹿车，可证，即今小车。锺霖

汉柏以岱庙中者为古，枝干若龙，矫若凤，盘状不能名。唐槐以曲阜圣庙中者为古，曲阜县署槐荫堂，前者亦榴等。青州府署大门内三堂东并侣园，共唐槐五，称"五树将军"，久著神异，守青者必拜之。

范文正公守青州，今署内有范公台，旁有两龙爪槐，盘屈夭矫如翠幄，如垂缨，非近时物，石刻题咏甚多。青郡四关有范公井，一亭覆之，公所建也。

雪宫在青郡城内西街，孟子见齐宣王处也。两大石狮尚存，石狮一名狻猊，龙九子之一。

垆姑庙在雪宫西，姑父铸物不成受刑，姑哀之，跃入垆而物成，以其孝，遂祀之。庙有大铜铎，相传大水冲来者，每晚击之，声洪而清，俗称铎楼庙。

济南学使署后有大钟楼，或言与藩署大鼓楼相配，相戒不可击。有寺久废，相传钟亦大水冲至者。

济南城内有垆神庙，东有宝源局，顺治康熙间，各省铸钱，有"东"字者济南铸也，今址尚存。

大水流钟，古亦有之。明成化间，大钟二荡淮水中，有声。总兵陈统祭之，一钟上令悬于朝宗门楼，声闻百里；一钟止泗上。见《彙书》。又长山城南楼洪钟数十年无声，万历间令张文龙祭而迁之西楼，遂大鸣。

京都宣武门外法源寺，本名悯忠寺，唐太宗征高丽死事将士丛葬于此，高台七八尺，曰悯忠台，有碑记。寺极宏阔，为丛林，戒僧列寮聚居，晨暮唪经，云"板铜点"，清规甚严。头门朔望始开，钟楼悬铜钟，有撞钟僧居楼下，绳系杵击之，无昼夜寒暑，或言此僧腊高。咸丰十一年七月杪，特访之，见僧浓眉碧眼，黑须貌古，若五旬者，询之，胡姓，名崇典，山西太原人，幼聋，耳内若蚕，家贫为僧。初至京依拈花寺，二十岁来此寺受戒，司钟职，颂经，不出寺者四十馀年耳。忽聪，每夜静闻天上音乐，又冬时隐隐若雷，有时白气自门隙入，聚形若狸，蹲视撞钟。日食者米饭两三钵，不知外间事，因梯视铜钟。顺治庚子，奉敕铸大雨抱，高七尺许，内外纯绿，都人有书亡者年庚帖钟内以超拔者颇多。僧自言八十五，人云近百岁矣。

法源寺后楼藏佛牙，四月初八佛生日，士女观者如云。乡会试年多租寓于寺寮者，殿前铁香炉上有钱亭，铸有魏忠贤名。

后殿廊壁嵌石，刻曹娥碑，多名人题跋。

寺后院有放生猪数口，躯大皮绉，牙伸二三寸，若象，行动颇笨。僧饲之，呼"猪道人"，云近二百年矣。

盘山顶云罩寺藏佛牙，横三寸馀，高寸馀，厚六七分，微曲，似骨板，一片，不分臼，或言似荒服异兽口骨。又有舍利子七粒，大若黄豆，淡红色，似骨，透光。僧以金瓶藏之，云："不，则自走矣。"舍利子一名坚骨子，炼僧火化时拨灰得之，则建塔以藏，人能养精修道，皆可有坚骨子也。

京都内城护国寺间，一屠者缚猪欲刃，绝绳，奔寺佛座下不出，喇嘛予价，到今养之，猪盖不昧者。往见乡人牵牛入汤濩处，

牛泪如雨,不忍视,力弗能禁,能劝人少杀一牛亦得。锺霖

潍县富庶甲于齐鲁,科第之盛,咸言郑板桥先生振兴之也。东门为潍水,一名白狼河,韩信囊沙为阵处。东南城上文昌阁旁生文官果一颗,结果多寡可验科第,诚信。城下有发科泉,板桥先生所甃也。

板桥先生诗字皆争宝之,时画竹兰题句寄意,与先祖克传公交契。先生宰潍县,所判讼词片纸只字,后人悉易尔裱成册卷。相传先生恶富豪,辄骂为"驼钱驴",好骑羸调帘入省,帖"回避"封条于羸鞍上。

潍士人多重名人书画,陈氏购山左先达名士书画墨迹,无论幅之大小,纸之残整,集装为册,题曰"桑梓之遗"。

潍县多筑园林,山池花木俱极幽雅。高家庄田氏园,历下陈雨人先生经画者。城西十里小于河陈氏园最大。城内一亩园初属陈氏,后归丁云藻署正。城南五里蒯氏园亦有林泉胜概,咸丰甲寅秋,余赴招远,过潍,丁云藻、郭少垞饯于一亩园之披云草堂,极尽清兴。少垞有小园在城北,种树者杨文善为假山,颇有丘壑,陈氏园即其手筑。

道光己酉,王芝山明府自博兴调潍县,相约至潍校阅潍阳书院课艺,得与邑之文士相接。芝山明府奉讳回锦州,时粤逆北扰,省城告警,因举室寓潍者六年,壬子、癸丑盘桓于一亩园,与丁云藻昆弟订交甚洽。锺霖

青莱海滨出白蛤,名西施舌,洁似脂玉,着汤即熟,鲜而脆,美品也。诸城黄石关间蛤壳有金纹者特佳。招远地僻物缺,惟海品颇多,且饱尝西施舌。河豚鱼白呼西施乳,河豚毒在肝、在子。

崂山有上、中、下三清,游人仅能至中清间,竹木深密,毒蛇名七寸子,竖地上,似干木,人触之受伤,不急治则烂。山僧有药可治。山深处有结茅兀处,欲仙者久则苦病而返,误于传言耳。下清多大竹,

岁(俱)[具]即墨县凉棚之需,差役藉公扰僧,故僧岁纳棚资于官,以免竹灾。

崂山东崖探海中,下产墨晶,人扳崖山下采之,甚险。

两次馆日照县,相传有狐仙,自言姓秦,人称秦师傅。好与人谈,不见其形,云来自西域,凡狼有道,神必考,试以等多为贵,十次优等则成仙。伊已三次矣,比人修道难十倍,可惜人不知自贵耳,言极有理。相传人能成仙,须有仙骨,亦必酒色财气屡试方能得道,较诗文考试为难耳。今以酒色财气试人,一试即露本性。

博山县城外有颜神庙,神座下出泉,流为孝妇河,非东海孝妇也。世言神颜氏事姑至孝,汲水供养,神鉴其劳,予以木,令置缸中,动木即得水,姑惧,拔之,水大溢,孝妇坐水上死,即座下泉也。夏秋水大,每为下游之患。

叶子戏有《水浒》名色者,按《居易录》:“张公叔夜官齐州,招安梁山泊,榜文有‘获宋江(考)[者]赏钱万万贯,获卢俊义者百万贯,获柴进、呼延绰、张清、武松等者十万贯,获董平、李逵者五万贯有差’。”故叶子有万有千有索,索即贯也。有饼,亦钱也,皆从榜文变格为之,俗名纸牌。

论葬石人曰翁仲,考《世说》:“阮姓,南安人,长二丈三尺,秦始皇使守临洮,声震匈奴。死,铸其形立咸阳宫司马门外。”后世用宠大臣饰终巨典,取威武意,石马取义,石虎取节,石羊取孝。华表,舜诽谤木之遗制,见《古今注》。

孔林有文豹、角端,无石羊马等,以表崇异。

孔林树木最繁,皆弟子会葬,各以其方之树植之于墓旁也。子贡、夫子手植楷者,干剥落犹盛,孙枝丛生益茂,与铁桧并为灵物。林外周环四十里,孔氏皆附葬焉。

曲阜产楷木,直而坚重,制为拄杖、象棋,人多购之。

圣墓西一古墓,古无考,《志》言在孔子前即有之。

孔林有守卫百户,官武植四品,兵百名,十月朔除林草。孔氏祀先圣扫墓，并各祭其先茔，车马喧填，人物繁昌，称为“林门会”。

曲阜少昊陵、周公庙、圣庙、孔林，皆生蓍草，若艾，又似蒿，从生五十本者为贵，然亦不必拘也。道光庚子，鄢陵张问竹明府昌权篆曲阜，聘为训其两嗣，偶移蓍草数茎于盆养之，人言蓍茎八棱为真，多以蒿茎充之。

圣庙有凤眼柏，皮作凤尾纹，又似孔雀翎，颜氏园中亦有此柏，近百馀年物，人言惟曲阜见此树，昔有解木作物者逐层皆凤尾纹。锺霖

互乡，《一统志》：“在河南商水县。”又言：“在陈州项城北一里。”《太平寰宇记》：“徐州沛县合乡故城，古互乡地。”刘芳《徐州记》云：“即《论语》之互乡。”

范蠡怀重宝去越，止于陶，即山东定陶县，以为陶乃天下之中，交易有无之路通，可以致富，自称陶朱公。

《世说》：“洛阳为天下之中，鸡卵中黄，不偏倚，可验。”或云在当时然耳，今疆域益大，当以湖南岳阳为天下之中。锺霖

仓颉祠墓在山东寿光县西门，濒河，见邑《志》。王彦章墓在汶上县境。

山东有壮夫，日行二百馀里，官有急要则用之，呼曰健步，唐曰驶足，见《刘晏传》：“晏募驶足置诸道巡院，凡货殖低昂及他利害，虽远辙知，以是能权万货轻重，自言如见钱流地上。每朝谒马上恒以鞭算。”

晏幼举神童，比贵，称善理财者，其才略可知矣。然全副精神，不善其终，固不如守拙为善。锺霖

超然台在诸城城上，苏子瞻有记，唐李德裕《平泉花木记》有超然亭。诸城古密州一称东武。

文昌帝君位列上苍，应文昌星宿，司人间禄命。《阴骘文》言十七世为士大夫身，固非无来历者。按文昌，《化书》“神姓张氏，出黄帝之子，名挥。初为山阴张氏子，有孝行，传法水医药救人，事周公，以寿终。投胎于谏臣张无思妻黄氏为遗腹子，《诗》所谓‘张仲孝友’也。幽王时因谏，鸩死，魂游雪山为神。治蜀，五丁拔蛇压死，蛇即神所化也。寻为赵王如意，又生为蛇，复生为张禹子勋，为清河令，再转为孝仲，复梦怡水府”云云，其说无可征然。谓神即张亚子，一作恶子，殊不可信。

《壮观碑》，太白书，字圆劲完好，在济宁州金乡县学明伦堂前。碑阴载：“贺知章官任城，白与友善，为书此二字。元至治出新丰里，人得此碑于沛中，后弃草莱，明初置今所。”《山西通志》：“大同府怀仁县瓷峡东崖上刻‘壮观’二字，人多摩拓。”又滕县厅事前古槐间石碣刻“壮观”二字，亦太白书，见《六砚斋笔记》。

咸丰四年夏，奉檄署金乡学事，时方扰乱，金乡被害最甚，未久，回齐河团防营，匆匆未拓，此二字，青莲先生书不多见。旧藏墨拓《游仙诗》八首，首句“碧落头衔朝侍郎”，诗意超妙，书似颜鲁公、裴将军诗，相传为青莲乩书。锺霖

四女祠在东昌府恩县古贝邱地，亦称四女寺。四女儒冠，相传为传清女。清字景山，妻罗氏只生四女，矢志事亲，俱茹素。父母以枯槐四株授之，曰：“能活，则各从而志。”四女插门前皆活，后拔宅升天，云在汉文帝时。唐王建诗注：“贝州宋处士廷芬之女，名若华、若昭、若伦、若宪，若华召入宫，令掌书籍牙签，后人立祠，塑儒冠者，以四女皆优文学为女博士也。”二说未知孰是。

天妃慈悲救生，崇封天后。考，后，莆之湄洲屿人，五代时闽都巡

检林公愿第六女，生于晋天福八年，宋雍熙年四月二十九日化去。尝朱衣往来海上，里人虔祀之，宋元累封。《夷坚志》：“兴化军海口林夫人庙，灵异甚著，今进为妃，是小时已封为妃。”元至元中，护海运有奇应，加封天妃。明永乐时奉敕建庙，赐名宏仁普济天妃宫，正月十五日三月二十三日遣官致祭，有御制碑。张学礼《使琉球记》又云：“天妃姓蔡，闽南台之南海间梅花所人，为父投海死。相传后字人，未于归，成神，世皆言林姓。”张燮《东西洋考》与何乔远《闽书》大略相同，又云蔡姓，俟考。考后家湄洲屿母遗菜子油，倾地，生菜，名菜子屿，误为蔡。

陆广霖进士云，台湾人称后为妈祖，风浪作时急呼“妈祖”，便服即至，若呼“天后”，则必冠帔，恐延时也。航海者皆言风涛危险，呼后求救。桅有红灯，黑夜有光，或神鸟集鸣，即保无患，若吴王庙神鸦然。天津北门外有天后宫，每年三月二十一至二十三后生辰，士民作大会，四远百戏杂陈，各处设灯棚，烛光香花三夜不绝，后用黄幄宝座，舆夫十六，鸾驾衣帽，同奉送生痘疹碧霞、送子四娘娘驾出巡，倾城士女暨各县父老妇女于街巷假室以观，俱秉虔诚，北方盛举也。会首立约谨严，故百馀年来无滋扰事，或言天后乃观世音化身。

世传千里眼、顺风耳。同治八年夏，《邸报》：“福州将军文煜、闽督英桂会奏，《福建天后志》载：‘金柳二水神，一曰千里眼，一曰顺风耳，宋时皈依天后，护海船，著灵迹。千里眼称金将军，顺风耳称柳将军。’康熙年间，福建提督施琅平定台湾、奏澎湖之役，将士亲见天后神兵助战，是日，庙中左右神像两手提袍，观者如市，现又护运米艘，灵应有功，请敕封秩，以示褒荣。”锺霖志。

黄河神大王将军久著灵异，历加封秩。考金龙四大王，谢姓讳绪，行四，浙绍人，南宋诸生，殉难为神，幼时读书金龙山，或云葬于金龙山。后于河上显神，披发执鞭，指水以淹元军。

问山舅父，曾示家谱，金龙四大王为远祖。锺霖

朱大王讳之锡，浙人，顺治丁亥进士，官河督，劳于王事，殁为河神。

黄大王讳守才，河南偃师人，生而为神，年七岁，乘飞凫上缑山。《志》称“焚符而止，沁溢祝天以救杞灾。送周王于金陵，三时即返。卷党柱于金口，一扫成功。康熙间自择葬地于万安岭，谓子孙曰：‘生未受封，死当护国。’殁后叠膺崇封”。

党将军，昔年河决难以合龙，梦神示须“挡得住”，适闻工次有呼此名者，招至，乃党姓，名得住，遂投诸河而龙合，旋露大手示异，为请列祀典为将军，所云“卷党住于荆口”也。

近年黎、栗两河帅、牛中丞鉴皆为河神。

河神化身似蛇，方首，金色，河上人皆能辨为某河神。每河干昂首蟠沙际，官亲奉于盘，肩舆迎入庙，即自升座。爱观演戏，呈戏目，神点首处，即喜，观者在座，久暂无定，倏忽不见，即神归矣。河决张秋，北方每见河神现相。咸丰十一年春，皖匪张总愚、龚瞎子等二十万扰东，欲渡大清河，两河水日涨，屡渡皆溺，河北得以不害，河南则浮尸日下矣。后乩书，河神阻遏凶锋，非虚也。锺霖

杨六郎庙近泰山西南蒿里山旁。按，六郎名延昭，杨业子，为宋名将。史言其居官多善政，罢官日，士民攀留，称颂不忘。子宗保、孙文广皆仕显。一云文广为延昭子。

山西挂甲树，云杨六郎曾此挂甲，官鄚州团练，使镇瓦桥三关，即今之十二莲桥。

天津东七十里潘家庄南有杨七郎墓，甚大，多狐异。村人言

庄为潘美故里,向有疑冢若干,今平矣。庄属顺天府宁河县,古幽州地,未考是潘故里否。

城隍庙皆有城池始建,山东益都县西七十里金岭镇有城隍庙,宁河潘家庄亦有城隍庙,古未建成。雍正二年,分宝坻为宁河,未考此庙后何县。锺霖

东昌郡城吕祖祠最灵应,柳仙亦时著异。浙江山阴赵叶舲兄,世交也,侨寓聊城有年。十四五岁时,忽有龙吉公主寻至,侍女皆古宫装,言与叶舲前为夫妇,逃转人世,生赵家,多年寻之始得,逼欲叙好,将捉之去。叶舲家奉吕祀,乩言:“柳仙庇之,女不得近。”女怒,声言率族来战。叶舲恐,家人求救于柳仙。仙令制桃木剑,择郡城西偏空阔处筑坛,高三丈,请印官监临,一郡皆知,至期,天阴风厉,仙(属)[嘱]叶舲道装披发,仗桃剑登坛,亦不自知,何以能剑术。环观远立如堵,第见剑光如电,兵刃争杀有声,杀伤颇多,每落清水,初不见女形,有狞恶者断其臂驰去,叶舲昏坠坛下,官民俱寒栗,旋晴霁。叶舲觉,柳仙点其额乃醒,仙曰:“女为雌蛇,汝其雄匹,女恨汝之逃转人世也久。然女命不应尽,恐尚不甘,汝非其敌,避而潜修也可。”遂令候其处小车上,所挂草鞋卖而著之,行如飞,半日至保定。其叔游幕于直,家保定,依而告之,多不信,数日家书乃至,共惊讶。在保有年,女无耗,柳仙教之作内功。有诣其剑法者,以不谙答之。或强之一舞,骇为神异。柳仙知而责之,乃益自晦。老而健,一日寐坐,婢入室,见其身后圆光如镜,惊扑,后无他异,以寿终。每与柳仙言,家人称听其自语耳。仙助叶舲,不为异物捉去,亦以其根基可造耳。东郡人多能言其事,余非与之交(西)[而]知之,素将以为怪矣。

叶舲世叔从子铁生,在临清幕司度支,为同馆,偶询前事,云叔无他异,惟四时常以大木盆闭户自浴,搔身落皮屑。叶舲世叔嗣亦习度支。锺霖

历城县城隍庙大门内西塑守阴狱者，长身披发，伸舌泣血，麻衣，方高帽，书“常常见喜”，多以为吊客也。前馆河南乃知为张姓，名滋和，山西人，性朴实，在河南太康县秋阁镇贩布多年。一日，贼劫于路，资罄，愧难归，因自缢，有灵护行旅，或遇匪人必预警之，使不得劫。久之灵益著，行人心戒，呼“张老滋”，则若有随行者，必无失。州县盗案莫获，祷于张，亦必即得，官民义之，邑宰为请于上，为之立祠，称八府总巡，到处祀之如社翁。生时喜食烧酒油果，祀必具焉，即“常常见喜”也，故塑像作其缢死形。有言其夜每出游者。

京都城隍庙有黑白无常鬼，人云时夜遇之，不以鬼为怪。历城人言夜遇“常常见喜”，每有喜事。锺霖

世称包孝肃为“阎罗王”，屠赤水先生《鸿苞集》云：“向以包公为人严厉，必刚肠铁面，使人可畏，及读其奏疏，固是长者，无一处不忠君，无一事不爱民，惟执法太峻，不敢干以私耳，聪明正直之谓神，无不近人情者，固非怒目切齿欲搏人者也。”

相传包公有断双钉案，今考知为韩晋公滉官润州时事。

包公笲现存沧州运判署，公官长芦监运使时所乘，虽敝而竹木皆具，每修治之以存公迹。沧州，古之长芦运使各官驻此，后移天津，只沧州运判驻沧，道光二十七年，裁沧州运判，命天津运同兼治。同治元年秋，权运同篆，时至沧州，特瞻此笲。

笲皆作轿，即肩舆也。考淮南王安《谏击闽越书》：“舆轿而逾岭。”“轿”字见此，又似今之轿车，或云竹兜子，即轿之制也。

唐时长芦有二：一长芦县，隶河北道之沧州，即今地；一长芦镇，在淮南道扬州之六合县南二十五里，陆放翁《入蜀记》：“发真州，过瓜步山望长芦寺，楼塔重复，江面渺弥无际，殊可畏。”

李太白有《送赵少府赴长芦津》诗。锺霖

土地即社公,古乡社皆祀之。《汉书》有“社公社母”,故土地祠皆塑老夫妇像。《费长房传》:“鞭笞百鬼,驱使社公。”即土地也。

东坡诗:“社公烦见辍,为尔致羊羹。”自注:“樗为土地庙所蔽,余始迁庙墙北。”锺霖

梁山泊一作梁山泺,今山东郓城县境,宋之郓州,山不高大,亦无苇荡,有梁山营都司驻兵。近年黄水溢,郓境尽水,呼为“水套”,曲折深奥,莠民相聚为匪,不易捕除。山上有寺,闻僧隐,匪扰民,旋捕诛之。郓民素良,乃屡残于贼,又厄于水,流离失所,匪得诱之为患,官斯土者所当切图之也。

《水浒》小说亦有所本,非尽杜撰也。大刀关胜为宋江胁之入寨,称梁山能将。考《通志》:“金兵薄济南,守将关胜喜使大刀,屡战兀术,一日追至渴马崖,求水不得,马跑得泉,因名马跑泉。后金人贿刘豫,诱杀之。”初未言梁山事。

又,方腊本名朕童贯,改曰腊,不知所终。当时擒者非腊也,方腊年号永乐。方腊党吕师囊,台州仙居人,皆实有其人。锺霖

礼拜寺为回纥礼拜之地。回纥一曰回鹘,唐肃宗时借其兵,始入中国。会昌中,回纥衰弱,降幽州者前后三万馀人,令散隶诸道,始杂居于中华而不变其本俗。《旧唐书》:“宪宗元和二年正月庚子,回纥请于河南府、太原府建摩尼寺,许之。”此礼拜寺之所从立也。《新唐书·常衮传》言“始,回纥有战功者得留京师,惟彼性易骄,后乃创邸第佛祠或伏甲其间,数出中渭桥与军士格斗”等语。纪文达公《西域闻见录》记之颇详:“今寺皆在西方,殿无神位,铺地一大芦席,凡其礼拜日,阿浑说经,众回纥曲躬立听,皆脱屦殿外,始入,外人莫能窥其所奉者何,且多忌讳,故汉回每不浃洽,莫如令做汉人祠庙,皆得瞻

拜，则日久汉回相融，为及今之妙法也。”回教科第中人云：“彼教以清净为主，诸皆可从，惟父母死，不得衣衾棺葬，是必不可从者。”

每见外国火轮船至天津，帖揽客货条名，中国人执役船上者曰唐人，盖自唐时入中国，不知称汉人也。各外国在天津者，七天一次礼拜，凡与中国人交易货物以礼拜为期立约。锺霖

荐福碑相传为雷击碎，东坡有“运去雷轰荐福碑”之句。施愚山先生《矩斋杂记》云：“予友蒋襄仲客荐福寺，僧雪山云：‘碑为李北海文，欧阳率更书，当日拓碑工役骚然为僧累，一夕乘雷，僧众碎之。适范文正公欲为书生拓千本相助，诡言雷击也。’”杨升庵《丹铅录》言：“好事者取碑石合而卧树之，尚可摹印，今无有矣。”

向见《潭帖》，刘次庄《戏鱼堂帖》有颜鲁公《祭侄季明帖》。同治八年己巳冬日，沈阳张子笏鹾尹缙，以海滨渔人所得石拓《祭侄帖》见遗，神采飞跃，视争座位，三表苍劲，中饶秀逸，胜于向所见者，诚鲁公盛平书也。有宋吴郡陈深元、吴兴陈绎曾、文衡山、罗念庵各跋语最后。《志》云：“右中丞聂双江家藏，中有翁方纲书，一行石刻两面跋，多模糊。”子笏得自同乡友，言“道光初年郭兰石太史自闽航海抵沈阳，泊舟触石，载多沈石刻为所珍贵者，重资捞之不得，近年渔者网得之，弃作猪圈门石，践蹋损其跋语。友之戚讨作砧，友见而辨之，喜若得宝，携而秘焉，以乞拓者多，深藏不出”云。太史书法重海内，此帖诚足为所珍贵，当其失时不知后人之能得也，憾何如。使渔者碎，或弃之，太史或当日获之而去，此石亦将渺不知其所归矣。乃茫茫大海失而出，出而传，太史亦因之而俱传，造物之巧耶，抑宝物之不终秘耶！特为石刻告诸同人。

辽阳医巫闾山，一名广灵山，几与五岳并称。与医巫闾山相

近,而两大者曰千山,千峰耸峙,关外灵秀,僻在边远,文人名士罕至,而题咏之未著海内,若隐士之不求闻达耳。乾隆间,前编修闽中陈梦雷谪戍沈阳,有《游千山记》,读之如身到蓬莱,无妙弗现。陈后献赋复职,晚号松鹤老人,占奉省籍。子筠有沈阳王瑶峰太史《尔烈书》《千山记》二册,可称双美。锺霖

济南南山有鸟,鹰身,首啄似鹏,大若犬形,颇恶。然养之驯而能守夜,彳亍院中,人不敢近,山人以其声呼为"狠虎",或云"恨狐",以能食狐兔也。按《尔雅》所谓"宵扈啧啧,夜为农驱兽"者,殆此,扈有九种,各取为农事。

南山有天鹅,纯白,与家鹅同,大与人等,性野不能畜,飞高难下,每起必先平飞,然后渐高,体重也,山人以铳取得之。背而售,翎可为扇,肉似牛,未知何处作巢。家鹅亦可守夜,见生人则舒胫鼓翅,鸣而逐之,畜必雌雄,惟鹅鸣,不能自伏其卵,以鸡伏之或火坑暖出。

鹅与鸽皆不食肉腥,亦不食虫药,有鹅不食草。

同治五年秋,海滨人笼白鹤二来蓟永署求售,价颇昂,且需饲以蛇鳅鱼蛤,方耐冬。署隘,莫能养,乃载而入都卖之。言鹤自大海飞来,到岸不能起,获之甚易,为之太息者多日。海滨人秋深捉鹰甚多,亦自海岛飞起,盘折海中,茫无落处,一投岸,累弗能动,任人捉耳。人言鹰至春不拿兔,以兔有胎也。

京东海滨有雕户,秋冬于草荡张网囮而获之,雕大于鸿,啄似凫,碧而利,翮健凌云,产自北山,每雌雄至海际寻食狐兔,亦每攫食小猪,故人以小猪诱之。翮可为扇尾,十二枝做扇尤贵,以有芝麻花者为上品。初用做箭翎,今则都人无不握芝麻雕扇矣。花纹有成字形者值银十两。海东青乃青雕最俊者,做扇值银二三十两。

北山人有乘雕外出探雏归者,雕抓石飞击,石重二十余觔,

力大可知。

海滨秋冬间铁雀数百为群，大于家雀，腿黑似铁，故名。网即得之，为美品，然伤生太多，天津近年多打雁者，官屡禁之。

四足之美者鹿，两足之美者翔，翔，雉之健者。分判蓟永，海隅寂寞，然北近永平、遵化，鹿脯、鹿尾、肥雉、松鸡时可悦口，海螯、对虾不为贵矣。

天津银鱼三冬美品，出监院前者尤美，金眼，银身如凝脂，原水养之可一日活，鱼在水中，身透似晶，可爱。永平遵化北连边外，恒有得鹿茸者，茸以茄包为贵，稍长呼马鞍桥，亦佳，再长呼黄瓜茸，长而粗者呼瓠子茸，血太发泄，力便薄。鹿含草，雌与雄交不已，雄鹿不能起，雌寻此草饲之即起。人适见而得之，方真，然不易辨，殆所谓灵芝草也，俗称灵芝，菌属，乃松斗入山土中蒸久所化，有数枝者，紫色为美，盘山恒有之。山产松蘑亦鲜而香，较口蘑味清。

近山海关内外涧生虾蛤，黑色，至冬而肥，土人以为美味。云腹有白脂尤肥，呼"哈石虾"，腊以送人，不及活者味鲜，不知者不敢下箸。锺霖

明湖有翡翠，立荷茎窥鱼，入水攫而食之，点缀红白莲间，极可爱，惟色不及滇南之艳。

湖苇间结巢之鸟，俗呼踏踏去，夏将雏，秋去。《说苑》："鹪鹩，巢于苇苕，聚之以发，谓之巧雀。"殆即此鸟也。

历下有四美蔬，春前新韭，秋晚寒菘，夏浦茭根，冬畦台菜。考茭同蔛，或云芰根也，俗呼茭白，水边皆种之，剥叶似笋，佐肉食甘脆，惟置久生黑点，败絮其中矣。"苔菜春满黄花"、"黄菜花中见鹊山"，即咏此。(子)[籽]可为油，交夏则老。秋末种者，三冬食之最美。根似蔓菁而小，亦可食。菘为北方家蔬，秋日处处种之，茎白叶碧，层包大可四五斤。善藏者，次年夏初尚鲜美，安肃菜即此，岁生特大者，呼

“菜王”,乡人相贺。瓢儿菜,箭杆白,皆菘类,不及菘种者广。腊韭以历下者为贵,园丁于九月间粪壤培韭,向阳遮篱,覆以厚草,晴则晒之。一月芽四五寸,嫩黄可割。腊初再割,则叶绿茎白,味美于秋。岁朝用供珍厨,为他处所无。菜圃冬苔,与养韭同,得价颇厚。谚云“一亩园敌十亩田”,然三冬病畦亦甚矣。

晋王恺与石崇争耀豪富,见崇为客,作豆粥咄嗟可办。每冬得韭蓱齑,恨不能及,密赂其帐下,知豆难熟,预作熟豆末,客至但作白粥,投之韭蓱齑,乃捣韭根杂麦苗耳。悉依之,遂争长。崇知之,杀向言者。以口腹杀人宜其败也。向见他处烘韭苗,谓之韭黄,多杂麦苗,不如腊韭远甚。济南固时和土沃,亦培植得法耳。

南北呼菘统曰白菜,济南又呼为黄芽。

或呼菘为笋奴,为菘负,屈北食菘固同南食笋,然菘有独味,笋每假他味为美,且菘食多无伤,笋食多则辣,故菘可御荒,笋不能也。盖菱白呼笋奴宜。

历下四美蔬咏 锺霖

春前新韭

谚云“花下藕,苔下韭”,盖秋韭生台花者,冬韭焙黄,恒杂麦苗欺人。历下园户冬初培韭,腴篱覆草晒,长数寸可割,腊再割,绿叶白茎为饯岁盘珍。

培根覆草,滋壤灌泉,抽簪翠半,削箸牙圆。劳于夏作,翦目春前。苗黄非贵,叶碧乃鲜。烘愈窖伏,暖藉篱编,午晴三割,寅饯一肩,种满畦韭,敌数亩田。

秋晚寒菘

菘腴而脆,不假他味,能自有味,半碧半白,层包如剥蕉,冬初出畦,无贫富皆蓄之，撰无丰约，每食不厌，京都以叶做冬菜，有异香，家必瓮腌佐粥，质久不变。云征吉祥安肃，岁生特大者称菜王，乡人相贺。

腴而玉洁，脆而冰凉，叶包半碧，芽绉层黄，品能独贵，大可称王。既崇春宴，更蓄冬乡，无珍不匹，致远逾香，异瓢儿种，比箭杆良，宜馑宜粥，云征吉祥。

夏浦菱根

菱同蕺，或云茭根也，济南多种之，名菱白。夏末秋初，剥叶食，其口以寸为度，若玉版，北方珍之，南人弗贵也。日久生黑子，中作败絮，谓之笋奴也可。

箨披似竹，叶展同菰，鲜堪比藕，嫩恰胜芋。名曰菱白，种满明湖。采殊菱芰，秣豆草刍，或疑玉版，亦徇珍厨。尝新味旨，置久津枯，为蒲之友，是笋之奴。

冬畦苔菜

苔菜秋种冬食最佳，春生者花黄满地，“黄菜花中见鹊山”，即咏此叶。似菠棱根，小于蔓菁，亦可食，子可为油，宜肥宜素，岁晚美蔬也。种法与腊韭同，北地殊不多见。

维圃有苔，腊韭同登，小于莱菔，大似菠棱。烹葵相接，采菲孰憎。拟春不老，可冬青称，助肥速客，茹素宜僧，咏黄花候，见鹊山曾。香娱晚节，咬菜根能。

《月令》“四月王瓜生”，《本草》“土瓜”也。蔓生似括蒌，瓜老，飞子似絮，俗每误为黄瓜。黄瓜，瓠属也，济南正月与堂花烘生，获重价。五月及八月生者，嫩小有刺，最美。

刺儿菜，北方遍地易生，春秋两见，乡人茹食，能和血，名蓟菜花，似小绣球,淡红色,蕊间生虻嘴,刺牛出血。

考蓟州本作鄚,古幽蓟皆冀州域,黄帝后封蓟,舜以南北广远,分燕北地,置幽州,蓟为幽州渔阳郡。锺霖

益母草即萑,北地最多,《诗》"中谷有萑",兴有女,慨叹以草益母也。诗人咏物入细处,有常见之草,多不知名,考证疏也。胡蝶花即射千柽,即三串柳,楈即马缨花,樗即臭椿,栎俗名臭桃,禽兽草木虫鱼皆一字名,呼两字者或雌雄,或别名也,博物方知。偶考虢,乃蝇虎。

京都天坛益母草制膏,四方购之,以地灵也。不知京东到处皆生,遵化一带山间尤多。制膏皆云天坛者,犹山东阿胶以东阿为真,因阿井水性伏也,不知济水皆伏。煎胶与东阿同功,且驴皮不必尽黑,在制膏纯净耳。锺霖

济南山中多草药,泰山下有制百草膏者,治病多而效。凡泰山之草悉采而取汁为之,和以百草,霜即锅背灰也。

《聊斋》"水莽草",《本草》云:"茵,芋类也,有毒杀人。"今莺粟花作膏为鸦片烟,亦药类耳,本名益寿膏,少用助气消食祛风邪。(子)[籽]可为粥,利咽喉。东坡诗有"童子能煎莺粟汤"句,吸多则损人,然未闻云杀人也,乃近日服鸦片烟致死之案颇多。有用物灌活者,不活者亦多。人言死者身软无青色,《洗冤录》中当详载也。服鸦片烟毒,有即死者,奄坐俟气消,未解其理。

鸦片烟自通商名"洋药",纳税,然半开半禁。外国人殊不吸此,有服此膏将死,遇外国人用药水灌之,旋吐得生,未识所用何药,一物一制,外国以此营利必有制此物之法也。内地种此者颇

多，京东皆于农隙，如种菜然，不减洋药，(子)[籽]制油如芝麻，香可食。北地有草，名押不卢，云食其汁立死，以他药解之即苏。华佗洗肠刳胃攻疾，先服药令死，已，复活之，殆即此草，大似莺粟花。锺霖

参有五种，人参为贵，方书所言皆党参。初以上党为贵，今则辽东参为贵，每南银一二百两，有起死回生之功。相传参随王气而生，宝物也。《本草》云："一名神草，一名地精，年久作人形，故名参娃娃，百年难遇也。"凡人参成形，每有虎虫守之。近辽东以参子种之，数年大如粗指，名秧参，力薄价日低，然亦胜党参十倍。人言泰山有四药，参不易得，《抱朴子》云："肉芝七八寸，似小儿，食之成仙。"

枸杞年久，根有异物，似狗而小，为枸杞，精食之长寿。济南卫巷一宅有(者)枸杞，二(而)年物也。枸杞近井水即益人。

遵化州北三百里雾灵山极高大，人迹罕到。山北为蒙古地，有得人参者，不减辽东参。京东北山间村皆养蜂，酿白蜜似雪，清香，岁出若干觔，以供京都，作茶食蜜糕。人云蜂非参花不成白蜜。

高丽参昔年颇贵，近多用秧参，不用彼参。锺霖

济南夏食蒲笋，蒲嫩根也。有种鲜蘑者，菌类，菌生秽处，湿气所蒸，每有蛇子。水芹丛生水中，鲜碧可爱，有食之受毒者，亦云有蛇子，或毒虫子在芹也。

竹贲为凤凰食，自古云然，初未见也。咸丰二三年间，济南竹多开花，似稌穗，未见结实，人言竹开花主乱，一云花则竹枯。

《诗经》"邛有旨鹝"，音逆，草名，杂色，似绶。前在潍县见陈氏有吐绶鸟，大似鸦，鸡项，吐肉绶，(采)[彩]色如肠，逾时自敛，

一名吐绶鸡。《韵会》曰“真珠鸡”，即鹝也。《本草》云：“或剖视之，一无所睹。”陈氏有红鹦鹉，亦能言。

海丰张笏山之兄自云南解铜到都，携秦吉了一笼，黑身，似鸲鹆，略大，黄耳垂肉，能作人言，俗呼了哥，一名清吉了。锺霖

沂青间产香稻米，似糯红色，清香养人，多购为珍馈，又产薏米。

丰润南之王兰庄产红稻，呼红莲稻，逊香稻而味厚质坚。丰润北山上水路泉水，合泺州唐山之泉水为斗河，引灌稻田四十八顷。初为商人王某私产，后呈内务府为官田，由县收租解京。近庄可开稻田之区尚多，惜民惰耳。丰润产旱稻粳米，长而细，蒸饭碧色，俗呼蚊子嘴，不减海淀粳米。玉田以产旱稻名县，玉泉沙可以琢玉，擦铜器，出玉田县南河中。

有赠茭米者，云产蓟州水中，叶似蒲，米似莲蕊，略短，不多有，炒食出油作芝麻香，可代茶，言能固气，殆所谓雕胡米也。

京东近海多斥卤草荡，旱潦不时，不常种粱谷，乃遍地生黄粟，似蓬子，黑，似小米，香而稍咸，海滨人收以为食，云养人，久服且寿。亦生蒿，结子为油，味烈，蓄备荒，年久不变，天爱此一方苦民也。

近海二三十里，远望似长堤，土黄，可种谷秫，呼为海唇。唇内外皆卤地矣，人言海久南徙，则此唇当日为海，不知何以土性忽异。

羊鱼大似小羊，尾如猪，有针，著人即毒死，或云以此针插人首间顷即入心，故捕得，先去其针，肉似脂膻，似羊，故名。锺霖

葵类颇多叶，能卫足者向日葵也，俗名朝阳花。叶大如扇，花如盘而厚，(子)[籽]排如鳞，可食，北方到处有之，秋末始老，所云“四月清和，惟有葵花”，或就南方言耳。

蜀葵，济南俗呼光光花，似木槿，紫红，白色、淡红者似牡丹，丛生，宿根，直茎，大叶，花附茎，自下而开，或云开至七朵则麦熟，又名熟七花，盖“淑气花”之讹。

淑气花似蜀葵，小丛，花似瓜花，紫色，《本草》入药，治妇人血。秋葵花如黄绢，蕊有台，似琥珀，大若茶碗，叶歧若距，壳如棉桃，略长，有芒花，渍油，疗汤火伤。

冬葵见《本草》，未详何种，或常见，不省耳。

蜀葵蕊黄如粉，且多蜂，采为蜜，云疗蜂病。人家宜多种也，一名一丈红。外国诗所云“五尺栏杆遮不住，尚馀一半与人看”也。

蒲葵扇俗称芭蕉扇，亦葵属，叶似芭蕉，或云蒲、葵乃两种。锺霖

历下七十二泉考七十三泉，长椿泉附

王锺霖

历下泉称七十有二，未知名自何时。宋李文叔有《历下水记》，金源人有《名泉碑》，元于钦《齐乘》云：“泉名七十有二，见《名泉碑》。”然远载中宫、灵岩、诸泉，而华不注之华泉、明水镇之明泉皆失，未取名，亦多未雅，是泉虽名具皆未考。历下名泉而实七十有二之数也。明济南晏佥事壁有《咏七十二泉》七绝，旧《志》载其七十一，新《志》载其二十八，无硃砂、白云、金虎、槛泉、滴水、灰湾、汝泉、白虎、林汲、煮糠、花泉、垆泉、鹿泉、乃有朱公等十三泉，并及章丘明水泉，征遐漏迩，亦嫌未协。沈椒园廉访《贤清图记》谓“旧泉九十，新者五十有五”。历城旧《志》云：“得泉五十七，而《通志》未载，邑里考证，名佳而弗显者，尚不下百馀泉。”道光丙申，济南太守王中峰先生镇浚濠疏

泉,名略具而未见其详论者,每以未知七十二泉之实为憾。余生于历,就《志》之所载,见之所及,在历下城内外者稽旧增新,无俟远搜旁绍,足符七十二泉之数,其按图莫索,或山河川峪志有其名,仍附存之,以见吾郡随地出泉,灵源不胜纪焉,若跃珠澄翠于僻岫荒村,恐君子泉隐而不闻见者,仍不少也。

按《山东通志》载:"七十二泉华泉为首,以见诸传也。趵突列二,泉实称最。"石湾、金虎二泉注"废";汝泉、染池、龙门三泉言"在神通寺东",其实附寺井池,未见名著;混沙、灰池、灰湾三泉亦止一派;环金线泉之柳絮、卧牛等泉皆随地而发,今亦多淤;若中宫镇东南之都泉、车泉,南山间之垆泉、独孤泉,梨峪、袁洪峪、石崮寨、张城岭之熨斗泉、苦苣泉、鹿泉、龙居泉,又王舍人庄东北之白泉,皆遥隔数十里。山溪涧沼遗者正多,近在历城,城内外之泉尚难尽述,固不若舍远而取近也。

趵突泉 济水发源王屋山,伏行至济南西门外,涌列三泉,砌若瓮口,激喷数尺,四时若雷雨声。曾南丰先生云:"济泉甲天下,趵突为最。"吾郡唐济武先生云:"行几遍天下,所谓第一第二泉者,皆不及吾济诸泉。"毛海客云:"济南名泉七十二,惟有趵突称神功。"同治八年春,余立石泉上,名"第一泉",有记。

吕祖殿在泉上。相传李对泉中丞,戴廪延人,少遇道者,约异日泉间相见。及抚东,忆而访之,瞻像恍悟,请乩,书联:"胜地自从开府辟,仙人原为对泉来。"今悬殿柱,字势飞舞,诚仙笔也,无款识,或言手直指书,未的。

舜泉 即舜井,一名源源泉,在历城南门内,西邻舜庙。旧《志》言:"明湖源于舜泉,殊不流通。"晏佥事有《双女泉诗》,谓"舜二妃"。《志》言:"双女泉在南山西务西陂。"

香泉 舜庙西庑下,方池覆亭。旧《志》云:"六十年水辄发,溢满城。"明万历丁未一溢,康熙癸未又溢。相传天书在池内巨龟腹,明王云芝探花池上咒,龟露顶,县令寻至,惊没。《香祖笔记》亦载此事。

乾隆间,道者仗剑咒龟,几得,水大溢,官至,复潜。道者云是合不死,然不可为患,书符镌碣,镇池上,曲折若“佛”字。今碣断,以石镶之,惧龟之出云。

濯缨泉 即濯缨湖,一名灰泉。《志》言“在明德庄王宫内”,即今抚院西王府,池周六十馀丈,喷珠铺藻,清不知底,咸称海眼。水穿民居间,过起凤桥、后宰门石版下,入百花洲,归明湖。历下之泉以此为大。学使署亦有濯缨泉。

珍珠泉 在抚院署,旧为明德藩府,庄王有记。康熙乾隆间为行宫,御题“清漪”,作霖镌二碑立泉上。

白云泉 以张都督宏白云楼名,张文忠公有《白云楼赋》。明德藩就建白云亭,《志》言:“在濯缨湖上。”当近王府池。

知鱼泉 在抚院署,有金碧巨鱼七八尺,丈许者约二十尾,掉游若龙,映日曜采,抛以饵,争吞可观。

濋泉 在抚院署即朱砂泉,朱竹垞学士有记。

散水泉 在抚院署东偏,泉环亭榭,潴为后,沼称海子。竹石丛树,蒲藻映碧,水深莫测,有巨龟如盖,呼龟将军。向可荡舟由后宫门达百花洲,入明湖,出北水门,绕北元至小清河,游华不注山。今筑墙设两闸以时蓄泄,民居满院后。

雪泉 在藩署名士轩南,学使翁覃溪先生有记。

凤翥泉 即凤翥池,在藩署二门内,以凤翥石名,江方伯兰有《凤翥池记》。

玉环泉 在布政司大街。

惠民泉 在布政司东。

洗心泉 在按察司署,有洗心亭。明周雨村廉访东建有记,《志》未载,今依记补出。

华笔泉 在贡院内龙门前,江方伯作池,通凤翥泉,归明湖,《志》名“华笔池”。

大比泉 在贡院内提调道门外,有明成化年碑。

不匽泉　在济东道署内，旧名滴水泉。督学赵公申季有跋，云："宋观察澄溪为忠节，巡按公学，朱之孙署中得泉，孝思所感，爰题'不匽'。"安丘张待诏贞有记。

双忠泉　在布政司西，即百脉泉，以双忠祠名。赵学使甲季有记。双忠祠祀明巡按宋公学朱、历城县尹韩公承宣，同守城殉难。

流玉泉　即府学頖池，沈华东太守名曰梯云，亦曰玉带泉，纳芙蓉泉水，流入明湖，旁有铁牛池，池内有铁牛山，水浅每见。

芙蓉泉　在芙蓉街肆后，澄碧畅流，由街石(版)[板]下入府学頖池，通漱玉、白云诸泉。

毓秀泉　即饮马泉，在都司旧署之北入芙蓉泉，明都司署今为泺源书院，昔属武备，今焕文明。"饮马"之名，且嫌未雅，易为毓秀泉。

功德泉　即放生池，在济南书院西邻书院分藩署西园。地建泉，通藩署，雪泉从书院内山石隙流出，入小沧浪，归明湖。覃溪学使有《雪泉功德水记》。泉上有寿佛楼，《志》未详载，依记补出。

名士泉　济南书院泉也，泉石清雅，灵源浚发，旧无名，《志》亦未载，因名士轩泉同脉，取杜少陵"济南名士多"句意，以名此泉，补《志》之阙。

孝感泉　本名孝水，以孝子汲泉供亲得名。《志》言"唐天宝六年，敕改孝感水"，后易孝感泉，在西门内太平寺。

太极泉　在太平寺北，明许殿乡读书处。

宜男泉　在太平寺街，本瞽女泉，《志》言："宋刘庭式娶瞽女，三饮此水，生三男，因名。"事近(付)[附]会，名亦未雅，因改宜男。

罗姑泉　即罗姑井，在历城县治东唐罗士信故宅。

杜康泉　在舜泉西，相传杜康以此泉酿酒著名。杜量扬子江水、惠山泉水一升，重二十四铢，此水重二十三铢。一云泉在西门外。

感应泉　在北极台下，邹袭有记。

汇泉　在北极台南、汇泉寺间。当杨柳落叶，芦荻初芽，南山远印水中，历下八景所谓"佛山倒影"也。

大方泉 一曰大方池，在明湖历下亭间，湖纳众水，夏霖弗溢。相传此水深漏，又名漏泉，一名海藏。

历山泉 在南门内迤东历山顶街南，俗名"两山夹一井"。历山在街下，所云"三山不显"，历山、铁牛山、灰山也。泉为历水，近东南城，城址皆石根，泉从石根通城外白石泉，《志》未载。

沧浪泉 在西门内迤北，一名小沧浪，近铁公祠，刘文佑文学有诗。傍泉多养金银五色鱼为业，鱼种颇多，以龙眼、凤尾、虎头、狮子、鸭蛋为上，有蓝色、玳瑁色者，购自莱阳，有银晶者，其体透明，《志》未载。

百花泉 即百花洲，在百花桥北鹊华署南，数亩澄鲜，蒲荷交映，远望南山，似不隔城市，《志》未详载。

曲水泉 即回龙湾，在抚院署后，脉连珍珠、濯缨诸水，澄清喷珠。居民为塘，养金赤鲤，长三四尺者多尾。婚娶家租其双尾筐箩采饰，水藻盛之，配笼鹅鸡凫羊酒多品为礼，旋还鱼于塘，虑或伤也。泉旁茶肆曰曲水亭，对百花洲，垂柳小桥，浣衣垂钓颇娱茗谈。《志》载："回龙湾，昔年院署行舟所经。"未详此泉，特为补出。

秋柳泉 在学使署东北，《志》言"北齐博陵君房家园池"，王阮亭先生顺治丁酉于此间咏秋柳，起诗社，名秋柳园。《秋柳四首》为明吴邸老宫人而作，当时和满大江南北。今园池犹在，拟名秋柳泉，以补《志》所未及，而志景行。

右泉三十六，趵突第一，列之于首，馀泉皆在历城城内，《志》所载而人所知者三十，其洗心、功德、名士、沧浪、曲水、秋柳为人所共知。(西)[而]《志》或未详，余因掩有名无考之黑龙、黑虎、金虎、北漱玉、鱼池、刘氏六泉，而以洗心等六泉补之，非敢妄易也。名胜所系，探微有不如其征显者，若瞽女矜残，奚若宜男之滋瑞？饮马肄武不如毓秀之涌，思昔人"滴水"易为"不匮"，"百脉"易为"双忠"，名从其雅，地以人传，仿而为之，后人顾名思泉，当不致有吴秋鹤之诮。秀水吴秋鹤云："不宜以新名易其旧称。"

华泉 历城东北十五里华不注山下,“三周华不注”,齐顷公华泉取水即此。舜泉之外,此泉最古,《志》言:“历城东北乡张马泊有花泉,周广数亩,为一方水利。”

鹊山泉 鹊山若屏,华山若钟,鹊西华东,辅弼济城。昔曰鹊山湖,李杜诸公有诗,后湖废,近泺水,即公会齐侯于泺之水也。鹊山下有泉,《志》未详载,特补之以媲华泉。

云锦泉 元历城张文忠公养浩云庄之云锦池也,在城西北十里药山下。云庄久荒,泉殊未改。

望水泉 在趵突泉而与登州泉相近,《齐乘》所载之万竹园泉。明殷文庄公为别业,曰通乐园,后归王秋史外翰,以金源人《名泉碑》次第曰“二十四泉”,筑草堂,属王安节为图,有记。

登州泉 在趵突泉西,即白龙池,邻圆通寺。

金线泉 在趵突泉东北,《志》言:“泉源齐涌,澄泓见底,南北时浮金线一道。”元遗山《济南行记》“泉纹若金线,夷犹水面,有灵泉庵。道士高姓,善琴呼琴,高留子信宿。进士解飞卿,好贤乐善,从游又十日,款曲周浃”云。明邑进士谷继宗于泉间为别业,曰深柳读书堂。道光末年,济宁刺史徐树人先生曾购居之,及门好友文宴其中。泉石竹水,薜萝杨柳垂墙外,花片游鱼西过来鹤桥,入趵突泉。

柳絮泉 在金线泉南,《志》言:“泉喷珠沫,如絮翻飞。”

马跑泉 在金线泉东北,澄碧喷珠。泉上有庙,水穿墙窿入西南城河,寸虾巨蟹与鱼争戏可观,羊枣树合抱,斜临泉间。

洗钵泉 在马跑泉西。

皇华泉 在金线泉南,一名木鱼泉,入趵突泉。

漱玉泉 在金线泉南城内,有北漱玉泉,无考。《志》言:“或近濯缨泉。”今抚院署西及北,无家无泉。

北煮康泉 在趵突泉西北,又有石湾泉、东高泉、酒泉、满井泉、浅井泉、蜗牛泉皆在趵突泉西面,或淤或存,载在志乘,见诸歌咏,多不胜纪,故第附其名。《志》又载:“四里山有煮糠泉。”今无考。

湛露泉 在趵突泉西南,《志》言:“近无忧泉”。无忧泉,今不知其处。

饮虎泉 在趵突泉西邻,一名饮虎池。

双桃泉 西门外丁字街,北入江家池。

天镜泉 西门外江家池也,为江浚家池,张观察鹤鸣改今名。方塘一亩,深澄晶莹,荇藻如铺翠,交冬愈鲜,或于池心置盆草,四时不改色,近泉有东、西蜜脂二泉。

温泉 西门外东流水泉,温气蒸,旁生蔬甲,经冬愈荣。

五龙泉 在天镜泉北,名五龙潭,广而深。传有潜龙,祷雨灵应。潭上祀龙神,塑五龙盘楹柱如生。晴午入庙,隐若欲雨,流为三娘子湾,一云灰湾,或云即北诸,非也,前人辨之。泉上有云雨亭,王秋史有记。庙为唐秦叔宝故宅,有碑。

悬清泉 一名贤清泉,泻入三浪子湾,沈椒园廉访有《贤清园记》:“园十馀亩,池方可三寻,源如贯珠,北穿篠道,泄石窦间,与趵突等。古木臂竹,花备四时,高柳夏荫,根浸皆红。菱荷荇藻交映,金鲫银鲦畅泳自得,草堂在叠山间,颜曰贤清堂。泉水环曲磴廊榭,以合于北园,为德州罗氏所修。”《记》作于乾隆十三年。

余读《贤清园记》,忖其园之景物,为今周氏《琅园志》所谓藉书园也,在东流水北面城临河。

漪泉 在温泉东北,张氏漪园泉也。王渔洋先生有记。跨泉水为亭堂楼阁,杨柳合抱,竹荷参差,级石陟高,南山前列如画,水入西城,河达北园,归小清河。《志》未详载。

槛泉 在南门外,碣曰“古槛泉”,源清流畅,汲者若市。

寿康泉 在南门外迤西有石碣泉,通城河。大木交荫,蒲荚丛杂,多垂钓者。

圣水泉 在南门外迤东张仙庙下,泉最清甘,饮之愈疾,祈子仙前每杯泉水供面,归遗细君,辄生男,因名圣水。

珍珠泉 在圣水泉东,称南珍珠泉,别抚院泉也。泉深面洁,如珠如晶,球喷至水面作碎声。傍泉浣女,砧杵若擂鼓,衣经泉涤若新,他水则逊。

玛瑙泉 邻珍珠泉东可二十步,甃池为塘,深碧见底,碎石杂色映日,与泉源错落,拟以玛瑙,非虚也。游童跃入泉底,翻筋斗以嬉,观者抛钱入水,若金蝶旋舞将沉,童随之倒捉,口衔以上,颇快人。

黑虎泉 在玛瑙泉东,黑虎庙殿阴石根喷泉,夏寒沁肌。相传泉通南山五十里之渴马崖黑水湾,弃糠计时于此泉出。曾南丰先生《记》有之。或言中隔岭谷,初不相及,以验糠为妄,不知济水性下而劲疾,见蔡氏书《注》。脉无不周,随地而现,有不可以执论者。

黑虎泉下水芹如碧莎,碎黄花一片可爱,有泉喷尺许,甃之以石,亦小趵突也。随地皆泉,多则不贵耳,水中有黑石如卧犊,传为落星。

白石泉 在黑虎泉东对城上魁星楼,即三角楼。细泉沮洳,如万斛珠,小庙石桥可坐数人,烹茶暖酒待月,最为爽敞。曲阜桂未谷有记,乔松石所咏“十步一泉声”也。

魁星楼址石根出泉,如蟹吐沫,如煎初沸,流入白石泉。城下敲石作鸡鸣,余拟名之曰鸡鸣泉,脉迩城内历山泉。

魁泉 黑虎庙西郭氏别业泉也,后归番禺冯子良司马。竹石曲折,古树缠藤,萝垂墙外拂城河,开窗下钓肥鲫、尺鲤,随手可得。莲沼柳塘,异鸟时鸣,与泉声相杂,为城南大好林泉,泉无名,以近封魁星楼,名之曰魁泉,以补《志》阙。园主人回番禺,廉值即售,自顾囊涩,且以官为家,每忆昔人“小筑园林负城郭”句,为之怅然。

青龙泉 东门外青龙街中间,临城河,有响水闸水磨,名东响闸,近闸有泉,泉上堆土石为山,古柏小庙颇具峰峦之致,题曰“海岛金山寺,东郊青龙桥”。夏秋山泉齐发,过桥而北入城河,历下东面诸泉,《志》皆未载,兹即街名名泉曰青龙。《志》载黑龙泉在龙洞。

城西药山北有响闸三,一曰响泉。咸丰五六年间,黄水自张秋镇决,入大清河,城北泺口一带水及楼栏,溢过药山之南,三闸皆沦没矣。近每水溢,药山下见闽广船。

五柳泉 在北园双桥寺(面)[南],流入小清河,北园纳北门所出明湖之水,稻畦菜园,荷埂柳堤,村落皆桥通来往,为城北胜境。昔年自抚院荡舫,由明湖出城,宛转北园间,随村可住,直达小清河,入大清河,元于思容《齐乘》尚言及此。今舫道久淤。游幸之区为膏腴之地矣。泉源无数,《志》未一载第详,北园桥名殊觉减色,特以北园适中之五柳桥以名泉,则环城皆泉,似较全备。

近北园有柳阴桥,泉水活泼,柳桥如画,亦可名柳阴泉。

甘露泉 在千佛山东大佛寺下,石刻“天生自来泉”。《志》言:“宋崇宁大观间守令僚属,春日劝耕,每于此泉试北苑茶。”石壁镌字尚可辨。

大佛寺东有道士泉,一曰乍忽泉。夏泉如瀑,冬月每竭,其发颇疾,故名“乍忽”。又有长生泉在寺前,窦姑泉在寺北,余刻“逍遥游”三大字于泉上石壁,与岱之对松山,京东盘山,山海关间角山刻者同。

函山泉 玉函山迤东函山峪俗名花山峪。泉也,山半方塘,澄深见底,水从石龙口出,流为川河,山人言脉通郡城南关,诸泉相距二十馀里,亦有验糠之传,《志》未载。

浆水泉 在城东南十四里窑头庄南小村旁,山洞滴如甘浆,石上有巨凹承之,村人序取,四时不竭,夏水涨发,流入七里河。又,盘水镇东南亦有浆水泉。

柳泉 济城南五十里中宫东两十馀里太微观前,一称柳泉观。停泓鲜碧,流入锦绣川,晏佥事壁、翟鳞江先生凝,皆有诗。咸丰甲寅秋,余同毛寄云、李小湘、小岚、汪滋厚、林馥庵诸君游柳泉观,泉上银杏为数百年物,叶嫩黄杂,四山槲、柿、枫、楂,艳逾春花,川名“锦绣”,非虚也。南山三川,曰锦绣、锦阳、锦云,锦绣为最,三川之泉无数,柳泉为著,志之以赅其馀。

林汲泉 在佛峪钓台下,《志》言:“泉自壁间飞泻,穿云度樾而归于壑,最为名胜。”又载:“蕊珠泉在西佛峪崖上。”

白龙泉 在龙洞金沙泉西,一名白龙潭,流入龙洞。圣寿院长官诸潭祷雨，辄应。环城外数十里名泉不胜纪。佛峪、龙洞相近，距城四十馀里，士大夫所恒游，因志林汲、白龙两泉。

道光壬寅夏旱，托爱山中丞祷于龙洞，未至十里间，将晚，易服，只随一弁步行，雨至，近无洁舍，庄寺童塾师为乡人胡殿甲，让榻请宿，脱粟蔬羹，雨倾不止。中丞询胡，甫冠，应童试。夜试以诗，比明，驺从至中丞诣圣寿院叩神，冒雨而归，送胡书院肄业，得入邑庠。

右城外泉三十六，合城内泉共七十有二，鹊山有湖，漪园有记，函山泉亦久著，而《志》或未详。魁泉、青龙、五柳泉著东北，不可或遗，拟名以补。趵突实冠济泉，馀泉见于郡志，虽不可废，然在趵突左右，若石湾、东高、无忧、酒泉、卧牛、满井、浅井、东西蜜脂，或存或淤，故第附其名，其他一池一井近趵突者，所在多有，因止书其著者，如远在县境，《山村志》载之泉尚百有二十，或鲜美称，亦乏歌咏，遂不具录用清。七十二泉之目，不敢谓去取悉当，惟泉与名称，似视前人加斟酌焉，如灵源曰盛，地以人传，更望后之君子为泉赐名。

七十三泉附　五龙潭西穿地为池，有泉涌出，又南纳天镜泉水，助其趵突之势，高喷可二尺，泉上有川上精舍，文士时相宴集，或读书其间。曲阜桂未谷外翰馥有记，人称七十三泉。

长椿泉附　同治十一年壬申夏，藩署头门内西老椿，风折见根，去椿出泉，署藩长白长笏臣方伯赓，治而名之，曰长椿泉。

第一泉记

（同治八年春立石泉上）

王锺霖

济水源自王屋，伏行至济南，随地出泉，不止七十二也。而趵突为最。天下名泉，扬子第一，惠山第二。长白麟见亭先生谓趵突可与二泉伯仲。吾郡唐际武先生云：“行几遍天下，所谓第一第二泉者，皆不及吾济诸泉，惜陆羽未品之耳。”夫泉之著名在甘与清，趵突甘而醇，清而冽，且重而有力，故潜行远而上腾高，若水晶三峰，欲凌霄汉，而四时若雷雨声也。噫，异矣！毛海客云："济南名泉七十二，惟有趵突称神功。"又云："呜呼！此泉洵第一。"碑记尝读曾南丰，则趵突实为第一，因名第一泉。

附：天下名水

陆鸿渐以庐山康王谷水帘水第一，无锡惠山寺泉第二，蕲州兰溪石下水第三，峡州扇子峡下虾蟆口水第四，虎丘寺泉第五，庐山招贤寺下方潭桥水第六，扬子江南零水第七，洪州西川西东瀑布泉第八，唐州相岩县淮水源第九，庐州龙池山岭水第十，丹阳县观音寺水第十一，扬州大明寺水第十二，汉江金州上游中零水第十三，归州玉虚洞下香溪水第十四，商州武关西洛水第十五，吴淞江水第十六，天台西南峰千丈瀑布水第十七，柳州圆泉第十八，桐庐严滩水第十九，雪水第二十。

张又新《煎茶水记》："扬子江南零水第一，无锡惠山寺水第二，虎丘寺水第三，丹阳观音寺水第四，扬州大明寺水第五，吴淞江水第六，淮水第七。"

扬州蜀冈井，陆羽品为第五泉。

白云泉在天平山上，为吴中第一水。

卷 四

济南王贤仪麓樵氏书 男锺霖、宝霖敬录 孙寿恩校刊

交际心殷

余与当道大人先生游,所交与知者:琦靖庵侯之果达,钟云亭先生之儒术,恩朴庵先生之诚实,刘眉生先生之慈祥,王霞九先生之敦笃,陈慈圃先生之明慎,徐树人先生之文学,舒自庵先生之和平,梁寿庵先生之教化,侯理庭观察之坦白,王英斋先生之纯厚,周荔腴先生之朴雅,陈贞白明府之恬澹。皆宦名山左,卓卓可传,我心仪图之。所云"为之执鞭",所欣慕者,又有相交最恰。风云流散,笔而书之,以志弗谖。

滇南李复斋先生文耕,字心田,昆阳进士,两任邹平,有硕儒名臣之概,书法似朱文公。修范文正公祠及黉山遗迹,振文教,彰节义,治水利,邑人立位以祀。陟东臬,修景贤书院,祀张蒿庵先生,纪事泐石。邀余至邹襄理刑钱,相交以诚,劝余谋仕,云:"有作为,奚为人做嫁衣?"噫! 愧甚,感甚。

邹平虽简,连章丘长山新城,俗皆淳朴。山水明秀,桑田沃饶。无村不有书声,故人文蔚盛。三馆于邹,至醴泉寺,坐画粥堂,想见文正公品节,早立先天下忧后天下乐也。文正幼在长山曰朱悦,后请复姓。朱氏亦立祠,祠旁古槐为当时物。黉山界长山、邹平,因文正公而著。登山望锦秋湖,或西山观仙灯,豁人心目。后馆东府,每过邹平,徘徊不能去。

先严咸丰乙卯二月初间，自招远回省，抵邹平西关，忽终于车上。前在博兴，属友制脖器，置邹北乡，即取而用之，殆始终爱此地也。痛哉！锺霖

恩竹溪明府福，正白旗，孝廉。善书。官山左，坦率，精拳伎，省会遇卖艺者，辄解衣与角以为乐，人言弗恤也，多称为“恩标子”。寮友寡合，访余纵谈，遂订交。每放言骂人，莅官不延刑钱。友云：“有六房事可了。”遇疑难案，专询于余。恒坐大堂，判讼无留滞，至各乡与父老道家常，劝学评文，就为分区直事。夜腰铜钟，骑马缉贼，贼畏若虎，民爱之如父母。宰阳信，访盗于村，室灯人语，越墙而窥，几见执盖，适产子也。呼语曰：“遇我子有福。”归遗米肉焉。道光乙酉，任陵县，调内帘，得士最盛，悉令至署助资。遣仆庖入都租小寓，属公车早上，专心进取。报罢者，恒周之。噫！爱民待士若此亦贤大(去)[夫]哉！乃以狂忤，劾戍，愤懑，卒于道。质美未学，良可惜也。

杨莲峰先生镇，汉军，进士，吏部正郎，守青州。道光丁亥，聘余佐治。公暇谈经济家常，每三鼓忘疲。兄仕慈京邸，岁时寄食物，皆太夫人手制，必分赐。太夫人安都中起居，迎养未许。为(光)[先]生择续配，望抱孙者切。先生每度岁，见人有家庭欢。己丑十月二十三日，地震甚，太夫人思之深，遂于庚寅春陈情请养，士民送者众，咸祝益州之重来也。回京来函，装册以志不忘。望锺霖成名，恒殷殷教诲之。戊子，充内帘监试，鹿鸣宴所设龙门品物，特赐锺霖以为勉励。

附：莲峰先生书

麓樵弟台大人：阁下欢聚三年，情同骨肉，一旦睽违，驰系如何。愚兄仲春廿七日抵都，慈亲康健，见游子归来，喜动颜色，而来已数月不服药矣。经理家计，高年仍不嫌琐屑。而一切办置仍属家兄手画。近为诸从简约，盘无兼味，犹是部郎光景。回忆在青郡，趣味真有不同者。亲族年谊世好，略为应酬，已费三千

馀金。虽未能尽如人意,亦只好藉此收局。所幸都中知余者,谓此番出守尚无疵类处。感吾弟勗我不置。近时承欢之外,颇形疏懒。门虽设而常关,车马之客日过我者亦鲜,暇与云亭、云章数同年一聚。四月间将小女许与(厢)[镶]黄满洲工部那主政公郎,现任库使,名润龄者,议于九月间过门。愚兄续胶一事,闰四月廿日定正黄满洲现任奇台县德明府公女,年三十三岁,觉罗氏。择七月廿一日过娶,系云亭昆仲主媒。嫁娶两事,次第料理,已有头绪。知□垂念,特以奉闻。刘错山明府到京接读瑶函,敬念伯母大人康强,逢吉额颂,实深吾弟。(清)[情]况不卜可知,夙重当逋自尔屣迎。我辈平口所谈真索解人而不得,兄在都无不极为推毂以报宝眷,在青良非久计,吾弟自逆知之。来书言迁居朝山街,地狭室小,未识贤昆玉仍同居否?竹湄三弟尚馆平原否?金文波令表兄时通音问否?尹竹农方伯素知颇为关切,近有书到,自计可远就否?韩召亭仍否就席博山?周半峰先生作何过度?兄挥手而去,竟不能顾及旧好,实切耿仄。吾弟日费素重,喜素逋一清,勿再重息取借。“事到无可如何,须念咬菜根”,是我两人在青谈心时语,免得将来不宽绰,又为他人做嫁衣也。非在深交,此为过火语。然欲茹仍言,直是青署宵深烛烬时语也,吾弟以为何如?文郎两世侄,年少隽发,定卜竞爽。大世侄天姿尤佳,加以精进,即见干云直上,公车到都。即于舍间下榻,无租小寓也,书不尽言。家慈命询阖府清祉,愚兄杨镇顿首。

恩朴庵先生特亨额,满洲,进士。守武定,聘余司刑名数年,交洽,嗣为钟云亭先生聘至济南。首郡公烦,发审案牍尤多,时切兢悌。临清教匪马进中案,累系可悯,援引请缓,云亭先生多依活之。先生名进士,由司马守济南,相交水乳。以家在省垣,日多酬应,乃馆青州。

程少胪仁弟兆纬,江苏人。馆武定书记,旋以少尉分山左。朴庵先生观察首道，檄令道署笔札，补按察司司狱。

刘错山仁弟光斗，奉天，进士，山左知县。性慷爽，有名士风。所莅称良，与余交，若手足。调诸城，余馆青州，因公到郡必畅叙，酒后高歌，以余不任酒为憾。岁时至省登堂拜先慈，俨然犹子。改铨南方，旋赴玉楼，为之伤怀者有年。

音月桂明府德布，满洲，生员，官山左。与人交，无城府。权篆日照、聊城，皆聘余佐治。日照士民制诗歌以颂德政。同馆苏又溪彰阿、张铁樵两兄皆相契。铁樵家甘省，乏资莫归。子忽丐而至，遂发背疽，卒于济南寓。可伤也。

厉实甫先生秀芳，仪征人，壬午孝廉，誊录，铨宰武城，邀余入幕，八年如一日。性爽直，颇与余同。偶事相执几绝交，旋释然，无城府也。学有家传，兄弟联科第。以家藏祖烈士先生《独快山房文集》见遗，诚先正矩矱。先生以儒术为治，武城虽非言子所宰之邑，而士民咸以弦歌相助，先生亦以鸣琴期上理。偶有水旱灾，若躬撄疾。修弦歌书院，时进学者，论文赋诗，制堂联云："此地乃三分治人七分治水，所望则十年树木百年树人。"上游咸器重之。陈慈圃中丞勖为循吏，并道及余。卓荐将调历城，以母老请养，士民乞留不得。去武日，远近夹道泣送，两日始出武。先生爱才，见锺霖课文，收为弟子。训迪而期望者切。甲辰，锺霖幸登一第，为湖南宁乡周荔腴先生房首，感先生造就者素也。先生是科东闱同考官，胞侄研秋太史从先生学最久，主中州试。先生闱作有句："我有阿咸隔千里，一帘明月共冰心。"

实甫师，江南名宿。锺霖以塾师称，佳之课文呈教，师大改削，详为指示，始悟此道，有传授也。乙卯，研秋先生陟东藩，师到东谒见，薇署示及家乡逆忧之苦，知先严甫安窆，相对沾襟，旋回扬州。后知师殁，伤哉！喆嗣寅官已噪，庠序即见，接武翰苑，以慰师也。著有诗文集、日记梓行。辛酉夏，研秋先生署兵部侍郎，锺霖行走车驾司，昕夕呈稿，蒙垂睐焉。

同馆施文伯廷献，钱塘人。沈雪斋亲家高弟，纳知县，分山左。以回避游幕，省分改江苏。其妹婿张肖眉太史，洵相识于文伯处。在武城盘桓半载，壬子，入词垣，直上书房。

文伯明府改分江苏，鲜通音问，后知与肖眉太史先后殉难。阅《邸报》，附志《太史阖室殉难略》。锺霖

张肖眉太史洵，浙江钱塘人。道光庚子举人，咸丰壬子进士。授编修、清秘堂，直上书房。咸丰十年，浙江被围，太史省母回杭，适城克复。初，太夫人谈夫人施率子典、叙典暨女投水，得救，夫人命两子护姑，甫避于乡。逆又至，令女投井，携子叙典死于池。将军瑞奏，旌其孝义。太史继室劳奉母抚子，母殁。十一年秋，杭复困于贼，太史守制襄军务，合城乏食者两月。十一月城又陷，太史衣冠北叩，从容以死，夫人劳与两子随之死，其仆逸出，传太史《绝命词》三首："血战孤城力已穷，席前借箸竟无功。白云堆里吾将去，前辈风徽有戴公。　往事追思泪泫然，妻孥三命赴清渊。而今收拾全家去，地下重教骨肉圆。　箧内犹存御赐衣，澄怀风景已全非。微臣虽死心犹在，化作啼鹃向北飞。"前许太常卿、彭寿孙司业诒经，先后疏请谥、建祠。

张问竹明府昌，字文珠，河南鄢陵人。道光辛巳，尹竹农表舅父主试所得士。时年最少，抱负不凡。家贫，挑知县，分河工，改山左。谳局有声，权篆章丘、济阳，为最烦难，民不敢欺。争输赋以邀赏，不俟比敲也。补堂邑，夜恒骑马缉匪。村各相警，以官必至，匪不能存。公馀快饮，为诗文，醉则染指作画入神，或泼墨作烟雨景。精医学，以少药见功。云："如用兵在精不在多也。"属李小湘聘锺霖为书记，兼课其子，督锺霖攻举业如师。任堂一年，撄重疾，见锺霖报题名，强起，握手忻忻，云："所望果慰。"旋出缺，惜哉！

问竹明府与李小湘表兄素好，署章丘，属延书记，曰：“欲得如君者。”因荐至章丘、曲阜、济阳堂邑者六年，兼课其两子，实训子而主训师，甚相得。初偶不合，欲辞馆，慨谓曰：“吾辈读书，每有此傲气，惟相期在毕生，不在一时。俟君不须我，我不须君，方散。”自是日交深，乃未竟其材。得心疾，垂危，见《题名录》喜，(酉)强起曰：“将快睹君达以征相知，今稍慰然。然君之前程远，我之永别迫矣。”泣下，旋瞑，似尚有所属而未尽者。迄今溯之，廿馀年矣，感我知己，何日忘之。

陈栗堂先生宽，安(用)[州]望族，月溪殿撰曾孙。道光丙申，联捷进士，山左即用。器宇俊伟一时，有“两名吏”之誉，谓与问竹明府也。补齐东，调历城，擢临清刺史。爱士惠民，列门墙者日多，科场多助士卷资。任历城癸卯乡试，限于号舍，遗二千馀，士集省难归。乃请设棚号，得全录送，寒颜广庇，颂满二东。复与后任详请添新号二千二百馀舍，每以赋限中省，额莫能广，为怅。庚子，调内帘，与人曰：“房卷七八百，止能中十之一，其馀未必皆逊，而白首莫售，宜和氏抱玉泣也。”先生八次乡试始捷，于此道甘苦知之也深。太翁希祖，乐善好施，致家中落。先生性孝友，谋食且学。弟酉峰壬辰获隽，或誉弟而轻兄，先生益自砺，比登第，而向之盛者多衰矣，故时以之警人。临清水陆冲要，先生巨细无疏漏，文庙书院城池，倡劝一新。朱宣初太守赠联：“目览词义，手答戕牍，耳行听受，口并酬应。”咸言无愧焉。守济南，值逆北扰，筹御练勇，四境亦各团相保，得民者素也。所莅迎养双亲，紫盖练仗，前驱郊迁入署，观者羡叹。不置俸，不私蓄，年世戚好，来函乞者无不如愿以去，岁时又专足分赡之，待举火者无数，故负累至重，门第显耀，宦箧萧然。

栗堂师至孝，待弟怡怡若孩提。镌有“君子之第一乐”、“六朝甲第，九世簪缨”两图章。顾五芝太夫子彧，安州名宿，英俊多出其门。师累家计,几废学,太夫子授之联捷,为名吏已,以选拔广文,令湖南,罣议莫能归。师赍黄金为完亏,迎住临清,一载,复为置产,以养馀年。锺霖童试受知,列门墙,在临司书记校书院文者五年。咸丰十年秋,师以道员带引,锺霖行走驾部,蒙步访于寓。授济东道,未一月而逝,身后萧条。酉峰世叔官侍御,相继殁。因公入都过师前孙公园旧第,已易居停。同治八年,济南府县同梦言于大宪陈栗堂观察云:"奉敕受济南府城隍之缺,向无专庙,择地建焉。"施愚山先生督学山左,梦古衣冠者揖,有所属,旋与东藩孟津陈方伯炌赴药山,寻李沧溟墓。碑无字,仆草际。方伯曰:"所梦此,待公也。"恍然悟,为文泐碑。觅其后人,修趵突泉侧白雪楼祀之。栗堂师孝友,聪明正直,尝言与济南有缘,固应理阴阳也。锺霖

文怡园参军增,九江世家。太翁调钧,临淄少尉。怡园需次临清,于武城相识订交,权篆蓬莱有声。咸丰四年三月初,发逆困临清,张寄琴刺史初投井遇救,怡园与同城,日夜防御惫甚。城西南隅轰陷,夫人王曰:"不累君父子矣。"即经,俟气绝,方营殓。贼拥至,刃死其次子,攒杀怡园,烧其室,其寡长媳伤,昏积尸下,比贼窜,苏,莫能起。次媳谢,为余乙青内兄女。先在省,迎嫂寻姑暨夫骸,归九江,而怡园骸未得。寄琴刺史与阖室皆死,仅仆负幼子越城出。

馆临清,与文参军交洽。当临陷时,在潍县,忽梦旧友孙竹樵死矣,后询,果与其同事皆死。学正高密单孝廉为宪,年九旬,品粹学富,衣冠坐明伦堂,含笑为贼所害,孙侍侧,亦死同时。交河令、曲阜进士孔菊农明府庆珪,嗣丙午孝廉繁渥,号沾邻,翰林博士,守父,同遇害。纶音一门,忠孝节义,单氏祖孙忠孝,皆梓桑伟人,垂芳千古。

临清及门王淑琳,字惟堂,官刑部司狱。在家办团,与州绅

陈习之同殉难。惟堂素称“善人王家”。

历城武星一，参戎殿奎武生，伟躯朱面，从征喀什喀尔有功，时任临清都阃，横刀驰马，杀贼无数，血胶衣于鞍。城陷，自(然)[燃]火药库，尸随焰飞，逆自惊杀。据获逆言，众见朱面神驱之互斫，遂狂窜。大兵民团追截至黄河间，剿尽。星一赠秩建祠，子尚父，官都阃。锺霖

尚论景行

人往风微，兴怀遗爱，矧亲灾者乎？或仰山而深慕，或倾盖而言欢，心焉数之？用笔以纪，亦谓交天下之士也。济南名宦，代不胜书，明湖名胜，自杜少陵陪李北海宴历下亭，李青莲、曾南丰诸公著于天下，地亦以人传欤？

北海太守李邕，字泰和，江都人。淹贯古今，重义爱士，名满天下，任淄州刺史。少陵父官兖州司马，东郡趋庭，得游历下而亭亦千古。北海为李林甫胁杖而死，年七十。少陵作《八哀诗》，读者伤之。

颜之推字介，琅琊临沂人。博学敦行，北齐平原太守。著《颜氏家训》行世。

颜鲁公真卿，字清臣，临沂人。之推五世孙。登甲科，以孝闻。官平原太守。测禄山为逆，同寮多为逆党，阳托诗酒，实备其变，蓄志殉国。书刻《东方像赞》，取字大可久。河北陷，不知君所在，公使参军李平蜡丸藏疏以达。玄宗喜，有“不识真卿何状，能若此”语。禄山杀留守李澄等，使段子光以三首恐河北，公腰斩段以固人心。从兄常山太守杲卿为贼害，公以十岁儿为质借兵，推公为帅，大破贼众。肃宗即位，李、郭复唐室，叠进公秩。代宗朝为刑部尚书，封鲁郡开国公，加太子太师。李希烈陷汝州，卢杞忌公，令往论，因遇害。

按,公守平原年三十馀,遇害年七十八,谥文忠,墓在费县。陵县公祠有公像。碑载:“真卿奉命来此,事期未竟,止缘忠勤,无有旋意。然中心(恨恨)[悢悢],始终不改。游于波涛,宜得斯报。千百年间,察真卿心者,见此一事。知我是行,亦足达于时命耳。人心无路见,时事只天知。”下刻:“观此笔迹,不显岁月,以事实考之,盖使李希烈时也。希烈以建中元年陷汝州,卢杞建议遣公奉使。至正元元年八月丙申公遇害,困质贼庭者,逾二年。刃加于头而色不改,度无还期,誓不易节,盖书此以自表云。重既摹公之像于蒲,绘而祠之。又访得此石本,状貌老矣。公以乾元元年自同徙蒲,至奉使时垂三十年,气节不衰,而状貌非昔也。乃刻石而实之祠室,俾观者有考焉。靖康元年七月壬申,朝散郎秘阁修撰知同州军事唐重书。明嘉靖十年辛卯夏四月朔旦泐石,知县虞城王麟。”锺霖

曾南丰先生巩,字子固,江西南丰人。守齐州,有德政。治章丘,霸王社众。编保伍,置里鼓,有盗鸣鼓相接。建明湖北渚亭,诗多载郡志。谥文定。明湖有祠,前武定守(江而)汤公世培联云:“北宋一灯传作者,南丰两字属先生。”

晁补之先生无咎,济州巨野人。举进士,试皆第一。知齐州,重修北渚亭,有赋。徙知密州,晚号归来子。齐州今济宁州。

苏公昆仲,年少同登进士,皆以文学名世。子瞻官东武,作《超然台记》。任登州五日移徐州。十月祈海神,见海市蜃。子由,齐州书记,故云“弟子由适在济南,闻而赋之”。在黄州仿白香山忠州东坡,亦号东坡。子由致仕寓许,号颍滨逸老。

泰山、孔庙、东海为东方三大。两次登岱,至曲阜,惟未至蓬莱阁观海市为憾。阁有避风亭,临海,夜不摇烛。壁有南海招铭山明府子庸以帚画,丈馀,大竹如挟,海涛有声,未知有人刻于石

否？锺霖

张叔夜刺史，字稽仲，开封人。知齐州，平淮南盗宋江等。移知青州。靖康从驾至白沟河，绝粒死，谥文忠。

李清卿学士若水，原名若冰，洺州曲周人。登第，为济南教授，试为天下学官第一。靖康随驾，死之。谥忠愍。

韩魏公琦，字稚圭，相州安阳人。进士。初通判淄州，谥忠献。

黄山谷道人庭坚，字鲁直，洪州分宁人。治平中，举进士。尉莱芜，移监德平镇酒税。

董魏公搏霄，字孟起，瓷州人。元国子生，辟陕西行台掾，除济宁路总管。毛贵攻济南，两山皆赤。公夹大涧为阵，大破之。老病，弟昂霄，代领其众，命守河间之长芦。贼突，刺死，无血，惟白气冲天。昂霄亦死。

赵魏公孟頫，字子昂，秦王德芳后。赐第湖州，为湖州人。程钜夫御史荐之，同知济南路，拜翰林学士。帝眷厚，呼以字。书画满天下，谥文敏。夫人管子雍奕，并以书画诗名。

施愚山先生润章，字尚白，一字屺云，号愧萝居士，晚号桨斋。宣城人。顺治己丑进士，官刑曹。视学山左，负文章重名，崇雅罢浮，文风丕变。按试东莱，雷雨，士集堂不能试。时久旱，先生口占七律以壮多士，和者甚多。高密王飏昌诗最佳，后官大宗伯，《聊斋》所志，爱士之切可见。分巡湖西。年六十二，荐博学鸿词，中二等四名。授翰林侍讲。修《明史》，主试河南，有《豫闱公约》八条："正文体，辨实学，慎涂抹，勤搜览，重后场，广呈荐，融我见，别嫌疑。"读书人为之感泣。以词臣致仕，有诗文集行世。在东与王阮亭、高念东诸公唱和最多。

靳文襄公辅，字紫垣，汉军旗。进士。帅东河，治骆马湖水患，著《治河方略》。

毕秋帆尚书沅，字潮生，镇洋人。乾隆庚辰殿撰。巡抚山东，为名臣。著作宏富。与阮芸台学使纂《山左金石志》。

佛公伦，满洲正白旗舒穆氏。巡抚山东，整饬纲纪，懔然难犯。悯长清炒米店无水，寻脉凿井若干仞。民挨次以汲，名佛公井，易称佛公店。与河南铁公铉同立祠明湖。

铁冶亭尚书保，号梅庵，满洲正黄旗栋鄂氏。进士。抚东多德政。善书。同江方伯兰分藩属西园。建济南书院，有泉石花木之胜。修泺源书院，书事泐石。督两江，失察山阳知县王伸汉冒赈鸩杀知县李毓昌案，罢职，旋复官。

刘金门先生凤诰，字丞牧，萍乡人。乾隆己酉探花。典试山左，授学政，尚实学，为伏生请博士，又为左氏郑康成请，未允。著诗文集若干卷。视学浙江，与中丞阮芸台先生因公至台州，偕游天台，记石"刘阮重来"。

翁覃溪先生方纲，大兴人。翰林。父大德，祖麟标，齐东县丞。升令单县。海内书家称"成刘翁铁"，先生所书石刻为世所珍重。视学山左，书堂联："尔无文字休言命，我有子孙要读书。"

宋漫堂尚书荦，字牧仲，号绵津山人。商丘巨族。大学士文康公权之次子，以荫官侍卫。内院试第一，改通判，分巡通永。于公成龙疏荐，擢东臬。执法惩奸，清狱无算。

赵者庭明府王槐，常熟。孝廉。瓯北先生族。任淄州，调陵县，所莅称良，尤殷文教。陵县有赵公祠，在颜鲁公祠后。

胡书巢太守德琳，临桂。进士。调历城，士多振兴，民歌乐利。修《济阳志》。守东昌，轻财重义，两袖清风。袁简斋作书规之。山左称刘青天者有三：一为石庵刘相国，一为贵筑刘松斋先生清，拔贡，知县，官山左，至都转，特擢登州总镇。滑县教匪滋事，武功最著。登州有祠，称刘青天祠。宸章有"生性由来不爱钱"句。一为滇南宁州刘寄庵先生大绅，进士，好宋儒学。宰新城，锄豪扶善，自甘淡泊。任曹、单，财赋巨邑，至不能供大吏过从。因朝城案，劾戍，贫不能行，各邑绅庶争送赆金，遇河患流民悉分予之，绅庶后醵金赎其罪。陈中丞大文首举废员贤者，令冠县，迁武定司马，疾归。民泣送曰："刘青天舍我去。”有《寄庵草》,《除夕》句“剩有儿童压岁钱”,其清可想。善书。任新城,开城西渠稻陂莲塘,称“刘公渠”。济河大清桥立有《奉天人许虞臣邑侯国相去思碑》,咸丰己未黄河水冲去。

栗恭勤公毓美,字朴园,山西浑源人。州拔贡。官山左粮储,进擢河督。与黎河帅世序先后为河神列祀兴。黎河帅,河南罗山人,名进士,世比之包龙图。

恭勤公幼孤贫,师同邑某师,子不慧,与公恒同榻。师拟以女妻公,同学某知之,买盗夜刺公,误杀师子。刑公待决,同学某得娶师女,合卺夕,醉告曰:“费如许心,今乃谐。”女佯欢,益使醉。曙奔控,并盗抵罪,乃释公。女怀刃县堂曰:“误坠奸谋,今冤明,而首夫罪也。”自戕死,公哭之痛。为女立位,终身拜之,养师夫妇老。

> 《稗说》:“妇同奸夫,以蛇入本夫口,毙之。夜为盗窥,破案,抵罪。”传为石庵相国访办。阅宝坻高寄泉《蝶阶外史》,知为黎河帅令陕时事,深州印版画亦印之。锺霖

郭兰台庶子尚先,闽莆田人。文名冠时,书法尤著。道光壬辰,主试山左,乞书者繁。将回都,求者长跪,皆书而后行。惜未永年,故片楮皆贵。尹竹农表舅父请庶子书梓张文忠公《为政忠告》三卷。

> 近得兰石先生书,自作七律一册,有程春海、李海帆两公末跋,可宝也。旧藏先生作牡丹一幅,极生动。书家近称“郭何”。惟子贞太史有学古太过处,不及永丰刘詹岩师书法纯粹也。吾东栖霞牟一樵水部所书法,初在子贞太史之上,惜早逝,让太史独步矣。锺霖

郑板桥先生燮,扬州人。印章“康熙秀才雍正举人乾隆进士”。官山左,调潍县。初,潍多富贾,先生振兴士林,培植文脉,科第甲于

齐鲁,接踵通显。性高旷,俗人不入其目。书画神运自然,人争宝之。或以其书杂钟鼎六朝,目为偏锋。先生亦自称"六分半",实自欧阳率更变化之也。画竹石兰菊,而竹尤佳,自题多趣。诗只一册,自书付梓。警快处,人不能及。书作《潍县城隍碑》,词意尤警典。先伯祖克传公交洽,藏先生书画为家珍。青州工匠谭子猷犹龙,工铁笔,先生印章多出其手,善摹先生书画,识者辨之。

潍县无家不藏先生墨迹。东门内三贤祠,祀赖公光表、周公亮工暨先生,皆邑侯也。少尉伊犁郭焕然章属撰祠联,为书沈椒园侍御《居民歌》"五绔仙吏属三休"句。潍令招铭山明府,画竹入神,与板桥先生争重,尤喜作大幅。济南雅鉴斋郑诲庵封翁,石刻铭山明府竹八幅,当代巨公题跋并佳。锺霖

蒋白生明府因培,常熟人。令济河,称能吏。恃材傲物,罢职。益放诗酒,与友徜徉明湖五龙潭间。山左《匿名帖》,或言其笔削,逮,讯云:"吾不屑为,如为胜此。"以无据释之。历下布衣朱育工篆刻,自镌佩章曰"蒋白生门下士"。

《匿名帖》"宦海茫茫"等语,相传狂士觞聚戏集,某先生得之,讦曰:"此关时事,戚在谏垣。"寄以上言,迨兴狱,追帖所自,某无以应,大受窘苦。戒哉!锺霖

刘眉生先生斯嵋,字弥三,南丰人。嘉庆翰林,谏台有声。陟山左方伯,德政载郡志,立位南丰祠,人称"刘生佛"。捐修贡院,馀款生息,为乡试卷价,士颂至今。叠护中丞,篆代监临。补修《山东通志》,刻《朱子名臣言行录》。

王翰屏先生朝干,号东圃,奉天承德。孝廉。由知县守济南。严于为治,尝曰:"惟严乃可济宽。"拟劾属员某,适疾卒。某挽联云:"执

法比山，山其颓乎安仰？秉心似水，水之逝者如斯。”嗣蕙滋、树滋皆成进士。

前济南太守陶筠太史庆增，疾终郡属，前夕留句云：“死若有知，地下慈亲欣聚首；生而留恨，堂前老父最伤心。”锺霖

王霞九先生赠芳，庐陵人。翰林。守济南，修城东闵子祠墓，捐地植柏，志墓碑旁。书法似兰石庶子。先生学行纯粹，政绩卓著，与潍县刘次白先生最契，见《录野斋集》中。

王古愚先生殊渥，宝坻。孝廉。官山左，复起至都转，与余交洽，记其《答杨莲峰太守告养书》云：“知陟屺情深，非归田念切。北堂视膳，斑斓莱子之衣；东国攀辕，缱绻寇公之乘。”《匿名帖》“王古愚愚而多诈，沈小鬼鬼而有灵”等句，又“张属藩真成鸦片鬼，霍升抚不愧满洲人”，皆失实。张公五纬，泾阳人，嗣小圃太史芾，英年词苑，擢任封圻。霍公舜武，字虞亭，德政洽民，任晋抚，谥恭慎。嗣小材观察宝清，道光末，分巡济东，铁公祠榭撰联：“侍棨戟以曾临，廿年前月白风清，光阴如昨；整襜帷而暂住，数里内灯红酒绿，不醉无归。”

铁公祠榭联，以冶亭尚书“四面荷花三面柳，一城山色半城湖”最著。登州太守、奉天宁远王松亭师元涛，任历城，有联云：“今夕只可谈风月，故乡无此好湖山。”又斋联：“宦游华不注，家在医无闾。”侯官杨雪莱方伯联云：“杨柳又萧萧，有客飘然诗境远；蒹葭方采采，伊人何处水乡宽。”其他佳联尚多。锺霖

张佩庚明府恪，南皮望族。孝廉。山左知县。访余订交，赠诗载其《防躁轩集》。山左张垚渔明府荐粢、孙一泉二尹鉴，皆见赠，有诗。

袁玉堂明府洁，桃源人。故贡，知县，山左良吏。因误报金乡寇，遣戍。能诗，善画葡萄。云“从作字，得圆动之妙”。

章直斋明府寅,如皋。孝廉。宰潍县,左迁。从武参赞征西域,以功复官。又亏赋,系狱历下。魏致和姻丈竭产以助,得再起,终曹县任。贫莫能归,诗多悲壮语。

陈贞白明府纯,一字贞甫,江苏。孝廉。任潍县,罣议,罢留济南,主魏致和姻丈家。湖山觞咏,善书,赠余诗,必自书之,名良政。暇游览湖山,垂为盛世名士歌咏。亦山川增色,古今不胜纪也。魏正始中,郑公悫偕宾寮避暑济南城北使君林,莲叶盛酒,刺叶通梗吸之,曰碧筒杯。遂与湖月并传。

山涛令郫县,刳大竹酿酴醾酒,兼旬方开,香闻百步,传为郫筒杯。锺霖

天宝初,尚书李之坊出为齐州司马,作新亭,对鹊山湖,眺山为乐。李北海、杜少陵皆有《李员外新亭诗》。鹊山湖在鹊山下,废为大清河。"齐人伐我,及清",即此河。李青莲寓居东鲁,有《鹊山湖诗》。曾南丰建泺源、历山二堂,有《齐州二堂记》;建北渚亭,东坡、山谷、元遗山皆有诗。遗山《济南行记》:"乙未七月至济南,故人李辅之、同官权国器,置酒历下亭,亭自周齐以来有之。旁有亭,曰'环波'。山北渚,'岚漪、'水香',水西'凝波、'狎鸥'。台与桥同曰'百花',曰'芙蓉',堂曰'静化',轩曰'名士'。水西亭下,大明湖占城三分一。秋荷方盛,红绿如绣,令人渺然有吴儿洲渚之想。"遗山,金左司员外郎。

顾亭林先生,原名绛,更名炎武,字宁人。吴人。布衣。博学,为名儒。以事羁历下,事白大吏,延修《山东通志》,实别有主笔者。渔洋先生谓列传名臣,多所刊削,甚不合,所当更正也。居章丘,迁山西。朱竹垞赠联云:"入则孝,出则悌,守先王之道,以待后学;诵其诗,读其书,友天下之士,尚论古人。"

山阴周宝之属撰家塾文昌联,为集"入则孝,出则悌,可以为

师矣;诵其诗,读其书,文不在兹乎?”锺霖

蒋心余太史,前在山左金枪门学使幕。朱竹垞学士客济南,湖山题咏,脍炙人口。造物若使名人传名胜者,所愧匆匆过隙,漠漠无闻。

扬州罗雨峰先生聘,布衣,能诗画。张船山先生守莱州,雨峰与交善,因游东,在济南之作极多。人言其能视鬼,所作《鬼趣图》,奇态横生,云有所见也。

迪卿鹾尹见赠雨峰先生《玉川子图》,甚佳。锺霖

近时画家大兴朱宣初太守英,前方伯锡爵嗣,幼即保姆教画。姆虎丘画工女,长从名师,家多古今佳作,故画冠时。不常作山水,写花鸟如生。不惬意,辄弃之,必佳而后属款。人得所弃者珍焉。精制色,有专司者。官山左,以画供挥霍。中年逝世,身后萧然。

张雪鸿孝廉敔,江南籍。兄敉、扬,同山东商籍科甲,皆官知县,有“三张”之目。又皆善画,不谐(桧)[权]要。人揭其冒籍,褫职。父若谷,官山左,因寓济南。雪鸿画囊丰于官日。

司马绣谷钟,吴人。客桐城方祥生司马传谷幕,于武城见司马厅壁大幅《群芳图》,如《万花谷》,不辨名,两可。寻其枝叶,绣谷作也。后官直隶,名益噪,靡不快人,《五伦图》尤佳。

明人《五伦图》,君臣凤凰,父子鹤,兄弟鹡鸰,夫妇鸳鸯,朋友黄鸟。叶香士少尉道芬,吴人。清苑典史,屈于下寮,卓然画师。喜作群山万壑,密云丛树,每恨纸小。能诗,书法似何子贞太史。山阴周少白亦画中京师,江南汪叔明同年,幼官山左,现升武定司马,书画过黄鹤山樵。锺霖

梓桑敬止

老不去乡美已,然人生志在四方,况仰屋难居者乎?橐笔倦游,时怀故土。吾乡好湖山,前以缕述,若古今人物,遐想光仪,近詹丰度,有不能去诸心者。

历城,古谭子国。《诗》“谭公维私”,《诗序》“谭大夫所作”。《风俗通》有“谭子即三宿出画地,对孟尝君语。齐侯伐谭,谭子奔莒,后无闻焉。”国在东平陵西南。南齐王俭典吏部,谭姓求官。俭曰:“齐侯灭谭,那得有君?”答曰:“谭子奔莒,是以有仆。”因得职。

汉文帝封齐悼惠王子辟光为济南王,属青州部,一称齐州,隋唐因之。宋治平中。诏历下为英宗赐履地,更名济南府,仍隶青州帅府。明初置山东行中书省于益都,洪武九年改中书为藩、臬二司,移驻济南。右扶风有平陵,故加“东”字。

历城,古历下。晋平公伐齐战于历下,韩信破齐历下军。唐武德初,置谭州平陵县,贞观元年,废谭州,以平陵属齐州。十七年,乡人李义满以城归唐,改名全节,旌其功。《寰宇记》:“全节在东平陵西北,历为考之。本谭地,非为谭国也。”平陵旧城在省东八十里。锺霖

济南人文自古为盛。历下黔娄安贫不诎,於陵子终偕隐灌园,三邹子见重人国,以及齐颜斶画王蠋,宁戚、鲁仲连诸君子,有无俟为称述者。自汉以来,其足为法而兴慕者,荟而书之。以至当时师师彬彬,如处一堂而相话言古,今人何遽不相及也?千佛山有黔娄洞,又庾黔娄,字子正,为孱陵令。辞官奉父,称大孝。

娄敬,齐人。因同里虞将军见高帝,陈大计,请都关中。帝曰:“本言都秦者娄敬。”娄者,刘也,赐姓刘氏,拜郎中,号奉春君,谏帝轻

匈奴,帝骂曰:"齐虏以舌得官,阻吾军。"械敬广武。及困白登,乃赦敬,封二千户,号建信侯。

伏生,名胜,字子贱,济南人,为秦博士。汉文帝求治《尚书》者,年九十馀,不能行。命太常使晁错诣,得口授二十九篇,为《今文尚书》。宋封乘氏伯,以祀庙庭。济南张生为博士,受《尚书》于胜,以授夏侯都尉,有大、小夏侯之学。伏生孙以治《尚书》征。唐王维有《伏生授经图》,(晋)[今]人魏汝清临吴道子《伏生授经图》,森柏密蕉,坐皋比,修髯庞眉,白发垂耳,凭几若指画。大石后现半身女郎,为伏生女。左一童子,捧书立,幅巾危坐古松下。据横几书者为晁太常,二兵使执仗远立树外,若相语。明邹平尚书张廷登摹刻石。

康熙乙亥,邹平令程素期,令宓永祊仍为伏奉伏征君祀。嘉庆七年,伏生六十五代孙敬祖袭五经博士。征君五世孙儒,客东武,遂家焉。在邹平者,或写为"宓"。锺霖

汉伏湛,字惠公,清净无竞,号伏不闻。为平原太守,捐俸赈民,光武拜司直。

伏黯,字樨文,明《齐诗》,改章句。子恭,字叔齐,拜三老。孙无忌,博文多识。桓帝时,著书东观,号伏侯。伏理受《诗》于匡衡。梁伏挺,字士标,除御史,博学,武帝谓之颜子,皆著闻者。锺霖

公孙宏,字季,菑川薛人。为薛吏,罪免,牧豕海上。年六十,征贤良对策,上擢第一。宏恢奇多闻,尝言:"君患不广,大臣患不节俭。"所言听信。汲黯言:"宏位三公,为布被者,诈也。"上问之,对曰:"如黯言。"上以谦让,以为丞相。宏自以徒步数年,至相,封平津侯,乃开东阁延贤。自食一肉,饭脱粟,故人宾客以俸给之,家无所馀。事齐人太傅辕固,固曰:"务正学以言,无曲学阿世。"菑川,汉国名。

《史记》:"宏,菑川同淄薛县人。"考薛,鲁地,滕县界有故城址。一云宏临淄人,墓在青州鲁县西二十里,见《史(记)正义》。战国时,公孙宏、孟尝君使见秦昭王。又,公孙宏在中山为参乘,在越者断发为王骑士。汉明帝时,公孙宏为幽州从事。又,公孙宏著《公孙子》,字值千金。锺霖

邹长倩,公孙宏同里。宏被征,少资,邹解衣裳释冠履与之,赠生刍一束,素丝一緵,扑满一枚,书以勉之。邹征为博士。

董仲舒,广川人。少治《春秋》,下帷三年,不窥园。弟子以次授业,或莫见其面。武帝时,举贤良文学对策,为江都相,时称醇儒。病免,力学著书,朝有大议,遣使问之。所上疏条教百二十三篇,说《春秋》得失,《闻举》《玉杯》《蕃露》《清明》《竹林》之属,复数十篇。(光)[先]是,高庙高园殿灾,仲舒推其意,草稿未上。主父偃嫉之,窃以上言。仲舒弟子吕步舒未知承上意,议为大愚。下仲舒,吏[议]当死,获赦。遂不敢言灾异。广川段仲温、吕步舒,从仲舒受《公羊春秋》。董子大儒,乃以灾异推说阴阳,几陷重罪,末学鲜识,妄逞臆说,可不戒哉!

《风俗通》:"汉武信越巫,仲舒屡谏。上使巫诅之,仲舒朝服,诵经论,巫自死。"唐太宗时,胡僧咒太史令傅奕,僧死。德州本广川地,有董子读书台,墓在景州。锺霖

东方朔,字曼倩,平原厌次人。汉武帝征贤良方正,文学材力之士,待以不次之位。朔言少失父母,长养兄嫂。十三学书,十五学剑,十六学诗书,十九学兵法,诵四十四万言。身长九尺三寸,目若悬珠,齿若编贝,勇若孟贲,捷若庆忌,廉若鲍叔,信若尾生,可为天子大臣。帝伟之,令待诏金马门。时以谲谏规君,以正著书,为世所诵,世或以神仙目之。又以诡迹混俗,谓之"人隐"。祠墓在陵县东神头镇古

厌次。

主讲陵县三泉书院，得东方残集一卷。《太平广记》："朔父张夷，字少平，年二百岁。母田氏，一云金氏。生三日，母亡。邻母收之，东方始明，因以为姓名。"《湖广志》："朔二子，长灵，次妙。"妙子洞是二子读书处。东方先生有《诫二子书》，其名不显。北齐东方老，安德鬲人。鬲，德平境，古有鬲县。身长七尺，有勇力。魏末，为高昂部曲。累迁平原将军、鲁阳太守、南益州刺史。赐爵长乐子。老于攻战，西人惮之。封阳平县伯。隋东方举，平原人，官刑部。皆朔裔。唐东方虬，武后朝为左史，工诗，赐锦袍。东方显，开元中，含象亭十八学士中有东氏、方氏，云皆朔后。或言羲仲世掌东方青阳之令，后为东方氏。唐人谓东方虬更三十年，乞与西门豹作对。五代有西方邺，官夔州刺史。锺霖

公玉带，济南人。汉元封初，封泰山。泰东北趾有古明堂，上欲更治，未明其制。带上黄帝时明堂图，堂中一殿，茅盖，四面无辟。水圜宫垣，为复道，上有楼，从西南入，名曰昆仑，天子入以拜祀上帝，于是上令作明堂汶上，如带图。

《郊祀志》云："带，方士之流。"颜师古云："公玉带名吕氏。春秋齐有公玉氏，为其裔。"或读玉为宿，非也，单姓者读宿。后汉司徒玉况是也。或云名玉带，亦非。锺霖

崔不意，济南人。汉孝武元封六年，为渔泽尉。教民力田，以勤效得谷，因于渔泽障立县，名效谷。

终军，字子云，历城人。十八为博士弟子，守奇其材，召与交，军揖，守去。长安上书，汉武异其文，拜谒者给事。从上临雍，祠五畤，获白麟，一角五蹄。得奇木，枝旁出，复合于上。博咨群臣，军上《白

麟奇木对》,言:"天示飨,而上通符合。将有解编发,削左衽,冠裳蒙化者。"改元元狩。数月,越及匈奴各王降。又请治徐偃矫枉罪。初,军入关,吏与繻曰:"传,还当合。"军曰:"大丈夫西游,终不复传还。"遂弃繻。后建节东出,关吏曰:"此弃繻生也。"上使匈奴,军请行,擢谏大夫。又请长缨羁南越王致阙下,往说越王内属,上大悦,赐南越大臣印绶,壹用汉法。越相吕嘉攻杀其王及汉使,军死,年二十馀。世谓之终童。军故里在历城西十五里又中宫集,一云终翁聚亦军故里。

王贺,字翁儒。父遂,字伯纪,处东平陵。其先田氏,有齐国。王建为秦国灭,项羽封建孙安济北王,为贺祖,后失国,齐人谓之"王家"。汉武时,贺为绣衣御史,他部御史暴胜之等奏诛御史两千石以下,连坐万人。贺以奉使不称,免。叹曰:"闻活千人,有封子孙。吾活万人,后其与乎?"与同里终氏为怨,徙魏郡元城委粟里,为三老,魏人德之。子禁,字稚君,为廷尉史,生女政君,即元后。子八,长风,次曼,早卒。曼子莽篡汉。

王君公,平原人。与同里李子云、北海逢萌善。并晓阴阳,怀德秽行。君公明易为乡,后隐。佯狂侩牛,口无二贾。时人语曰:"避世墙东王君公。"子云辞仕,隐居,教授常千人。

祢衡,字正平,平原般人,今德平境。材高气傲,避难荆州。怀刺无所之,至字漫灭。善鲁国孔融,书荐于朝,称述于曹操。衡轻操致憾。大会宾客,召衡为鼓史。故事鼓史著岑牟单绞之服,衡蹀躞而前,解祖衣,释馀服,裸立,徐著岑牟单绞,为《渔阳三挝》。操荐于荆州刘表,转荐江夏太守黄祖为书记。轻重疏密,各得体宜。祖持其手曰:"如腹中所欲言也。"祖子射,守章陵,重衡,同游,读蔡邕碑文《射覆》,恨未录,衡曰:"已览识之,惟石缺二字未明。"遂书出。射使为还,无差。宴次,有献鹦鹉者,射举卮属赋。衡文不加点,辞采壮丽。曾忤祖,杀之。射既救不及,祖亦悔,乃厚殓衡,年二十六,文章多亡失。

管辂,字公明,平原人。八九岁,视星辰不肯寐。云:"家鸡野鹄尚知时，况人乎？”号为神童。裴徽刺冀州，辟为从事，迁别驾。谓弟辰曰：“天与我材，不与我寿。恐泰山治鬼，不得治生人也。”卒年四十八。辰欲从辂学，曰：“非至精不能见其数，非至妙不能观其道。《孝经》《诗》《论》足为三公，奚用知此？”遂止。子弟鲜得其术。辰曰：“人见辂神妙，谓有隐书。辰惟见《易林》《风角》及《鸟鸣》《星书》三十馀卷。世所共有而鲜明，人皆由无材，不由无书也。”辰仕州从事。

伯翳知鸟语，介葛卢识牛鸣，公冶未明何罪？皇侃《论语疏》：“公冶自卫返鲁，见媪泣，失子，语以鸟呼食肉，或其子。媪得尸，谓公冶杀也。系狱。后闻雀鸣而笑，狱主问之，曰：‘白莲水边，车翻黍粟，牡牛折角，相呼往啄。’视之，信，因释之。”世遂谓公冶解鸟语。管辂亦解鸟语，言从五音体会之，然鲜传者。今高密有公冶姓。锺霖

崔季珪，清河武城人，实鄃人，平原界。从郑康成学，官冀州别驾从事。声姿高畅，眉目疏朗，须长四尺。曹操敬而惮之，谓其作书怨谤，致之死，天下冤之。

崔景真，鄃人。为平昌太守，尝悬蒲鞭而不用，民立生祠。

清河崔氏，自季珪祖泰迁鄃，为历代望族。锺霖

刘峻，字孝标，平原人。著《辨命论》，梁谥元靖先生。

房豹，字仲幹，历城人。伟容貌，官行台郎中。从慕容绍宗讨王思政，绍宗言有水厄，战舰置水，浴以厌之。豹曰：“三军命在明公。乘船入水，云以防灾，奚如岸上指麾，以保万全？”绍宗未几溺。豹迁博陵太守，世称博陵君。滨海水苦，豹令掘井，得甘泉。历城房家园即豹之山池。房氏自汉常山太守，雅由灵寿徙清河绎幕今平原境。至谌，迁历城。

房玄龄,字乔松,谌七世孙彦谦字孝冲子。孝冲博学,工草隶,官鄀州。内史侍郎薛道衡友敬之。乔松明经善书,年十八,进士第。高孝基曰:“此郎国器,恨不见其耸壑昂霄耳。”为秦王记室,征伐皆从,争取珍宝,独收人物。王曰:“光武得邓禹,今玄龄犹禹也。”功第一,爵邢国公,徙梁国公,久居相位。女为妃,男尚主。谏伐高丽,薨,赠太师,谥文昭,陪葬昭陵。

秦琼,字叔宝,以字行,历城人。初为来护儿帐内,从张须陀击卢明月于下邳。后从李密,为王世充所得,与程咬金归唐。功最多,高祖以金瓶劳之,曰:“使朕肉可食,当以啖卿。”破宋金刚,授上柱国,封冀国公。从太宗征伐,跃马握枪,万众中刺敌骁将,莫不如志。老多病,曰:“少长戎马,二百馀战,血出数斛矣。”卒赠徐州都督、胡国公,陪葬昭陵,图形凌烟阁,墓立石人马以旌战功。有名马称“忽雷炮”,叔宝卒,马亦不食而死。语云:“护儿儿作相,世南(儿)[男]作匠。”叔宝为护儿帐内,相传为丁壮,非也。秦津,叔宝裔,祖父皆好善,津有勇力,典郡二十年,提兵多功绩。弟忠,武略将军,兄弟为元世显宦。明秦邦彦,大兴县丞,刚正有识。县尹欲诛一人,邦彦力争,相殴京兆前。京兆曰:“秦强项,须让之。”人得不死,升经历,告归。子梦皋,诸生。

五龙潭庙为叔宝故宅,有碑。庙南旅店三相连,每腊月初八日,京都售绒草花者,三店曲折作帷,如万花谷,秦氏收租。西关沙苑秦姓,皆叔宝裔。锺霖

罗士信,历城人。年十四以执衣从军,齐郡通守张须陀轻之,士信重甲,左右鞬(土)[上]马英强,随击贼淮水,驰矛入贼营,刺数人,取级,上掷,承以矛,贼皆惧。每杀贼,劓鼻代级为验。归唐,为陕州行军总管。王世充平,授绛州总管,封剡国公。从秦王击刘黑闼于洺水,得城,王君廓戍之,贼攻,溃出,士信守。会大雨雪,救军未及,城陷,黑闼欲用士信,不屈死,年二十八。秦王购尸厚葬,谥曰勇。士信

初为裴仁基礼重，竭资葬仁基北邙以报，且曰："死，墓其侧。"至是任其言。王君廓善使大刀，常以十三人破贼万馀。程知节，东阿人。

士信故宅在历城治东，相传罗姑井是其地。《稗说》："叔宝、士信、咬金等起义贾家楼。"在今郡城西关。锺霖

员半千，齐州全节人，即东平陵。其先刘氏，十世祖凝之事宋，起部郎，奔元魏，自比伍员，因姓员。半千初名庆余，举童子，房玄龄异之，诏对高弟，师王义方曰："五百岁，贤者出，子宜当之。"遂易名，举八科皆中。上书言："家资不满千钱，田三十亩，粟五十石。闻陛下封神岳，举英豪。鬻钱走京师，朝无葭莩亲，行年三十，未蒙一官。陛下何惜玉陛方寸地，不使臣披露肝胆乎？"尉武陟，岁旱，劝令殷子良发粟赈民，不从，遂擅发之，刺史怒，囚于狱。薛元超持节过，奏释之，俄举岳牧。高宗御武城殿，问兵家三阵，半千独对称旨。武后诏入阁供奉，上《明堂新礼》三卷，赐绢千匹，擢正谏大夫、右控鹤内供奉。半千以控鹤非古，任者皆年少浮侠，请罢之，忤旨左迁。修《三教珠英》，复为学士。武三思用事，出濠、蕲二州。半千不专任吏，以文雅粉泽，所至礼化大治。睿宗初，累封平原郡公。乞休，诏听朝朔望。游尧山沮水间，爱其地，居焉。员俶，半千孙。开元中，召能言孔子、佛、道者，答问禁中。俶九岁升坐，词辩注射。上异之，曰："半千孙，固应尔。"

何彦先，半千同里，师王义方，师死，同行丧。莳松柏墓侧，三年卒哭。彦先，武后时官天官侍郎。

魏花，历城人，短小精悍，轻捷如猫。善骑射，工间谍，为狄武襄所重。从征西夏、广南，多奇功，官至都指挥。历城西乡有魏花庄。

张掞，字文裕，居历城东王舍人庄。礼部侍郎揆之弟，皆举进士。亲殁，隆冬徒跣引柩，叩首流血，兄弟庐墓。知掖县，陟户部侍郎。少从刘潜、李冠游，及死葬之，置田赡其家。苏子瞻，范纯粹有诗刻石，元遗山每至济南，必诣尽欢。子瞻为书"读书堂"三大字，今碑移县庠

明伦堂。

李定,济南人。宋嘉祐间以风采著称,尝遍天下诸路,计度转运使官制,老于正卿。

《挥麈前录》云:“有三李定:一洪州,一扬州,一济南。”王渔洋先生云:“洪州,与苏子美赛神会狱者;扬州,与舒亶媒孽苏(干)[子]瞻者;济南者,以功名著。”按,李定不持生母仇氏服,东坡《贺朱寿昌郎中弃官求母诗》以刺之,为定恚恨,与王安石密致于狱。《老学庵笔记》“仇氏初生子,为佛印僧。又为李问妾,生定。出嫁郜氏,生蔡奴京。师谓蔡奴为郜六”云。锺霖

李格非,字文叔,历城人。登第为郓州教授,专经学,著《礼记说》《历下水记》。苏子瞻赏其《洛阳名园记》,谓“隐志治乱”也。召为校书郎,提点京东刑狱。罢职,以著作为事。妻王氏,拱宸孙女,善属文。子迒,南渡官敕局删定。女清照,号易安居士,亦有才藻。婿赵明诚,有《金石录》三十卷,易安为序。

易安以《重阳词》致赵明诚,叹弗逮,乃欲胜之。三日夜作五十阕,杂易安作示陆德夫,陆玩久曰:“三句绝佳:‘莫道不消魂,帘卷西风,人比黄花瘦。’”则易安词也。易安祭明诚文:“白日正中,叹庞公之机捷;坚城自随,怜杞妇之悲深。”文《贺[人]孪生启》云:“无午未二时之分,有伯仲两(谐)[楷]之异。既系背而系足,实难兄难弟,玉刻双璋,锦挑对褓。”称警句。锺霖

辛弃疾,字幼安,号稼轩,历城人。殿撰。少师蔡伯坚,为耿京忠义军书记,高宗授承务郎。张安国杀京降金,乃约统制趋金营,缚安国,献行在,时年二十三。由建康通判召对,上《九议》并《应问》三篇、《美芹十论》。知潭州,平湖湘盗,创飞虎军,建砦栅,制夷獠,枢府阻

挠之。上降御前金字牌，俾成，进刑部侍郎，辞。卒，加少师，谥忠敏。陈亮《幼安像赞》云："眼光有棱，照一世之豪；背胛有负，荷四国之重。不知须发之既斑，庶几胆力之无恐。"朱子殁，伪学禁严，幼安独为文往祭。谢叠山过其墓旁，大声终日，以文祭之，始息。尝称为西汉人物，有《稼轩集》行世。

义端僧识幼安本相，为青兕，云能杀人，故小字青兕。僧好兵，聚众千馀，幼安使隶耿京军。一夕窃印逃往金，幼安追僧斩之。历城四风闸为幼安旧居。锺霖

王泉，字永清，邹平人。官至西衙丞相。立朝，目不他视，惟瞻其靴，人号"靴头丞相"。

杨宏道，字淑能，淄川人。金末荫官不就，与元遗山、刘京叔、杨焕皆以诗名。著《六忍》："一忍，触犯我也；二忍，辱凌我也；三忍，恶憎我也；四忍，怒憎之重也；五忍，忽憎之发也；六忍，欲贪而不知止也。"

周密，字公谨，家华不注之阳。随祖迁吴兴之弁山，所谓弁阳老人也。著《齐东野语》，赵松雪作《鹊华秋色图》，寄慰乡思。

张养浩，字希孟，号云庄，济南人。威卿公郁季子。十岁力学，父母恒止之。乃书默诵，夜闭户读。焦廉访遂荐为东平学正，献书，官丞相椽，选堂邑令，民立碑颂德。召为御史，疏陈时政，晋尚书。英宗命参议中书省，极谏内廷鳌山灯，赐金帛旌。关中大饥，拜行台中丞，散家资济人，活陕民无算。以瘁终，封滨国公，谥文忠。有《为政忠告》三卷。筑七聘堂，所居园林在郡城西北十里，曰云庄，大石曰"十友"，有云锦池、香雪林、挂月峰、待凤石、遂间堂、处士庵，绰然、卓逸、乐全、九皋、半仙五亭，有记。又有《翠阴亭》《惜鹤十诗》。晚号白云先生。

文忠两兄早逝,父威卿公乐善好义,起家艰难,年八十三病亟。训文忠曰:"骄者,贵之贼;汰者,富之蠹。富而不汰,则家必裕;有位不骄,则贵必恒。"锺霖

边贡,字庭实,号华泉,历城人。先世淮阳王姓,父节始复边氏。贡少成进士,兵科给谏,劾诸珰,出守卫辉,提学河南,进户部尚书。早负才望,交海内名士,与李沧溟齐名,称"边李"。言者劾其诗酒废职,致仕。筑万卷楼,藏书极富,一夕火尽,痛甚。病卒,赠祭葬。明末辞尚纤弱,尚书与李梦阳、何景明、徐正卿,号"宏治四杰"。益康海、王九思、王廷相为"七子"。去廷相,以朱应登、顾璘、陈沂、郑善夫为"十才子"。尚书子习,字仲学,能诗,贫至负薪,有诗一卷。万卷楼在抚院南,今废。沧溟旧居在西关柴市。

李攀龙,字于鳞,号沧溟,历城人。宝子,少孤贫,奋学为诸生。与许邦才、殷士儋为诗歌,薄训诂,好古书,共目为狂。嘉靖进士,主政刑部,守顺德,有善政,擢副陕西提学。乡人殷为巡抚,檄令属文,怫然曰:"文可檄取耶!"念母乞归,例病罢,不起用,吏部重其才,特予告可起。构白雪楼,名日高,一切拒谢,独殷、许辈过从。居十年,起浙江副使,按察河南,性稍和。丁母忧,哀毁疾卒。初与濮州李先芳、临清谢榛、孝丰吴维岳诸友倡诗社。王世贞释褐入社,先芳外任,益宗臣、梁有益为五子,增徐中行、吴国伦称七子,多年少,才高气锐,名播天下而于鳞为魁,重世贞,称"王李"。又与李梦阳、何景明并称"何李"。于鳞文章政绩,一代宗匠。以亢放,多受抉摘焉。子驹,字千里。博学能诗,有父风。王凤洲属司理魏允孚秋闱,拔之,曰:"虽私亦公。"乃卷委尘中,晓后始得。驹殁,白雪楼圮。施愚山先生为修趵突泉畔者,觅其后人守祀。

沧溟先生副浙臬,徐子与寄岕茶,佳者乃赏人。初与谢茂秦交,后生隙。谢故居在临清旧城西,曾脱卢聃于狱,义声动,时称

“眇布衣”。王李结社，谢执牛耳。遨游燕赵晋秦，诸藩争延致。过邺下，康邸置酒，歌茂秦《竹枝》，命贾姬出拜，即席以赠。吴江计甫草孝廉，于邺西门外访其墓，立碣“明诗人谢茂秦墓”。

世讥沧溟先生傲睨一世，诗务声调乐府，或易古数字为己作。文聱牙戟口，皆过辞也。陈卧子谓沧溟七律为“三百年来绝调”。渔洋先生谓：“作七律如挽强弓，能持满者，古今惟杜少陵、李颀、李于鳞耳。”

白雪楼在明湖南岸，及王舍人庄者，皆无址可寻矣。白云楼为张都督宏园，《亭志》言“在濯缨湖上”。元张文忠有《赋明德王》，即其故基建为白云亭。当在院署。张起岩《张宏行状》载：“李坛犯境，宏告变，随诸王合必赤，击杀之，以功官至都督，徙辽东。”或云楼属平安，非也。锺霖

尹恭简公同仁，历城人。父宏，孝廉，泉州司马，民立像祠。恭简正统丁卯解元，入词林给谏，多建白，英宗器其伟表，欲大用。通政左赞，母丧，未终制，驿召，擢吏部侍郎，晋尚书，入掌铨衡，称职，加太子太傅。时在廷，南北分党，恭简与大学士乡人刘珝为万安诸人所嫉，嗾劾其纵子龙纳贿，拷讯除名。恭简秩罢归，后言官疏荐，老不果用。卒年八十二，赠秩，予谥。按，恭简《明史》无传，傅维鳞《明书》据《琐缀录》列奸回传。《孝宗实录》言：“同仁甄别人物，随材得任。”汤文正公《明史稿》论同仁亦平允。南党引泰和尹直入阁，共构恭简，直著《琐缀录》行世，极加诋诽，有不辨二尹邪正者。李文山《月山丛谈》辨之始详。明代党祸已萌此时。恭简子龙，字舜臣，官翰林侍讲。

殷文庄公士儋，字正甫，历城人。祖畯，孝廉，世传《礼经》。灵宝许氏兄弟诰、赞从学，一官尚书，一至大学士。襄垣刘氏兄弟龙夔同学，一尚书，一都御史。时称“山东巨师”。父汝麟，多阴德。文庄嘉靖翰林，官至吏部尚书。疏论大政，定久废典礼，拜大学士，加少保。与张居正、高拱为裕邸僚，后不协，乞归，乘传，赐道里费。卒，赠大

保,谥文庄。家居治通乐园,在趵突泉西,又名川上精舍,大石多云庄故物。太保初谥文通。

张潭,字德深,历城人。祖思信,有勇略,靖难师灌济城,从铁公策御,得保潭,学行端谨,不求科举,究古礼制为世法,从游者七百馀,殷少保、李沧溟,其著也。陈学使镐属分修《阙里志》,学者称"三山先生"。

张茂兰,字德馨,章丘人,宏治进士,有至性。官任丘、霸州,上疏荒四事,市书劝学,迁主事,监税九江,擢给谏。通判汝宁,告归,荐不起。居官布衣脱粟,不携妻孥。筑室长白山,以经学授徒而终,称东谷先生。李文康公《送使九江》句云:"黄瘦一童牵一骑,双流应照使君清。"王渔洋云:"少闻前辈言,正嘉时京师语曰:'天下清官张茂兰。'"

王道定,字怀田,济阳人。明隆庆进士,官香河,牧涿州,守保定,肩宏理剧,称循良。任涿撰联:"日边衢要无双地,天下繁难第一州。"悬城楼。星使见之,免牧迎送焉。

邢侗,字子愿,临邑人。万历进士,令南宫,大治,擢御史,陈利弊,诸有典章,称廉惠。至太傅卿,乞休。博学,能诗善书,有墨行世,著《来禽馆集》。女弟慈静,书法才名,与兄颉颃。适武定马方伯拯,官黔中,慈静劝止不果。旋殁。有诗哀之云:"当年若匿隆中卧,不到秋风五丈原。"

李纲,字廷张,长清人。天顺进士,官御史,持法不挠,劾江浙污吏四百馀人,时称"铁御史"。迁太仆少卿,卒,箧中惟图书敝衣,人方之李侃云。

谷继宗,字嗣兴,号少岱,济南卫人。幼贫力学,尝取寺炉遗炷,母为束(然)[燃]照读。嘉靖进士,宜兴知县,以母忧,瞽。日犹作诗,遇良医复明。居趵突泉东北,有"深柳读书堂",在金线泉上,亦名"来云馆"。又取曾南丰诗,改"冰绡堂"。

张蒿庵先生尔歧,字稷若,济阳人。至性纯笃,以帖括剿袭为耻。

穷究经传，于天人理数，圣学绝续，风俗人心，反覆论著数千言。痛父行素死，哀毁终身，门人为废《蓼莪》。当贡太学，侍母不行。精医，活人无算。著《春秋传议》《易[说略]》《诗[说略]》《老子说略》《礼仪注句读》《夏小正传注》《弟子职注》《蒿庵集》《蒿庵问话》《济阳志》。学者为次第梓行，《风角书》后出。祀景贤书院。

蒿庵先生学术，论者谓不减诸葛，惜未用世。锺霖

康丕扬，字士遇，号瓖汉，陵县神头镇人。万历进士，知宝坻、密云，称最，擢御史。楚王当国久，侍郎郭正域世为楚藩尉，有隙。王屡惩中尉华(越)[趆]，正域嗾(越)[趆]告王，非先王子皆惧，郭入相，弗敢白。丕扬抗疏，数郭七罪，旨停勘，妖书称续，忧危竑议，污官播国，锦衣捕皦生光，拷治不服。丕扬以其妖诗合抵结。按，晋兼鹾政，吏知法，霍州激变，驰解之，视学辽东，文风丕振，治河有绩，名康济河。乞休，课子教农，以寿终。

藺刚中，字坦生，陵县人。崇祯进士，官山西按察副使，多救时疏。寇陷平阳，协巡抚蔡懋德固太原，部将张雄缒城降贼，城破抚死，藺犹结草，为李自成、张雄状磔之，旋为贼害，尸跃丈馀。

王渔洋先生士祯，字子真，一字贻上，号阮亭。新城望族，与兄西樵、叔子时称“三王”，先后成进士。十五岁有诗曰《落笺集》。顺治乙未会试，未殿试。归，起秋柳社于明湖。戊戌，列二甲，选扬州推官。朝清公事，夕接词人。擢部郎，典试四川，应制赋诗，改翰林，部曹为词臣，自此使。历祭酒学士侍郎，奉祭南海西狱，晋尚书。文章政绩，并称海内。乞假，归里，筑夫于亭别业，四方乞诗文者益众。终于家。所著诗文集三十馀种。平山堂祀欧苏及先生，称“三贤”，补谥文简。初名征、名正，乾隆间，以其兄弟名皆从示，敕改为士祯。夫于，山名。

马骕，字宛斯，邹平人。顺治进士。谒选，以才望为顺天乡试同考官，所拔皆知名士。除淮安推官，为名宦。博学，撰《左传事纬》《绎

史》《十三代玮书》。疾卒。康熙间大学士张玉石书奉命赐金,取《绎书》版入内府,《玮书》卷烦未梓。乾隆间,周中丞元理购原本往江南,邑无是书,施愚山先生倡梓《事纬》。

高珩,字葱珮,号念东,淄川人。与兄玮同举于乡,又与从弟玶、球,皆成进士。珩入词林,官侍郎。使楚,有德政,进都御史,魏尚书象枢与陆清献并举。告归,筑载酒堂,著《救荒略》《栖云阁集》行世。

孙勷,字子未,号莪山,德州人。康熙辛酉发解,入翰林,名满海内。官大理少卿,抗直敢言,居家以孝友称,独处一室,不入城府。尝思以《礼》复本性而未能,忍泣终身。有《鹤侣斋集》。

孙光祀,字溯玉,号祚庭,历城人,先世平阴。顺治翰林,官给谏,典试湖广,陟兵部侍郎,告休。后嗣蕃衍,科第绵盛,为济南望族。所居称司马府。

朱昌祚,字懋功,号云门,世居高唐。顺治初,入旗籍,任宗人府启心郎,巡抚浙江,多善政。疏毁淫祠及五通神。督闽,未之任,为直隶、河南、山东总督,请终制,未许。命同尚书苏纳海、侍郎雷虎、巡抚王登联议圈丈地事,触辅臣,鳌拜怒,俱置死。康熙间,特赐祭葬,谥勤愍,荫子。墓在清郡东十里朱店,称朱三省墓。弟宏祚,孝廉,由部郎累官闽督。子纲,以荫至云南巡抚,加尚书,谥勤恪。后嗣居济南,为巨族。

朱照,号晓村,嗣勤恪公,得荫,不利其产。善诗画,爱山水,壮游南北,作《河图》,晚号齐右乡人。《咏杏》云:“老夫肝腑异恒流,杏带微酸气味投。八十年来好牙齿,一生自不皱眉头。”

唐梦赍,字济武,一字豹岩,淄川人。父俞,自彦开,为名儒。庭训。顺治五年进士,翰林。命译文昌《化书》,对言:“非圣之言,无裨大化。”疏留,不协权要,请养归。年未三十,侍亲穷经,著作日富,期裨世道。纂《济南府志》五十四卷、《志壑集》三十二卷,渔洋序之,以为诗类东坡,文类蒙庄。

毕世持,字公权,淄川人。年十一,冠童试,康熙戊午领解。纯孝好义，交四方名士，人称真孝廉。弟世济，同借书，随月照读，每将入闱，倍食干糇，饮三日水，文笔如飞。春官不第，遂止。著《古本大学释注》《大学衍例》《政治三篇》，尤邃于《易》。卒年八十七。或赤身夜雪，曝背烈日，时人莫之测。

张笃庆，字历友，号厚斋，淄川人。年十四作《梦游西湖赋》。弱冠，结郢中诗社，受知施愚山先生。康熙己未，举鸿博，力辞，以选拔老。与名流酬唱，撰述等身，有《昆仑山房诗》《古文集》。

李尧臣，字希梅，号约庵，淄川。诸生。博学，为古文辞，尤好金石，名流推重。著《百四斋文集》《诗集》《笔势书谱》三卷。

蒲松龄，字留仙，号柳泉。淄川。岁贡生。受知施愚山学使，文章道义，为时钦重。试不利，肆力古文，濩落郁塞，为《志异》一书，取东坡东轩句"洗心聊复寄东斋"意，名"聊斋"。少与张历友、李希梅结诗社，励风节，号"郢舍三友"。梓文集四卷，诗集六卷，辑古人言行关伦纪世道者，为数十卷，后人无力梓行。渔洋先生亟称其才，有《得留仙书知将入楚》诗，《聊斋志异》评语极多，偕未全载，人谓渔洋欲市为己有，误矣。卒年七十六。子箬，字青笠，雍正丙午贡生。孙立德，诸生，皆有文名。武定李监榆州判宝裔著有《聊斋传奇》九种。

淄川东有柳泉，山水平远，留仙爱之，以为号。作逸老园，有《记明湖诗》，载郡志。纪文达公言："《志异》，才子之笔，非著书之笔也。《异苑》《续搜神记》，小说类也；《飞燕外传》《会真记》，传记类也。《太平广记》事以类聚，故可并受小说，既述见闻，即属叙事，不比戏场[关目，随意]装点，伶元传，得诸樊嫕，故猥琐具详。元稹《记》出于自述，故约略梗概。杨升庵伪撰《秘辛》，尚知此意。今燕昵之词，媟狎之态，摹绘如生，使出自言，似无此理，使作者代言，何从闻见？留仙才，余莫逮。万一惟一，书而兼二体，则夏虫不免疑冰。"窃谓纪文达公，遍才富学，言皆有物，故于《志异》，心折其才，而规其体。然留仙载籍宏博，运古如化，文

生于情，似不必谓《左氏传》何处得来。锺霖

王苹，字秋史，号蓼谷。世居灵山卫，徙历城。性孝友，负才好学。康熙进士，以母老教授成山卫，旋归，于望水泉筑草堂，为故殷文庄别业，作《二十四泉草堂记》，著书吟哦其间，有"黄叶林间自著书，黄叶下时牛背晚"句，渔洋呼为"王黄叶"。

周永年，字书昌，号林汲山人。林汲泉在佛峪。先世余姚，徙历城。优贡，举鸿博，乾隆辛卯，联捷进士，归部铨，退居藉书园，林泉著胜，积书十万卷，名士硕儒，游耽其间，作《儒藏说》。同青州李进士文藻修《历城志》，搜订详慎。征修《四库全书》，授编修。典试贵州，时称荣遇，乞归，殚精撰述，有《丛书》十卷、《古文养蒙集》五卷、《先正读书诀》一卷、《制艺类编》等，皆梓行。性敦笃，无玩好，与新安程晋芳、归安丁杰、余姚邵晋涵诸公契。雅爱顾亭林、李榕村、阎潜丘、方望溪，乡人则称张蒿庵。子震甲，字东木，孝廉，牧信阳，民生立祠。孙宗耀，四川崇庆知州。宗照，早逝，有《喜闻过斋诗集》《摹古法书》十卷，待梓。

历城藏书家以藉书园为最。林汲先生性笃实，每明巨疏细黠，窥取其资，坦然无逆(亿)[意]，致产坐耗，《先正读书诀》版散失，津门王子梅明府集资重梓。先生曾孙云坡同年如城，关平谷知县弟，如璧，己酉选拔，相继殁，园渐废，书籍早落他处。藉书园一名琅园。锺霖

方昂，字叔驹，号坳堂。父英，由浙江淳安居历城，乾隆辛卯进士，官刑部，慎刑狱，司秋审，为阿文成公所重。秉臬贵州、江苏布政使。学行详石庵先生所作墓志。

汪镛，字序东，号芝田。先世临清，徙历城竹亭，州学正。次子运，学生，优贡，孝廉。乾隆壬辰，取中正榜，用中书。乙未榜眼，入翰

林，典试广东，两任陕甘学政，官给谏。直声震时，奉命偕祖侍郎之望，平反金乡大狱，劾长随张官梅冒熊，官梅调历城，置之法，纂入例，迁大理卿，以大寮鞫狱山东，获罪。山东科道失纠，参均镌职。复任顺天府丞，致仕。弟长龄与父同登辛卯进士，令蜀，后嗣昌盛，科第相接。

山东人奉使鞫山东狱，石庵、芝田两先生外不多见，异数也。锺霖

袁守侗，字执冲，号愚谷，居长山焦家桥，世联科第，兄弟显达。乾隆甲子孝廉，中书直军机，秉臬广西，称“袁青天”。进尚书，任河督，再任直督，墨绖从公，卒，赠宫保，谥清悫，赐祭葬。著有《双桐轩稿》。清悫公与同里刘青岳大学士、张华东尚书、三边总督李五弦尚书，先后秉耀史乘。

毛辉祖，字镜浦，历城人。乾隆乙丑翰林，至太常卿。子三，皆名孝廉。长坼，字一亭，官广东罗定，直隶州。孙式郇，字伯尔，己未翰林，至都御史，屡主文衡，及门满海内，督学浙江，代监临。毛氏先浙江唐氏，后归宗；石庵相国作《归宗记》。

伯雨先生嗣健，以荫官福建同知；孙玉成，丁未进士，令云南，相继殉难。世居历城东朱店。锺霖

王广，字道南，历城人。孝友好善，多义举。子四。允辉，号邻川，辛酉进士。由礼部郎擢给谏，巡漕天津，疏陈关大计，皆施行允，中武举。江南守备孙福培、福田，皆孝廉。

李晓林，字春山，历城人。父进忠。官寿张游击。乾隆甲午，寿张教匪王临陷城邑，率兵苦战，鳞伤舁养，疏功起用。赐金，晋级。春山嘉庆庚申乡试第一，令安徽，历任烦剧，赈青阳，誓神，活民，建蓉城

书院。去官,负亏,士民为补。次子鸿畴,优贡,孝廉,授云南武定州,守楚雄。

小岚弱冠,贡优行,中式北闱,器宇宏隽,有伟望。以禄养生,慈令孟县。咸丰甲寅,偕毛寄云给谏、李小湘太史团防,擢铨滇南武定牧。时滇鲜完区,寄眷于蜀之任,旋守楚雄,谓云南首郡。以瘁卒,莫能归。昔语小湘云:"雨生吾辈中人。"引为至交。丙辰春,寄云分巡荆襄,小湘守大同,小岚将远行,同饯明湖,出云溪旧径行看,子属题:"万里持行,言时展晤,关山迢遰,存殁异乡,咸念知己,魂其何日归来?"锺霖

花南村兄寿山,历城。孝廉。少立品节,有实学,从游者众,多科第,所作论著、碑志,皆可传。官平阴学博十馀年。荐膺民社,辞承双祧,自以数十年未离慈亲为乐。丁庶祖母忧,询服于余。查例,父先故,别无同父叔伯,生、庶祖母故,为长孙者,无论嫡祖母是否现在,盖令治丧一年,离任服阕。主讲景贤书院,家在南郭,临水近山,与知交及门,优游林泉。记《咏绛衙》一联:"功名真嚼蜡,称谓合探花。"余赠句:"志比陶彭泽,人称谢茂秦。"南村眇一目。子春祺,诸生,便铨司训。

南村师品学为时代矜式。丁卯诗题《月华临静夜》,师又深自悔,已传诵焉。窃见庾子山"地中鸣鼓角"二句,骆宾王"隐隐地中鸣鼓角,阴铿水田飞白鹭"二句,王维"漠漠水田飞白鹭",只加四字,馀皆同,人不为嫌,况"星河"句,又人人意中所有,固易冲口而成。锺霖

郭小华,名敏磬,历城。孝廉。文学冠时,工隶,善画,不轻作。南游,中表李湘浦宰吴县,留小住。上游闻其名,转请画,怫然曰:"不

为长官奴。”获其偶作者以奉，挺身诣索之，傲睨类此。为益都广文，不屑官冷，治小园亭，择友弹棋酬唱，乘兴书画，集书亭联：“可怜此地无车马，但觉高歌有鬼神。”出必四轿从役，或不起立，辄鞭呵之。郡守彩音称祝亦效之。自寿不惜费，不问子孙功课，云“非吾事”。偶见新富度岁，先像高读。壁间朱柏庐格言：“勿用俊美妻妾，切忌艳妆祖宗。”晚号云门外史，终广文任。家日微，或以其口过多云。

王培荀，号雪峤，淄川人。博学笃行，大挑，官四川荣县，有《听雨楼随笔》，于蜀风俗题咏，搜志颇详，刊《乡园忆旧录》六卷。

茅垲，字载青。父宏祚，自浙山阴迁历城，好善。载青勇于为义，总纪鹾纲四十馀年，捐赈助饷，叙知府，五世同堂，年九十，宗党称祝，卒于宴间。弟埙，字藕亭，书名重时，宏祚与千叟宴，赐诗、朱杖、“福”字，奉于堂，额曰“赐福堂”。

章丘郑诲庵封翁汝忠，以贾起家，纪总鹾纲，赐福堂属为业居之，年亦九旬，同堂五世。锺霖

马翊，字次溪，临邑。孝廉。官学博，书画古朴，以偏锋见长，人亦磊落，有烈士概，为余作大幅画颇多。

杨晓春，号惺斋，历城。巨族，邑称“祺字杨家”，本其商号，后人分枝之称。乙酉举人，官教习，分安徽知县。乙未权怀宁篆，捕蝗，疾卒。予恤赠秩，给祭银。

翟凝，号鳞江，历城。孝廉。令浙江，未三年而殁。浙江韩鄂不茂才代告赙启。鳞江届补缺，赴玉楼，权泰顺、嵊县，负累，时地所致，非不审出入也。眷属多人，乃郎十龄，家在历下，数千里，将死无归魂，生者落魄，伏望同寅，麦舟慨助，可以见其清矣。工书，家居诗友唱和，有《真研斋稿》。卒月日时与生相同，亦异也。

李肇庆，字馀堂，历城。孝廉。官潼关司马，多德政，捕蝗，暴日露宿，焚文于裴晋公祠，为民乞命，瘁，卒，民有成神之传。重交谊，醇

宗戚,往依者归颂弗置。周二南交最深,为梓二南诗文,又属二南检梓故友周范墅奕黉,诸生。遗稿,恤其后人。

周乐,字二南,历城人。宏才富学,久困场屋,乙卯科,李复斋先生力荐未售,弃举业,以贡就教职。依李馀堂司马有年,梓诗文集,同里张北麓、谢问山、范伯野、郑苹史、何岱麓、王秋桥,皆鹂社诗友。晚主景贤书院。与人交,无城府,而出语成趣。诗多新颖句,如《宿齐河》云:"铃铎搅残孤客梦,琵琶拨碎壮游心。"《风筝》云:"尚留一线青云路,未免群儿白眼看。"惟咏《春雪》"半天兼雨落,到地一花无",为无儿女之谶矣。《与家敬修论事书》,知非诗人胸襟。

二南先生垂青后学,撰联见赠:"文章白地光明锦,品望乌衣磊落才。"锺霖

尹畹阶学正庭兰,历城。孝廉。周书昌先生高弟,同事考证之学,终高唐任,称历下诗人。嗣式芳,甲辰举人,庚戌进士,令清丰。

家青阶兄联登,历城。辛巳孝廉。学行重时,同人称"耻小丈夫"。官广文,家居村归,见策骑来者,比近始下,则昔年及门,怒斥之。次日,呼而夏楚焉,或以为甚,然犹有古道也。

家雪泉兄大纶,历城。辛巳孝廉,书法名著,孽窠书尤快人,官湖南知县,擢司马。

家乃吉孝廉克敬,历城。道光乙酉副榜。庚子乡试,陈栗堂先生房荐为李麓源高弟,负才未展,挑知县,分江西,旋卒。好扬人善,于同学尤笃。《登岱对松山》句"似闻上界神仙语,不信人间道路通",极真切。惟仕路不通,已早露矣。

家小韩茂才琦,才隽不羁,善书,与雪泉齐名。抚院牌楼书"齐鲁总制"四大字,郭兰石先生典试时亟赏之。

家今雨上舍畿,秋史先生裔孙,好学善书,为富贾书记。草堂旧居早售诸人,傍湖为家。中年工诗画,藏《二十四泉草堂图》长卷,题

咏皆一时名士，图为王安节手笔。

马国翰，号词溪，一号竹吾，历城人。力学励行，辛卯，第三人举于乡。联捷进士，官陇州刺史。引退乡居，以文籍自娱，刊诗文集《竹如意》二卷。

何岱麓居士邻泉，以世居趵突泉畔名。少通经史，小试不利，弃去，肆力诗古文辞，工唐隶，与曲阜桂未谷齐名。相聚五龙潭西精舍，疏江家池，水突涌舍前，名“七十三泉”。家不裕，好与诗友联社，居近白雪楼。

家辉山，字丹生，历城人。才宇隽伟，弟仲山，先后乡举。弟乙未进士，已以知县分江南。历权烦难，两任邳州，以严治，呼“贾包公”。旋逝世，少与同邑彭雪嵋、李麓源、章丘焦笠泉文章争胜，为“济南四英”。得其传者，掇科弟如穿杨。三子元涛，咸丰庚申进士，官甘肃。彭名以竺，丙申进士，官江南至太守。李名蒙泉，庚子进士，官吴县令。

焦笠泉乡前辈友麟，少入词垣，视学山西，购书画十车，台谏敢言，触人忌，依兄家麟滦州任所，兄殁，不能舍所质书物，久益细困，殁于滦，早显未踬，惜哉。锺霖

李僩，字仲恂，自号闲人，历城。戊子孝廉。才峻性旷，睥睨一世，官清平广文廿年，及门多英才。诗近青莲，与友作答，随手成辞，辄焚之。

汪兆桐，号子琴，芝田先生从孙。王中峰太守浚济南城河，荐铨四川高县令，素契余，事巨细相质。兄霞谷，明府兆椿，调任商丘。子琴坚请余往劝，初抵商署，癯面敝裘。有相者语众曰：“此老神清气昂，纹见阴骛，二品封翁也。”次晨方太守观国至，对霞谷讶余云：“适何来？山左旧好，不见十年矣。”自是多邀人青目。一年回里，于商丘识蒋矩序明府予检，中州名士，善书，与中牟仓松坯颉颃。喜画兰竹，为余作书画快若风雨，可宝也。官江西知县。

登州木伯泉棠写兰如狂草,叶纷无数,无笔不中锋。自云“三十年工夫”。到济南见访,作数纸志别。锺霖

范琢舟茂材铉,兄镈,优贡生。学行皆粹,性恬雅,不希荣利。鼓琴工诗,家仅供饘粥。好藏书,居明湖南,时与余谈,余亦访之,垂柳篱舍,每泠泠琴铿,丁丁棋罢。

夙读乔松石贡生岳诗,多警句,《和陶诗》尤肖。庚戌秋日,姚家庄东阡展墓回,憩庄西阁下,髯而颀癯,戴笠,携童远自雁翅山麓来,则松石也。握手至阁,舍诗卷,焚香,二孙侍茗,盖假居于此。相与话乡趣,溯故友,慨谈时事,眉宇轩杨,作壮年态,遂订交。松石负经世才,中年代总鹾商,老栖于乡。夙志消磨,工度曲,与醉琴友。每夜月,邀友觞醉北极台,唱《大江东弹词》,九转,声满明湖。周二南戏之曰:“子曲,我愿意以为雌也。”盖以乔姓云。梓《松石诗钞》。

梁式玉佩,家历城东十里窖头庄,门对雁翅山,竹篱梧院,教稼课子,恬如也。自以不成名为憾。延其业师杨叔山复训幼子,约锺霖读书,可感。庄依众山,夏雨,涧如飞瀑,两崖石冲作奇状,庄西桥观水,亦快事情。雁翅山半有明高唐王墓。

道光甲午、乙未,读书式玉丈家,邻村马家庄姚以临先生庄持,辛巳孝廉,及门皆名俊。挑知县,分河南,丈属陪饯,极邀青盼。己酉夏,丈携子昌绪相访,为书“雁翅山房”额。弹指廿年,丈逝,世昌绪入县庠。锺霖

余正酉,字秋门,历城。孝廉,官山右知县,引退,继卢雅雨乡前辈续选《山左诗钞》。谢问山内兄所选《海岱英华集》,无力付梓,多辑梓焉。

济南书家,以杨征甫外翰政祺为杰出。太翁咸之先生受廷,名进士,令如皋,书法银钩铁画。外翰博涉墨迹,石刻最多。有名刻,不惮

远购，尝架木南山崖壁拓魏晋字。所书如行空天马，笔笔中锋。自言数百年必有知者识者，亦以其言非谤。弟祐祺善画，恩祺工篆刻，皆不轻作。

征甫先生为叔山师从子，当以时亲染翰，后易求书，因循有年。先生赴召玉楼，有茧纸昭陵之憾。锺霖

萧处士禹言，浙籍，居历下。试未成名，遂博涉星卜、堪舆、家言、尤精围棋，设局湖畔，以待国手。江南杨蔗村、浙江沈夸洲，皆棋无敌。禹言与较，一二子之差。家贫，不以口腹累人，至局者携鱼酒共醉，敝衣作被而睡。常破裘拖雪行，白若也，多呼为“萧半仙”。

张问竹明府闻半仙名，拟交，未果。历城朱纶伯同年从子丕燕，从学棋一年，获让二三子，至呕血死，甫弱冠。郑润甫襟兄玉书，郡廪生，工棋，亦局中杰者。锺霖

吾东画师，见《画征录》者，指不胜伛。济宁焦秉贞、文登冷吉臣、高甫阜老人，皆著海内。近时历下，以云门外史柳田处士为最。其他名士，并书于左。

柳田郑氏士芳，居东门外河上。山水花鸟，人得尺幅若拱璧。事连系，旋白，晦迹，不轻染翰。子谟，号小痴，画肖其父。

陈霖，字雨人，自浙居历下，书画冠时。与兄风人震齐名。晚年喜作竹石，兼东坡、与可之长，一帧可质数金。善布园林，潍县田氏园为其役筑，不减清虚堂也。旧居济南城内三角楼下，门前叠石，过者玩所镌句，不置。次孙寿帧，诸生；曾孙沂，已未举人。田氏园名“蓬莱别墅”，又“一亩园”，现归丁氏，亦雨人布置。

陈嘉乐，号东原，历城人。善画，性介，皇九藩招之京邸从学画，殁后家贫。藩邸属东抚，索其遗画，子守不敢呈，今益珍贵矣。

朱文震,字青雷,历城人。善画工篆刻,见知成邸,诒晋斋印章多出其手。宿隋园,为袁简斋镌小印二十馀方,称神速。郑板桥在扬州,与程棉庄、黄瘿瓢、王梦楼、金樱亭、于石卿、张仲谋画兰八叶,为"八友会",误作"九"。曰:"有后来者耶?"青雷适至,喜作《九畹兰》,记之以诗。青雷能诗,《红桥晚步》尤为时咏,尝得卓文君印章。高南阜倅扬州,梦投刺为司马相如。越日,喜得司马相如私印,佩不去身。大吏索观,正色大言:"一生所不能奉人者,此印与山荆耳。"青雷乞与文君对,坚不与。或言青雷自镌以诱也。

戊辰春,天津书坊得明娄东何不违《印史》,自秦李斯至元董摶霄,姓名、私印、篆印皆精,九百四十方,大人、名士、才女各刻《传略》于下,如获异宝,索价十金,即寻之。三百年物未知兵燹后,何氏尚完藏否? 锺霖

高南阜老人凤翰,字西园,胶州巨族。雍正五年,举贤良方正,官歙县县丞。行清学博,诗、书、画称"三绝",又有印章癖。老伤右臂,尚临池,人愈珍藏也。闻居家见瞽丐,牵犬挂瓢,坚光若古,呼为刻词,末句:"莽天涯叫不出一碗王孙饭。"丐遂饱暖以死,后梦丐至,叩言报恩。仆适生男,比长,服役若孝子,风流可想。

司马相如私印归潍县于次兰孝廉莨,名其室曰"一印斋"。与次兰同戎曹,偶想示,亦佩不去身。南阜老人得卫青玉印,斗纽方寸,经火后赠陕中刘介石刺史。按,明永乐十八年,蒲台妖妇唐赛儿作乱,据青州,安远侯柳升往剿,都指挥卫青御倭,海上夹击。平之老人所得玉印,未知是汉是明。锺霖

娄凤翥,字近霄,号竹石,历城人。工写生,以乏名师,南北游,晚年回里,卓然画师。喜作丈六纸人物、古松,若伟人在座,列古鼎彝,

龙鳞虬爪盘曲，夭矫半生，沉郁劲概，勃勃从指间发。居湖干，治小园，与老妻享画资。老不任大幅，点染家雀于梅竹间，如闻雨霁雪晴，群噪聒耳。聋，能作手语，收贫家子，涤砚伸纸，哑而慧，渐能作画，遂为弟子，谓师弟，乃梓潼侍者，自号“聋道人”。

临清陈石琴处士诰，与堂孝廉咏胞兄，读书至八岁，治聋成哑，默诵经史，笔以询人，乃悉通。书法逼真煦斋相国，画宗南北，非交好不轻作。前馆临清时相笔谈，自号“梓潼侍者”，小湘兄谓之“聋而聪，哑而雅”。锺霖

刘星庄处士湟，历城人。家寒素，以砚为田，不妄乞人，工花鸟人物，晚年作山水尤佳。

刘鉴塘处士光烜，楚北籍，家历城。善人物花卉，大雅洒落，笔具晋唐人书法，丹青驰誉，画囊颇充，与同邑画士姚青震交好。闻其殁于设乩家，示青震未了事，属视其妻子。

青震名恩甲，以临先生从子，工山水，尤善画驴，大小入神，人戏呼“姚驴”。作《锦绣川》长卷，俨《豳风图》。锺霖

胡姻兄锟，家钱塘，居青州。明医，工山水，尤善画龙。

前馆青州，张小河处士石先为余作各色牡丹，大小帧最多，秾艳如生，与博山赵小田并称。性甘澹泊，以画自给。所云“闲来画幅丹青，卖不使人闲造孽钱也”。历下韩亦亭处士，亦画牡丹有名。

青郡张秋池处士沼，号雪堂，家贫，好茹素，读书不求仕进，以书画名。每言“后世有师我者，书法颜鲁公”。锺霖在青从学三月，颇得其指授。

王云溪处士圀青，南籍，居历下。善丹青，工写真。先慈赵《织课图》为其手笔，又请作《含饴喜容》。

近时写真以谢镇甫表兄为佳，著笔如生景物，亦颇不俗。视如意馆，无其工而雅胜之。锺霖

吾东书家，以曲阜孔谷园先生为大成，名继涑，圣裔。十岁能书，张文敏公照，圣公近亲，爱先生，妻以女，未娶，卒。从文敏公学书久，能相似。文敏殁后，奉《纶音摹文敏》各书以进邀赏，为世所荣。藏古今墨迹甚多。梁山舟学士，时以藏珍易观，鉴刻《玉虹楼帖》，世称"孔氏百六帖"。

竹湄三叔，前馆曲阜王海门明府幕，与孔绣山中翰、王秋槎先生交好，得《玉虹楼帖》全部。锺霖

吾东鸿文巨献，奚傒鄙谈，济南山水，叠见《齐乘》，偶检《元书》。

于钦，字思容，青州益都人。中朝为御史台都事左司员外郎，后为益都路总管。延祐六年，齐地大饥，钦衔命赈恤济南六县，洎鹾灶饥民，劝富粟赈太多，见责宪府。时僚有幸凶岁，捐升斗育子女曰"过房"，悉挚以北。钦赎还之，更为人忌，上擢钦兵部侍郎。著有《齐乘》六卷，子潜，官南台椽。

余不解音律，而爱学度曲，又不善靡媚低唱，颇好《长生殿》《骂贼》弹词，拍板高歌，谓胜宫人掩袖，说天宝也。《长生殿》本洪昉思制，博山赵秋谷为之改定，违制演剧，罢官，劾之者礼科给谏黄，著《福惠全书》者。前令山东郯城。相传黄内用入都，以秋谷名重，具《诗稿》、土谊，乞为品序，回柬云："土物拜登，大稿谨璧。"因衔之次骨，藉端修报，牵引多人，皆知名士，都人口号云："国服虽除未免丧，如何便入戏文场？自家原有三分错，莫把弹章怨老黄。秋谷才华迥绝俦，少年科第仅风流，可怜一剧《长生殿》，断送功名到白头。"

《骂贼》出于一伶，深愧唐臣舞马孙供奉之不若矣。汉武帝

幸宫人丽娟，年十四，肤柔气清，歌《回风曲》，李延年和于长生殿旁。宋汴京有长生殿，见元乾州奉天人廉访使杨焕然(焕)[奂]《汴故宫记》。长生殿凡三见。

济南唐豹嵒太史郡《志》序："周秦以上无济南名，有之，自汉，以亲子弟王齐，始然。高惠间，都临淄，再传，治东平陵，则文帝时也，与今之济南略近矣。晋之济南回治平寿，南宋之济南，仍治广城，俱非今之清甫。不核其疆域，不几以菅邱为济甫，而青将无志乎？南宋孝建始自平陵迁历城，凡官者、地者，若隽不疑。龚遂、皇甫规、应劭、颜真卿、赵孟頫之为太守，李邕之为刺史，文彦博之为宣抚，匡衡之为文学，陆机之为内史，曾巩、范纯仁、晁补之之为州，韩琦、唐介之为判，苏辙之为书记，范丹、许逵之为令，刘大夏、潘季驯之治河，铁铉、平安之为布政使、都使。生其地者，若公皙哀步、叔乘、商泽、荣旗之为先贤，伏胜、董仲舒、田何、杨何、牟长、孙明复、石介之为经学，娄敬、羊祜、房玄龄之为勋臣，邹衍、终军、江淹、辛弃疾、边贡、李攀龙之学业。王章之忠，郭巨、王樵之孝，高允、封同、张茂兰之清，邹长倩、刘庭式之卓行，黔娄公、玉带、白子友、徐洪客之高隐。"云云。亦可以觇济南官秩人物。

《通志》言，秦茅焦以今滨州，昔蒲台之茅焦台为据，而载历城、章丘者可删；汉娄敬以长清娄敬洞为据，而载青州者可删；晋羊祜以新泰羊流店为据，而载泰安、莱芜者可删；南宋明僧绍一族以德平之鬲津为据，而载蒲台、德州者可删；隋房彦谦以章丘墓碑为据，而载青州者可删；宋刘庭式以历城瞽女池为据，而载章丘者可删。又如什防侯雍齿，沛人，长山雍庄、丁庄相邻，遂指古墓曰"雍齿墓"、"丁公墓"；夏侯胜葬昭帝之平陵，朱云、班超冢扶风，而东平陵乃皆有墓；王蠋墓在画邑，董永墓在孝感，鲁仲连墓在高苑，而济属各载之；段干木，晋人，而墓在蒲台；耿弇本平齐者，而《长清志》载之人物；齐河城内定慧寺，永乐初吕讲经建，而以为姚少师；皆不足辨者，并皆正之。

咸丰十年庚申十一月，齐河定慧寺大殿火，寺僧湛云收姚广孝像，云为其祖，曾住此寺，余有诗。锺霖

亲戚情话

佐治依人，不遑家食，戚好亦各一方，惟岁时回家，得相往还。曾几何时，一别如雨，存者寥若晨星，黯然以思，吾生如寄，亦惟劳管城子，作纸上谈耳。

尹竹农表舅，讳济源，字东沆，历城望族。先母赵中表弟，戊辰进士，庶常主政，祠曹御史，视学云南。辛巳，典试中州，得士最著。出守建宁，秉臬楚北，爱民恤狱，称清惠。晋山西，调湖北，以疾归乡居，以史书自娱老年。少读书古诗循廊步诵，每至夜半，以暖四体，薯饭青羹，恬如也。不忘寒士苦，恒施衣粥于里人。修近旧居路崎岖者，云少苦经由，欲人不碍足也。训子孙云："无关荣辱者功名，有益身心者学问。"

邹堇塘表兄铼，会稽世家先祖母侄孙游幕山左东昌，性谨恪持躬，处世有绳尺。子四，长昌麟，成童入聊城县庠，有文誉，惜不永年。三石麟，庚戌会元，授编修，用御史。

翼生表弟，癸卯科，房师吴丙臣先生荐拟元，以文皆短幅，置十四名。庚戌，会试第一，咸谓前如领解，可继陈莲史先生。戊午，分校北闱，因平龄场案，褫职，主讲聊摄书院，旋卒。锺霖

金文波表兄洙，号五泉。先姑母子，祖自山阴鉴湖，家历城。少立品节，以优贡献赋，列二等，官学博。嘉庆丁卯，乡试第三，己巳进士，庶常，改铨深泽令，调清苑，守保定。振文教，□刑名谳局，教牧

令,折狱判,不合,躬讯属听,且互参证,期无枉纵,日若塾之肄业焉。在局者多至大吏,后尚循之,曰"课狱",上游交荐,陟长芦都转,以守大名,失察教匪尹老须案,镌级,旋复督粮储于浙,免。避祖籍,奉修海塘,瘁,卒工次。性和厚,事亲至孝,禄赡宗戚,给分送于其家。除夕,更计人缓急,叩门以助。先姑母最仁慈,念狱囚苦,夏施药,令除虫秽,冬施大被厚褥,使鲜冰冻。清苑多系贼,念因惰无业,命文波兄令各习糊口手艺,怠则责之,艺熟案结,相劝谋生,不再入捕房,于官升去,众泣,叩于路曰:"太夫人活我。"先姑母每语亲弗子,为前驱采仗呵殿远迎入署,思篝灯纫针,视读至三鼓,差不负也。文波兄与花南村兄同年,至交,南村挽之云:"入宦途者廿馀载,接人以和,示人以俭,容人以宽,总是本来面目;忝同榜者三十半,规我之过,怜我之才,惜我之遇,可云异性兄弟。"子二:凤藻,字少文,壬辰副榜,四川奉节知县;寿萱,字慈华,丁未进士,国子监学正。七孙皆峥嵘明德,有后宜矣。

慈华表兄成名,未仕,持家教子。长绍先,山西知县;次绍言,廪生;三绍甡,余长女聓(女),未娶,亡;四绍喆,兄弟双生,皆诸生;六绍庭,壬戌举人。余皆读书。

先世茔在浙江山阴乡桃源逍遥溇,近沅江埠,邻茹状元祠,近枝无人夙承,茹乡亲照管。道光甲午间,文波表伯海塘公特偕孙毅堂表伯,文波表伯姨表弟随在浙。至逍遥溇展先墓,修之,绘图,函寄重母家也,感愧谨藏。己酉,遇山阴金耀章兄回里,乞至逍遥溇,代修先茔,旋携茹钦洲书来,知尚承茹家照管。南北烽火瞬逾廿年,悲念楸陇汗而食不下焉。锺霖

谢问山内兄焜,自浙江山阴占籍历城,与弟照皆名庠序。家贫,诗酒自乐,各无宿粮,弗计也。诗宗少陵,奉戴笠小像,举觞必祝。每四月十九,仿浣花故事,集周二南、范伯野、何岱麓诸诗友为少陵寿,

时相酬唱，联湖千鸥社。租居近水，引泉绕屋，叠石杂花，水作隐趣，名鶞园，赋以志之，有《绿云堂稿》行世，为文务坚卓。乙卯不第，坐独轮车，敝衣竹笠，游齐鲁间，玩佳山水。搜今昔人诗歌，辑《海岱英华集》十二卷，无力付梓为憾，刊《心仪》《停云》两集，皆海内诗老之诗。《停云集自序》："一卷残编，读当晚照，数行老泪，洒向秋风。"人谓不减魏武《短歌行》也。目损于酒，年七十不见物，日犹吟哦，令孙为书。将易箦，云："未为陈元圃作传，歉事。"撰痘神祠联："体谅人间慈父母，保全天下好儿孙。"人多诵之。有赠余五古。少陵生于睿宗太极元年，即玄宗先天元年，卒于代宗大历五年八月，年五十九岁。

附问山赠诗

惟蓬生麻中，不扶而自直。譬诸有志人，矫矫能独立。君具磊落才，少年何抑郁。十八父见背，事畜难自给。阿母抚诸孤，慈兼严父职。君志在四方，櫜笔走京圃。冠盖自纵横，云路谋未得。边塞发悲歌，风尘污颜色。啮指痛心归，成人始授室。吾妹有所托，君才终弗屈。不见抟云鹏，亦有乘风鹢。退飞进之机，万里六月息。人事贵奋勉，际遇奚足蹙。殷勤赠答篇，行矣在努力。

问山舅父寄诗《喜锺霖甲辰秋捷》

早识汝能贵，今教语不惭。甥真无似舅，青却胜于蓝。乐事双亲健，家声一力担。愧余西笑久，即看杏花探。

乙青内兄照，端谨有实学，馆谷膏火外，不知有牟利术，累于家口，或雨雪灶冷，饮咏自若。诗友外无多交，与柳氏荫堂陶门昆弟，以文学切摩，训及门立品励学，如陈元圃超、何近山裕民弟云舫、芳萧氏肯堂、肯穀、郑仁圃锡麟、汪以诚，先后擢科第，已乃以青毡老。诗文多散失，记其二句，"每当日夕炊烟动，偏是天寒酒力微。"子四：春埏，官同知；春城，大兴黄村巡政。

乙青舅父文学深邃，贫而乐，每夏院冬罏，呼锺霖训经论文，衔杯拍案以期领悟。丁酉仲冬，季仙九学使试济南，古学赋题《雪花六出》，舅父构联："飞英英而作瓣，红轮初日之梅；联个个以成姿，翠压当风之竹。""谁道大还如掌，忽讶一指骈生；试看(艳)欲迷天台，叠出晷短砚冰。"咸称杰作。

舅父家谱，自晋世以来枝派详明。为绍兴望族，世称"金龙四大王"，讳绪，行四。南宋诸生读书金龙山，殉国难，河上显神，披发执鞭，淹敌复仇，历加崇封为舅父远祖。锺霖谨志。

章静澜姻兄继溶，会稽巨族，姊丈董舒之。姊丈与余同师沈藕堂夫子，师每以狂简相勖，谓其沈静也。余攻苦两年，应临邑晴皋王明府元辅之聘。淳安人。又二年，静澜亦应聘，学比余深密矣，性直而谨厚，轻财重义。友某患恶疾，困省寓，人谓其疾染人，置诸寺。比知，急予衣食，日视医药，多资觅人为起居理秽。友死，独为料理归柩于其家。馆沂水，道呼挽鹿车者，贫壮而语实，询为沂人，一母恒缺食，言能有资织槲茧绸足以活，亦空设想耳。笑令送署，依言予金。欣然叩曰："奚以偿?"曰："有余赠我绸半匹足矣。"久亦置之，有送柴者为其同里，问之云："某丐忽得金，归即疫，母子坐食，金耗仍贫，咸谓其窃应而也。"因慨然于命之不可强，其他善事颇多。子文津，字师舟，乙酉孝廉，教习知县，官山左。

梁石民亲家士俊，历城人。家世儒素。庚申，预取选拔，即领乡荐，充教习，训官生如家塾，不循四门博士例也。以知县分四川，历任巨邑，称慈惠，上游皆重为循吏。鹿叔昆季，共濩肆负累，悉以禄偿，或言已分炊，欠又年远，是可缓，曰："父叔手足，在日未析，今幸一官，感先人荫，何可致父叔抱憾九原?"人以为难，且愧薄骨肉者。亲故远相干，厚赠以归，故宦箧无馀。与余交厚，居相望，时同花南村、朱朗园、罗南泉诸好畅聚，将之蜀，以其六弟既堂亲家士喆女妻锺霖。纳采日，与其四弟伯寅、亲家士奇，偕冰人南村南泉觞余家，大醉曰："人生快事。”自蜀来书略云:“远隔三千里,念二三戚好,当日北渚咏莲,南山饮菊,或柳园珠泉,谈今歌古。初不谓异,相别有年,虽花衣著体,四轿高抬,而异地山川,触景兴怀,正不知竹笠芒靴,故乡何日赋同游也。”将调华阳,疾终隆昌,士民制辞颂德,梓传人口,著《蜀游草》,未梓。朗园名凝奎,举人,令昌化。南泉名源澄,官广文。

怀兴二亲家士杰,石民同祖弟,丁卯举人。知县,官福建,令邵武,擢任连城,有声,未竟其才,先石民而殁。家人云:“好食面,得冷疾。”盖不知南麦夜花性寒,多食伤人,不比北麦也。

胡北桥姻丈典龄,历城籍。恬静好学,兼好释典。甲寅,乡举第五,截取云南师宗知县,旋告归,江行风溺,忽一帆至,则仆上别船来救也。回里,茹素潜修,上寿终。子荣宝,壬戌举人。

李湘浦姻兄,廷芳,字勉思,历城世家。父敬斋先生,名进士,令安肃,称仁厚,著有《安蔬草堂诗稿》行世。嗣廷珍,字谦思,亦令安肃,咸颂济美,湘浦居次。己酉拔贡,司训日照,甲寅乡举。召试行在,用知县,告近,铨香河令,改官靖江,调吴县,为循吏,民立生祠。尤爱才,所至收知名士,俸不私蓄,戚好相依,几无下榻处。奉讳,复令粤东英德,为始铨之邑,旋调南海,地处脂膏,宦囊萧涩。殁后,眷属、书画一船而归。著有《清爱堂诗赋》,梓行。诗多警句:“一桁青山驴背晚,半村红叶雁声多。”尤人所传诵。次嗣庆翱,原名綖,号小湘,幼甚钟爱,弥留之际,犹口占有诗。壬子,成进士,授编修,守云中,诗有父风,品学卓著,远到器也。

湘浦姻伯与滨州杜石樵先生,同受业于泺源书院,山长嘉兴沈向斋先生,同叙泺源,问答梓行,同选拔献赋。召试,分宦京外。时寄筒,以字易诗,一时称为“李杜”。锺霖

胡介眉亲家梦龄,历城人。石民高弟子,才不羁,不见其伏案,而经史满腹。同学课饮笑杂谐,致人不能搦管,顷刻文成,试辄居首。

嘉庆戊寅，乡榜第五，丙戌进士，官户部。家不甚丰，慕豪侠，善藉富人资以获润，交日广，亦缓急可倚，终为中州同姓友累，甫擢副郎而殁。子石麟，余妻以三女。

先慈戊申秋弃养，三妹年十五于归石麟，妹倩从及门周步蟾孝廉允升读书。夫妇年少，其庶母不善持家，家日绌，妹倩郁为狂疾。咸丰十年秋，其庶母赴黄县视女，捻逆十馀万扑济南，沿山而东，妹倩居南郭，仓皇逃，三妹投水死，迄未请表。稚女为里人收归，久无音问，言之椎心。锺霖

林杏桥姻兄坦，历城人。戊申，中式北闱，胡介眉同年，又为儿女亲。幼随星浦太翁山西州县任，读书过目不忘，有绚凤翔鹤之表。弱冠，取国子学正，屡踬春闱，家居课子，以文籍、花木自娱；晚年卜居南山五十里泉子峪，近锦绣川，春桃霞灼，秋柿霜绯，入武陵源，欲与外人间隔矣。自憾未入词垣，又未宰百里，林泉终老。季嗣元芗，辛亥乡试第一，聊慰晚怀。弟心培，选拔基，从同邑姚以临孝廉父任读书，十年不预外事，品端学富，海丰学博，令湖北罗田。

杏桥姻丈隐居深山，赍志以终。袁雪舟太史挽之云："蔓草荒凉凄然，我有文通恨；梅花寂寞邈矣，谁招和靖魂。"李小湘兄挽之云："致病有由，缘当年一字偶差，路阻蓬莱成悔恨；延生无术，叹今日四方多难，考终桑梓即神仙。"杏翁辛丑春闱已中，二阳有应避字，见摈。

杨西屏亲家维城，历城巨族，先世为鹾商，号分"馨麻祺天"，后人以字分枝，历下称"祺字杨家"者，西屏枝也，科第各枝皆盛。锺霖幼从其弟子安亲家尔城读书三年，西屏以次孙女妻余孙寿恩，至好至戚益洽，西屏以嫁奁不厚为言，余曰："是何言？知孙媳温和娴礼，异日

为王氏主家政，徽音昌后，则君家之赐大矣。”西屏笑曰：“有是哉。”

千佛山因隋唐就山镌佛无数，名一曰仙祓山，初名佛慧山。东高峰为大佛山，下镌大佛头。有开元寺、甘露泉，一曰乍忽泉，峰顶高塔为文笔峰，明隆庆间，平太守康裕建。道光己酉六月初，雷震塔之半，徐梅桥中丞泽醇急属西屏姻伯吴春卿兄监修，山险峻，运物维艰，引手攀陟，暴烈日者，一月修成，塔内碣《志》前雷折塔多火灾，迄今适六十年，《志》未拓出。是科主试瑞芝生先生，常童秋湖太史以炘中式第四名，济宁孙选拔如仅癸丑状元。甲辰状元毓尽，丙辰榜眼毓汶为同族。

千佛山对济南城如列屏，形家言关阖省风脉。晋贾某倡修山磴，工人山后凿石，为旧案所禁，适张兰沚中丞患脑后疽，卒，咸言凿石不利之验，遂立碑永禁。西屏姻伯又监栽柏树若干，山益蔚秀。锺霖

李叔雨亲家澍，号西峰，馀堂司马从子。随司马任读书有年，丁酉，北闱中式，大挑，官河南，称儒吏，权淮宁。邑语有云“圣像坏，功名快”，茂才某富而求贵，得痰疾，忽入殿坏圣像，执之，始惧，欲倾产求活，叔雨曰：“贪且不可，矧以圣博重资乎？”同学为之白，且力乞，讯，茂才多痰语，乃责褫之，令修庙焉。叔雨子寿田，为余长女聟，纳知县，外孙二。

魏正和姻丈详，自章丘居历城。家寒微，弟祺，各谋食，性孝，奉母，托人宇下，仅蔽风雨，贾力承欢。随圬者修抚署澄虚榭，武骏亭中丞欲因泉竹结构，退食，观金碧巨鱼，环沼群戏，匠首拟式不合。丈最勤，每散食，先回操作，知匠式未善，画地自拟，抚见其勤，且察所画颇合，即令承工，遂名良圬。幼未读书，而匠心独运，经营缮者弗逮焉。乾隆丙戌，巡监使令修各行宫及天津柳园，适宫门外赐安南国王宴，直隶制军令一夜结绮楼，以壮体制，名因大噪。恭办山西五台山行

宫,邀六品职。修曲阜圣庙林门、邹县孟庙各大工,清勤一如微时。修岱庙,一时巨公赠之篇什,镌石,留雨花道院,泰山刻《靠天吃饭图》,跋皆本诸身语。济南府县学宫,亦其经画。修贡院号舍,永无雨患,留雨龛,增以仰板,试便庋物,且弗致污卷,无不叹其以门外人而能体试者之心细也。修泰山盘路,就堆山石,每半里作男女厕,终年香火,妇女颂便不置,虽小节而廉耻关焉。尤善居室,能于窄处觉宽。治家有法,子弟日蕃,孙、曾继起,名重当时,多乐与交,自筑别业娱老。钱润济中丞臻、济阳阎军门后烈,时相快谈,又代章直斋明府完亏释罪,义声愈著,殁载郡《志》。或曰明匠蒯详、陆祥堪鼎足,余谓名似而行过之。子治淳,贡生,官广文;从子治邦,武举;治勋,诸生。济南名胜及寺宇多制柱联,皆汪东川代笔,督娱、城隍庙门悬大算盘作额,一书"不由人算",一书"总归一算"。

骨肉心关

少悲失怙,母抚藐诸孤至成立,自恨无寸长微秩,以显扬懿行,苦操荒阡之展拜时阙,泷冈之表志无期,寞寞无闻,庸庸垂暮,亦无足言矣。惟人情莫忘,骨肉尤深,事虽轻微,而心难恝置,书诸私记,自省览焉。

竹湄三胞弟贤宾,性和厚,为母深爱,读书颇慧。以急谋食,少学度支于会稽赵锦城先生,爱三弟若犹子,馆金资之用,或妄费,第笑戒之。三弟品学颇重当道,酌增例纳职县尉,未赴铨。先生老多疾,家余一(文)[女],早适人,三弟迎于家,奉于静室,两仆服役,视所嗜以供。性恬洁,好持念珠、香花默处,年逾八旬,无疾坐逝。三弟视殓持服,卜地以葬,岁时祀之惟谨。幼时,兄弟同学,三弟偶欲睡,长清师自背力挞之,触几落牙二,芸舫二胞弟为师捶,闭气者时许,相视惕然泣,惧母闻。此最难忘者。

少从学沈藕堂师于臬幕,暑深多柏,夜森森,尤可畏。家贫鲜仆,母命仲选五胞弟贤登送衣物。年十一,初入官府,罔知所询,(次且)[趑趄]森柏间,久且饥,堂鼓冬冬,狱号声怪,风飕鸟啼,栗栗掩泣,巡更者欲执之,乃向言,引入署,手足情切,终身难忘;或过臬署,犹若五弟之在相问也。余次子小名二桂,少锺霖一岁,颖悟可喜。余馆省东,母命两孙送至东郭三皇庙前,止之,车行回顾,犹见在树间并立。是冬,二桂出痘,殇,甫四龄,甚伤母心,后经其地,犹若二桂树间依依也。

弟二桂,骨重神清,有让梨之誉。出痘前夕,见犬戏逐,曰:"狗欢必阴。"天果雪,旋殇。数十年来貌犹在心,声犹在耳也,悲夫!四弟奎官,庚寅生,形容极似二桂。弟六岁,与弟宝霖同塾,到塾逾时,代兄受责,弗辩,亦不妄语。步入八岁,读《四子书》大小字,毕,授《诗经》。仲选五叔卒于惠民,以奎弟嗣,迎柩送窆如成人。九岁亦痘,殇。严慈恸之甚,锺霖顿足搔首,世之不材者如恒河沙,胡生美质而不永年?岂真命耶!

余长孙女琪,戊戌九月生,甫步,识人意,数龄聪而庄,认字,或言古今事弗忘,针黹亦可观。幼即留心家事,或事有忘,询无弗记。客至留言,仆述恒讹,能旁听而传客意以白。八九岁若成人,凡事识是非而不妄语。余性急,或甚怒,逡巡绕膝,余颜为之解。伺左右,体余夫妇意,先事以承,可兼众职。游明湖、佛山诸胜,必扶为杖,随言随憩,倦而弗露。字于金三表侄孙绍甡,为文波表兄孙妇。将娶,会谢室丧,哀成疾,患胯疽若斗杯,呻吟一年,死于潍县寓中,年十五。余颇达观,乃时凄然,为之不到湖山者数年。

先祖妣赵太君遗训志略

先祖妣赵太君,历城士家,曾外祖国桢公业冶金。太君明而慈,节而勤，年逾七旬，持家不倦。道光乙未仲春，染疫日沈，共侍汤药，不能起，执锺霖手，训曰："汝祖随曾祖自绍来济南，以砚为田，恂谨，称君子。当病危，伏枕曰：'无以相遗，遗此儿女，累负深矣，托重矣。'泣且叩，旋弃世。汝父年十八，诸叔暨姑比肩，无一椽半陇，时如厦倾，惛惛莫知云何，幸亲故关照周至。延长清王孝廉教汝父叔读，日闻槚楚声刺心，念非此无以成，即无以生。吾昼治馔，夜灯缝纫，督汝父叔诵，所授书每至三鼓，虑其忘而受责也。(家)[尝]梦汝祖慰吾，语不休，比醒，而屈戌犹摇，帘犹动也。汝父每见吾泪痕，顿足，食不下，为师逼甚，自往京师，志非不嘉，吾惊恸如何矣。急寻归，拜沈藕堂先生于臬幕，学刑名，得馆差，速衣食，幸有赖。然吾于此数年间，如何活也？诸叔易师读书数年，知无功名分，令汝二叔学贾，汝三叔学度支，汝四叔好拳勇，习武，虽得微职，讵害？其终身多忤人，使吾心悬汝五叔，幼侍左右，略代吾劳。汝前祖母毛氏，生大姑，适董舒亭姑丈，外孙学源，汝祖言貌似毛氏祖母。凡儿女婚嫁以次粗毕，以副汝祖嘱，然吾于此廿年间如何劳也？太外祖母尹待吾厚，时皆其家相佽助，汝父与三叔聊报答之，汝勿忘。吾家来东，科目尚无人，汝应县考，取名虽不高，然要学业长进，不在功名迟早。汝父培植汝兄弟，心甚切，每云办刑名，刻刻顾子孙。汝金文波表伯，少年攻书至咯血，汝四祖姑母只此子，吾曾买软弓俾调之，体壮名成，由翰林陟天津道署运司，汝勉之。汝母忠厚孝顺，未见有争竞事，受人气，亦不言亲友家，无不称其贤。生汝八月，吾抱汝眠食，爱护觉比汝母甚，汝居心做人俱好，承先启后望汝矣。汝曾祖暨祖毛氏祖母寄葬绍兴义地，此吾家昔与同乡捐置圈一段用之，今成乱葬岗矣，切须买地同迁。如急无力，可厝吾于寺，勿久置。"旋瞑目，时道光十五年四月初二巳时，寿七十三岁，痛哉！

先祖妣于诸孙最爱锺霖，思深极矣。五岁时，同弟二桂皆出痘，弟殇，先祖妣怀锺霖于里衣，门遮红毡，若恐有攫去者，自孩提至将冠，无片时离。当病亟，令锺霖侍床隅，备言一生艰苦，两日夜不休，神昏目直,犹似有言而言难辨矣,痛哉！以择地无力,时至东郊般若庵先祖妣厝所泣祷之。道光己酉秋,得郡城东姚家庄之东阡,遵遗训敬迁葬焉。

先妣谢太君志略

先妣谢太君,幼失恃,外祖玉庭公官福建上杭县二尹,权县事。先妣随任外祖,因公入山遇虎,从者避谕,虎旋走。比回署,外庶祖母适生舅父,遂名虎长,更名熙,号虎臣,为问山、乙青两舅父异母弟,少先妣四岁,外庶祖母抚爱同厚。外祖逝世,回会稽。家清贫,乙青舅父奉庶祖母暨弟妹至济南,依问山舅父同居。先妣性和厚,幼读《四子书》《孝经》,识义理,惯浙闽口音,问山舅父每戒之,因不常语。恒执炊役,念失怙恃,饮泣者有年。事先严谨慎,偶或事误,惕惕然惧,先严多原之。奉先祖妣无微不敬,处四妯娌以和,或侮诋,笑而不受,不与人竞是非,遇善事,或告苦,辄质衣以助。主家计。先祖妣最严明,独优待之,亲弗称贤孝,生四子、四女,存锺霖、宝霖暨女三,爱子女者深。锺霖等幼不知劬劳恩累,先妣躬瘁,追悔无及矣。甲辰,锺霖中式,自堂邑得报,叩双亲于武城。先妣倚门欣,待携至室,每言"比生汝喜甚焉"。锺霖急思捧檄以伸禄养,乃屡蹶春闱,馆临清,迎先妣至临寓,时观剧、观组伎、听鼓词、评书。当粮艘畅行,先妣率媳孙辈登观化亭,高望放闸帆缆,欢呼。先严岁时由馆所至临,家室和乐,凡可以慰亲者必敬奉焉。刺史陈栗堂师图章镌有"君子之第一乐",因书此句以颜寓室。讵福薄灾生,祸延先妣,年未周甲,以气虚中满之疾,终于道光戊申年五月十一日辰时,寿五十七岁,呜呼痛哉！虽芝泥崇赠,奚如菽水承欢哉！

附《展墓歌》戊午九月车驾司行走请假

呜呼，顿足锥心兮！父母乃在此土耶，绕墓三匝兮，欲见而无门户耶！痛母之饱艰辛兮，多忍受而弗语，助父而绌家计兮，更劬劳于子女。忆登第以报捷兮，拜双亲于武城，父在堂而母倚门兮，谓喜逾于汝生。甫馆谷以伸养兮，母撄疾而可哀天下。假母以年兮，执子手而不开。葬母于先人之次兮，父临穴而达观，笑谓亦吾佳城耶。顾时事以典叹，父殁若有前知兮，就膊器于道中。幸二弟之随侍兮，恨未躬视夫临终。安窀穸而长违兮，抱二弟而声干。若婴儿之无依兮，思亲骨于阡寒。奉杯棬而叩奠兮，呼父母而弗闻。欲结庐以永守兮，兄弟谋食而辙分。思亲瞑而恋子兮，言冥冥以佑汝。父母临终皆言冥中相佑。时若亲在左右兮，每遇事以儆与亲。爱子而极兮，子思亲而何在？少不知亲恩之重兮，追一往而痛悔。供京职以邀荣兮，念松柏之久荒。爰请假以展墓兮，经烽火之飞扬。拜墓而号泣兮，吁先人之灵魂。父母其出而见子耶，伏墓而欲亲骨之温痛哉！暮烟黑矣，树飕飕兮，四山无人，不得留兮。似闻亲语频回头兮，风旋转于前路，月斜过乎城楼。

名人集中，独少思亲之作，痛难达也。永感以来若婴儿无依世之具，庆承欢者是何等福分。锺霖谨识。

《家言随记》书后

先严训锺霖严，待宝霖恒宽，每言"责汝教弟"也。迨待之皆宽而年高气衰，近永感矣，痛哉！先严言东坡谓诸子曰："吾生无恶，死必不坠。自思生平不能无恶而未敢作孽，亦或不坠。夙无言行可志，所办公事皆代人为政。惟阅历七十年，凡所见闻有足法戒，随手记之。性褊急，少读书，然处世鲜诡，遇亲友相善，志不去怀，刑名至重。得汪焕增先生《佐治药言》，摘录其要，用以自训、训人。辙环所历，一往情深，数十年来所书不觉成卷，付汝详校，去其粗鄙忌讳，异日梓藏于家。后人知吾心际,能识得几处,行得几事,亦不无裨益。尝读《魏叔子》,里言:‘古今文集连篇,不见一紧要关系语,或摭拾圣贤通同好语,否则真正好语而与其为人南辕北辙,即不必言。清行浊亦不免为识者鄙笑。’吾最佩此言,或即吾所记,以察吾之为人而可否之,亦未始非吾之深幸也。”呜呼！训言在耳,而永感十六寒暑矣。分判蓟永公馀,谨就先严所记,次其先后,间附一知半解,与子寿恩详慎校订,请序于师长先生,复专送至息县,属弟宝霖全事校阅,觅京都手民梓藏家笥。

同治庚午年壬午月庚午日壬午时,锺霖谨识于蓟永分使署之思贻斋。

板暂寄京都琉璃厂中间路北翰茂斋。

退斋遗稿

先严不好作诗,偶作即弃去,从遗箧得十三首。锺霖

学　堂

兄弟入学堂,隔家只一墙。入学星馀光,归家更正忙。读声朗朗母心喜,扑声拍拍母心伤,灯前偟读母恐忘,书忘师怒不可当。不可当,入学堂,不入学堂母何望?陟岵兮悲凉,彷徨兮彷徨。

北道口占

赵北燕南感慨多,谁人为道马周过。秋风飒飒征鸿冷,汝向南飞我若何?

嫖姚十八已从军,弃缥乡人自不群。雪扑征衣尘满面,那堪回首佛山云。

京华

早念京华客，春风得意时。如何今我到，转自恐人知？旅况灯双蕊，生涯笔一枝。纵横车马迹，怀刺欲投谁？

古北口

北出雄关紧挽缰，少年豪气转悲凉。风狂人寂飞沙白，山险狼奔乱草黄。自问何才堪世用。可怜惟影逐身长，书生从古谁征塞？欲讯津官不我望。

赠郭小华先生

索书求画怒上冠，何期青眼独余看？十年不舍青州酿，老却才身此冷官。

寄花南村

好是忘形友，还为负郭邻。师尊兼课子，官馀不离亲。志比陶彭泽，人称谢茂秦。经年一觞聚，城角绿杨滨。

出门

步步违亲远，何人造此车？送余方到馆，舆仆却回家。

聊城观放闸

汩汩运河流，放闸船磨响。有子在清源，余心逐水往。

答友

君财能铸几多炉，底事区区索海隅。在我愆期方自愧，还防来去此飞蚨。

退东郊有感

昔年过东郊,两子于此还。次者乃早殇,每过辄心动。

老年幸远烽火感志

默感苍苍俯待优,浮家总远鹤风愁,茫茫劫路何方避,福地还须寸地求。

两儿葬母于姚家庄东阡,为余虚其左圹临穴而歌

大地若此宽,乃归几尺穴。人不如百虫,既蛰还不灭。华屋满黄金,谁向此中撇。旁观莫感生,百年终一别。